Dr. rer. nat. Matthias Freude Tiere bauen

Mit 105 Zeichnungen von Gerd Ohnesorge

Matthias Freude TIERE BAUEN

Urania-Verlag Leipzig · Jena · Berlin

Freude, Matthias:
Tiere bauen / Matthias Freude. – 2. Aufl.
– Leipzig; Jena; Berlin: Urania-Verlag,
1988. – 184 S.: 197 Ill. (farb.)
ISBN 3-332-00187-6

ISBN 3-332-00187-6

2. Auflage 1988, 21. bis 40. Tausend
Alle Rechte vorbehalten
© Urania-Verlag Leipzig · Jena · Berlin,
Verlag für populärwissenschaftliche Literatur,
Leipzig 1982
VLN 212-475/124/88 · LSV 137 9
Buchgestaltung: Helmut Selle/Peter Mauksch
Printed in the German Democratic Republic
Lichtsatz: INTERDRUCK
Graphischer Großbetrieb Leipzig – III/18/97
Offsetreproduktionen: Sachsendruck Plauen
Druck und buchbinderische
Weiterverarbeitung: Druckerei Fortschritt Erfurt
Best.-Nr.: 653 743 6
04800

Inhaltsverzeichnis

I. Kapitel

Bauten der Tiere *Chronik des Verhaltens*

Staunend stehen wir vor den modernen Riesenbauten aus Stahlbeton und Glas, und mit Ehrfurcht betrachten wir Dome, Tempel und Pyramiden. Während die Anfänge menschlicher Baukunst lediglich einige Jahrtausende zurückreichen, werden tierische Bauten bereits seit Jahrmillionen in beeindruckender Mannigfaltigkeit und in oft beachtlichen Dimensionen errichtet. Dennoch ist unser Wissen darüber, gemessen an der Zahl wissenschaftlicher Publikationen, erstaunlich gering. Während die Literatur über menschliche Bauten ganze Bibliotheken füllt, sind Veröffentlichungen über tierische Bautätigkeit zumeist in verschiedenen Fachzeitschriften verstreut und schwer zugänglich.

Wohl jeder von uns hat schon einmal gefragt, wo sich die Wildtiere verstecken, da man sie so selten zu Gesicht bekommt, wo sie wohnen, schlafen und ihre Jungen aufziehen, vielleicht auch, wie die kunstvoll geflochtenen Nester vieler Singvögel, die regelmäßigen Sechsecke in den Waben der Honigbiene oder die geometrischen Fanggewebe der Radnetzspinnen entstehen. Damit wäre bereits ein umfangreiches Spektrum tierischer Bauten umrissen, ein Spektrum, das sich beliebig erweitern ließe, auch auf Bereiche, in denen man eigentlich keine Bautätigkeit erwartet, wie im Paarungsverhalten einiger Vögel und Insekten.

Diesen verschiedenen Formen tierischer Bautätigkeit nachzuspüren, sie im Zusammenhang mit den natürlichen Umweltbedingungen darzustellen und auf die hinter jeglichem Bauverhalten verborgene Überlebensstrategie aufmerksam zu machen, soll Anliegen dieses Buches sein. Wir wollen uns dabei weniger mit dem bionischen Aspekt tierischer Bauten, deren Statik und konstruktiven Details befassen, sondern mehr Wert auf das Verhalten ihrer Erbauer legen, auf Prinzipien der Steuerung tierischen Bauverhal-tens und nicht zuletzt auch auf die wechselseitigen Beziehungen zwischen Menschen und tierischen Baumeistern.

Dabei kann sich die Beschreibung nicht auf Bauten und Bauverhalten allein beschränken. Das enthielte dem unvorbereiteten Leser, an den sich dieses Buch vor allem wendet, wesentliche Informationen vor, da man das jeweilige Bauverhalten nur aus dem Zusammenhang heraus richtig zu verstehen vermag. Gleichzeitig soll die ausführliche Darstellung helfen, Interesse und Verständnis für das Gesamtverhalten der Lebewesen zu wecken, mit denen wir den Platz auf unserem Erdball teilen, und auf diesem Wege zu deren Schutz beitragen, denn schützen kann man nur, was man kennt.

Seit schriftliche Zeugnisse vom Leben und Denken der Menschen berichten, finden sich auch Hinweise auf die Beschäftigung mit tierischen Konstruktionen, anfangs häufig unter wirtschaftlichen Aspekten (Waben der Honigbienen, Kokons der Seidenraupen) oder in Sagen und Mythen. So berichtet die griechische Mythologie: Arachne, eine kunstfertige lydische Weberin, forderte die Göttin Athene zu einem Wettbewerb im Weben heraus. Weil sie dabei Liebesaffären der Götter darstellte, wurde sie von Athene mit der Lade des Webstuhles geschlagen. Arachne, ihre Vermessenheit erkennend, erhängte sich. Da verwandelte die Göttin den Strick in einen Seidenfaden und Arachne in eine Webspinne. Spätere Generationen gaben sich mit solchen Geschichten nicht mehr zufrieden. Exakte Beobachtungen und Meßmethoden führten zur soliden wissenschaftlichen Erforschung tierischer Bauten, mit der die Namen so großer Zoologen wie FABRE und WHEELER eng verbunden sind. REIMARUS (1740) und RENNIE (1833) faßten das Wissen der damaligen Zeit über die »Baukunst« der Wirbeltiere in ihren Büchern zusammen, und

CHARLES DARWIN widmete dem Bauverhalten (von Vögeln und Insekten) ein ganzes Kapitel in seinem 1878 erschienenen Werk »Über die Entstehung der Arten...«. Von da an reißen die wissenschaftlichen Experimente und Forschungen auf diesem Gebiet nicht mehr ab. Besonders die Verhaltensforschung vermittelt seit Beginn unseres Jahrhunderts neue Impulse für die Erforschung der Grundlagen, der Entwicklung und Steuerung tierischer Bautätigkeit. Wissenschaftliche Kongresse speziell zu dieser Thematik verdeutlichen die Erfolge auf diesem Wege. Das Interesse der Verhaltensbiologen für tierische Bauten entspringt dabei vor allem der Tatsache, daß in ihnen gewissermaßen eine Chronik des Verhaltens vorliegt, »eingefrorenes Verhalten«, wie KONRAD LORENZ sagt.

Verhaltensweisen sind Zeitgestalten. Jeder Beobachter hat es demnach mit Ausschnitten aus Abläufen zu tun, die im Unterschied zu körperlichen Merkmalen nicht immer sichtbar sind. In den Bauten nun ist das entsprechende Verhalten fixiert, zu einer festen Form erstarrt, etwa Film- oder Tonbandaufzeichnungen vergleichbar. Mit ihnen sind dem Wissenschaftler bleibende Dokumente gegeben, die Wesentliches über Leben und Verhalten der Baumeister aussagen. Unterschiede zwischen einzelnen Arten werden hier oft schneller und deutlicher sichtbar als an anatomischen Merkmalen; Einflüsse von Umweltveränderungen auf das Verhalten nehmen Gestalt an, und selbst stammesgeschichtliche Zusammenhänge lassen sich anhand tierischer Bauten aufklären.

Es sei hier noch einmal als Definition vermerkt, daß wir unter tierischen Bauten nur solche Konstruktionen verstehen wollen, die durch ein bestimmtes Verhalten entstehen. Schneckenhäuser, Muschelschalen und Korallenriffe entfallen somit für unsere Betrachtungen, da sie vorwiegend aus physiologischen Vorgängen, zumeist Abscheidungsprozessen, hervorgehen. Bei der Bautätigkeit dagegen werden vielfältige körpereigene und -fremde Materialien mit in das Verhalten einbezogen, in artspezifischer Weise bearbeitet und zu einem Strukturteil im Lebensraum des herstellenden Tieres umgewandelt.

Tierische Bauten entstehen in verschiedenen Zusammenhängen, so im Funktionskreis des Nahrungserwerbs, der Sexualität, der Jungenaufzucht, in Verbindung mit Schutz und Verteidigung und dem sozialen Zusammenleben. Nach diesen funktionellen Gesichtspunkten soll die Vorstellung tierischer Baumeister erfolgen; stammesgeschichtliche Zusammenhänge, verwendete Materialien und Bautechniken werden für die weitere Untergliederung des Buches herangezogen. ·

Todesfallen, Vorratskammern, Wirtschaftsbauten *Konstruktionen im Dienste der Ernährung*

Um zu leben, müssen Tiere fressen. Nahrung kann dabei auf vielerlei Weise erworben werden – die Fallenstellerei gehört zu den relativ seltenen Methoden. Dennoch ist es selbst für den Spezialisten schwer, die Vielfalt der Fangbauten zu überblicken. Die Palette reicht von einfachen Fallgruben im Erdboden bis zu den hochkomplizierten Radnetzen einiger Spinnen. Wir finden die Fallensteller an zarten Gespinsten in luftiger Höhe ebenso wie in finsteren Erdröhren, von denen Stolperfäden und Alarmleitungen ausgehen; selbst unter Wasser haben sie ertragreiche Fangreusen aufgespannt.

Ihre versteckten Fußangeln bringen Beutetiere aus dem Gleichgewicht und schleudern sie in die Luft; unter Spannung gehaltene Fäden schnellen wie Stacheldrahtspiralen zusammen und umstricken die zappelnden Opfer; fliegende Insekten stürzen an Fallstricken ab oder werden durch einen gezielten Lassowurf erbeutet, und die Radnetze tropischer Seidenspinnen werden sogar Vögeln zum Verhängnis.

Ebenso wichtig wie das Erbeuten von Nahrung kann auch deren Speicherung für Notzeiten sein. Viele Tiere legen sich deshalb Futterverstecke an, einige errichten sogar spezielle Bauten (oder Teile davon) ausschließlich für diesen Zweck. Noch unabhängiger vom äußeren Nahrungsangebot sind einige Insektenarten mit eigener »Landwirtschaft«. Sie züchten ihre Nahrung selbst, und zwar kontinuierlich. Futterspeicherung ist hier unnötig. Statt dessen errichten sie spezielle Bauten für ihre Pilzkulturen und »Nutztiere«. Die Parallelen zu menschlichen Wirtschaftsbauten sind dabei geradezu verblüffend.

Zu den Wirtschaftsbauten führen meist feste Pfade, oft sogar überdachte Galerien. Da diese Straßen im Dienste des Nahrungssystems stehen – das gilt für die Mehrzahl der tierischen Straßen –, sollen sie ebenfalls hier besprochen werden.

Fallensteller

Die Fallgrube des Ameisenlöwen

Den meisten von uns ist der Name Ameisenlöwe ein Begriff. Aber nur wenige wissen, daß diese Bezeichnung strenggenommen nur für die plumpgebaute Larve der schlanken, libellenähnlichen Ameisenjungfer gilt. Und noch weniger werden das vollentwickelte Kerbtier aus der Ordnung der Netzflügler (Neuroptera) in einer warmen Sommernacht auf der Suche nach günstigen Eiablageplätzen schon einmal bemerkt haben. Wer achtet auch in lauen Sommernächten ausgerechnet auf Ameisenjungfern...

Aus den an trockenen, windgeschützten Stellen in feinem Sand oder in staubiger Erde abgelegten Eiern schlüpfen bereits nach kurzer Zeit die Larven, unsere Ameisenlöwen. An regengeschützten Plätzen unter überhängenden Böschungen finden sich oft viele ihrer Fangtrichter nebeneinander. Der Bau einer solchen Fallgrube kann leicht beobachtet werden, wenn man einen der kleinen Fallensteller mit schnellem Griff unter den Trichter ans Tageslicht befördert. Zuerst wird sich der Held unseres Experiments für einige Minuten totstellen. Bewegungslosigkeit ist für den sandfarbenen und somit vorzüglich getarnten Ameisenlöwen das sicherste Mittel, einer Entdeckung zu entgehen. Doch bald verschwindet er, rückwärts rutschend, im Sand. Eine Vorwärtsbewegung ist ihm im Gegensatz zu anderen frei jagenden Ameisenlöwenarten aufgrund der kopfwärtsgerichteten Borstenkränze nicht möglich. Sobald die lockeren Bodenteilchen den flachen Kopf berühren, lösen sie den Schleuderreflex aus und werden mit ruckartigen Streckbewegungen des ganzen Körpers weit in die Luft geschleudert. Immer schneller krümmt und streckt sich das Tier, eine Sandfontäne folgt der anderen, und

binnen kurzer Zeit entsteht ein Trichter, der
10 cm Durchmesser und 5 cm Tiefe erreichen
kann. Die Größe der Fallgrube hängt außer der
Größe des Ameisenlöwen auch davon ab, wie
lange er vor Baubeginn fasten mußte. Beim Ein-
graben bewegt er sich in einer Spirale in die
Tiefe. Der fortgeschleuderte Sand wird so gleichmäßig um die Falle verteilt und ermöglicht einen
Zugang von allen Seiten. Am Grunde des Trich-

ters vergraben, lauert der Fallensteller mit weit
geöffneten Zangen auf Beute.

Kommt eine Ameise oder ein anderes kleines
Insekt dem Trichterrand zu nahe, so rutscht es
mit den lockeren Bodenteilchen in die Tiefe,
meist direkt in die blitzartig zupackenden Zangen des Jägers. Versucht eine Ameise, den Trichterrand zu erklimmen, dann schießt der Ameisenlöwe in rascher Folge eine Sandladung nach der

anderen nach oben. Der herabrieselnde Sand reißt das Insekt in den meisten Fällen mit hinab.

Am Trichtergrund spritzt der Ameisenlöwe mit seinen mächtigen Saugzangen den Beutetieren ein lähmendes Gift ein. Auch größere Insekten können so überwältigt werden. Die bereits erwähnten vorwärts gerichteten Körperborsten verhindern dabei, daß der Fallensteller von einer stärkeren Beute aus dem schützenden Erdreich herausgezerrt wird.

Nun sind die Mundwerkzeuge des Ameisenlöwen nicht geeignet, die Beute zu zerkleinern. Er bedient sich ebenso wie z. B. die Spinnen der Methode der Außenverdauung. Dem überwältigten Opfer impft er dazu einen Verdauungssaft ein, der alle Weichteile auflöst und anschließend wieder aufgesaugt wird. Unverdauliche Rückstände bleiben so in der Beute zurück. Der Darm des Ameisenlöwen wäre auch gar nicht auf solche Rückstände eingerichtet, er ist blind geschlossen. Man sucht deshalb im Fangtrichter vergeblich nach Exkrementen. Die wenigen Stoffwechselschlacken, meist Harnsäure, werden im Darm gesammelt und bei jeder Häutung durch den Mund entleert. Die ausgesaugten Hautpanzer der Beutetiere wirft der Ameisenlöwe mit der gleichen Schleuderbewegung wie beim Trichterbau aus der Fallgrube.

In früheren Zeiten hielt man den Ameisenlöwen für ein recht schlaues Tier. Alle Handlungen erscheinen ja auch zweckmäßig und zielbewußt. Tatsächlich aber ist jede Handlung in seinem Leben vom Zusammenspiel angeborener Verhaltensabläufe mit den jeweils auslösenden Umweltfaktoren genau festgelegt. Die Verhaltensforscher sprechen hier von Erbkoordinationen (im Erbgut verankerten Verhaltensmustern) und ihren Auslösemechanismen. Das »Sichtotstellen« ist beispielsweise eine solche erblich vorprogrammierte Reaktion auf grobe Störungen. Der krampfähnliche Starrezustand wird dabei eingenommen, ohne daß sich der Ameisenlöwe etwa über die schützende Wirkung seiner Tarntracht im klaren wäre. Ebenso ist das gleichermaßen vernünftig wie grausam erscheinende Bombardement flüchtender Beute allein auf die von ihr losgerissenen und herabrieselnden Sand-

körnchen zurückzuführen. Diese auf den Kopf des Fallenstellers fallenden Teilchen lösen augenblicklich die schon bekannte Schleuderbewegung aus – die gleiche Reaktion wie beim Trichterbau. Mit einem gezielten Beschuß hat das nichts zu tun. Der Erfolg ist dennoch gesichert, da auch »Fehlschüsse« den losen Sand zum Abrutschen bringen und die Beute abwärts gleiten lassen.

Als Grundlage des so wohldurchdacht und geplant erscheinenden Nahrungserwerbs des Ameisenlöwen erweist sich somit eine einfache, stereotyp ablaufende Verhaltensweise, die zudem noch über einen unkomplizierten Auslösemechanismus (auf dem Kopf auftreffende Substratteilchen) in Gang gesetzt wird. Dieses übersichtliche Beispiel steht nicht ohne Grund am Beginn unserer Betrachtungen, denn bei fast allen folgenden tierischen Konstruktionen gestalten sich Verhaltensweisen und Steuerungsmechanismen weitaus komplizierter.

Jäger am seidenen Faden

Ein entrüstetes »Pfui Spinne« und das knirschende Geräusch eines unter der Fußspitze zermalmten Spinnenkörpers kennzeichnen treffend das Verhältnis der zivilisierten Menschheit zu einer der farben- und formenreichsten Gruppen im ganzen Tierreich. Unser wahllos spinnenmordendes Verhalten wird dabei nicht einmal von der ebenso alten wie törichten Überlegung »nützlich – schädlich« bestimmt – man weiß ja schließlich, daß Spinnen Fliegen fressen –, sondern eine schwer erklärbare Abscheu und Furcht beherrschen beim Anblick eines spinnenähnlichen Wesens die Gedanken des Mitteleuropäers. Das war nicht immer so. In der einleitend zitierten Sage von der fleißigen und geschickten Weberin Arachne zeigten die alten Griechen Verständnis und Sinn für die Kunstfertigkeit und Schönheit der achtbeinigen Baumeister und ihrer Werke. Naturnahe Völker betrachten die Spinnen und ihre Gewebe auch heute keineswegs als garstig oder abstoßend, sie nutzen sie in einigen Fällen sogar für die menschliche Wirtschaft. In Madagaskar z. B. holen sich die Frauen Seidenspinnen *(Nephila)* aus den Wäldern, klemmen sie in eine Vorrichtung ein, tupfen ihre Spinnwarzen an und haspeln ihnen den Faden aus dem Leib. Dann bringt man die Spinnen wieder in den Wald, um sie vielleicht ein zweites Mal zu nutzen. Die Gewebe aus der so gewonnenen Spinnenseide besitzen einen herrlichen natürlichen Goldglanz und brechen im Gegensatz zu Stoffen aus Raupenseide selbst nach vielen Jahren nicht. Auch in Europa stellte man im 18. und 19. Jahrhundert feinste Strümpfe und Handschuhe aus der kostbaren Spinnenseide her. Der heutige Mensch jedoch betrachtet selbst solche Gewebe mit Skepsis, wüßte er um ihre Herkunft. Dabei

verdienen das Baumaterial Spinnenseide und die über komplizierte Verhaltensweisen daraus entstehenden Gespinste – deren physikalisch-mechanische Konstruktion ein unerreichtes Ideal menschlicher Baumeister darstellt – in hohem Maße das Interesse und die Hochachtung des Betrachters.

Sehen wir uns zuerst den Mechanismus an, der den Webspinnen die Herstellung der hauchdünnen Fäden ermöglicht, die fester als vergleichbare Stahlfasern und dabei bis zu viermal dehnbarer sind. Zur Beobachtung wählen wir eine größere heimische Kreuzspinne aus der Gattung *Araneus*, bei der wir schon mit bloßem Auge einen

Unterseite der Gartenkreuzspinne mit äußerem Spinnapparat. Auf den kegelförmig hervorstehenden Spinnwarzen sitzen die leicht bewegbaren Spinnspulen, aus denen das Seidensekret austritt. Durch Spreizen und Zusammenlegen der Spinnwarzen werden Fäden unterschiedlicher Stärke erzeugt.

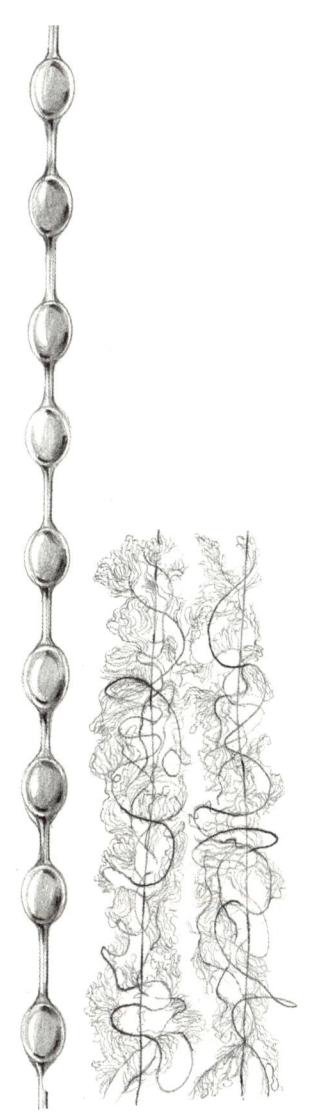

Klebfaden und Kräuselwattefaden, die beiden Typen von Fangfäden bei den Webspinnen. Die Leimtropfen der Klebfäden bestehen aus einer dünnflüssigen Oberschicht und einem zähflüssigen Innenbereich. Beim Kräuselwattefaden tragen zwei Achsenfäden eine ungemein dünne Seidenwatte. Beutetiere verheddern sich in den Maschen (Kräuselwattefaden stärker vergrößert).

guten Eindruck von der Arbeitsweise des gesamten Spinnapparats bekommen. Die hervorstehenden röhrenförmigen Gebilde am Hinterleib der Spinne werden als Spinnwarzen bezeichnet. An ihren Endgliedern, nun schon nicht mehr mit bloßem Auge sichtbar, sitzen die kanülenartigen, leicht bewegbaren Spinnspulen. Diese Spulen stehen mit den Spinndrüsen in Verbindung, die den Hinterleib der Spinne weitgehend ausfüllen. Jede Drüse liefert eiweißhaltige Spinnenseide für einen jeweils anderen Verwendungszweck, mit unterschiedlicher chemischer Zusammensetzung.

Durch Zusammenlegen und Spreizen der gerade arbeitenden Warzen und Spulen erzeugt das Tier verschiedene, oft sehr komplexe Fadengebilde. Ein auf den ersten Blick kompakt erscheinender Faden unserer Gartenkreuzspinne (*Araneus diadematus*) kann z. B. aus etwa 200 Einzelfäden zusammengesetzt sein. Wir wissen, wie weit das Kabel dem Einzelfaden überlegen ist. Das erklärt aber noch nicht, wieso die Beute von solchen Fäden festgehalten wird. »Spinnennetze sind klebrig«, bekommt man auf eine entsprechende Frage meist zu hören. Diese Vorstellung erweist sich aber nur teilweise als richtig, denn Webspinnen beschreiten bei der Herstellung ihrer Fangfäden zwei grundverschiedene Wege. Die Klebfadenweberinnen (Ecribellatae) bestreichen einen seidenen Doppelfaden aus je zwei Drüsen mit einem zähflüssigen Klebstoff, der sich an der Luft sofort zu Tröpfchen zusammenzieht. Im Netz der Kreuzspinnen kann man bei genauem Hinsehen die perlschnurartig aufgereihten Leimtröpfchen mit bloßem Auge erkennen. Die Kräuselfadenweberinnen (Cribellatae) tragen ihren Namen nach dem Cribellum, einer mit bis zu 50 000 (!) Spinnspulen besetzten Spinnplatte, aus der sie mittels einer speziellen Vorrichtung die feinste Seidenwatte der Welt mit dem unvorstellbar geringen und technisch unerreichten Durchmesser von 0,000015 mm herausbürsten. Diese Watte, die den Netzen ihrer Erzeugerinnen einen bläulichen Schimmer verleiht, wird auf zwei gleichzeitig gesponnene dickere Achsenfäden aufgetragen. Sie erfüllt die gleiche Funktion wie die Klebmasse auf den Fäden der ecribellaten Spinnen, nämlich anfliegende und über die Fäden kriechende Insekten an den Borsten ihrer Körper festzuhalten.

Bei weitem nicht alle Webspinnen stellen auch Fangnetze her. Spring- und Wolfsspinnen jagen zu Fuß; andere lauern in Erdlöchern, verborgen hinter getarnten Falltüren, oder in Steinspalten, aus denen sie Alarmleitungen und Fußangeln spinnen, wieder andere in Blüten, an deren Farbe sie angepaßt sind, oder gar als Schmarotzer in den Fanggeweben ihrer Verwandten. Ebensowenig, wie alle der 30 000 bekannten Webspinnenarten Fangnetze bauen, ist das meist als das Spinnennetz bekannte Radnetz die einzige oder auch nur die häufigste Form der Gespinste aus Seide. Nur etwa 15 % aller netzbauenden Webspinnen errichten solch ein »klassisches« Radnetz. Die häufiger anzutreffenden unregelmäßigen, zuweilen chaotisch anmutenden Gewebe sind keineswegs Produkte des übenden Radspinnennachwuchses – Jungspinnen reproduzieren sofort und ohne Training die erblich fixierte Netzform –, sondern die genetisch verankerten Gespinstformen anderer, nicht minder lebenstüchtiger, nur weniger spezialisierter Formen von Jägern am seidenen Faden.

Stolperfäden, Fußangeln und Raumnetze

Die Herbstsonne erwärmt einen trockenen Südhang des Kyffhäusergebirges. Vier Studenten und ein Professor starren gebannt auf einen schwarz-weiß-roten Fleck zwischen dürftiger Trockenrasenvegetation. Jetzt bewegt sich der kaum zentimetergroße Farbklecks wieder: ein paar ruckartige Sätze, Verharren, Sich-im-Kreis-Drehen – *Eresus niger*. So exotisch, wie der Name klingt, ist auch das Aussehen dieses prächtigen Spinnengeschöpfes. Nach einer längeren Beobachtungszeit, man kann deutlich die Rutschspuren von zehn menschlichen Knien im Staub verfolgen, wird die Brautschau des *Eresus*-Mannes erst einmal unterbrochen, er wandert in ein Glasröhrchen.

Die anschließende Suche nach den kombinierten Wohn- und Fangbauten der Spinnenweibchen ist zwar zeitaufwendig, verläuft aber erfolgreich. Nur in einem so sonnenverwöhnten Biotop wie diesem trockenen Südhang ist *Eresus* aus der Verwandtschaft der tropischen und subtropischen Röhrenspinnen in unseren Breiten überhaupt zu finden. Die prächtige Färbung des Männchens, der wohl schönsten heimischen Spinne, scheint an diese Herkunft zu erinnern. Die viel größeren Weibchen hingegen sind einfarbig schwarzbraun gefärbt. Ihre Schlupfwinkel bilden die Grundlage des Gesamtgespinstes und bestehen aus einer etwa 10 cm tiefen und 1 cm weiten, nahezu senkrecht in den Boden führenden Röhre, die vollständig mit Seide austapeziert ist. Die Mündung der Gespinströhre läuft in einer trichterförmigen Erweiterung aus. Manchmal ist eine Seite des Trichters zu einer Art Dach umgeschlagen, und immer verlaufen

von der Mündung aus Fangfäden fächerförmig dicht über dem Boden entlang zu erhöhten Punkten der Umgebung. Vorbeikommende Insekten stolpern über die Fadenstränge, der Stoß oder Zug setzt sich zur Röhrenmündung hin fort und überträgt sich auf die Seidentapete der Wohnröhre. Der in Lauerposition verharrende und nun blitzschnell hervorschießende Jäger wird so gleichzeitig über die Richtung informiert, in der die Beute zu suchen ist. Zusätzliche, je nach Spinnenart mit Leimtröpfchen oder Kräuselwatte belegte Fangfäden erschweren die Flucht aus dem Bereich der Fallstricke.

Diesen einfachen und wahrscheinlich stammesgeschichtlich ältesten Typ eines Fanggespinstes findet man bei verschiedenen Spinnengruppen. An ihm wird deutlich, daß die Fanggespinste

Die Seidentapete der Wohnröhre der Spinne *Eresus niger* läuft in einem trichterförmigen Kräuselwatte-Fanggewebe aus – ein Hinweis darauf, daß die Fanggewebe ursprünglich aus Wohnbauten hervorgingen. Das knapp einen Zentimeter große *Eresus*-Männchen gehört zu den schönsten einheimischen Spinnen, oben im richtigen Größenverhältnis zum Weibchen, unten vergrößert.

ursprünglich aus Wohngeweben hervorgegangen sind.

Das gleiche Konstruktionsprinzip – nur vom Erdboden weg, ein Stück in den Raum projiziert – zeigen die Netze der Trichterspinnen (Agelenidae). Diese derben, meist weit ausladenden Deckengespinste gehen in der Mitte oder nach der Seite hin in eine nach unten offene Gespinströhre über, in der die Spinne ihren Unterschlupf bezieht. Beutetieren fällt die Fortbewegung zwischen dem Gewirr von Stolperfäden auf der lose gesponnenen Netzdecke schwer (etwa so, als würden wir durch hohen Schnee waten), und deshalb können sie leicht von der Spinne überwältigt werden. Einige Trichterspinnen wie die einheimische Labyrinthspinne (*Agelena labyrinthica*) erbeuten häufig Honig-

bienen auf ihren Netzdecken, in Heidegegenden oft so beträchtliche Mengen, daß hier die Imkerei mit der Weidewirtschaft gekoppelt wurde; man treibt Schafe über die später von Bienen beflogenen Flächen, dabei werden die Netze der Labyrinthspinnen zertreten.

Vom Menschen gleichfalls wenig geschätzt werden die Fanggewebe der Hauswinkelspinnen (*Tegenaria*), deren dreieckige Netzdecken in den Ecken selten genutzter Räume jeder Hausfrau bekannt sind. Wie bei den meisten anderen Trichterspinnen laufen auch ihre Fanggewebe in einer unten offenen Röhre aus. Werden sie nicht vorzeitig zerstört, so finden sich in einer Zimmerecke meist mehrere der feinmaschigen Netze etagenförmig übereinander. Die Spinne bewohnt nur das oberste, die übrigen wurden im

Röhrenmündung mit Fanggewebe der Trichterspinne *Coelotes terrestris*. Jungspinnen verlassen eben das Gespinst. Andere Trichterspinnen bauen umfangreichere Netze, oft in der Vegetation dicht über dem Erdboden.

Baldachinspinne *(Linyphia)* im Netz. Fliegende Insekten bleiben im Fadengewirr über dem waagerechten Auffangnetz hängen und stürzen ab. In einer fadenarmen Zone unter der Netzdecke kann die Spinne schnell an die Beute heranhangeln.

Laufe der Zeit durch Staubablagerungen unbrauchbar und jeweils durch das darüber ausgespannte Gewebe abgelöst.

Dreidimensionale Raumnetze als Weiterentwicklung einfacher Stolperfäden und zweidimensionaler Trichternetze kann der aufmerksame Beobachter ebenfalls im Innern von Gebäuden entdecken, beispielsweise an selten geöffneten Fenstern. Wir beobachten hier eine kleine Kugelspinne der Gattung *Steatoda*, die zwischen Fensterbrett und Rahmen ihr Fußangelnetz ausgespannt hat. In halber Höhe ist eine weitmaschige waagerechte Decke zu erkennen, aufgehängt zwischen vertikalen Fäden. Mit der Lupe sieht man, daß die auf dem Fensterbrett angehefteten

Fäden auf den unteren zehn Millimetern dicht mit Leimtröpfchen besetzt sind. Die Deckenkonstruktion verleiht diesen Fußangeln eine ständige Spannung.

Eine nach mehrmaligem wuchtigem Anprall an die Fensterscheibe abgestürzte Fliege stößt beim Laufen auf dem Fensterbrett an einen der Fäden mit den Leimtröpfchen. In diesem Moment ist ihr Schicksal meist schon besiegelt. Es ist zwar nicht so, daß sich eine kräftige Fliege nicht von einem einzelnen Klebfaden befreien könnte, aber während sie das versucht, löst sich dieser vom Fensterbrett, verkürzt sich und reißt das Bein der Fliege in die Höhe. Das Insekt wird aus dem Gleichgewicht gebracht und gegen die

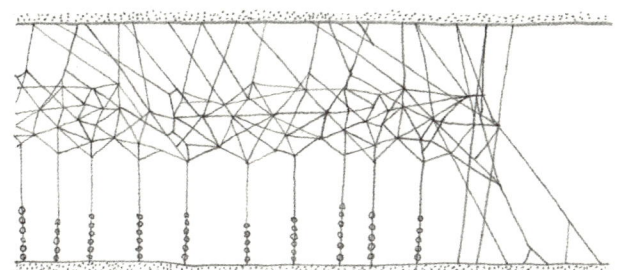

benachbarten Fangfäden geschleudert. Durch verstärktes Schwirren und Zappeln berührt es nun weitere Fäden und schwebt nach wenigen Augenblicken hilflos in halber Höhe zwischen Fensterbrett und Netzdecke. Die Netzbesitzerin ist sofort herbeigeeilt und bewirft die Fliege mit großen Tropfen Spinnsekret. In kurzer Zeit ist die Beute vollständig bewegungsunfähig: eine lebende Mumie.

Der eben skizzierte Netztyp eignet sich nicht nur zum Erbeuten von laufenden Kerbtieren. Die Vertreter der Baldachinspinnen (Linyphiidae) benutzen ähnlich gebaute Gespinste zum Fang fliegender Insekten. Die Deckenkonstruktion ist hier zu einem tuchartigen, feinen Seidennetz ausgebaut, das wichtige Aufgaben beim Beutefang erfüllt und sich gleich einem sanftgewölbten Baldachin zwischen den Gerüstfäden ausbreitet.

Einige Arten der Baldachinspinnen sind so häufig, daß ihre Lebensräume – junge Nadelbäume, Gebüsche und Gräser am Waldrand – mancherorts mit Tausenden ihrer Netze buchstäblich übersät sind. Da die Fangnetze waagerecht im Raum hängen, müßte die Ergiebigkeit gering bleiben, hätten die Spinnen darüber nicht einen Dschungel ungeordneter Fallstricke ausgespannt. Fliegende Insekten stürzen beim Anprall an dieses Fadengestrüpp ab und landen auf dem Netzbaldachin. Das Abstürzen wird von der stets bauchoben in einer fadenarmen Zone unter dem Netz hängenden Jägerin durch kräftiges Schütteln der Netzkonstruktion unterstützt. Der Aufschlag der Beute ermöglicht ihre Ortung, die Spinne hangelt kopfunter blitzschnell heran, durchbeißt das Auffangnetz unter dem Opfer und zieht es zu sich herunter.

Das Radnetz – Hochleistungsfalle und informationsübertragende Struktur

Das allbekannte Radnetz hat mit seiner formvollendeten Schönheit und Zweckmäßigkeit schon Generationen von Naturforschern und Künstlern begeistert. Sowohl Kräuselwatte- als auch Klebfadenweberinnen brachten es (wahrscheinlich unabhängig voneinander) zu derartig komplizierten Konstruktionen. Nicht nur im ästhetischen Sinne ist das Radnetz die Krönung der Netzbaukunst, auch technisch gesehen stellt es die beste Lösung unter allen Fanggeweben dar. Mit wenig Spinnenseide wird die vergleichsweise größte Fläche überspannt, dabei ist das Netz bei Windstößen oder beim Anprall der Beutetiere flexibel und fest zugleich. Von der tropischen Radnetzspinne *Nephila* wird berichtet, daß sich aus ihrem bis zu 8 m spannenden Netz selbst amselgroße Vögel nicht wieder befreien konnten. Im Südpazifik fängt man sogar Fische mit diesen Gespinsten, indem man ein sorgsam abgelöstes Netz zusammenfaltet, es dann an einem Drachen aus Palmblättern über die Wasseroberfläche fliegen läßt und die kleinen Fische »erntet«, die beim Schnappen danach in den derben »Maschen« hängenbleiben.

Um Beutetiere wirksam festzuhalten, muß das Radnetz haftfähig sein. Wie wir inzwischen wissen, werden dazu – je nach Art der Fallenstellerin – Leimruten- oder Kräuselwattefäden benutzt. Hier drängt sich geradezu die Frage auf, wieso die flink über die Maschen eilende Spinne nicht in ihrem eigenen Netz festklebt. Die Fortbewegung wird ihr durch zweierlei Fäden ermöglicht: Das Netzzentrum, die Warte oder Nabe – hier pflegt die Spinne reglos auf Beute zu warten –, besteht aus trockenen Fäden. Von der Nabe aus ziehen gleichfalls trockene Fäden, die Speichen, zum äußeren Netzrahmen. Zwischen Rahmen und Nabe liegt die Fangspirale, deren klebriger oder mit feinster Watte versehener Faden an den Speichen befestigt ist. Dieser und nur dieser eine Fangfaden hat für Fliegen und andere Insekten die bekannte verhängnisvolle Wirkung. Hangelt die Spinne durch das Netz, so greift sie in die trockenen Fäden

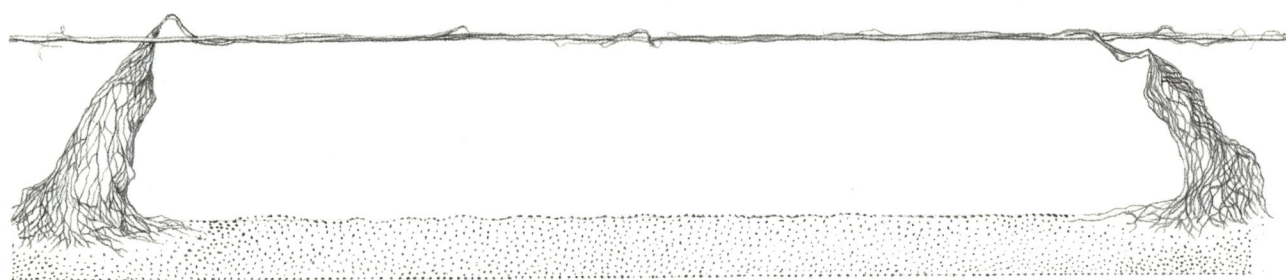

und vermeidet es geschickt, die Klebspirale zu berühren. Beim genauen Hinsehen bemerkt man, daß das Netzgespinst nicht genau lotrecht, sondern etwas schräg im Raum steht. Die Spinne bewegt sich stets an seiner Unterseite, wobei ihr die mit einem hochkomplizierten Klammerapparat aus Häkchen und Borsten besetzten Fußspitzen trefflich zustatten kommen.

Vornehmlich in den Fußspitzen ist auch der extrem feine Tastsinn lokalisiert. Genauso, wie wir in der Welt des Lichtes und der Farben und viele Tiere in einer Welt der Gerüche leben, leben die Netzspinnen in einer unvorstellbar komplizierten Tastwelt; ja, man kann sich das Netz sogar als ein verlängertes Tastorgan vorstellen. Welche Rolle Netz und Tastsinn im Dasein der Radnetzspinnen spielen, zeigt die Tatsache, daß geblendete Spinnen ebenso vollendete Gewebe herstellen wie ihre sehenden Artgenossen und im Netz verstrickte Beute ebenso sicher finden wie diese. Die vom zappelnden Insekt ausgehenden Vibrationssignale werden durch die Fadenstrukturen übertragen und augenblicklich lokalisiert. Hier wird deutlich, daß das Spinnennetz mehr ist als bloße Falle, es ist zugleich hochleistungsfähige informationsübertragende Struktur und an diese Funktion hervorragend angepaßt: Signalfäden laufen im Dienste der ungedämpften Informationsübertragung ohne jede Unterbrechung durch offene Netzsektoren (vgl. Abb. auf S. 23), die Resonanzeigenschaften von Netzen filtern unwichtige Signale aus, und besondere Fadenmuster im Netz gesellig lebender Arten dienen der Informationsausbreitung in viele Richtungen, um zahlreiche Tiere für den Angriff auf größere Beute zusammenzurufen. Am Erdboden lebende Arten entwickelten in den Jahrmillionen ihrer Stammesgeschichte eine an Energieleitungssysteme erinnernde Aufhängung für Signalfäden, da aufliegende Fadenkabel naturgemäß keine Schwingungen übertragen können.

In der Paarungszeit bleibt es nicht bei dieser »einfachen« Informationsübermittlung. Das Gewebe übernimmt dann die Funktion eines Kommunikationsnetzwerks, über das Männchen und Weibchen wechselseitig Nachrichten austauschen. Aber dazu später mehr, vorerst zurück zum Beutefangverhalten der Radnetzspinnen.

Nicht nur zappelnde Insekten, von denen bestimmte Schwingungen ausgehen (man kann die Netzbesitzerin leicht mit einer Stimmgabel überlisten), sondern auch unbewegte Beutetiere oder ein von uns ins Netz geworfenes Papierkügelchen entdeckt die Meisterin mit »Fingerspitzengefühl« durch systematisches Zupfen an den Speichen. Heftig zappelnde Insekten werden von der Netzbesitzerin mit einem breiten Schwall sehr feiner Spinnfäden bedeckt, gleichzeitig wirbelt sie das Opfer so herum, daß es nach wenigen Sekunden völlig hilflos ist. Nach einem oder mehreren Giftbissen werden kleinere eingesponnene Beutetiere aus dem Netz gelöst und in der Warte an einem kurzen Faden aufgehängt. Größere Kerbtiere verankert sie am Fangort. Bei reichlichem Nahrungsangebot kann man oft mehrere solcher Mumien, gleich Schinken in der Speisekammer, im Kreuzspinnennetz finden. Die Mahlzeit vollzieht sich in der schon beim Ameisenlöwen geschilderten Art und Weise: Die Spinne injiziert Verdauungssaft in den Körper des Opfers, der später samt den aufgelösten Nährstoffen wieder aufgesaugt wird. Den leeren Panzer des Insekts entfernt sie aus dem Netz.

Aufhängung des Signalfadens bei der bodenlebenden Spinne *Uroctea*. Aufliegende Fäden würden sich am Untergrund verfangen und könnten keine Signale übertragen, deshalb wird der Fadenstrang von Pfeilern aus verbackener Fadenmasse getragen. Um die Schwingungen nicht zu dämpfen, ist der Signalfaden nur über einen dünnen Strang mit dem Pfosten verbunden (ca. 630fach vergrößert).

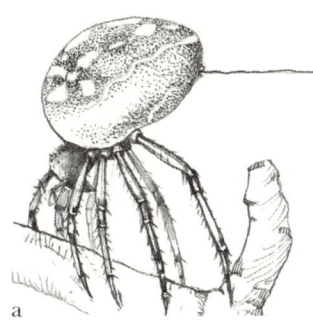

a

Ein Spinnennetz entsteht:
a Die Spinne läßt ein Faden-
segel aus den gespreizten
Spinnwarzen austreten. Der
Wind treibt es an einen festen
Gegenstand, wo es aufgrund
von Adhäsionskräften haftenbleibt. Weitere Bauetappen
auf der folgenden Seite.

Ein Spinnennetz entsteht

Die meisten Spinnen bauen nachts oder in den frühen Morgenstunden. Wer zeitig aufsteht, kann mit etwas Glück das hochinteressante Bauverhalten selbst verfolgen. Hier kann nur eins der verschiedenen Bauprinzipien in seinen Hauptbaustufen erläutert werden, dem Leser bleibt also noch viel Raum für eigene Entdeckungen.

Wir finden die schon eingangs beobachtete Kreuzspinne der Gattung *Araneus* im Garten vor dem Haus oder in einem nahen Park. Sie hat die Suche nach einem geeigneten Bauplatz bereits beendet. Da das Netz nur wenige Anknüpfungspunkte benötigt, gab es hierbei kaum Schwierigkeiten. Diese Anpassungsfähigkeit bei der Bauplatzwahl erscheint bemerkenswert, wenn man sie mit dem folgenden stereotypen Bauverhalten vergleicht.

Um ein frei hängendes Netz zu schaffen, muß die Spinne zuerst eine Brücke zu einem anderen festen Gegenstand schlagen. Meist geschieht das zu Fuß laufend, wobei der Faden sorgfältig mit einem Hinterfuß geführt wird. Oft müssen jedoch Gräben oder andere unpassierbare Hindernisse überquert werden. Hier wenden einige *Araneus*-Arten eine andere Methode an: Die Spinne reckt den Hinterleib in die Luft, gibt etwas Seidensekret ab und spreizt dabei die beweglichen Spinnwarzen auseinander, so daß aus den Faserbüscheln ein kleines Segel entsteht, das vom geringsten Windhauch davongetragen wird (a). Gleich darauf legt sie die Spinnwarzen zusammen, das breite Faserbündel vereint sich zu einem Kabel, das, mit dem Segel voran, ins Ungewisse davonschießt. Nach »Fehlschüssen« wird der Faden wieder eingeholt und aufgefressen, die wertvolle Eiweißsubstanz darf nicht vergeudet

werden. Trifft der Faden zufällig auf einen festen Gegenstand, so bleibt er aufgrund von Adhäsionskräften daran hängen, und die Spinne hat die erste feste Brücke geschaffen. Der Brückenfaden wird nach einer ersten Festigkeitsprüfung auf bemerkenswerte Weise beschritten: Die Weberin durchtrennt den Faden mit dem Mund unter Einsatz von etwas Verdauungssekret. Die beiden Enden hält sie mit den Vorder- und Hinterbeinen fest, ihr Körper hängt als eine Art lebende Schwebebrücke zwischen ihnen. Beim Vorwärtshangeln läßt sie hinten neuen Spinnstoff austreten, während sie vorn das andere Fadenende aufwickelt. Indem sie hinten mehr Faden austreten läßt, als sie vorn aufhaspelt, verlängert sie die Brücke, die nun nach unten durchsackt (b). In der Mitte angekommen, klebt sie die Fadenenden zusammen und läßt sich zu Boden sinken (c). Damit ist die Lage der späteren Nabe bereits festgelegt, es entsteht eine Y-artige Figur, deren Schenkel die ersten drei Speichen darstellen. Einfacher, man möchte fast sagen: genialer, geht es kaum. Hat die Spinne wieder festen Boden unter den Füßen, läuft sie ein kleines Stück quer zur Netzebene, wodurch jene etwas schräge Stellung des späteren Netzes gesichert wird, die für die hangelnde Fortbewegung so wichtig ist. Nach der Fertigstellung der ersten drei Speichen wird der erste Teil des Rahmens gewebt (d). Da die im selben Arbeitsgang gesponnene neue Speiche eine zu große Spannung hat, wird sie anschließend mit der schon bekannten Methode verlängert. In gleicher Weise entstehen weitere Rahmenfäden, stets in Verbindung mit einer neuen Speiche. Das Grundgerüst ist jetzt bereits zu erkennen. Nach dem Einbau weiterer Speichen, bei deren Anlage die Spannungsverhältnisse im Netz auf das genaueste berücksichtigt werden, verbindet unsere Bau-

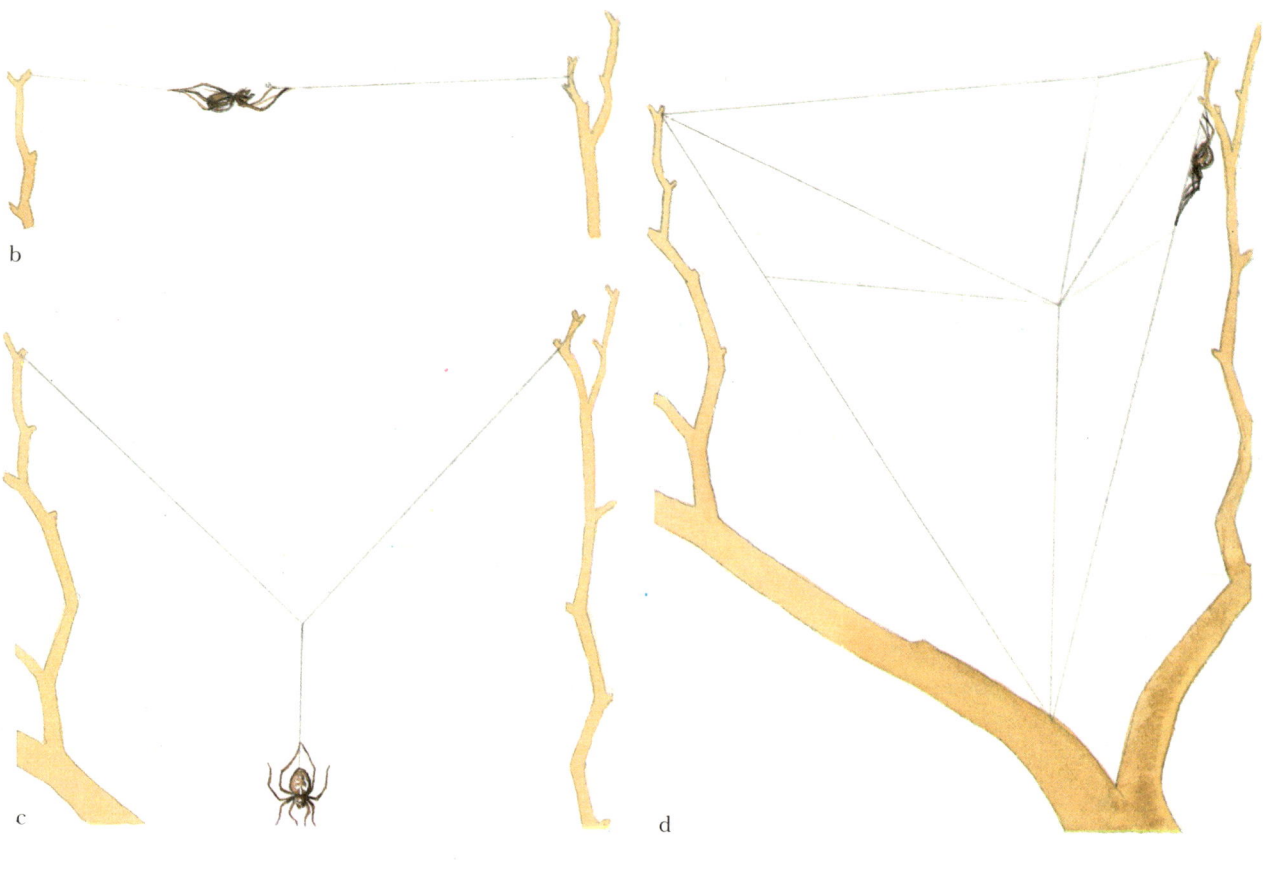

b Die Spinne hat den Brük-
kenfaden durchtrennt und
hängt als eine Art Schwebebrücke zwischen den Fadenenden.
c In der Mitte angekommen,
seilt sie sich zum Boden ab.
Somit sind die ersten drei
Speichen entstanden.
d Der erste Teil des Rahmens
entsteht.

In e ist bereits das Grundgerüst des Netzes zu erkennen,
die Spinne zieht eben die
Hilfsspirale ein.
Im nächsten Arbeitsgang f
wird in engeren Umläufen
der Klebfaden gezogen und
die Hilfsspirale wieder heraus-
gebissen.

meisterin diese in der Mitte mit Querfäden – es entsteht die Warte.

Um für den Insektenfang gerüstet zu sein, fehlt aber noch die Hauptsache: der Klebfaden. Um ihn anzubringen, muß die Spinne, von Speiche zu Speiche kletternd, eine »Hilfsspirale« aus trockenen Fäden ziehen (e). Von diesem provisorischen Faden aus, der hinterher wieder abgebaut wird, wird schließlich die viel engere Spirale des Klebfadens von außen nach innen eingezogen (f). Spät in der Nacht hat unsere Kreuzspinne ihr Werk begonnen, und wenn mit den wärmenden Sonnenstrahlen die ersten Beutetiere erscheinen, ist es vollendet. Nicht lange jedoch bleibt das Netz fangtüchtig. Der Klebstoff verändert an der trockenen Luft seine Konsistenz, und Käfer, Hummeln und andere größere Insekten zerreißen das Gespinst. Alle ein bis zwei Nächte muß die Spinne deshalb ein neues Netz herstellen, wobei sie allerdings die derben Rahmenfäden und Speichen mehrmals benutzen kann.

Wiederverwendbarkeit des Materials und äußerste Sparsamkeit in Bewegung und Orientierung gehören zu den hervorstechendsten Eigenschaften im Bauplan der kurzfristigen Fanggespinste. Hieraus lassen sich einige scheinbare Unstimmigkeiten ihrer Konstruktion zwanglos erklären. Der Bau der logarithmischen Fangspirale z. B. resultiert aus der lotrechten Verbindung einer Speiche mit der nächsten, dem kürzesten und einfachsten Weg, den die Baumeisterin überhaupt einschlagen könnte. Vom Standpunkt des Materials aus ist eine logarithmische Spirale jedoch verschwenderisch, die Notwendigkeit enger Fadenumläufe nahe der Nabe ist nicht recht einzusehen, währenddessen am äußeren Rand, wo schon die Radien weit auseinanderliegen, nun auch die Fangspirale größere Abstände aufweist. Das vielgepriesene Radnetz – eine Fehlkonstruktion? Keineswegs. Aus Versuchen mit radioaktivem Material weiß man, daß 90% der Radnetzseide wiederverwendet werden, Materialverschwendung gibt es demzufolge nicht. Die sicher geringere Fangtüchtigkeit der außen weiten Spiralumläufe wird durch die Sparsamkeit an zeitaufwendigen und komplizier-

ten Orientierungsreaktionen wieder wettgemacht, ein Kompromiß, der offensichtlich von der Selektion begünstigt wurde, sonst hätte sich dieser Netztyp nicht bei einer so großen Artenanzahl durchsetzen können.

Für die Herstellung der Dauerstrukturen von Stolperfäden, Baldachin- und Raumnetzen dagegen wird mehr Aufwand an Zeit, Material und Orientierungsreaktionen getrieben. Sie sollen ihren Erbauern oft wochen-, ja monate- und jahrelang als Ernährungsgrundlage, Unterkunft und häufig noch zur Jungenaufzucht dienen. Wiederverwendung von Spinnmaterial findet man hier kaum, auch die prinzipiellen »Bauablaufpläne« unterscheiden sich beträchtlich vom Radnetztyp. Während die Raum- oder Tuchnetzweberinnen ihre Dauergewebe über einen längeren Zeitraum hinweg fortlaufend vervollständigen – sie bauen dazu einfach an den Außenwänden weiter, ohne den Grundplan zu stören –, überspannen die Radnetzweberinnen auf einen Schlag weite Zwischenräume nach einem festliegenden Bauplan (angefangene Netze können auch von fremden artgleichen Individuen planmäßig vollendet werden!), an dem spätere Veränderungen kaum noch möglich sind.

Die im Zentralnervensystem gespeicherten Verhaltensmuster sind bei der einen wie der anderen Gruppe von Netzbaumeisterinnen genetisch verankert, also angeboren. Das heißt nicht, daß sie sofort nach dem Schlüpfen aus dem Ei voll ausgebildet sein müssen, im Gegenteil, häufig reifen derartige Verhaltensweisen erst im Verlauf der Jugendentwicklung. Das gilt für bestimmte Verhaltensabläufe des Menschen ebenso wie für tierische Bautätigkeiten und andere hochkomplizierte Bewegungsmuster.

Von einem bestimmten Alter (Anzahl der Häutungen) an, in dem die Spinnenjungen normalerweise ihre schützende Kinderstube verlassen, bauen sie formvollendete, nur entsprechend kleinere Netze. Jungspinnen, die schon vorher aus dem Kokon herausgeschnitten wurden, sind dazu noch nicht fähig. Ihre erblich fixierten motorischen und zentralnervösen Grundlagen des betreffenden Verhaltens benötigen eben einen bestimmten Zeitraum zum Ausreifen. Wie wenig der Netzbauplan auch später durch Erfahrung zu beeinflussen ist, zeigt ein weiteres Experiment, in dem man eine Spinnengruppe normal aufzog, d. h. lebende Beute fangen ließ, eine zweite hingegen ausschließlich von einer Pinzette direkt in den Mund ernährte. Beide Gruppen bauten nun zeitlebens völlig gleichartige Netze, und das, obwohl sich in denen der letzteren niemals Beute fangen konnte, damit positive Rückkopplungen ausblieben, was bei einem durch Lernen beeinflußten (erfahrungsabhängigen) Bauverhalten zu dessen Verschwinden oder zumindest jedoch zu einer Reduzierung führen würde.

Halten wir fest: Das Netzbauverhalten der Spinnen ist genetisch fixiert und – mit Ausnahme der durch Standortwahl sich ergebenden Variabilität – in engen Grenzen artlich festgelegt. Daraus und aus einigen weiteren Besonderheiten erklärt sich das Interesse der Pharmakologen an den achtbeinigen Webmeisterinnen.

Spinnen unter harten Drogen

Kein anderes Tier liefert eine so vollkommene grafische Darstellung seines zentralnervös gesteuerten Verhaltens wie unsere Radnetzspinnen. Und da sie das täglich tun und deshalb auch täglich ihren inneren Zustand zeichnen, stellen sie so ziemlich die Idealausgabe eines Versuchstieres für die Erforschung von Drogenwirkungen dar. Der Chemiker PETER WITT erkannte die einmalige Chance, die medikamentöse Wirkung verfütterter Substanzen direkt an einer Grafik abzulesen, der Chronik ihres normalen oder gestörten Verhaltens. Es scheint dabei nicht so sehr, daß Spinnen empfindlicher als andere Tiere auf die untersuchten Substanzen reagieren, sondern daß man bei ihnen die Fehlleistungen besonders leicht entdeckt, da sie täglich einen genauen und ausführlichen Bericht über den Funktionszustand ihres Zentralnervensystems im Netzbau liefern. Selbstverständlich ist bei der Übertragbarkeit der Ergebnisse auf andere Lebewesen, besonders Warmblüter, allergrößte Vorsicht geboten.

Schnappnetze und nächtliche Lassowerfer

Abschließend sollen einige der am stärksten vom landläufig bekannten Spinnennetz abweichende Fanggebilde vorgestellt werden. Bei der einheimischen Dreiecksspinne *(Hyptiotes paradoxus)*, deren Netze man besonders an den unteren trockenen Fichtenästen in unseren Mittelgebirgen findet, läßt sich die Ableitung vom Bauplan des Radnetzes noch erkennen. Schwieriger ist das schon bei einem südafrikanischen Vertreter der Gattung *Miagrammopes*, dessen Fanggewebe auf einen einzigen bis zu 3 m langen Faden reduziert ist. Die mit Kräuselwattefäden bestückten Fanggewebe beider Arten werden von ihren Besitzern als bewegliche Insektenfallen benutzt. Vergleichbare Konstruktionstypen wurden konvergent bei den Kugelspinnen, Kreuzspinnen, Uloboridae und den Deinopidae entwickelt. Die Fallensteller halten dabei zumeist die Fadenenden zwischen den Vorderbeinen, während sie selbst mit einem Sicherheitsfaden an einem Ast angesponnen sind. Der Sicherheitsfaden wird durch Heranhangeln an den Haltepunkt verkürzt und knäult sich auf dem Bauch der in Lauerstellung kopfunten hängenden Spinne zusammen. Der Fangapparat ist somit straff gespannt. Gerät ein Beutetier in die Kräuselfäden, so lassen die Hinterbeine den Sicherheitsfaden los, dieser rollt sich blitzartig aus, wodurch die Spinne mit einem Ruck auf das erschlaffende Gespinst geschleudert wird, die Fäden nähern sich einander, und das Opfer verstrickt sich in den hauchdünnen Maschen – die Falle ist zugeschnappt.

Auf eine ganz andere, abenteuerlich anmutende Art erbeuten die exotischen Bola- oder Lassospinnen ihre Nahrung. Diese Spinnen hängen nachts bauchoben an einem Sicherheitsfaden. Mit dem Vorderfuß halten sie einen zweiten Faden, an dessen Ende sich ein Leimtropfen befindet. Es gehört schon eine gehörige Portion Phantasie dazu, sich in diesem etwa 5 cm langen Pendel das reduzierte Radnetz vorzustellen. Und doch ist es so. Die Tropen mit ihrem unvorstellbaren Insektenreichtum – ein wahres Schlaraffenland für Spinnen – ermöglichten eine so

Spinnennetze unter Drogen-
einfluß. Die Medikamente
werden über eine Kanüle
direkt an die Spinne ver-
füttert.
a Normales Radnetz einer
Sektorenspinne *(Zygiella)*, in
dem immer einige Unregel-
mäßigkeiten vorhanden sind.
b Pervitin, ein Weckamin
(»Muntermacher«) versetzt
die Spinne in zu große Erre-
gung, um ein vollständiges
Netz herstellen zu können.
c Unter dem Einfluß des
Rauschgiftes LSD nimmt
die Spinne keine äußeren
Störreize wahr und stellt ein
perfektes Gewebe her, viel
regelmäßiger als unter natürlichen Bedingungen.
d Koffein ruft bei der Spinne
das Gegenstück zur menschlichen »Kaffee-Euphorie«
hervor. Sie schafft ein regelloses Gewirr von Fäden, ihre
Richtungsorientierung ist
zeitweilig aufgehoben.

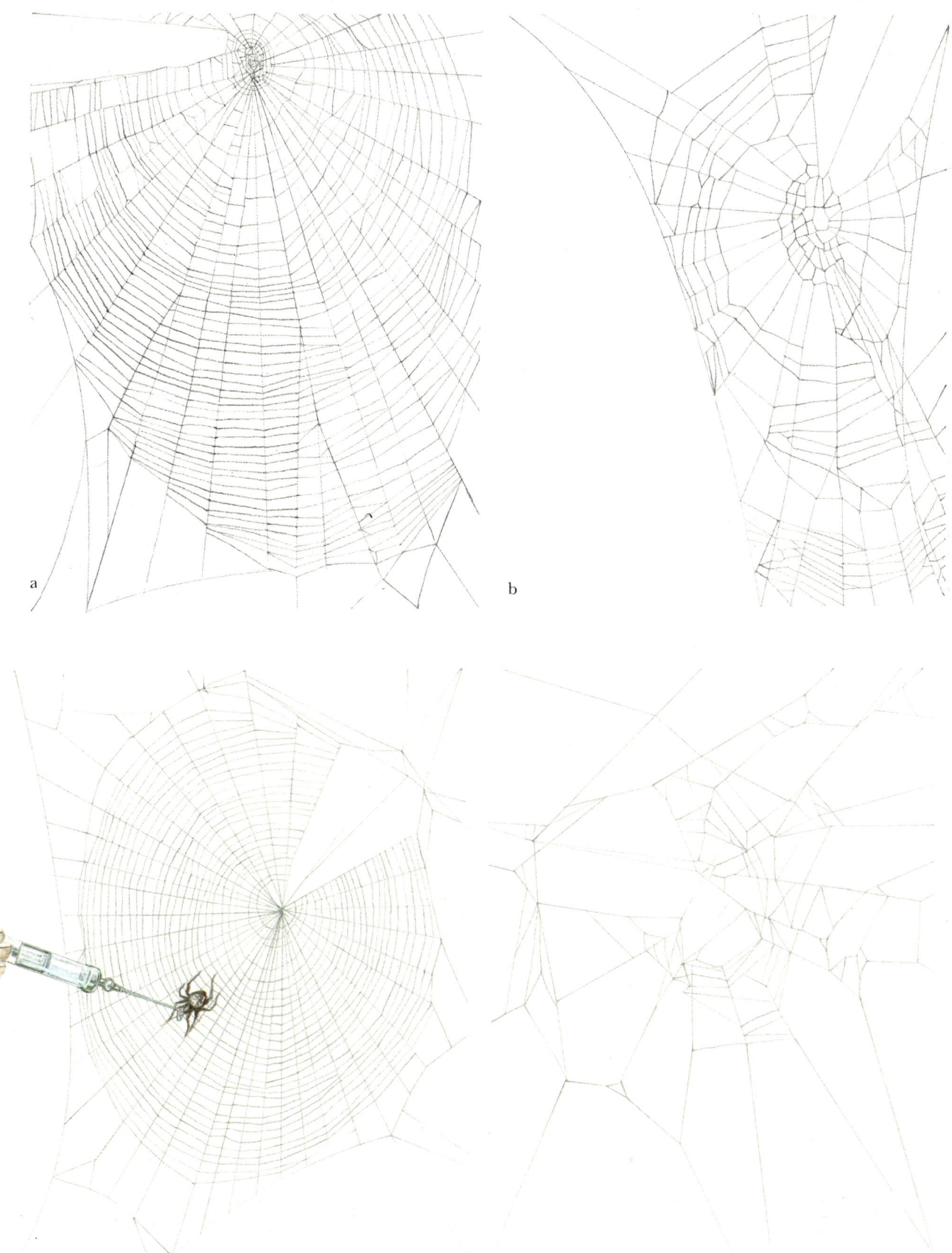

a

b

c

d

weitgehende Rückbildung des ursprünglichen Radnetzes, das trotzdem noch seine Ernährungsfunktion ausreichend erfüllt. Dazu bedarf es freilich der Meisterschaft der »Lassowerferin« *Mastophora*, von der berichtet wird, daß sie einem vorbeifliegenden Insekt zielsicher ihr Wurfgerät entgegenschleudert.

Außer bei Netzspinnen finden wir bei keiner anderen Tiergruppe eine solche Vielfalt an Fangbauten, dazu eine Fülle beeindruckender, erst zu einem verschwindend geringen Teil erforschter Verhaltensweisen, deren Mannigfaltigkeit hier nur angedeutet werden kann. Vielleicht hat auch der eine oder andere Leser, dem möglicherweise beim Stichwort Spinne nicht viel mehr ein-

fiel als das Sprichwort »Spinne am Morgen bringt Unglück und Sorgen« interessante Seiten am so oft geschmähten »Ekeltier« Spinne entdecken können und zögert künftig das Leben eines dieser kleinen Insektenjäger mit einem schnellen Tritt sinnlos auszulöschen.

Reusenfischer

Viele Spinnen bauen Netze. Das ist eine bekannte Tatsache. Daß es auch einige Insekten oder, richtiger, deren Larvenformen gibt, die Netze spinnen und noch dazu unter Wasser, ist weit weniger geläufig. Dabei sind diese Fangreusen in saube-

Dreiecksspinne in Lauerstellung, das Fangnetz straff gespannt. Berührt eine Beute das Netz, so läßt sie den Sicherheitsfaden los, worauf das Gewebe ruckartig erschlafft und sich das Insekt in den Maschen verstrickt.

ren Gewässern unserer Heimat gar nicht selten. Errichtet werden sie von den Larven einiger Köcherfliegenfamilien. Köcherfliegen gehören übrigens nicht zu den »richtigen« Fliegen, wie der Name vermuten läßt, sondern bilden eine eigene Insektenordnung (Trichoptera), die den Schmetterlingen nahesteht. Die Larven der meisten Arten bauen sich aus kunstvoll versponnenem Speicheldrüsensekret und Fremdmaterialien transportable, köcherförmige Gehäuse, von denen später noch berichtet wird. Die Reusenfischer dagegen bewohnen festsitzende Wohngespinste und können deshalb ihre Nahrung nicht aktiv aufsuchen. Dafür finden sich bei ihnen verschiedene Typen von Fangnetzen, die für ein ständiges Nahrungsangebot sorgen. In stehenden oder wenig bewegten Gewässern sind es vor allem unregelmäßige Stellnetze, die, Fallstricken gleich, das Vorhandensein von Beute signalisieren. Im langsam fließenden Wasser errichten einige Arten reusenähnliche Netzwerke mit feinen, filzartigen Wandungen. Das strömende Wasser wird von den Reusen wie einem Planktonnetz gefiltert. Kleinstlebewesen und Insektenlarven bleiben in den derben Maschen am Ende der Reuse hängen, ein »Tischleindeckdich« für die in ihrem etwas seitlich angelegten Wohngespinst wartende Reusenfischerin. In schnell fließenden Gewässern könnten diese relativ dichten Reusen dem Wasserdruck nicht

standhalten. Hier leben die Larven aus der Familie Hydropsychidae, deren Netze aus regelmäßigen rechteckigen Maschen der Strömung nur geringen Widerstand bieten. Die Bewohner stark strömender Bäche stellen grobmaschigere Netze aus dickeren Fäden her als die Arten in langsamer fließenden Gewässern. Da im ersten Falle in der gleichen Zeit mehr Wasser durch das Netz gefiltert wird, muß der Fangertrag nicht unter dem eines feinmaschigen Netzes liegen.

Häufig leben die jüngsten Larven als Planktonfischer, während die älteren größere Beutetiere bevorzugen. Die extremste Nahrungsspezialisierung wurde von Hydropsychidenlarven aus dem Amazonasbecken bekannt. Sie leben in U-förmigen Gehäusen am Grund nahrungsarmer saurer Waldbäche, in denen sich nur wenige Kleinlebewesen zu halten vermögen. Winzige organische Zersetzungsprodukte (Kleinsttripton) sind jedoch auch in diesem für unser Auge kristallklaren Wasser ausreichend vorhanden. Mit den bisher erwähnten Netztypen erwachsener Larven könnten sie allerdings nicht abfiltriert werden, dazu wären die Netze mit einer Maschenweite von etwa $100 \times 400 \, \mu m$ ($1 \, \mu m = 0{,}000001 \, m$) viel zu grob. Die südamerikanischen Köcherfliegenlarven stellen nun Netze mit der fast unglaublich geringen Maschenweite von rund $3 \times 20 \, \mu m$ her. Ein Netz von 1,5 cm Durchmesser enthält somit etwa 2 Millionen Maschen! Es ist noch nicht vollständig klar, wie die immerhin 2 cm lange Larve es fertigbringt, mit ihren relativ dicken Spinnfortsätzen in derart winzigen Abständen Fäden mit solcher Exaktheit zu spannen.

Besser unterrichtet sind wir über den Netzbau einiger heimischer Köcherfliegenlarven. Stammesgeschichtlich gingen die Reusen und Netze aus den Wänden der Wohngespinste hervor. Auch heute noch sind sie bei einigen Arten direkt mit der Larvenwohnung verbunden, als einfache trichterförmige Erweiterung etwa oder als Wasserfilter im Wohnraum selbst. Die hochentwickelten zweiseitig-symmetrischen Netze der Gattung *Hydropsyche* lassen sich ebenfalls als Teil des Gehäuses auffassen, der unter strenger Regelmäßigkeit von Fadenverlauf und Fadenabstand in die Strömung verlagert wurde. Dieses Zerlegen des ursprünglichen Verhaltensmusters des Gehäusebaus in einzelne exakt wiederholbare Schritte stellt eine der erstaunlichsten Ordnungsleistungen tierischer Konstrukteure dar.

Für den Bau eines derartigen Netzes sind neben einem festen Untergrund auch günstige Strömungsverhältnisse erforderlich. Auf der Suche nach optimalen Bauplätzen lassen sich die frisch geschlüpften Larven meist vom Wasserstrom treiben, wobei ein beträchtlicher Prozentsatz in die Netze ihrer älteren Artgenossen gerät und von diesen gefressen wird. Gelegentlich benutzen die Junglarven auch Spinnfäden, um sich in der Strömung zu halten, bis sie einen brauchbaren Haltepunkt gefunden haben. Da viele Larven die gleiche Methode anwenden, ist es nicht verwunderlich, daß sie in Scharen an solchen Plätzen gefunden werden. Auf diese Weise entstehen dann ganze Barrieren von Netzen am Grund der Flüsse. Für den Bau einer Gespinstunterkunft ist eine Wasserströmung nicht unbedingt erforderlich, für die Konstruktion der Fangnetze jedoch unumgänglich. Stets stehen die Netze quer zur Strömung. Die Orientierung erfolgt mit Hilfe von Strömungssinnesorganen (speziellen Sinnesborsten), die am Vorderkopf der Larve sitzen. Macht man diese Sinnesborsten durch Lacküberzug unbeweglich, so sind die Larven nicht mehr in der Lage, regelmäßige Netze anzufertigen.

Bei der Herstellung eines Fangnetzes werden die Fäden wechselseitig gezogen und unter Zuhilfenahme der Mundwerkzeuge so verklebt, daß rechteckige Maschen entstehen. Die Fäden verlaufen teils über, teils unter der Netzfläche. Dadurch ähnelt diese in ihrer Struktur unseren Textilien. Der Effekt kommt jedoch auf eine ganz andere Weise zustande – indem nämlich die Larve die Kettfäden abwechselnd von beiden Seiten spannt, während in der menschlichen Weberei zuerst alle Kettfäden und dann die Schußfäden gezogen werden. Wollten die Larven ebenso verfahren, müßten sie mit dem gerade erzeugten Faden durch die bereits ausgespannten Haltefäden klettern. Dieses Prinzip ist im

Tierreich nicht verwirklicht, auch nicht bei den Webspinnen.

Die Maschenweite im Fangnetz der Hydropsychidenlarve wird von anatomischen Strukturen bestimmt. Dazu werden zwei auf der Oberlippe (dem Labrum) gelegene Borsten als »lichtes Maß« für die Maschenbreite zwischen die zu verbindenden Fäden gelegt. Operative Veränderungen an diesen Meßinstrumenten führen zu abweichenden Maschengrößen. Auch normale Larven sind nicht in der Lage, Löcher in ihren Netzen mit rechteckigen Maschen zu verschließen. Die schadhaften Stellen werden nicht »kunstgestopft«, sondern lediglich kreuz und quer mit Fäden überspannt. Hier zeigt sich, daß die Fangnetze der Hydropsychiden mehr sind als nur die Summe ihrer Teile. Eine für die einzelne Art festgelegte Anzahl von Fäden wird nach einem vorbestimmten Bauplan so miteinander verwoben, daß ein Produkt höherer Ordnung entsteht, aus dem keine Teile entnommen werden können, ohne das Ganze zu stören.

Köcherfliegenlarven, Spinnen und Ameisenlöwen sind zwar die bekanntesten, aber nicht die einzigen Fallensteller im Tierreich. So gibt es in Südeuropa und Nordafrika einige Fliegenarten (Gattung *Vermileo*), deren Larven Fallgruben anlegen. Diese »Wurmlöwen« führen darin ein dem Ameisenlöwen erstaunlich ähnliches Leben, obwohl zwischen ihnen keine nähere Verwandtschaft besteht. Andere Zweiflüglerlarven erbeuten ihre Nahrungstiere mittels klebriger Fäden. Wir kennen das von den Larven der Pilzmücken, z. B. der in neuseeländischen Höhlen lebenden Art *Arachnocampa luminosa*, die von einem erhöhten Standort aus Fangfäden herabhängen läßt und ihre Beute, fliegende Insekten, durch Leuchten (Biolumineszenz) anlockt. Viel kleineren Lebewesen und Nahrungsteilchen stellt der im Meeresboden lebende Pergamentwurm *(Chaetopterus variopedatus)* nach. In seiner mit einer pergamentartigen Masse austapezierten U-förmigen Wohnröhre spannt er mit Hilfe von an der Körpermitte gelegenen Tentakeln ein dünnes Schleimhäutchen aus. Nach etwa zwanzig Minuten rollt der Wurm das Netz mit den darin

Fanggespinste der Köcher-
fliegenlarven.
a Fangreuse aus filzartig
versponnenen Seidenfäden,
bis 14 cm lang. Die Larve
der Art *Neureclipsis bimaculata*
sitzt im engen Trichterende.
b Fangreuse von *Holocentropus
dubius*. Solche Gespinste finden sich bevorzugt in schwach
bewegten Gewässern.
c Bau einer südamerikani-
schen Hydropsychidenlarve.
Das durchströmende Wasser
wird durch ein äußerst feines
Netz gefiltert. Die Larve hält·
sich in der senkrechten
Wohnröhre auf und verzehrt
die abgeseihten Nahrungs-
partikel.
d Hydropsychidenlarve an
ihrem Stellnetz. Die derben
Maschen bieten der Strö-
mung schnellfließender Gewässer nur wenig Widerstand.

hängengebliebenen Kleinstlebewesen und organischen Schwebeteilchen zusammen und frißt es auf, um danach ein neues aufzuspannen. Ein vergleichbarer Nahrungserwerb findet sich unter anderem bei Zuckmückenlarven *(Rheotanytarsus)* und dem im Meeresboden lebenden Vielborster *Nereis diversicolor*, der mitunter einen feinmaschigen Schleimtrichter spannt und ihn am Eingang seiner Wohnröhre verankert. Auch hier wird das Gespinst mit den abfiltrierten Teilchen nach einer bestimmten Zeit gefressen und danach durch ein neues ersetzt.

Vorratsbauten

Bei stark schwankendem Nahrungsangebot, etwa in Gebieten mit Trockenzeiten oder strengen Wintern, müssen die tierischen Bewohner Vorkehrungen treffen, um die futterknappe Zeit zu überdauern. Im einfachsten Falle liegt nur eine physiologische Nahrungsspeicherung vor. Durch verstärkte Futteraufnahme werden im Körper

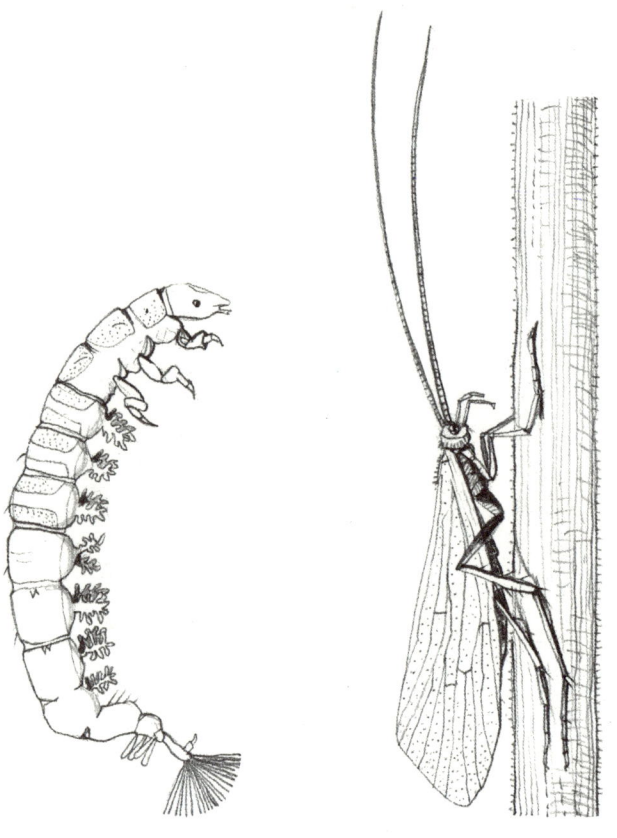

Köcherfliege der Gattung *Hydropsyche*, rechts vollentwickeltes Insekt, links Larve. Die büschelförmigen Anhänge an der Unterseite sind Kiemen.

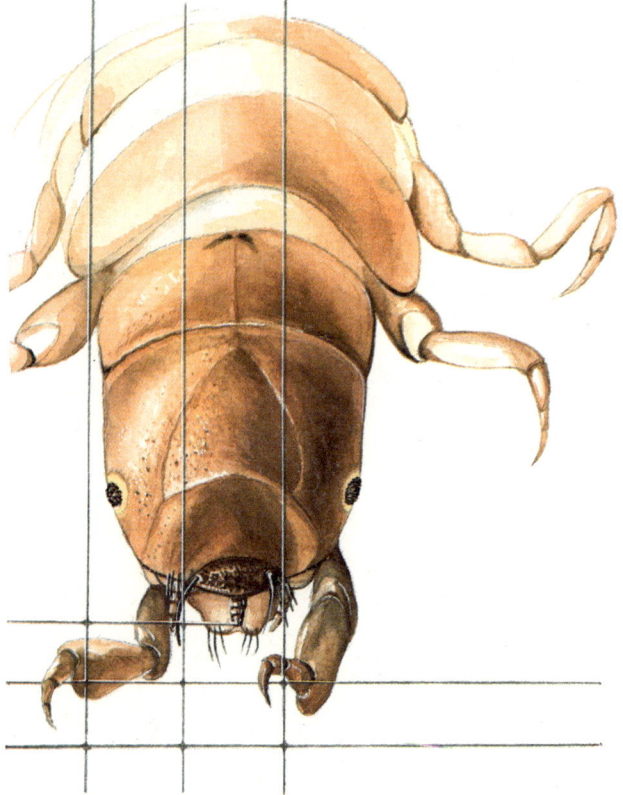

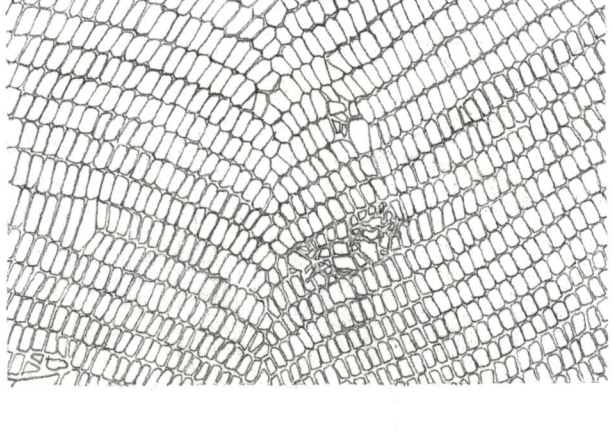

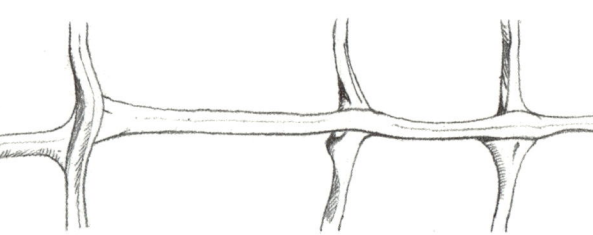

Netzbau einer Hydropsychidenlarve.
Links: Die Larve zieht einen Schußfaden, als Maß für die Maschenweite dienen zwei an der Oberlippe gelegene Borsten.
Rechts oben: Ausschnitt aus dem zweiseitig symmetrischen Fangnetz mit zwei »Stopfstellen«.
Rechts unten: An den Stoßstellen sind die Maschen miteinander verklebt (nach einer rasterelektronenmikroskopischen Aufnahme).

Fett- und Glykogenreserven angelegt, die entweder verringertes Nahrungsangebot überbrücken (z. B. Winter- oder Trockenschlaf) oder aber, wie bei den Zugvögeln, auf erhöhte Beanspruchung des Körpers vorbereiten. Eine andere Möglichkeit des Überlebens in Notzeiten bietet sich durch die Anlage von Nahrungsvorräten. Diese Vorräte können ungeschützt auf spitzen Zweigen oder Dornen stecken wie bei einigen Vögeln (Würgern), in Seide eingesponnen frei im Netz hängen wie bei vielen Spinnen, in natürlichen und künstlichen Verstecken oder aber innerhalb spezieller Vorratskammern eines Tierbaus aufbewahrt werden. Vorratsbauten finden sich sowohl für den eigenen Bedarf – davon wird hier vorrangig die Rede sein – als auch im Zusammenhang mit der Brutfürsorge und -pflege sowie dem sozialen Zusammenleben. Letztere kommen im Rahmen der betreffenden Funktionskreise noch ausführlicher zur Sprache, nur wenige Beispiele sollen im Dienste eines Gesamtüberblicks bereits an dieser Stelle angeführt werden.

Verstecke

Dem aufmerksamen Beobachter sind bei Waldspaziergängen vielleicht schon einmal junge Bäumchen aufgefallen, die aus Stammhöhlungen oder Rindenspalten alter Bäume herauswuchsen. Das ist nicht weiter ungewöhnlich, erstaunlich jedoch ist, daß die Schößlinge oft einer anderen Art angehören als ihre Trägerbäume. Wie gelangten die Samen dahin? Der Wind scheidet, zumindest bei Eicheln, Nüssen und Bucheckern, als Überträger aus, dafür sind sie viel zu schwer. Es kommen eigentlich nur Tiere als die unfreiwilligen Gärtner in Betracht. Tatsächlich verstecken verschiedene Meisen und Spechte, Kleiber und Eichelhäher Samen und anderes Futter in Rindenspalten, Baumhöhlungen oder am Boden. Häufig finden sie später ihre Verstecke nicht wieder. Der Eichelhäher soll auf diese Weise einen nicht unerheblichen Beitrag zur Verbreitung der Eichen geleistet haben.

Nun können die einfachen Versteckhandlungen (Eintragen und Festklopfen) in vorgefundenen Höhlungen und Spalten noch nicht als Bautätigkeit aufgefaßt werden. Beim anschließenden Abdecken mit Moos oder Rinde und dem Festklopfen des Deckmaterials (Kleiber) ist der Fall schon nicht mehr so klar. Sobald aber ein Versteck künstlich geschaffen oder erweitert wird (das ist z. B. von einigen Spechten bekannt), haben wir es mit einfacher Bautätigkeit im Dienste der Ernährung zu tun. Eine Reihe von Säugetieren legt ebenfalls Futterverstecke an, die umfangreichsten werden wohl von der allbekannten Hausmaus (*Mus musculus*) errichtet, genauer gesagt, von einer ihrer Unterarten. In ihrem ursprünglichen Areal zwischen Kaspisee und Neusiedler See lebt diese als Ährenmaus (*M. m. spicelegus*) bekannte Rasse ganzjährig im Freien. Im Herbst sammeln zwei bis sechs Tiere gemeinsam 5 bis 7 kg Samen, die sie zu einem Vorratshügel anhäufen und mit Erde bedecken. Die Hügel mit den darunterliegenden Nestern der eifrigen Sammler erreichen 60 bis 120 cm im Durchmesser und 50 cm Höhe.

Die sehr ähnliche einheimische Hausmaus (*M. m. domesticus*) dagegen lebt ganzjährig im Gefolge des Menschen. Sie zeigt auffällige Verhaltensunterschiede gegenüber der Wildform und verlor unter anderem die Fähigkeit zum Speicherbau. Zwischen beiden Formen steht die Ährenmaus Mitteleuropas (*M. m. musculus*), die im Sommer wild, im Winter beim Menschen lebt. Alle drei Unterarten sind einander äußerlich sehr ähnlich und unterscheiden sich deutlicher in Verhalten und Bautätigkeit als in morphologischen Merkmalen.

Auch andere Nagetiere wie Eichhörnchen legen Futterverstecke an, außerdem viele Raubtiere, unter ihnen der Rotfuchs.

Auch wenn das Resultat ihrer Versteckhandlungen nicht in eindrucksvollen Bauwerken, sondern einer einfachen, mehr oder weniger sorgfältig abgedeckten Erdgrube besteht, sind sie für uns von Interesse, da sich hier anhand einfacher Handlungsfolgen Einblicke in allgemeine Steuerungsprinzipien tierischer Bautätigkeit gewinnen lassen.

Hundeartige, zu denen der Rotfuchs (*Canis*

vulpes) gehört, nehmen das zu versteckende Fleischstück auf, werfen das mit den Eckzähnen erfaßte Stück in den Bereich der Backenzähne (Fangwerfen) und begeben sich auf die Suche nach einem geeigneten Versteckplatz (Suchlaufen). Es folgen Scharren, Ablegen, Feststoßen und Zuschieben, ein Schieben mit dem Schnauzenrücken gegen das Fleisch, wodurch es im Normalfall mit Erdmaterialien bedeckt wird. Die Reihenfolge der Teilhandlungen ist erblich genau festgelegt; die Handlungskette läuft deshalb auch unter unnatürlichen Bedingungen in gleicher Weise ab. So trabt ein zahmer junger Fuchs suchend im Zimmer umher, zeigt schließlich in einer Ecke auf dem blanken Fußboden nacheinander die aufgeführten Verhaltensweisen, um dann das nächste Stück zum »Vergraben« zu holen.

Der im Volksmund als »schlau« und »listig« bezeichnete Fuchs ist in diesem Falle nicht in der Lage, in unnatürlicher Umgebung situationsgerecht zu handeln. Sein Verhaltensprogramm erweist sich als starr und nur von inneren Faktoren bestimmt, so daß selbst ausbleibende Rückmeldungen aus der Umwelt, z. B. die Bedeckung des Fleisches mit Bodenmaterial, nichts am Ablauf ändern. Wenn später grundsätzlich andere, von Umgebungsreizen bestimmte Prinzipien der Verhaltenssteuerung vorgestellt werden, sollten wir uns dieses Beispiels erinnern.

Vorratskammern

Bei diesem Wort denkt man fast automatisch an die Getreidespeicher des Hamsters. »Hamstern« wurde ja geradezu zum Begriff für Raffgier und geizige Vorratswirtschaft. Die Speicherkammern des Hamsters *(Cricetus cricetus)* sind Bestandteil eines wohlausgebauten Bausystems. Bemerkenswerterweise bauen Männchen und Weibchen unterschiedlich. Der Männchenbau besteht aus einem schrägen Eingangsstollen, dem Wohnkessel, der Fallröhre, der »Toilette« und der vom Wohnkessel abzweigenden Vorratskammer. Die Hamsterweibchen legen oft mehrere Eingangsröhren und stets mehr Fallröhren (bis zu 8) als

Wohn- und Brutbau des Kurzflügelkäfers *Bledius spectabilis*. In der Gezeitenzone der Meeresküste gräbt er Höhlen in den Sand, in denen er sich bei Flut aufhält. In bestimmten Abschnitten des Baus lagert er Algen ein, von denen er sich und seine Nachkommenschaft ernährt. Seitlich von der Wohnröhre zweigen die Eikammern ab, ihr Eingang ist mit Sand verschlossen. Zum Schutz vor Feuchtigkeit und Verpilzung ist jedes Ei an einem Sekretstiel aufgehängt.

die Männchen an. Wir haben darin eine Fürsorgehandlung für den Nachwuchs zu sehen, da die senkrechten Stollen hauptsächlich den Jungtieren bei ihren ersten Erkundungsausflügen als schnelle Fluchtmöglichkeit in den sicheren Bau dienen. Die Abweichungen in der Konstruktion der Hamsterbaue erklären sich somit aus der unterschiedlichen Rollenverteilung der Geschlechter.

Über die Körnermengen, die ein Hamster in seinen Backentaschen in die Vorratskammer einträgt, ist viel geschrieben worden. 50 kg mögen vielleicht vorgekommen sein, sind aber große Ausnahmen. Ein Körnervorrat von 15 kg ist bereits als groß zu bezeichnen. Dabei tragen die Weibchen weit mehr Sämereien zusammen, als die Männchen. Diese bringen es selten auf mehr als 4 bis 5 kg und sammeln mitunter nur wenige hundert Gramm. Außer von Körnern, die sie hauptsächlich zum nahrungsarmen Frühjahrsbeginn verzehren, leben Hamster von frischer Pflanzenkost, aber auch von Regenwürmern, Engerlingen und sogar von Feldmäusen. Den senkrechten Fallröhren kommt dadurch eine weitere Funktion zu: Sie wirken als Fallgruben für allerlei Kleingetier.

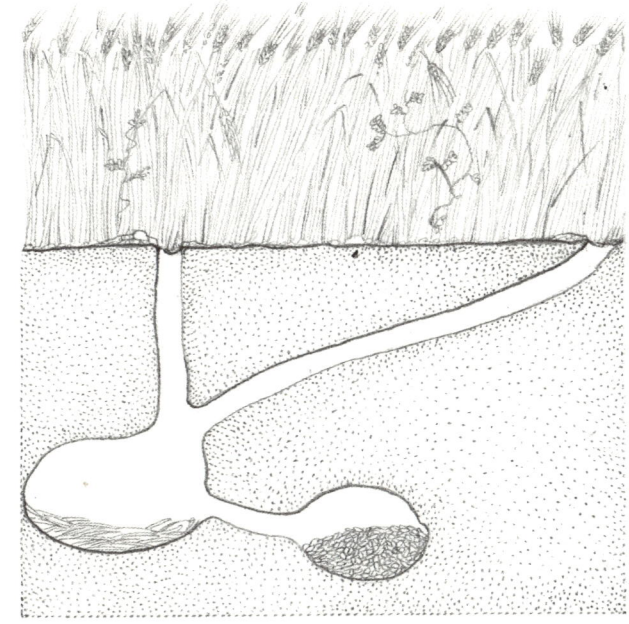

Bau eines Hamstermännchens mit schräger Eingangsröhre, Wohnkessel und Vorratskammer, schematisiert. Die senkrechte Fallröhre dient als schnelle Fluchtmöglichkeit und wirkt gleichzeitig als Fallgrube für kleinere Nahrungstiere.

Die gleiche Funktion erfüllen – wenn man so will »nebenbei« – die Gänge im Maulwurfsbau. In ihnen sammelt sich vielerlei Genießbares an, vor allem Regenwürmer, Engerlinge, Insekten und Spinnentiere. Durch Graben neuer Gänge wird weitere Nahrung aufgespürt. In Zeiten des Überflusses, besonders im Frühherbst, wenn die ersten kalten Tage einsetzen, werden Nahrungstiere in speziellen Vorratskammern oder alten Stollenteilen deponiert. Die Regenwürmer sind gewöhnlich am Vorderende beschädigt, meist fehlen die ersten Segmente. Da in ihnen das Nervenzentrum für die geordnete Fortbewegung liegt, können sie nicht mehr davonkriechen. Die Beute wird so über einen langen Zeitraum lebensfrisch gehalten, ein Prinzip, das wir später bei der Sandwespe in ähnlicher Form noch einmal antreffen. In einer einzigen Vorratskammer des Maulwurfs zählte ein polnischer Biologe über 1 200 Regenwürmer mit einem Gesamtgewicht von über 2 kg! Das heißt aber nicht, daß der Maulwurf alle frißt. Die Überlebenden regenerieren sich im Laufe des Winters und verlassen im Frühjahr den für sie gefährlichen Ort.

Die bisherigen Beispiele betreffen Vorratsbauten für den Eigenbedarf. Eine Vielzahl von Arten jedoch, vor allem Insekten, errichtet vergleichbare Bauten vorwiegend oder ausschließlich für die Aufzucht der Nachkommenschaft. Hier ist zu unterscheiden zwischen Bautätigkeit im Zusammenhang mit der Brutfürsorge, d. h. bis zur Eiablage, und mit der Brutpflege, die alle über diesen Zeitpunkt hinausgehenden Aktivitäten zum Schutz und zur Ernährung des Nachwuchses erfaßt.

Insekten legen ihre Eier an geschützten Orten ab, tarnen sie oder errichten Schutzbauten; viele sorgen für die Ernährung ihrer Larven, indem sie die Eier an oder im Nahrungssubstrat ablegen, wie etwa die Kohlweißlinge an Kohlblättern oder die Schlupfwespen an ihren Wirtstieren; andere wiederum versehen die Brutkammern ihres Nachwuchses mit einer größeren Proviantmenge, die zur Entwicklung der Larve in den ersten Lebenstagen oder gar bis zum Vollinsekt ausreicht. Diesem Fall von kombinierter

Hamster in seiner Vorratskammer. Im Sommer und Herbst trägt das Weibchen bis zu 15 kg Getreide und andere Sämereien in seinen Speicher.

Brut- und Vorratskammer soll nun unsere Aufmerksamkeit gelten. Im Abschnitt »Kinderstuben« werden wir noch mehrfach Beispielen dieser komplizierten Art von Brutfürsorge begegnen, so daß sich die Darstellung hier auf eine einzige Art von Vorratskammer, allerdings eine der bemerkenswertesten im Dienste der Brutfürsorge, beschränken kann: die des Pillendrehers.

In den prunkvollen Grabkammern der ägyptischen Pharaonen fand man Hunderte seltsamer Amulette: in Stein geschnittene oder goldgetriebene Darstellungen des Heiligen Pillendrehers (Scarabaeus sacer). Ein Mistkäfer an der Brust des Pharaos! Diese Tatsache allein wäre erstaunlich genug, unser Interesse für den unscheinbaren Käfer zu wecken.

Fragen wir zuerst, was ihn in den Ruf der Heiligkeit brachte. Die Lebensweise der Tiere hilft diese Frage klären. In der größten Mittagshitze, wenn Menschen und Haustiere apathisch im Schatten ruhen, sind die Pillendreher am lebhaftesten, ausgesprochene Sonnentiere also. Mit Ausdauer und Geschick kneten sie aus dem frischen Dung verschiedener Huftiere regelmäßige Kugeln, die Faustgröße erreichen und im Mittel 40 g wiegen. Dabei beträgt das Eigengewicht des Käfers ganze 2 g! Das Meisterstück seiner Beine Arbeit rollt er hastig im Rückwärtsgang über den heißen Sand; plötzlich stoppt der Transport, die Kugel wird in den Boden versenkt. Das Verhalten des Käfers war vor 5000 Jahren genau dasselbe wie heute. Die damaligen Bewohner des Nillandes mußten es aber mit ganz anderen Augen betrachten als wir. Rollt nicht die allgewaltige Sonnenscheibe tagtäglich, von unsichtbaren Kräften bewegt, am Himmel entlang, und verschwindet sie nicht am Abend, genauso wie die Kugel des schwarzen Käfers? Muß uns unter diesen Umständen die Verehrung des Heiligen Pillendrehers als Symbol des Sonnengottes nicht als fast selbstverständlich erscheinen?

Natürlich stellt der Pillendreher seine Dungkugeln nicht her, um seinen Ruf als heiliges Tier zu festigen; die Notwendigkeit dieser Tätigkeit liegt vielmehr in seiner Lebensweise begründet. Skarabäen ernähren sich von Dung. Eigentlich sind sie nur spezialisierte Pflanzenfresser, die

jene pflanzlichen Nährstoffe verzehren, die ihnen der Säugermagen übrigließ. Unter der heißen tropischen und subtropischen Sonne ihrer Heimat trocknet der Dung in wenigen Stunden so stark aus, daß er als Nahrung für den Käfer und seine Brut nicht mehr verwertbar ist. Der Pillendreher muß deshalb dafür sorgen, daß der Dung einige Wochen lang feucht bleibt. Die Kugelgestalt der Dungpille ist dabei von großer Wichtigkeit. Sie bietet einerseits den Vorteil, aufgrund des günstigen Verhältnisses von Oberfläche zu Volumen am langsamsten auszutrocknen, zum anderen erleichtert sie den Transport ganz beträchtlich. Endgültiger Schutz vor den sengenden Strahlen der Sonne findet sich aber erst unter der Erde. Hat der Käfer eine Stelle gefunden, die seinen Ansprüchen hinsichtlich Bodenbeschaffenheit und -feuchtigkeit genügt, so kriecht er unter die Kugel und schiebt das Erdreich beiseite. Die Nahrungspille sinkt so allmählich durch ihr eigenes Gewicht in die Tiefe. Häufig wird berichtet, daß die Weibchen der in zeitweiliger Einehe lebenden Skarabäen (nur die Dungkugel stellt das verbindende Element zwischen den Partnern dar!) oben auf der Kugel sitzen, während das Männchen mit dem Vergraben beginnt.

Die Käfer stellen zwei Arten von Dungpillen her: einmal die Fraßpillen, die in einer kleinen unterirdischen Kammer vom Käferpaar verschmaust werden, und zum anderen die Vorratspillen für die Brut, die allein der Larvenaufzucht dienen. Letztere sind unter unserem Gesichtspunkt von besonderem Interesse. Das Weibchen arbeitet die eingegrabene Kugel zu einem birnenförmigen Gebilde um, das immer senkrecht in der Bruthöhle steht. Im schmalen oberen Teil der Birne wird eine Eikammer ausgespart. Das Ei liegt dort inmitten sorgsam vorbereiteter, luftdurchlässiger Kotsubstanz. Die äußeren Schichten dagegen sind dichter und fester – ein zusätzlicher Verdunstungsschutz, der auch von der heranwachsenden Larve nicht zerstört wird. Sie frißt die Brutbirne vielmehr von innen her aus, bis nur noch eine dünne Hülle übrigbleibt, in der die Verpuppung stattfindet. Die Wand wird dabei niemals durchbrochen; Risse in der Außenhaut verstopft die Larve von innen mit

2, 3 Nach einem weiterentwickelten Bauplan werden die Raumnetze der Baldachinspinnen (Lyniphiidae) hergestellt. Vom Morgentau bedeckt, fallen sie besonders im Frühherbst auf, wenn sie zu Tausenden Waldlichtungen und Schonungen bedecken. Über einer waagerechten Netzdecke spannt sich ein Gewirr ungeordneter Fallstricke, in dem anfliegende Insekten abstürzen. Die Fallenstellerin bewegt sich kopfunter hangelnd in einer fadenarmen Zone unter dem Netz und unterstützt das Abstürzen der Beute durch Rütteln an den Fäden.

4 Im Vergleich von Baldachinnetz und Radnetz wird deutlich, daß letzteres bei geringerem Materialaufwand eine größere Fläche überspannt. Auch nach seinen »technischen« Parametern stellt es den am höchsten entwickelten Netztyp dar.

5 Kreuzspinnennetz im Morgentau. Radnetze sind kurzlebige Gebilde. Täglich müssen Schäden ausgebessert werden, und spätestens jede zweite Nacht ist das ganze Netz neu zu spinnen. Dabei wird das alte Baumaterial gefressen und zu über 90 % wieder verarbeitet.

6 Heidelibellen-Paar im Netz der Zebraspinne *(Argyope bruennichi)*. Die meisten Netzspinnen fesseln ihre Beute vor dem Fressen mit einem dichten Gespinst aus Seidenfäden.

7 Kreuzspinne spinnt Beute ein. Während die gefangene Faltenwespe durch zwei Beine der Spinne in schnellen Drehungen herumgewirbelt wird, quillt aus den Spinnwarzen ein Schwall feinster Seidenfäden und macht die Wespe bewegungsunfähig. Ihr Giftstachel bleibt deshalb wirkungslos. An den Fangfäden im oberen Bildteil sind die feinen Leimtröpfchen zu erkennen.

Konstruktionen im Dienste der Sexualität.

8 Kreuzspinnenpaar *(Araneus marmoreus)* auf der »Liebesbrücke«.

Einfache Bautätigkeit im Zusammenhang mit der Partnerwerbung finden wir bei den Kreuzspinnen. Hat das Männchen das Netz eines geschlechtsreifen Weibchens entdeckt, so befestigt es daran einen festen Faden. An diesem zupft es in artspezifischer Weise, ganz anders als zappelnde Beute. Wird es von der Partnerin »erhört«, so kommt sie ihm auf dem als »Liebesbrücke« bezeichneten Faden entgegen und hängt sich in Paarungshaltung vor ihm auf.

9 Raubspinnenmännchen mit Brautgeschenk.

Auf andere Weise entgeht das Männchen der einheimischen Raubspinne *(Pisaura mirabilis)* der Gefahr, als Beute behandelt zu werden. Es nähert sich seiner Partnerin mit einem Brautgeschenk, einer eingesponnenen Fliege. Sie schlägt ihre Klauen in das Geschenkpaket, statt in den Mann, und beginnt zu saugen. Diesen günstigen Augenblick und die Stunde danach nutzt das Männchen, um mit einer halben Körperdrehung unter das Weibchen zu gelangen und seine Geschlechtsorgane an den Enden der Kiefertaster wechselweise einzuführen.

10 Balzpyramiden der Reiterkrabben, Küste von Oman, Persischer Golf.

Den Balzpyramiden der Reiterkrabben *(Ocypode)* kommt neben der Werbung noch eine weitere Funktion zu: Sie dienen der Revieranzeige und damit der Abschreckung anderer Männchen.

Das weitaus komplizierteste Bauverhalten im Dienste der Sexualität zeigen die Laubenvögel. Die Männchen sind monatelang damit beschäftigt, auffällige »Liebeslauben« zu bauen und sie mit Ausstellungsstücken zu schmücken. Alles nur, um die Aufmerksamkeit eines Weibchens zu erringen und sich mit ihm zu paaren.

11 Seidenlaubenvogel mit seiner »Liebeslaube«, Ostaustralien. Der Baumeister präsentiert seine Schaustücke, gelbgrüne Blätter, blaue Federn und Beeren auf der Tenne vor seiner Laube.

ihren eigenen Exkrementen. Da der an die Wand geschmierte Kot immer wieder mitgefressen wird, nutzen die Pillendreherlarven das zur Verfügung stehende Futter extrem gut aus. Sie fressen Kot und scheiden ihn aus, fressen diesen wieder usw. – Und sie wachsen dabei!

Im Laufe des Sommers fertigt das Pillendreherweibchen drei bis sechs Erdhöhlen mit jeweils einer Brutbirne an. Dank der ausgeprägten Brutfürsorge erweist sich die erstaunlich geringe Nachkommenzahl als ausreichend für die Arterhaltung, andere Käferarten müssen zu diesem Zweck Tausende von Eiern legen.

Nicht alle Arten aus der Verwandtschaft des Heiligen Pillendrehers verfahren bei der Brutfürsorge in der geschilderten Art und Weise. Manche bauen Kugeln aus Federn und Haaren, auch tote Tierkörper kommen als Baumateriallieferanten in Frage. Häufig werden die Brutpillen mit einem dicken Lehmmantel versehen, der später so hart wird, daß die Jungkäfer den schützenden Erdpanzer erst verlassen können, wenn die Regenzeit die feste Hülle aufweicht.

Die allgemein bekannten heimischen Mistkäfer der Gattung *Geotrupes* sind gleichfalls Verwandte des Pillendrehers. Unter Kuhfladen oder Pferdemist wühlen die blauschwarzen Käfer bis zu 1 m tiefe, senkrechte Stollen ins Erdreich. Vom Hauptschacht aus gräbt das Weibchen waagerechte Seitenstollen, die es mit einer 10 cm langen Mist»wurst« und einem Ei beschickt. Das Männchen leistet bei diesen Arbeiten nur »Handlangerdienste«, es räumt die lose Erde vom Stolleneingang weg, gräbt oberirdisch Mistpartikeln ab und schleppt sie »armweise« zum Schacht.

Im Laufe seines Lebens vergräbt ein Käferpaar etwa 2000mal mehr tierische Abfallstoffe, als es selber wiegt. Es ist leicht einzusehen, daß die dungverarbeitenden Scarabaeiden, man kennt bis jetzt mehrere tausend Arten, eine wichtige Rolle im Naturhaushalt spielen, indem sie für eine schnelle Beseitigung der Tierexkremente sorgen. Wie sich die Mißachtung dieser Tatsache in der Praxis auswirkt, sollten australische Farmer am eigenen Leibe spüren. Als man im 18. Jahrhundert die ersten Rinder nach

Australien brachte, dachte niemand daran, auch die natürlichen Exkrementeverwerter mit einzuführen. Doch schon bald wurde man sich dieser Unterlassungssünde bewußt: Rinder verschmähen bekanntlich mehrere Jahre lang diejenigen Grasbüschel, die auf den Kuhfladen so üppig gedeihen. Da die ständig wachsenden Rinderherden riesige Mengen Dung produzieren, verlor Australien jährlich etwa 8 % seiner Weidefläche!

Zwar gibt es auch auf dem australischen Kontinent Mistkäfer – sie interessierten sich jedoch nicht für Rindermist, sondern blieben bei ihren gewohnten Beuteltierexkrementen, besonders denen der Känguruhs. Die australische Landwirtschaftsbehörde war deshalb gezwungen, beträchtliche Summen in die Forschung zu investieren, um einen der natürlichen Vertilger von Rinderdung in Australien heimisch zu machen. Das Vorhaben erwies sich als wesentlich schwieriger als seinerzeit die Einbürgerung der Rinder! Erst in letzter Zeit scheint es zu gelingen, eine Mistkäferart aus Afrika, erfolgreich zur Beseitigung des australischen Dungproblems einzusetzen.

Die Mondhornkäfer *(Copris)*, Verwandte der Pillendreher, gehen einen Schritt über die beschriebenen Brutfürsorgehandlungen hinaus. Die Weibchen bewachen die Brutbirnen, glätten sie und entfernen Schimmel, bis die Käfer schlüpfen. Sie betreiben somit Brutpflege in ihren Bauten, ebenso wie etwa die Totengräberkäfer oder, in vollendeter Form, die sozialen Insekten.

Bauten und Sozialleben der staatenbildenden Insekten sind eng mit der Brutpflege verbunden, ja wahrscheinlich hiervon abzuleiten. Für die langlebigen »Staaten« erweist sich das Aufstapeln von Vorräten in speziellen Bauten oder Bauteilen als überlebensnotwendig, die Honigwaben der Bienen (s. S. 146) sind dafür das bekannteste Beispiel. Im Gegensatz zu den Bienen fehlt den Ameisen die Fähigkeit, Wachs erzeugen und es zu vollkommen dichten Speichern verarbeiten zu können. Dennoch vermögen einige Arten Honig und andere Flüssigkeiten für Notzeiten aufzubewahren. Sie benutzen dabei unterirdi-

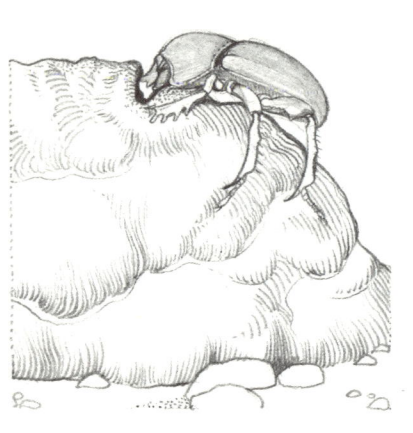
a

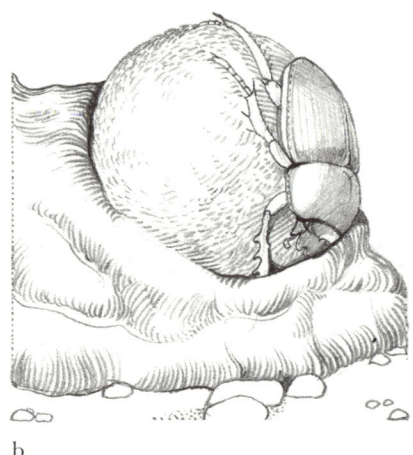
b

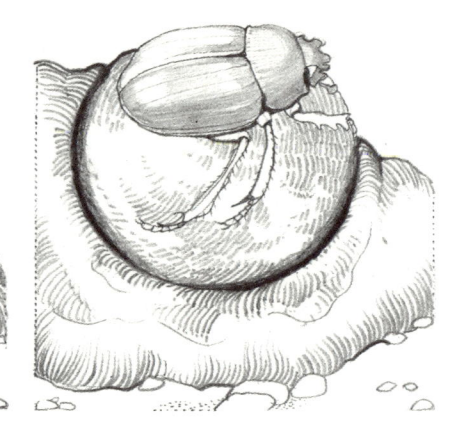
c

Brutfürsorge der Pillendreher, leicht schematisiert. a Das Käferweibchen hat einen Haufen Rindermist entdeckt und beginnt, eine Kugel aus dem weichen Material zu formen.
b Der breite Halsschild wird wie ein Spaten eingesetzt.
c Entscheidend für die Formgebung sind die gebogenen Hinterbeine, die so lange über den Mistklumpen schaben, bis die Kugelform erreicht ist.

sche Vorratskammern mit sogenannten »Honigtöpfen«. Dabei handelt es sich keineswegs um wirkliche Töpfe, es sind vielmehr einige Ameisenarbeiterinnen des Volkes selbst, deren Fähigkeit, in ihrem Kropf Flüssigkeit aufzunehmen, gewaltig gesteigert ist.

Solche gewissermaßen als lebende Fässer dienenden Individuen sind zu jeder anderen Leistung unfähig. Sie hängen an der Decke der Vorratskammern und können diese, wenn sie herunterfallen, nur mit Hilfe anderer Arbeiterinnen wieder erreichen. In Notzeiten geben sie ihren Kropfinhalt tröpfchenweise an die anderen Nestinsassen ab. Man hat berechnet, daß hundert Ameisen mit dem Inhalt eines Honigtopfes etwa zwei Wochen ernährt werden können, ein Überlebensvorteil, der besonders in heißen Trockengebieten an Bedeutung gewinnt; Ameisenarten mit lebenden Honigtöpfen finden sich deshalb in Steppen, Halbwüsten und Wüsten.

Bei weitem nicht alle Ameisenarten in Trockengebieten bringen Honigtöpfe oder deren Vorstufen mit den dazugehörigen Bauten hervor. Einige betreiben eine andere Art von Vorratswirtschaft, sie sammeln Pflanzensamen und horten sie in speziellen Vorratskammern ihrer unterirdischen Bausysteme. Man unterscheidet zwei Gruppen von Samensammlern: solche, die bestimmte Samen wegen ihrer öl- und eiweißreichen Anhänge eintragen, und andere, die die Reservestoffe der Körner selbst als Nahrung nutzen. Zu letzteren gehören die Getreideameisen *(Messor)* der Mittelmeerländer und die nordamerikanischen Ernteameisen *(Pogonomyrmex).*

In langen Zügen ziehen die Sammler aus, um Pflanzensamen einzutragen. Eine *Messor*-Kolonie kann es an einem Tag auf 20 000 Getreidekörner bringen. Es verwundert deshalb nicht, daß ein beträchtlicher Teil der Getreideernte der betroffenen Gebiete in ihren unterirdischen Speichern verschwindet. Die Nester können bei 3 m Tiefe über 50 m Umfang haben und Tausende von Vorratskammern besitzen, in denen teilweise mehrere Kilogramm Körner lagern! Schon im Altertum war diese Nahrungsspeicherung bekannt. So finden sich in der alten jüdischen Gesetzgebung Bestimmungen, wer der Be-

d

34

d Im Rückwärtsgang rollt der Käfer die Kugel weg, um sie an einem günstigen Ort zu vergraben.

e, f Etwa 30 cm unter der Erdoberfläche schafft das Weibchen eine geräumige Brutkammer. Hier arbeitet es die Dungkugel zur Brutpille um. Das Ei liegt in einer luftdurchlässigen Kammer am oberen Ende der Birne.

g Die Larve frißt die Brutbirne von innen her aus. Später verpuppt sie sich in dem Hohlraum.

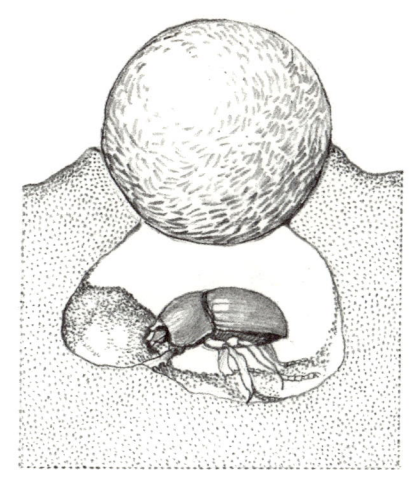
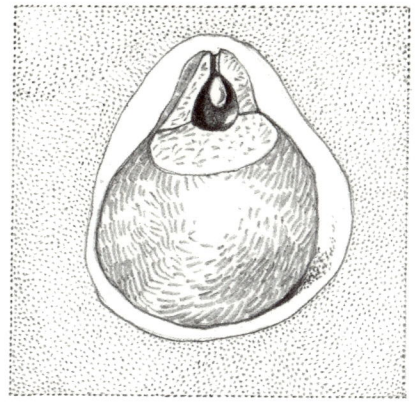
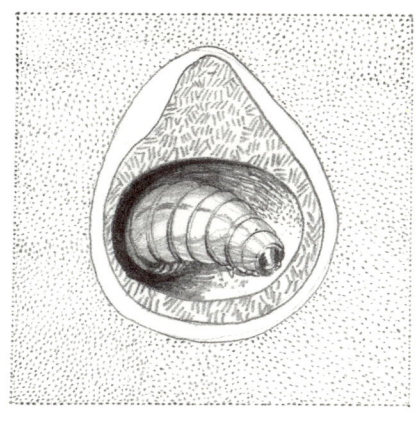

e f g

sitzer der umfangreichen Vorräte sein sollte. Es sind übrigens die Getreideameisen, von denen König Salomo sprach, wenn er seinen Untertanen den Eifer der Ameisen als Vorbild empfahl.

Die eingetragenen Körner werden in den oberen Nestgalerien abgelegt und bei Bedarf verarbeitet. Durch stundenlanges Kauen, bei dem reichlich Speichel austritt, wandelt sich die Stärke in Zucker um. Es entsteht das »Ameisenbrot«, das sofort oder nach längerer Lagerzeit von den erwachsenen Tieren und den Larven verzehrt wird. Faulende und verschimmelnde Körner werden auf Abfallhaufen vor den Nestern geworfen. Zu Zeiten reger Bautätigkeit gelangen auch frische Samen vor den Bau, die nach Regenfällen auskeimen. Man sah diese »Ameisenäcker« lange als echte Pflanzenzuchten an, was sich aber als falsch erwiesen hat, denn die um die Nester entstehenden Ansammlungen von Futterpflanzen verdanken ihre Entstehung nicht einer besonderen Sorgfalt, sondern der »Sorglosigkeit«, mit der die Tiere frische Körner hinauswerfen. Echte Pflanzenzuchten hingegen (genauer: Pilzzuchten) sollen im folgenden vorgestellt werden.

Vorratskammer mit »Honigtöpfen« der Wüstenameise (Myrmecocystus). Eine Arbeiterin übergibt Futtersaft an eins der lebenden Vorratsgefäße. In einigen Gegenden Amerikas und Asiens sind die Honigtöpfe als »Naturbonbons« sehr beliebt.

Pilzgärten und Viehställe

Statt Vorräte zu speichern, züchten manche Ameisen- und Termitenarten ihre Nahrung kontinuierlich in speziellen Kammern innerhalb oder außerhalb ihrer Kolonien. Aufbau und Entstehung der Gesamtanlage kommen später noch ausführlich zur Sprache, hier sollen uns lediglich die »Landwirtschaftsbauten« und ihre Erbauer interessieren.

Pilzzüchter

An erster Stelle seien die Blattschneiderameisen Südamerikas, z. B. die Gattung *Atta*, genannt. In langen Zügen verlassen sie ihre Nester, um Blattstücke aus dem Laub in der Nähe stehender Bäume herauszuschneiden und heimzuschleppen. In wenigen Stunden können sie ganze Bäume entblättern. Da es sich häufig um Obstbäume handelt, sind sie bei den Pflanzern außerordentlich verhaßt, in Brasilien erklärte man sie sogar zum Staatsfeind Nummer 1.

Die eingetragenen Blattstücke werden nicht, wie man früher glaubte, gefressen, sondern lediglich zerkaut, mit Speichel versetzt und, mit etwas Kot gedüngt, als Nährboden für die Pilzzucht eingesetzt. Für die Pilzkulturen stellen die Ameisen besondere Räume her, die man mit Gewächshäusern vergleichen könnte. In den bis zu 1 m langen und 30 cm breiten und hohen Pilzkammern herrschen gleichmäßig hohe Temperaturen und eine konstante Luftfeuchtigkeit. Die Entwicklung des Pilzmyzels, aber auch die der Ameisenbrut wird dadurch begünstigt. Arbeiterinnen beißen die Spitzen der Pilzfäden ab, wodurch die Fruchtkörperbildung unterbleibt und statt dessen keulenförmige Verdickungen entstehen, die man als Ambrosia oder, weniger poetisch, als Kohlrabi bezeichnet hat. Sie werden von den Ameisen eifrig abgeweidet und auch an die Larven verfüttert. Ohne Pflege und den Zusatz bestimmter Drüsensekrete, die Bakterienwachstum und unerwünschte Pilzarten unterdrücken, verwildert die Kultur innerhalb eines Tages.

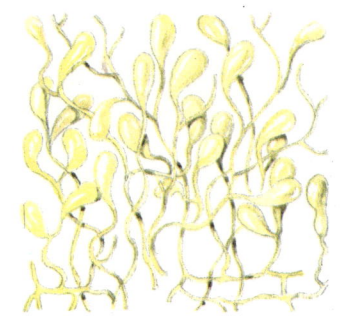

Pilzzucht bei Ameisen. Oben: Blattschneiderameisen *(Atta sexdens)* beim Abschneiden und Transportieren der Blattstücke. Mitte: Nestanlage mit unterirdischen Pilzkammern. Unten: Geöffnete Pilzkammer mit schwammartigem Nährboden aus zerkauten Pflanzenteilen, daneben Stück des Pilzgeflechts stärker vergrößert. Von den keulenförmigen Enden der Pilzfäden ernährt sich das Ameisenvolk oder gewinnt daraus wichtige Fermente für die Verdauung von Pflanzenstoffen.

Brutgänge pilzzüchtender Borkenkäfer.
Links: Horizontales Gangsystem von *Xyleborus*. Die hier nicht sichtbaren Larvengänge verlaufen senkrecht nach oben und unten.
Rechts: In verschiedenen Ebenen liegende Gabelgänge des Ungleichen Holzbohrers *(Anisandrus dispar)*. Von den Muttergängen zweigen die Larvengänge wie Leitersprossen ab. Die Larven ernähren sich von dem Pilzrasen, der die Gänge schwarz färbt.

 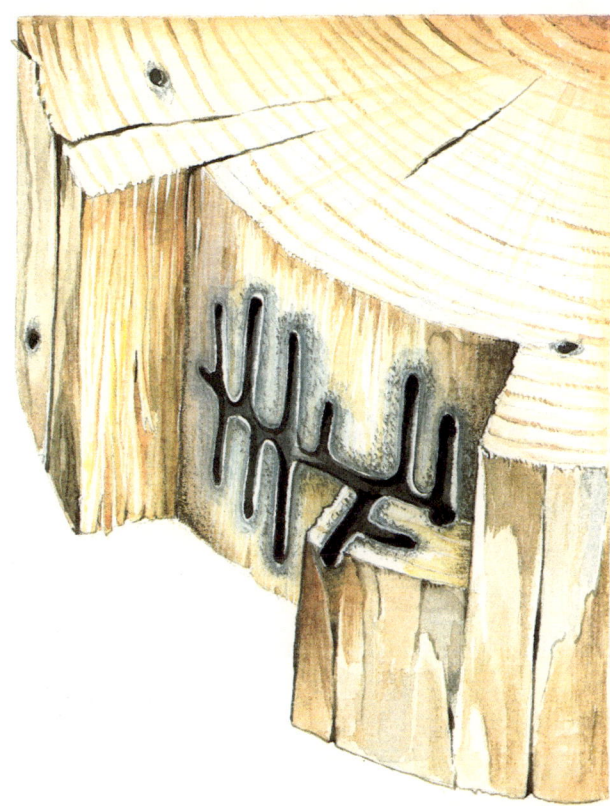

In nicht mehr benutzten Nestteilen fanden sich derartig ungepflegte und »verunkrautete« Pilzgärten. Hier entdeckte man auch den Fruchtkörper des Pilzes und erkannte, daß er zu den Basidiomyceten und damit in die Verwandtschaft vieler unserer eßbaren Hutpilze gehört.

Als Voraussetzung für eine erfolgreiche Nestgründung führt jedes junge Ameisenweibchen auf ihrem Hochzeitsflug ein Stück des Pilzrasens ihrer Mutterkolonie in einer speziellen Tasche innerhalb der Mundhöhle mit sich. Der Zuchtstamm wird so von Generation zu Generation weitergegeben.

Nicht alle pilzzüchtenden Ameisen sind zugleich Blattschneider. Einige Arten der Gattungen *Apterostigma, Cyphomyrmex* u. a. sammeln Holzstückchen und vor allem Kot holzfressender Raupen als Substrat für ihre Zuchten. Vergleichbare Nährsubstrate aus ihrem eigenen Kot benutzen einige afrikanische und asiatische Termiten zur Pilzzucht. Sie sind mit den Ameisen nicht näher verwandt und brachten es völlig unabhängig von diesen zu einer ebenso hohen »gärtnerischen« Leistung. Ihre Pilzkammern, die

Form der Kultivierung und die Bedeutung des Pilzes für die Ernährung der Termitenstaaten lassen sich mit den Verhältnissen bei den Ameisen vergleichen.

Pilzzüchtende Ameisen und Termiten tropischer Länder sind sicher vielen Lesern vom Hörensagen nicht unbekannt. Vielfach überraschen dürfte es hingegen, von einheimischen Pilzzüchtern zu hören. Dabei kann man sich von ihrer Existenz leicht selbst überzeugen.

Beim Holzhacken oder Betrachten eines umgebrochenen Waldbaumes fallen im Stamminneren häufig gerade Gänge mit kleinen rußschwarzen Abzweigungen auf. In den kurzen Seitengängen wuchsen die Larven holzbrütender Borkenkäferarten heran. Vergleichen wir die nur millimeterlangen Abzweigungen mit den langen Larvengängen rindenbrütender Arten (s. S. 59), so stellt sich die Frage, wovon sie eigentlich leben. Holzfressen kommt ja nicht in Frage, dazu müßten die Gänge länger sein. Antwort liefert die erwähnte rußschwarze Schicht an den Gangwänden. Die bleibende Dunkelfärbung wurde nämlich durch einen dichten Pilzrasen verur-

37

sacht, den die Larve während ihres Wachstums ständig abweidet. Die schwarzen Gänge im Stammholz sind demnach als kombinierte Brut-Pilz-Kammern zu betrachten.

Ähnlich wie bei den Ameisen bringt auch das Käferweibchen in einem speziellen Organ Pilze aus seinem heimatlichen Bau mit. Es infiziert damit die Wände des ausgenagten Brutgangs. Zur besseren Sauerstoffversorgung des Pilzmyzels entfernt es das Bohrmehl aus den Stollen, ja, es wird sogar berichtet, daß es die Luftfeuchtigkeit durch Öffnen oder Schließen des Eingangs reguliert. Das Muttertier betreibt die Pflege des Pilzrasens so lange, bis aus den Puppen die Käfer geschlüpft sind.

Ameisen haben eine Blattlauskolonie mit einem »Stall« aus Erdklümpchen und zerkauten Pflanzenteilen überbaut (angeschnitten). Regelmäßig suchen sie ihre »Haustiere« auf, um sie zu »melken« (unten).

Die Stallbauten der Ameisen

Nur die wenigsten Ameisenarten leben rein vegetarisch wie die Pilzzüchter. Die meisten bevorzugen gemischte Kost, wobei süße Pflanzensäfte häufig als besondere Leckerbissen gelten. Die zuckerreichen Säfte werden nur in den seltensten Fällen von den Pflanzen selbst gewonnen, meist nehmen sie den Weg über die Mägen von Blatt- oder Schildläusen. Diese findet man häufig saugend an jungen Pflanzentrieben. Pflanzensäfte sind reich an Kohlehydraten, aber arm an Eiweißen. Die Tiere benötigen aber eine gewisse Menge von Proteinen für ihre Entwicklung und müssen deshalb mehr Saft aufnehmen, als sie vom Energiebedarf her eigentlich benötigen. Die überschüssigen Kohlehydrate scheiden sie als »Honigtau« in Form von Zucker wieder aus. Ameisen lecken ihn von den Pflanzen ab oder gewinnen ihn direkt von der Laus, indem sie deren Hinterleib mit den Fühlern betrillern und ihm so einen Tropfen Zuckersaft entlocken. Blattläuse werden deshalb oft als »Milchkühe« der Ameisen bezeichnet. Das Melken der Blattläuse ist übrigens eine sehr alte Erscheinung, schon in Bernsteineinschlüssen des frühen Tertiärs fand man Ameisen mit »ihren« Läusen. Ameisenkolonien können weitgehend und kurzzeitig sogar ausschließlich vom »Honigtau« leben. Dafür bringen sie aber auch Gegenleistungen. Während

Spechtschmiede. Um an die nahrhaften Samen der Zapfen zu gelangen, klemmt sie der Buntspecht in natürliche Spalten oder speziell für diesen Zweck ausgemeißelte Höhlungen.

sie sonst so »zarte« Insekten gern verspeisen, bleiben die Blattläuse unbehelligt. Die Ameisen entfernen die klebrigen Exkremente und verhindern so ein gegenseitiges Verschmutzen der Läuse, außerdem versuchen sie, ihr »Nutzvieh« vor räuberischen und parasitischen Feinden zu schützen. Doch damit nicht genug – einige Arten errichten sogar regelrechte Ställe für ihre »Milchkühe«. So überwölben die Wiesenameisen (Lasius) die mit Blatt- oder Schildläusen besetzten Pflanzentriebe mit einer Hülle aus Erdklümpchen, Crematogaster-Arten verwenden dazu eine kartonartige Masse, und wieder andere Ameisenarten benutzen Holzspäne oder Pflanzenteile für ihre »Stall«bauten. Ein eindrucksvolles Beispiel hierfür liefern südostasiatische Weberameisen (s. S. 157), die außer ihrem Hauptnest eine Vielzahl von Nebennestern aus Blättern errichten, in denen ausschließlich zuckerspendende Schildläuse leben.

Für wurzelsaugende Läusearten legen die Ameisen Gänge an und Saugstellen frei, überdachen sie gelegentlich auch mit Erdpavillons. Besonders eng ist die Symbiose bei der südamerikanischen Ameisengattung Acropyga. Die zum Hochzeitsflug startenden jungen Weibchen tragen in ihren Kiefern ein junges, aber bereits begattetes Schildlausweibchen mit sich. Dieser lebenden Mitgift gilt die Hauptsorge bei der Gründung der neuen Kolonie – eine auffällige Parallele zum Verhalten der weiblichen Blattschneiderameisen und Borkenkäfer.

Werkstätten, Freßplätze und Brunnenbauer

Im folgenden Abschnitt soll von seltener auftretenden Bauten im Komplex des Nahrungsverhaltens die Rede sein. Hauptsächlich haben wir es hier mit Konstruktionen zu tun, die zur Erschließung bestimmter Nahrungsquellen errichtet werden.

»Spechtschmiede« ist die geläufige Bezeichnung für die Werkstatt unseres heimischen Buntspechtes (Picoides major). Zwischen abgesplitterte Holzteile oder in Rindenspalten klemmt er

Zapfen und hartschalige Nüsse, aus denen er mit geschickten Schnabelhieben die nahrhaften Samen herausholt. Das ist allerdings keine Bautätigkeit. Diese beschränkt sich auf ein Erweitern bestehender Risse und Spalten und bei größeren Objekten wie Fichtenzapfen auf das Ausmeißeln eines passenden Loches. Gute Schmieden werden oft viele Jahre hintereinander benutzt, unter den Bäumen liegen dann Hunderte zerfledderter Zapfen, die auf die hoch gelegene Werkstatt aufmerksam machen.

Viele andere Tiere verfügen ebenfalls über ständige Freßplätze. Daß solche aber speziell zum Zwecke der Nahrungsaufnahme errichtet werden, ist eine Ausnahme. In Wasser oder versumpftem Gelände können sich für einige Nagetiere derartige Maßnahmen notwendig machen. So findet man im Seggen- oder Schilfgürtel unserer Gewässer häufig Plattformen aus Halmen, die eine oberflächliche Ähnlichkeit mit Nestern haben – es sind die Freßplätze von Bisamratten, Schermäusen (»Wasserratten«) oder verwilderten Nutrias. Die z. T. recht umfangreichen »Speisetische« bestehen größtenteils aus Nahrungsresten, die die Nager achtlos an ihren Stammplätzen fallenlassen. Das Grundgerüst als eigentliches »Bauwerk« wird nur von wenigen an der Wasserlinie umgeknickten oder abgebissenen Stengeln gebildet, die den Nagern anfangs trockene Füße bei der Mahlzeit sichern. Alles, was darüber liegt, ist genaugenommen lediglich ein Abfallhaufen.

Neben fester Kost müssen die meisten Tiere auch Wasser zu sich nehmen. Das kann durch die Haut, über die Nahrung oder durch Trinken geschehen. Bleibt der Regen über lange Zeit aus, so kommen schlimme Zeiten für viele der ständig auf Oberflächenwasser angewiesenen Tiere. Eine Möglichkeit, dem Verdursten zu entgehen, besteht im Graben nach Wasser. Diese Fähigkeit ist von verschiedenen Tieren bekannt, unter anderem vom Afrikanischen Elefanten.

Wenn in der Trockenzeit Flüsse und Wasserlöcher der ostafrikanischen Savanne austrocknen, haben sich die stoßzahnbewehrten Riesen meist längst in feuchtere Bergwälder zurückgezogen. Werden sie jedoch von der Trockenheit überrascht, so graben sie in den ausgetrockneten Flußbetten nach Wasser, das sie durch die Deckschicht hindurch wittern. In Zusammenarbeit von Rüssel und Vorderbeinen entstehen bis zu metertiefe Gruben, in denen sich das trübe Naß der oft unterirdisch weiterfließenden Bäche sammelt. Die lebensrettenden Brunnen der Elefanten werden noch von vielen anderen Savannentieren aufgesucht.

Die tiefsten Brunnen heben jedoch nicht die tonnenschweren Elefanten aus, sondern die kaum 1 g wiegenden Termiten. Für die zarthäutigen Termiten ist eine hohe Luftfeuchtigkeit im Bau (bei *Macrotermes* zwischen 89 und 99 %) lebensnotwendig. Auch wird für die Ernährung, zur Mörtelbereitung und für andere Zwecke viel Wasser gebraucht. Ihren Feuchtigkeitsbedarf decken die Termiten aus dem Grundwasser. In Trockengebieten müssen sie deshalb sehr tiefe Stollen anlegen, in der mittelasiatischen Wüste Karakum sollen die Schächte 150 bis 200 m hinabreichen! Das machen sich Geologen zunutze, die das Aushubmaterial auf Spuren von Bodenschätzen in größeren Tiefen untersuchen.

Die Straßen der Tiere

Straßen dienen der Fortbewegung. Die Fortbewegung aber ist ein allgemeines Verhaltensmuster, das gewöhnlich in verschiedenen Verhaltensbezügen auftritt. Die Straßen der Tiere sind somit keinem bestimmten Funktionskreis des Verhaltens eindeutig zuzuordnen. In der Natur allerdings entstehen die meisten von ihnen in irgendeinem Zusammenhang mit dem Nahrungsverhalten, es erscheint deshalb gerechtfertigt, ihre Besprechung an diesem Punkt einzufügen.

Wenn von Tierstraßen die Rede ist, können so unterschiedliche Erscheinungen wie Wildwechsel, Kleintierpfade, Ameisen- und Termitenstraßen, aber auch »Zugstraßen« der Vögel oder Wanderwege der Fische und Insekten gemeint sein. Letztere sind lediglich mehr oder weniger breite Areale, die von den Wanderungen der betreffenden Arten berührt werden.

Sichtbare Strukturveränderungen treten nicht auf, Bautätigkeit scheidet damit von vornherein aus. Nicht so in den erstgenannten Fällen. Die oft tiefeingeschnittenen Trampelpfade der Großtiere und die kunstvoll überdachten Straßensysteme mancher Ameisen und Termiten legen davon Zeugnis ab. Auf diese und ähnliche Beispiele, bei denen in jedem Falle der Untergrund sichtbar verändert wird, soll sich unsere Betrachtung beschränken. Wir wollen dabei unterscheiden zwischen Wechseln (Trampelpfaden), die durch ständige Benutzung entstehen, und Straßenbauten, die speziellen Bautätigkeiten ihre Entstehung und Erhaltung – zumindest teilweise – verdanken.

Wechsel

Vielfach wird selbst von naturverbundenen Menschen die Meinung vertreten, wildlebende Tiere bewegten sich völlig ungebunden und »in grenzenloser Freiheit schweifend«. Dabei kann man sich im Wald, bei Wildtieren denkt man ja zuerst an Waldbewohner wie Reh und Hase, unschwer vom Gegenteil überzeugen. Die ausgetretenen Pfade der Waldtiere, Wildwechsel nennt sie der Jäger, sind besonders in schneereichen Wintern selbst von Laien nicht zu übersehen. Wer erst einmal seinen Blick für die unscheinbaren Dinge der Natur geschärft hat, wird die Wechsel schließlich sogar an einigen umgedrehten Blättern am Waldboden, an geknickten Grashalmen, von denen die Tauperlen abgestreift wurden, oder an feinsten Krallenspuren in der Baumrinde erkennen. Wechsel sind die Chronik der Ortsveränderung der Tiere. Hat man ihre festen Wegesysteme erst einmal entdeckt, so müssen einem auch Zweifel an der »grenzenlosen Freiheit« ihrer Benutzer kommen – sehr berechtigte Zweifel sogar, denn viele Tiere bewohnen ständig oder zeitweilig ein fest umgrenztes Gebiet. Das gilt besonders für die Wirbeltiere und somit auch für die Säuger. In einem von einem Einzeltier oder einer Gruppe bewohnten Territorium kann es Schlaf- und Ruhestellen, Nahrungsplätze, Tränken, Kot- und Markierungs-

punkte, vielleicht auch Salzlecken, Suhlen und Badestellen geben. Diese Fixpunkte werden regelmäßig aufgesucht. Dazu könnten die Revierbesitzer einen beliebigen, ständig wechselnden Weg »quer durch die Mitte« einschlagen. Sie tun das aber nicht, nicht einmal bei schnellster Flucht. An einem einmal geschaffenen Weg halten sie, unter Umständen sogar nachfolgende Generationen, mit großer Beharrlichkeit fest, selbst wenn die ursprünglich umgangenen Hindernisse, wie stachelige Pflanzen oder umgestürzte Bäume, längst verwelkt oder verrottet sind. Durch die ständige Benutzung verfestigt sich der Untergrund, und die Vegetation verschwindet. Je schwerer das jeweilige »Trampeltier« ist, desto tiefer graben sich seine Pfade in das Erdreich ein. Von den indischen Panzernashörnern kennt man bis zu halbmetertiefe Wechselsysteme mit Haupt- und Nebenstraßen. Häufig werden an den Abzweigungen »Verkehrszeichen« in Form von Kothaufen abgesetzt, überhaupt sind Duftmarken als Straßenkennzeichen im Tierreich weit verbreitet. So errichten die Biber entlang ihrer Wege sogar spezielle Hügel aus Schlamm und Zweigen, etwa 30 cm im Durchmesser und 20 cm hoch, auf denen sie ihre Duftmarken aus besonderen Drüsen absetzen.

Weder mit Geruchssignalen versehen noch so tief ausgetreten dürften die ursprünglichen Wegesysteme des Menschen gewesen sein. Um Einblicke in ihre Entwicklung zu erhalten, ist man nicht unbedingt auf Völker mit steinzeitlicher Kultur im australischen Busch oder im brasilianischen Urwald angewiesen – bereits ein Blick auf die ausgetretenen Trampelpfade in städtischen Parkanlagen und Rasenflächen vermittelt interessante Hinweise. Der Effekt des Festtrampelns wird hier weniger durch die Masse des einzelnen als vielmehr durch die Anzahl der Individuen bewirkt. Das gilt in noch höherem Maße für die Wanderwege großer Tierherden.

Viele Tierarten sind gezwungen, weite Wanderungen zu unternehmen, um Trockenzeiten oder nahrungsknappen Wintern zu entgehen. Einige benutzen dabei regelrechte Wanderstraßen. Im Gegensatz zu den Wechseln innerhalb des Reviers, gewissermaßen den »Dorfstraßen«, führen diese »Fernverkehrsstraßen« weit über die Territorien der Einzeltiere hinaus. Die Wanderstraßen der nordamerikanischen Bisons und einiger Huftierarten der afrikanischen Savanne können Hunderte Kilometer lang sein. Es ist verständlich, daß diese bequem zu begehenden Pfade auch von anderen Tieren in Beschlag genommen werden. Der Mensch bildet dabei keine Ausnahme. Es gilt als sicher, daß viele alte Straßen aus Wildwechseln hervorgingen, ja, die Erschließung unwegsamer Urwaldgebiete war häufig nur auf Tierpfaden möglich, wie in Indiens Bergen, in denen noch in neuerer Zeit Elefantenwechsel zu Straßen ausgebaut wurden. Beim Bau der berühmten Eisenbahnlinie durch den amerikanischen »wilden Westen« folgte man über weite Strecken ausgetretenen Bisonwechseln, die stets an den günstigsten Stellen, bei minimaler Neigung, durch Schluchten und über Berge führten. Umgekehrt nutzen viele Tiere menschliche Verkehrswege zur Fortbewegung.

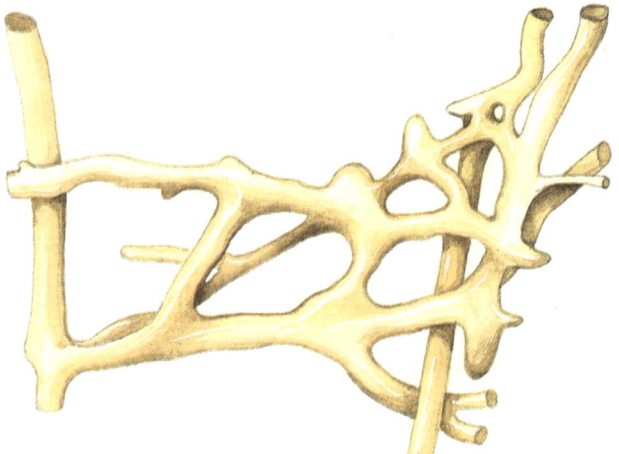

Straßenbauten

Wechsel in der beschriebenen Form stellen noch keine eigentlichen Bauwerke dar. Sie sind viel eher Nebenprodukte wiederholt ablaufenden Fortbewegungsverhaltens. Über dieses Stadium gehen viele Tierarten hinaus und verbessern ihre Wege durch Bauhandlungen. Der erste Schritt hierzu besteht in der Beseitigung von Hindernissen. Das können Epiphyten (auf Bäumen wachsende Pflanzen) sein, von denen manche baumbewohnenden Affenarten ihre luftigen Pfade frei halten, oder störende Wurzeln auf der Flößstrecke des Bibers, in den meisten Fällen jedoch handelt es sich um die Beseitigung hinderlicher Bodenvegetation. Nagetiere leisten hierbei besonders Tüchtiges. Viele Mäuse z. B. schneiden die Pflanzen unmittelbar über dem Boden ab, so daß regelrechte Tunnelnetze im Gras entstehen. Einen Teil der Halme verwerten sie im Nestbau, der Rest wird gefressen oder einfach beiseite geschafft. Die Grastunnel bilden die Fortsetzung der unterirdischen Gangsysteme und ermöglichen eine vor feindlichen Blicken

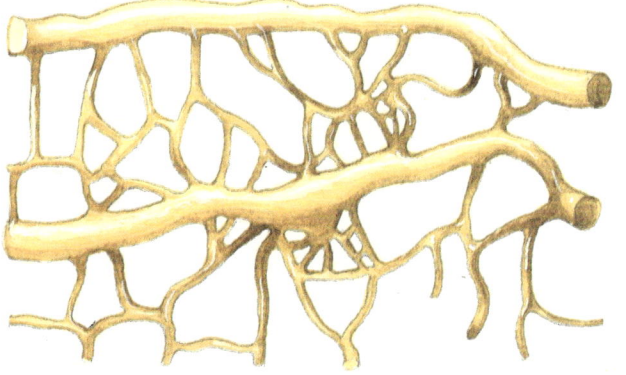

weitgehend verborgene oberirdische Nahrungssuche. Hamster und Hasen legen ähnlich sauber abgefressene Pfade an, die im Volksmund als Hexensteige oder Bilsenschnitte bekannt sind.

Die mit Abstand großartigsten Straßen bauen Ameisen und Termiten. Im einfachsten Falle wird nur der Untergrund von Hindernissen geräumt. Solche Straßen schaffen unter anderem die bekannten Roten Waldameisen auf dem Marsch zu ihren Futterplätzen. Andere Arten tragen so lange Material ab, bis die Straße gleich

Ameisenstraßen. In Hanglagen graben die Blattschneiderameisen so lange Bodenteilchen ab, bis sie eine ebene Sohle geschaffen haben. Im flachen Gelände heben Wegameisen und andere Arten tiefe Laufstraßen aus. Das Aushubmaterial türmt sich als Längswall am Straßenrand.
Mitte: Unterirdischer Verkehrsknotenpunkt von *Atta sexdens*, gezeichnet nach einem Metallausguß.
Unten: Diebespfade der Diebesameisen *(Solenopsis)* zwischen zwei größeren Verkehrswegen der beraubten Art. Die Diebespfade sind so schmal, daß die überfallenen Ameisen den Räubern nicht hinein folgen können.

einem Hohlweg tief in den Boden eingeschnitten ist. Schließlich kann der gesamte Weg mit Erdkrümeln überwölbt werden, so daß eine kunstvolle Galerie entsteht.

Mit den genannten Möglichkeiten ist die Palette der Straßentypen grob umrissen, aber noch keineswegs erschöpft. Im Sinne eines allgemeinen Überblicks sollen sie der Funktion nach unterschieden werden. Hauptfunktion, das wurde bereits einleitend erwähnt, ist die Erleichterung der Nahrungsbeschaffung. Dazu gehören die Erschließung neuer Nahrungsgebiete, dauerhafte Transportverbindungen mit ständigen Nahrungsquellen, z. B. Blattlausherden, aber auch Diebespfade zu den Nahrungsvorräten oder Brutkammern fremder Nester. Lauf- und Schleppstraßen sind bei Körnersammlern und Pilzzüchtern besonders ausgeprägt. Die Schleppstraßen für die geernteten Blattstückchen der Blattschneiderameisen können sich bis zu 800 m im Umkreis des Nestes erstrecken! Im Nestbereich laufen sie untertage weiter, gelegentlich führen die unterirdischen Schleppkanäle bis dicht an die Nahrungsbäume heran, ihr Ausgang kann bei der Blattschneiderameise *(Atta sexdens)* 200 m vom Nest entfernt liegen. Die oberirdischen Schleppstraßen hält diese Art von jeder Vegetation weitgehend frei, was in dichten Grasflächen bei 5 bis 7 cm Straßenbreite einen immensen Arbeitsaufwand erfordert. Größere Hindernisse werden umgangen, kleinere beseitigt, so daß der Pfad nach längerer Benutzung glatt und festgestampft erscheint. In abschüssigem Gelände verbreitern sie die Sohle durch Abtragen der Erde nach der fallenden Seite hin, bis sie völlig eben verläuft, wie bei einem vom Menschen angelegten Weg.

Manche *Acromyrmex*-Arten überdachen ihre Schleppstraßen vollständig mit Erdklümpchen. Diese Schleppgalerien erinnern stark an die Verkehrsstraßen vieler Honigtau sammelnder Arten. Die Besitzer von Blattlausherden sind auf schnelle Verbindungen zu den lebenswichtigen Zuckerlieferanten angewiesen. Ihre festen Verkehrsnetze mit Haupt- und Nebenstraßen sind häufig rinnenförmig in den Boden eingegraben, an den Seiten mit Längswällen versehen und gelegent-

lich überdacht. In den halbröhrenförmigen Straßenbauten einheimischer *Lasius*-Arten und bei der Wiesenameise *(Formica pratensis)* kann der interessierte Beobachter einen pausenlosen Hin- und Rückverkehr beobachten, der nur durch ungünstiges Wetter unterbrochen wird. Die Arbeiterinnen der letztgenannten Art errichten auf ihren Verkehrsstraßen mitunter besondere Halteplätze, die sie benutzen, wenn sie von der Nacht, vom Regen oder der Kälte überrascht werden. Es kann sich dabei um einfache Nischen oder um ein Teilnest handeln.

Die Pfade der gelbbraunen Diebsameise *(Solenopsis fugax)* aus dem wärmeren Mitteleuropa sind als Variationen der Laufstraßen aufzufassen. *Solenopsis* ernährt sich vorwiegend von der Brut benachbarter Ameisenvölker. Ihre schmalen Diebesgänge reichen bis zu deren Brutkammern und sind so eng, daß die Nachbarn die kleinen Räuber nicht in die Gänge hinein verfolgen können.

Diebespfade verbinden Nester unterschiedlicher Arten und dienen eindeutig dem Nahrungserwerb. Ständige Verbindungen zwischen Nestern einer Art, die zusammen eine Kolonie mit gemeinsamem Ursprung bilden, sollen als Verbindungsstraßen bezeichnet werden. Sie sind weniger speziell dem Nahrungserwerb als dem Gesamtaustausch zuzuordnen und werden deshalb hier nicht näher besprochen.

Bisher wurden ausschließlich Straßenbauten der Ameisen beschrieben. Die der Termiten sind nicht weniger mannigfaltig. Besonders eindrucksvoll sind auch hier wieder die Konvergenzbildungen. Wie bei den Ameisen lassen sich bei den verwandtschaftlich fernstehenden Termiten Wanderpfade, Lauf- und Verkehrsstraßen, Diebespfade und Verbindungsstraßen unterscheiden. Bedingt durch die vorwiegend unterirdische Lebensweise, verlaufen die Straßen meist als Tunnel untertage oder als Galerien aus Kartonmasse, Kot- und Erdklümpchen an der Oberfläche. Allgemein läßt sich feststellen, daß die Termiten im Laufe ihrer Stammesgeschichte den Nestbau, die Ameisen hingegen ihr Straßensystem stärker vervollkommnet haben.

3. Kapitel

Liebeslauben und Brautgeschenke *Konstruktionen im Dienste der Sexualität*

Die Sicherung der Fortpflanzung ist Grundlage für das Fortbestehen aller Arten. Bis es aber bei landlebenden getrenntgeschlechtlichen Tieren zur Vereinigung von Ei- und Samenzelle kommt, ist in der Regel eine Reihe komplizierter Anforderungen zu erfüllen: Die Geschlechter müssen zum richtigen Zeitpunkt zusammenfinden, sich als Partner erkennen und akzeptieren, ihr Verhalten aufeinander abstimmen und schließlich ihre Geschlechtsprodukte vereinigen. Es nimmt nicht wunder, daß sich in der Stammesgeschichte eine Fülle komplexer Verhaltensweisen zur Lösung dieser Aufgabe herausgebildet hat. Am bekanntesten dafür sind die Beispiele aus dem Werbeverhalten: der Gesang der Vögel, Frösche und Grillen, das Zurschautragen prächtiger Farben und die auffälligen Bewegungsformen in den »Liebesspielen« vieler Säuger, Vögel und Fische. Häufig werden in diesem Zusammenhang Verhaltensmuster aus dem Bereich des Bauverhaltens gezeigt. So balzen viele Prachtfinken mit einem Halm im Schnabel, andere Arten führen ständig Nestbaubewegungen aus oder überreichen Baumaterialien. Wir haben es hier mit hochstilisierten Verhaltensabläufen zu tun, die einem Funktionswechsel unterlagen, aus ihrem ursprünglichen Zusammenhang, der Bautätigkeit, herausgelöst und zu Signalhandlungen gewandelt wurden. Ritualisierung nennt der Verhaltensbiologe diese häufig zu beobachtende Erscheinung. Da aber im Endeffekt aus den Ausdrucksbewegungen kein Bauwerk resultiert, soll dieses interessante Kapitel hier nicht näher ausgeführt werden. Dessenungeachtet gibt es genügend Beispiele »echter« tierischer Bautätigkeit im Zusammenhang mit der Fortpflanzung. Die entstehenden Konstruktionen zeigen im Gegensatz zu den meist unauffälligen und getarnten Fallen, Kinderstuben und Wohnbauten ein Höchstmaß an Auffälligkeit, sie verkörpern

Signalstrukturen im Dienste der Sexualität. Am deutlichsten wird das wohl am Beispiel der ungemein aufwendigen »Liebeslauben« der Laubenvögel. Bei einer Reihe von Tieren mit kannibalisch veranlagten Weibchen kommt eine weitere Funktion hinzu. Die Konstruktionen (»Brautgeschenke«) sollen hier zum einen die Paarungsbereitschaft der streitbaren Weibchen auslösen und zum anderen deren Aufmerksamkeit von den gefährdeten Freiern ablenken. Raubspinnen und Tanzfliegen sind hierfür bekannte Beispiele. Unauffälligere, deshalb aber nicht minder interessante Konstruktionen werden von einigen Tieren speziell für die Übertragung ihrer Geschlechtsprodukte errichtet. Die Hilfskonstruktionen bei dieser stammesgeschichtlich wahrscheinlich sehr alten Form des Sexualverhaltens sollen uns zuerst beschäftigen.

Hilfskonstruktionen zur Gametenübertragung

Im Wasser, dem Ursprung allen Lebens, findet man noch heute eine der ursprünglichsten Formen getrenntgeschlechtlicher Fortpflanzung: die Entleerung der Geschlechtsprodukte ins freie Wasser. Die Befruchtung bleibt dabei oft dem Zufall überlassen. Viele meeresbewohnende Wirbellose, aber auch Fische verfahren so. Im feuchten Medium sind die meist aktiv beweglichen Samenzellen lange lebensfähig und sorgen dank ihrer riesigen Anzahl für einen ausreichenden Befruchtungserfolg. Anders liegen die Verhältnisse auf dem Festland. Hier würden freie Spermien schon nach kurzer Zeit vertrocknen und befruchtungsunfähig. Beim Übergang zum Landleben waren deshalb einschneidende Anpassungen im Bereich der Fortpflanzungsbiologie nötig. Viele Arthropoden (Gliederfüßer) lösten das

Problem, indem sie ihren Samen nicht einfach als Flüssigkeit abgeben, sondern ihn portionsweise in speziellen, oft hochkomplizierten Hüllen (Spermatophoren) verpacken. Die Übergabe der Samenpakete erfolgt meist über eine Kopulation im engen körperlichen Kontakt der Partner. Diese direkte Samenübertragung von Organismus zu Organismus stellt zweifellos die beste Lösung dar, sie ist aber offenbar einer ganzen Reihe von Arthropoden »noch nicht« gelungen. Dafür entwickelten einige von ihnen erstaunliche Verhaltensweisen und – was uns dabei besonders interessiert – Hilfskonstruktionen, die die räumliche und zeitliche Koordination der Samenübertragung gewährleisten.

Der einfachste Fall, noch ohne Hilfskonstruktionen, begegnet uns bei kleinen Bodentieren, wie Urinsekten und Moosmilben. Die Männchen dieser Arten setzen ihre gestielten Spermatophoren ohne weiteres Zutun am Substrat ab. Die Wahrscheinlichkeit, daß ein reifes Weibchen auf eins der wahllos abgesetzten Samenpakete trifft, ist recht gering, die Anzahl der Spermatophoren muß deshalb sehr groß sein. Eine effektivere Methode, die Weibchen an die männlichen Geschlechtsprodukte heranzuführen, entdeckte man bei dem einheimischen Pinselfüßer *(Polyxenus lagurus)*, einem kaum 4 mm langen ursprünglichen Tausendfüßer.

Das Sexualverhalten von *Polyxenus* war bis vor wenigen Jahren unbekannt, vor allem, weil er sich in unseren Breiten parthenogenetisch, d.h. durch Jungfernzeugung, fortpflanzt. Bei uns gibt es demzufolge nur Weibchen. 1954 fand man auf der Insel Sylt zufällig ein zweigeschlechtliches Vorkommen, an dem die Paarungsbiologie studiert werden konnte. Bis dahin wurde aufgrund morphologischer Befunde der Geschlechtsorgane der Pinselfüßer angenommen, daß sie »normal« kopulierten. Wie die Verhaltensuntersuchungen ergaben, war dieser Schluß reichlich voreilig; die Partner haben nämlich gar keinen Kontakt miteinander, und die männlichen »Kopulationsorgane« erwiesen sich schließlich sogar als Spinngriffel.

Die geschlechtsreifen *Polyxenus*-Männchen suchen eine kleine Bodenvertiefung auf und beginnen dort, mit den Spinngriffeln an der Basis des zweiten Beinpaares ein zickzackförmiges Gespinst anzulegen. Darauf setzen sie an einer bestimmten Stelle zwei hellglänzende Spermatröpfchen ab. Nach Vollendung des Gespinstes wenden sie sich um, pressen aus den Drüsentaschen des achten und neunten Beinpaares zwei dicke Sekretstreifen heraus, die sie auf etwa 1,5 cm geradlinig ausziehen. Die Funktion dieser Streifen wird sichtbar, wenn ein reifes Weibchen vorbeikommt. Stößt es nämlich mit den Fühlern auf die Doppelfadenstraße, so wird es sofort lebhafter; es beginnt unter eifrigem Antennentrillern die Straße entlangzulaufen. Hat es Glück, so marschiert es gleich nach der richtigen Seite und findet das Zickzackgespinst. Es stellt offenbar ein Haltesignal dar, das nun Suchbewegungen mit vorgestreckten Geschlechtspapillen auslöst; sie führen mit Sicherheit zum Auffinden und Abtupfen der Tröpfchen.

Wir dürfen den Doppelfadenstrang unbedenklich als wegweisende Signalstraße mit einer Art Stoppschild am Ende betrachten. Nur die dicken Doppelfäden erregen und leiten die Weibchen, die ohne diese Signaleinrichtung an den Samentröpfchen selbst achtlos vorbeiliefen, ja sogar darüber »stolpern« könnten, ohne sie zu bemerken!

Bemerkenswert ist auch das Verhalten der *Polyxenus*-Männchen zu ihren eigenen Spermatophoren. Sie laufen ebenfalls entlang der Signalstraße auf der Suche nach den Tröpfchen, die sie beim Auffinden sofort fressen. Anschließend errichten sie an derselben Stelle ein neues Gespinst, auf dem wiederum zwei Samentropfen deponiert werden. Im Laufe der Zeit entstehen so dicke Fadenstraßen aus vielen Gespinstlagen. Die biologische Bedeutung dieses Verhaltens liegt auf der Hand. Es erhöht einmal die Signalwirkung der Fäden, und zum anderen steht so immer frisches Sperma für die Weibchen bereit.

Aus der Fortpflanzungsbiologie der Pinselfüßer ist kein Kontakt zwischen den »Partnern« bekannt. Das hat den Nachteil, daß nicht jede Signalstraße von einem Weibchen gefunden wird. Bei vielen verwandten Tausendfüßerarten existiert bereits eine kurzzeitige Paarbildung, die

Der 4 mm große Pinselfüßer legt ein zickzackförmiges Gespinst an, auf das er zwei Samentropfen absetzt. Pfeile verdeutlichen den Verhaltensablauf. Nach unten schließt sich eine Signalfadenstraße an (hier stark verkürzt), die dem Weibchen den Weg zu den Spermatropfen weist (Gespinst stärker vergrößert als das Tier).

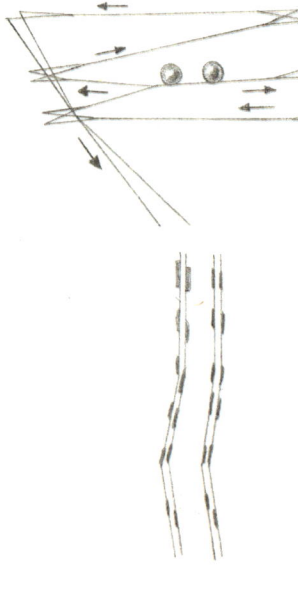

46

die Effektivität der Samenübertragung weiter erhöht. Die Männchen dieser Arten besitzen ebenfalls keine Kopulationsorgane, ja oft nicht einmal Einrichtungen zum Festhalten der Weibchen. Sie sind deshalb häufig auf Hilfskonstruktionen bei der Gametenübertragung angewiesen.

Die bei uns in lockerem Boden häufigen Steinkriecher, Hundertfüßer der Gattung *Lithobius*, bilden zur Fortpflanzung vorübergehend Paare. Die Partner betrillern ihre Hinterenden gegenseitig etwa eine Stunde lang mit den Antennen. Danach beginnt ein »Hochzeitsmarsch«, bei dem das Steinkriechermännchen seiner Partnerin stets ein Stück vorausläuft, wartet, bis sie es einholt, wieder vorausläuft usw. Schließlich hält es an und spinnt mit seinen Spinngriffeln ein unregelmäßiges Gewebe am Boden, auf das es einen umhüllten Samenballen absetzt. Wenige Millimeter dahinter legt das Männchen noch einige schleimartige Streifen an – Haltesignale für das Weibchen. Wenn die Vorbereitungen beendet sind, wendet es sich mit Kopf und Vorderkörper rückwärts, der wartenden Partnerin zu, und berührt ihre Fühler mit den seinen. Er gibt ihr gleichsam »per Handschlag« das Signal zum Vorrücken. Ist das Weibchen über dem Gespinst angelangt, hält es an und reißt die Spermatophore mit ihren Gonopoden (Geschlechtsfüßen) aus den Haltefäden. Die gesamte Handlungskette kann länger als drei Stunden dauern.

Einige Forscher vermuten, daß bei der Evolution der Begattung der Spinnen die Spermatophore ursprünglich ebenfalls am Boden abgesetzt und dann vom Weibchen aufgenommen wurde. Daraus entwickelte sich später der Modus, daß die Männchen selbst mit ihren zu speziellen Kopulationsorganen umgebildeten Kiefertastern das Sperma aufnehmen und übertragen. Im Gegensatz zu den meisten anderen Tieren, die für die Kopulation keine baulichen Hilfsmittel benötigen, sind die Spinnen auf solche angewiesen. Die erste der hier zu nennenden Hilfskonstruktionen müssen alle Spinnenmännchen errichten, um überhaupt paarungsbereit zu sein. Bevor sie sich einem Weibchen nähern, haben sie ein kleines sogenanntes Spermanetz gesponnen, darauf einen Samentropfen abgesetzt, ihre Kiefertaster hineingetaucht und über eine Art Füllfederhaltermechanismus mit der Flüssigkeit gefüllt. Nur so sind sie in der Lage, den an der Bauchseite ihres Hinterleibes austretenden Samen in die Geschlechtsöffnung der Weibchen zu übertragen. Vor jeder weiteren Paarung müssen die Taster über ein Spermanetz neu gefüllt werden.

Die Männchen einiger Arten errichten noch weitere, umfangreichere Gespinste im Dienste der Sexualität. Während die Mehrzahl der geschlechtsreifen Spinnenmännchen ein umherschweifendes Leben führt, suchen die Freier der Trichter- und Baldachinspinnen die Gespinste ihrer weiblichen Artgenossen auf. Hier leben sie über längere Zeit mit der einmal erwählten Partnerin zusammen und ernähren sich auch vom Erfolg ihrer Fanggewebe. Vor der Paarung zeigen einige von ihnen, z. B. *Ostearius melanopygius*, ein bemerkenswertes Verhalten. Sie weben innerhalb des Netzraumes ihrer Gastgeberinnen spezielle »Hochzeitsnetze«, die ausschließlich der Paarung dienen. Nur auf ihnen wird die Kopulation vollzogen. Vergleichbares ist im Tierreich äußerst selten, man findet es beispielsweise noch bei einigen Vögeln, wie Rothalstauchern und Haubentauchern, die speziell für die Paarung kleine schwimmende Inseln aus Pflanzenteilen, »Kopulationsplattformen«, errichten. Doch zurück zum Paarungsverhalten der Webspinnen. Eine bekannte »Tatsache« ist, daß die Spinnenweibchen nach der Vereinigung ihre Männchen fressen. Dieser Hochzeitskannibalismus ist jedoch keineswegs die Regel. Er kommt vor, aber weit öfter trennen sich die Geschlechter nach dem Akt in Frieden, oder das Männchen stirbt eines natürlichen vorprogrammierten Todes und wird erst danach von seiner Witwe verspeist. Häufiger, aber weniger bekannt ist der beträchtliche Größenunterschied zwischen den Geschlechtern. Er dient der Verbreitung der leichten Männchen durch Flug am Spinnfaden und wohl auch der besseren Beweglichkeit der gefährdeten, weil vor dem Akt als Beute angesehenen Freier. Um diesem Schicksal zu entgehen, die Beutefangbereitschaft in den viel kräftigeren Weibchen zurückzudrängen und die Paarungsbereitschaft hervorzurufen, entwickelten die Spinnenmännchen eine Fülle erstaunlicher Verhaltensweisen. Spezielle Hilfskonstruktionen spielen auch hier wieder eine große Rolle.

Die Männchen der Kreuzspinnen erkennen die Anwesenheit eines paarungsbereiten Weibchens bereits bei Berührung eines Netzfadens mit nur einer Fußspitze. Auf Netze unreifer Artgenossinnen oder artfremder Weibchen reagieren sie dagegen nicht. Haben sie das Gespinst eines reifen Weibchens aufgespürt, kommt der schwierigste Teil des Unternehmens. Sie müssen sich nun, um nicht wie Beutetiere behandelt zu werden, durch artlich genau festgelegte Schwingungen zu erkennen geben, die sich deutlich von denen der zappelnden Beute unterscheiden. Die Männchen der meisten Kreuzspinnenarten befestigen dazu einen Signalfaden am Netz ihrer Auserwählten und zupfen daran in charakteristischer Weise. Wird der Freier »erhört«, so bekunden die Weibchen ihre Paarungsbereitschaft durch rhythmisches Klopfen mit den Vorderbeinen. Sie kommen dann in der Regel dem werbenden Männchen auf dem als Liebesbrücke bezeichneten Signalfaden entgegen und hängen sich schließlich vor dem Partner in Paarungshaltung auf.

Natürlich gibt es bei den Webspinnen eine Vielzahl kleinerer und größerer Abweichungen vom beschriebenen Paarungsverhalten der Männchen, immer aber soll die Beutefangbereitschaft der Weibchen ausgeschaltet und ihre Paarungsbereitschaft verstärkt werden. Am augenfälligsten wird das wohl von solchen Arten demonstriert, deren Männchen der Partnerin vor der Paarung ein regelrechtes »Brautgeschenk« überreichen.

Keine Hochzeit ohne Brautgeschenk

Nicht als Fallenstellerin erregte die heimische Raubspinne *(Pisaura mirabilis)* die Aufmerksamkeit der Wissenschaftler – die Laufjägerin errichtet gar keine Fangnetze –, sondern durch ihr einzigartiges Paarungsverhalten. Im Mai ist außer Vögeln, Säugern und anderen auch das *Pisaura*-Männchen auf der Suche nach einer Partnerin. Kreuzt es die chemische Spur oder gar den Wegfaden eines Weibchens, so nimmt es die Nähe der Spinne mit Hilfe der chemotaktilen Sinnesorgane an seinen Freiersfüßen sofort wahr. Das Männchen fängt sich eine Fliege. Nicht etwa, um sich für sein gefährliches Vorhaben zu stärken – immerhin könnte es die Henkersmahlzeit sein –, nein, es saugt sie gar nicht aus, spinnt sie vielmehr ein, bis sie einer weißen Kugel gleicht. Das sieht sehr auffällig aus, weil es wie auf Zehenspitzen geschieht, mit steil aufgerecktem Hinterleib, der spinnend um die Fliege kreist, bis sie in der seidenen Hülle ver-

schwunden ist: kein Nahrungsverhalten, sondern
schon Sexualhandlung.

Dann macht sich der so gewappnete Lieb-
haber an die Verfolgung des Weibchens. Direkt
vor ihr richtet er sich auf, den Körper auf die
weit nach hinten abgespreizten letzten drei Lauf-
beinpaare gestützt, das vorderste Paar über dem
Kopf erhoben und nach vorn, zum Weibchen
hin, gespreizt. Die leuchtendweiße Fliegenkugel
wird ihr von den Kieferwerkzeugen präsentiert.

Sie tritt langsam näher, schlägt dann urplötz-
lich ihre Klauen in die Fliege – statt in den
Mann – und beginnt zu saugen. Den günstigen
Augenblick und die Stunde danach nutzt der
Freier, um mit einer Körperdrehung unter das
Weibchen zu gelangen und die mit Sperma ge-
füllten Geschlechtsorgane an den Enden der
Kiefertaster wechselweise einzuführen.

Es kommt vor, daß der *Pisaura*-Mann eine
Fliege offeriert, die schon ausgesogen ist; Spinnenmännchen anderer Arten stehlen die Hoch-
zeitsgeschenke sogar aus den Netzen der später
beschenkten Weibchen! Man hat das oft als
»Betrug« dargestellt, ernsthaft kann von einer so
vermenschlichenden Betrachtungsweise selbst
dann keine Rede sein, wenn der *Pisaura*-Freier,
wie das gelegentlich geschieht, sein Geschenkpaket hinterher wieder mitnimmt.

Ritualisierung des ursprünglichen Nahrungsverhaltens zum Zwecke der sexuellen Signal-
gebung ist im Tierreich weit verbreitet und hat
oft – wie eben gezeigt – ihren eigentlichen Inhalt
verloren: Ein Gebrauchssystem (Nahrung) wandelte sich in ein Signalsystem (Werbung) um.
Bei unseren Raubspinnen ist es deshalb gar nicht
so wichtig, ob das Weibchen eine frisch gefangene
saftige Beute erhält oder eine ausgesaugte Mumie. Entscheidend ist der Signalwert des Hoch-
zeitsgeschenkes.

Noch deutlicher wird diese auffällige Wand-
lung bei einer Insektenfamilie, den Tanzfliegen
(Empididae). Hier bietet sich außerdem die
seltene Gelegenheit, die einzelnen Stufen einer
langen Entwicklungsreihe von Brautgeschenken
noch heute bei jeweils anderen Arten miteinander zu vergleichen.

Bei den räuberischen Mitgliedern der Familie

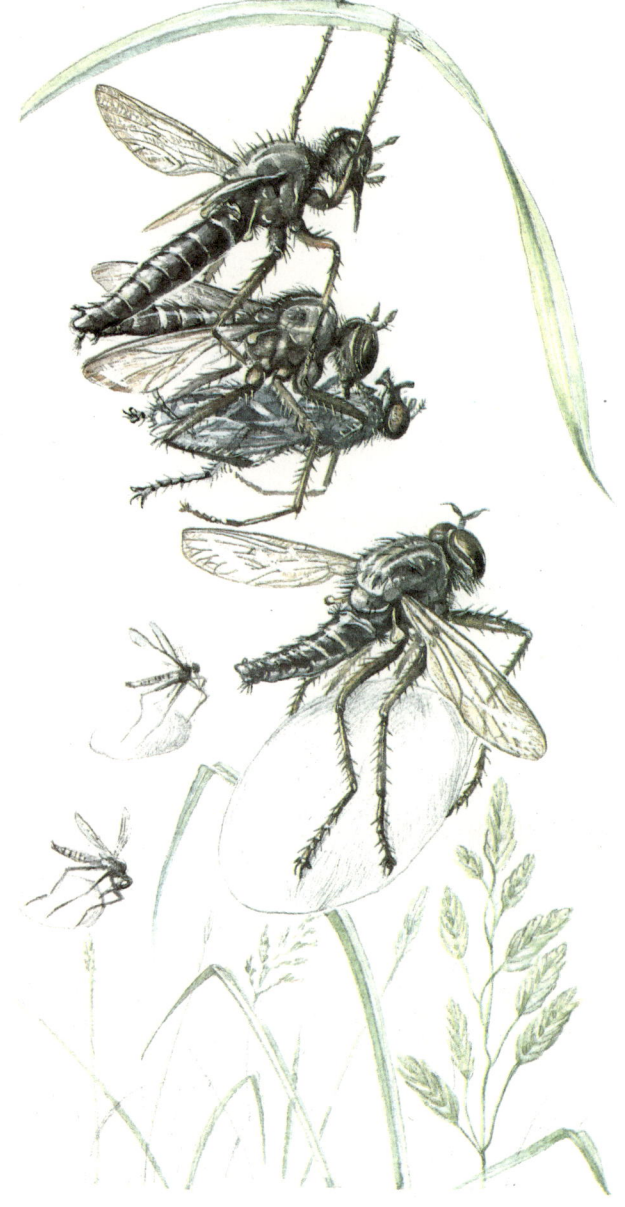

laufen die Männchen Gefahr, während der Paarung vom Weibchen verspeist zu werden. Das
versuchen z. B. die Weibchen von *Empis tri-
gramma*, wenn sie nicht gerade etwas zu fressen
haben. Die Männchen von *E. borealis* und *E.
tesselata* entgehen dieser Gefahr, indem sie vor der
Paarung eine Beute fangen und dem Weibchen
überreichen. Damit beginnt eine hochinteressante Ritualisierungsreihe, aus der einige Beispiele erwähnt seien. Die Männchen der Tanzfliege *Empis poplita* und *Hilaria quadrivittata*
spinnen die Gabe vor dem Überreichen mit Hilfe
der Spinndrüsen an den Vorderbeinen ein, so

daß sich die Weibchen lange mit der Beute beschäftigen müssen. Bei *Hilaria maura* hat das Geschenk bereits ausschließlich Symbolcharakter: Das Männchen spinnt irgendeinen ungenießbaren Gegenstand ein, etwa ein Blättchen. Am Ende der Reihe steht die Tanzfliege *Hilaria sartor*, deren Männchen ballonartige Schleier spinnen, die nicht mehr überreicht werden. Im Alpengebiet tanzen ganze Schwärme dieser dunklen Fliegenmännchen im warmen Sonnenschein ihren bezaubernden Schleiertanz. Der auffällige Gruppenflug, zusammen mit den silbrigglänzenden hauchzarten Schleiern, übt eine große Anziehungskraft auf paarungswillige Weibchen aus. Sie fliegen in die Tanzgesellschaft der Männchen hinein, werden im Flug gefangen und sofort begattet.

Das Panoptikum der Laubenvögel

Wenn Vogelmännchen um eine Partnerin werben, tragen manche Arten lautstarke Gesänge vor, andere präsentieren bunte Gefiederpartien, zeigen auffällige Balztänze, veranstalten Schaukämpfe oder vollführen fliegerische Kunststücke. Auch der Nistplatz oder das Nest selbst spielt bei der Brautwerbung etlicher Vögel eine wichtige Rolle. So weisen einige Höhlenbrüter eindrucksvoll auf ihre Brutstätten hin; der Zaunkönig baut eine ganze Reihe kugeliger Nester, aus denen das Weibchen dann eines auswählt; und unter den Webervögeln ist die Qualität des Nestbaus äußerst wichtig bei der Gattenwahl (s. S. 101). In allen diesen Fällen wird das zur Werbung benutzte Bauwerk als spätere Kinderstube genutzt und deshalb in diesem Zusammenhang besprochen. Anders liegen die Verhältnisse bei den Laubenvögeln (Ptilonorhynchidae). Wir begegnen hier dem einzigartigen Fall, daß Vogelmännchen eigens ein Bauwerk errichten, es mit Schaustücken schmücken, bemalen und darin tanzen, nur um ein Weibchen zur Paarung anzulocken. Die einfachen, napfförmigen Brutnester dagegen werden allein vom Weibchen und oft weit von der »Liebeslaube« entfernt hergestellt.

Der Zahnlaubenvogel säubert ein Stück Urwaldboden und plaziert darauf abgeschnittene Blätter mit der hellen Unterseite nach oben. Verwelkte Ausstellungsstücke werden gegen frische ausgetauscht und am Rande aufgestapelt. Das Vogelmännchen singt auf einem Ast über der Tenne.

Die Männchen der Laubenvögel sind meist schlicht gefärbt, man sieht ihnen die Verwandtschaft mit den prächtigen Paradiesvögeln nicht an. Die in Richtung Vielfalt und Unverwechselbarkeit der Arten wirkenden Kräfte der Evolution richteten sich hier weniger auf auffälliges Gefieder als auf die Entwicklung von Verhaltensweisen, die zur Errichtung geschmückter Tanzplätze und Lauben führten. Man bezeichnete diese Bauten deshalb auch als ablegbare Prachtkleider.

In Australien und Neuguinea leben nahezu zwanzig Arten von Laubenvögeln. Die meisten führen ein verstecktes Leben in schwer zugänglichen Waldgebieten. Die Bauwerke sind von Art zu Art verschieden, und auch in der Wahl der Schmuckstücke zeigen sich erhebliche Unterschiede.

Der Zahnlaubenvogel *(Scenopoeetes dentirostris)* ist wohl als der bescheidenste Baumeister zu bezeichnen. Er säubert auf dem Urwaldboden einen Platz und verziert ihn mit großen Blättern, deren Stiele er mit den sägeähnlichen Schnabelkanten durchschneidet. Die Ausstellungsstücke werden, mit der hellen Unterseite nach oben, sorgfältig plaziert und beim Welken sofort ausgetauscht. Am Rand aufgeschichtet, ergeben die ausgesonderten Blätter bald einen ansehnlichen Wall. Der Schausteller selbst tritt allerdings nicht auf dieser Bühne auf, sondern läßt seinen imitationsreichen Gesang von einem Ast darüber erschallen.

Der Bau des Seidenlaubenvogels *(Ptilonorhynchus violaceus)* verdient schon eher die Bezeichnung »Liebeslaube«. Bereits lange vor der Balzzeit sucht der im Inneren der feuchten Urwälder Ostaustraliens lebende, etwa taubengroße Vogel eine unterwuchsfreie Stelle, wo er ungefähr einen Quadratmeter Bodenfläche von allem »Abfall« säubert. Darauf errichtet er eine umfangreiche Plattform aus Ästchen, in deren Geflecht er zwei parallele Reihen kahler Zweige steckt, die einen dichten Laubengang bilden. Die Gasse verläuft stets in Nord-Süd-Richtung. Vor der nach Süden weisenden Öffnung – hier ist im Laufe des Tages am meisten Licht zu erwarten – ordnet er allerlei farbige Schmuckstücke an. Blaue und gelbgrüne Stücke werden dabei deutlich bevorzugt. Vielleicht, weil sie farblich dem blauvioletten Seidenglanz des Gefieders, dem leuchtendblauen Auge und der blauen Schnabelwurzel bzw. der gelbgrünen Schnabelspitze des alten Männchens entsprechen. Rote und grüne Ausstellungsstücke sind nicht auf dem Balzplatz vorhanden, der dennoch einen eindrucksvollen Anblick gewährt: Da liegen blaue und gelbe Blüten neben blauglänzenden Papageienfedern, Pilze und bläuliche Beeren neben Glasstücken und Papierschnitzeln. Unansehnliche Exponate werden ausgesondert und durch neue ersetzt. Das ist dem Baumeister jedoch noch nicht genug, er malt seine Laube farbig an, indem er ihre Innenwände mit Holzkohle oder dem Saft blauer Beeren bestreicht. Das ist schon außergewöhnlich, doch es kommt noch erstaunlicher: Manche Männchen benutzen für ihre Arbeit einen Pinsel! Sie nehmen ein faseriges Rindenstückchen zusammen mit der Beere in den Schnabel, zer-

Links: Seidenlaubenvögel bei der Paarung in ihrer »Liebeslaube«. Der Laubengang besteht aus zwei parallelen Astreihen, davor die Tenne mit den Ausstellungsstücken. Rechts: Lauterbachs Laubenvogel *(Chlamydera lauterbachi)* errichtet seine Laube in Form eines Kreuzgangs. Er bevorzugt kräftig rote und blaue Ausstellungsstücke.

Balzhütte des Gärtnerlaubenvogels. Die ersten Europäer in Neuguinea hielten sie für Spielburgen der Eingeborenenkinder.

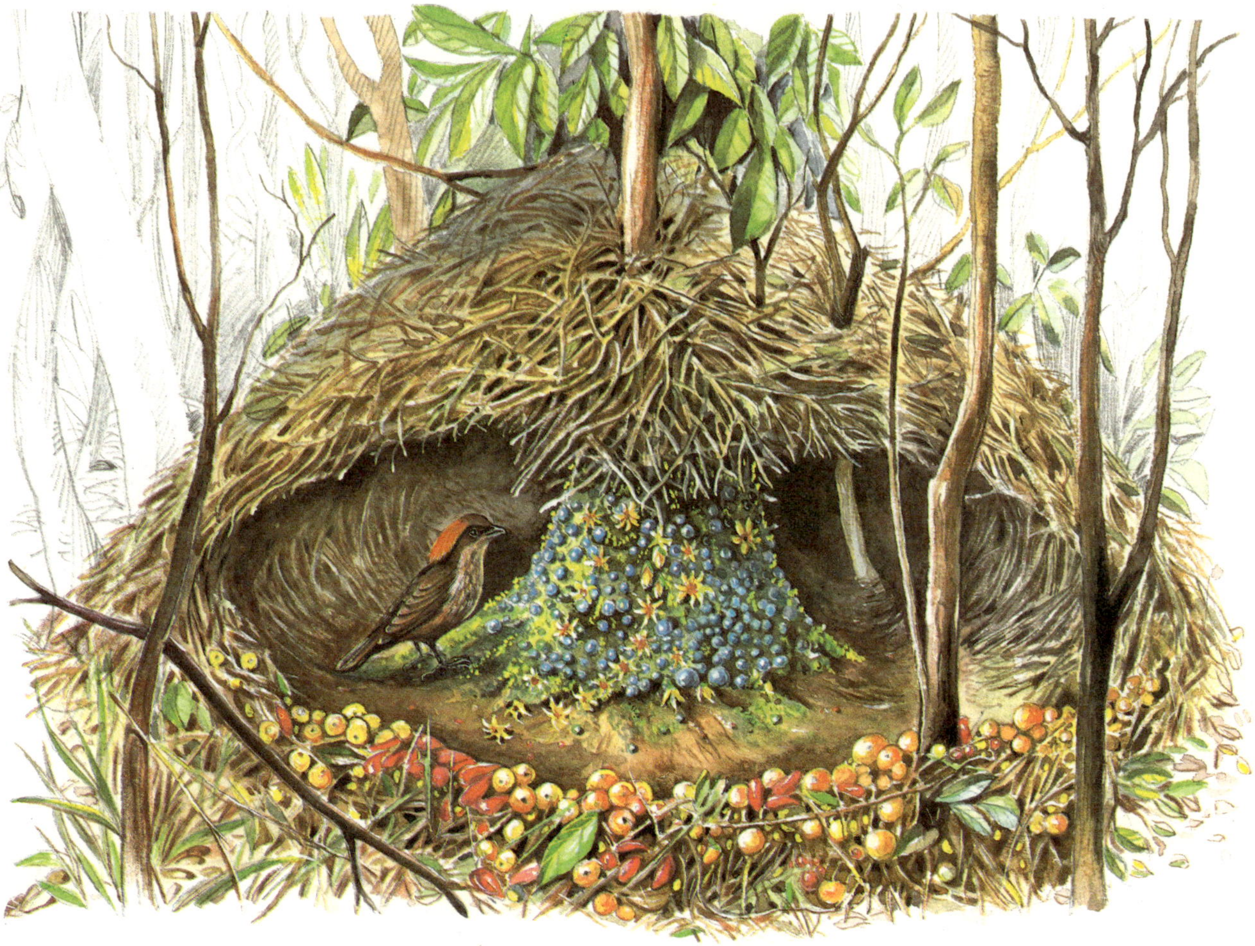

kauen beides und verwenden das mit Farbbrei vollgesogene Werkzeug anschließend wie einen Pinsel oder Schwamm.

Die Arbeit an der Laube beginnt wochenlang vor der Paarungszeit und reißt bis dahin nicht mehr ab. Die täglichen Regenfälle gefährden das Werk immer wieder, und ständig ist der emsige Baumeister und Dekorateur mit Aufbauen und Bemalen beschäftigt.

Wenn seine Bemühungen – in der Balzzeit noch durch rasselnden Gesang unterstützt – endlich einen Erfolg zeigen und sich ein Weibchen an der Laube einfindet, verstärkt er seine Aktivitäten noch beträchtlich, um es zum Bleiben zu veranlassen. Die Besucherin nimmt meist in der Laube Platz und beobachtet die Darbietungen des balzenden Männchens. Dieses beginnt die »Show«, indem es seine prächtigen Sammlungsstücke abwechselnd vorzeigt, dazwischen immer wieder mit gewagten Sprüngen um die Laube herumtanzt und harte Schwirrlaute hören läßt. Die hellblauen Augen bekommen dabei einen effektvollen blauvioletten Schimmer, der genau dem Gefieder und der Vorzugsfarbe der Innendekoration entspricht. Solchermaßen beeindruckt, läßt sich das Weibchen gewöhnlich in der Laube begatten.

Die anderen Laubenbauer führen ein ähnliches Leben. Der Kragenlaubenvogel *(Chlamydera maculata)* errichtet ebenfalls Laubengänge, die er aber im Gegensatz zur vorigen Art nicht mit blauen, sondern vorwiegend mit weißen oder glänzenden Schmuckstücken verziert. Auf einem einzigen Tanzplatz zählte man über tausend gebleichte Knöchelchen, Schneckenschalen und Steine! Dieses Angebot wird vielerorts durch menschliche Zivilisationsprodukte beträchtlich erweitert. Vorzugsweise werden dann blanke, in der Sonne glänzende Stücke, wie Glasscherben, Flaschenverschlüsse, Löffel und Münzen, einge-

Paar des Maibaumlaubenvogels *(Amblyornis macgregoriae)* vor dem mit Flechten geschmückten Reiserturm.

tragen. Die Farmer wissen um die diebische Veranlagung der gefiederten Raritätensammler. So fahndete ein kundiger Beobachter nicht lange nach seinen vermißten Autoschlüsseln, sondern suchte sofort die nächste Laube auf, wo er sie tatsächlich wiederfand. Ein Jäger, der seinen Bleivorrat aus der Schatzkammer eines Laubenvogels ergänzen wollte, soll daselbst nicht nur das begehrte Metall gefunden haben, sondern auch das Glasauge eines Bekannten, das diesem einige Zeit vorher des Nachts aus dem Wasserglas entwendet worden war.

Wirken die geschmückten und oft bemalten Laubengänge bereits recht beeindruckend, so werden sie von den Konstruktionen einer anderen Gruppe dieser erstaunlichen Familie noch in den Schatten gestellt.

Als Paradiesvogeljäger zu Anfang dieses Jahrhunderts in die Bergwälder Neuguineas vordrangen, wußten sie von kleinen, prächtig aus-

geschmückten Hütten zu berichten, die sie für Spielburgen der Eingeborenenkinder hielten. Der Leser kann sich schon denken, daß dies weit an der Wahrheit vorbeiging, die Urheber vielmehr unter den Laubenvögeln zu suchen waren. Und tatsächlich handelte es sich um die Balzhütten der Gärtnerlaubenvögel, die wohl schönsten und vollkommensten Bauwerke, die überhaupt von Vögeln errichtet werden. Ein Typ der großartigen Balzplätze stammt von dem schlichtfarbenen, amselgroßen Gärtnerlaubenvogel *(Amblyornis subalaris)*. Zur Paarungszeit flicht er aus dünnen Zweigen ein 60 bis 90 cm hohes Kegeldach um ein schwaches Stämmchen. Der tragende Pfeiler wird an der Vorderseite mit einem dicken Belag aus dunkelgrünem Moos verkleidet, das einen wirkungsvollen Kontrast zu den mosaikartig nach Art und Farbe geordneten Ausstellungsstücken bietet. Um den Schausockel herum führt ein Rundgang unter dem regensicheren Dach entlang, und vor dem weiten Eingang liegt ein freier Garten, der mit Blüten bestreut und von der Umgebung durch einen reich mit gelben und roten Früchten geschmückten Zaun abgegrenzt ist. Man sollte es kaum für möglich halten, daß ein Tier der Konstrukteur eines so eindrucksvollen und auch im menschlichen Sinne ästhetischen Bauwerks sein kann.

Einen für den Betrachter ebenso faszinierenden, noch entschieden arbeitsaufwendigeren Balzplatz bereitet der Säulengärtner *(Prionodura newtoniana)* für seine Darbietungen. In jahrelanger Tätigkeit umgibt er zwei Stämmchen mit stacheligen Reisigtürmen, den einen 2 m, den anderen bis zu 2,70 m hoch. Den knapp meterbreiten Zwischenraum verwandelt er in einen hohen, mit weißen Blüten und anderen hellen Pflanzenteilen ausstaffierten Tanzplatz. Im Umkreis von 2 bis 3 m werden noch bis zu fünf weitere Bäumchen mit einem halbmeterhohen Reisigmantel verkleidet. Diese immense Arbeit wird von einem Vogel vollbracht, der nicht größer ist als eine Amsel!

Aus dem Leben der erstaunlichen Familie der Laubenvögel wäre noch eine Menge zu berichten, sie sind jedoch die einzigen tierischen Baumeister, und ihre Bauten im Dienste der Werbung stellen Ausnahmeerscheinungen dar. Ganz allein stehen sie damit allerdings nicht, sogar unter den Vögeln gibt es ein paar vergleichbare Konstruktionen, wenn auch auf ungleich niedrigerem Niveau. So führt der afrikanische Leierschwanzwidah *(Drepanoplectes jacksoni)* aus der Familie der Webervögel seine auffälligen Balztänze auf einer Tenne aus, in deren Mitte ein laubenartig gebogenes Grasbüschel mit seitlicher Mulde steht. Der australische Prachtleierschwanz *(Menura novaehollandiae)* dagegen scharrt einen beachtlichen Balzhügel im Unterwuchs zusammen, den er freilich nicht wie die Laubenvögel mit Ausstellungsstücken schmückt, sondern auf dem er sich selbst, eingehüllt im silbrigweißen Schleier seiner Schwanzfedern, zur Schau stellt.

An dieser Stelle sei noch auf eine weitere Funktion vieler Bauten im Dienste der Fortpflanzung hingewiesen. Sie besitzen nicht nur eine anlockende Wirkung auf das weibliche Geschlecht, sondern sollen auch Männchen der eigenen Art vom Balzterritorium fernhalten. Bei den Signalpyramiden der Reiterkrabben *(Ocypode aegyptica)* wird das besonders deutlich. Die Männchen dieser tropischen Küstenbewohner graben Höhlen im Sand, in denen sie Zuflucht suchen und ihre Weibchen begatten. Die optische Markierung dieses Platzes erfolgt durch eine Sandpyramide, die, etwa 40 cm vom Höhleneingang entfernt, errichtet wird. Weibchen finden so den Weg zu den Paarungsplätzen der einzelnen Männchen, während diese untereinander zur Respektierung des besetzten Territoriums oder aber zum Rivalenkampf gefordert werden, so lange, bis das schwächere Tier abwandert.

4. Kapitel

Kinderstuben *Bauten im Dienste der Jungenaufzucht*

Die Jugendstadien der Tiere sind im allgemeinen gefährdeter als die Erwachsenen. Deshalb müssen viele Arten Tausende oder gar Millionen Nachkommen je Elterntier erzeugen, um den Fortbestand der Art zu sichern. Die Massenproduktion gleicht Verluste aus.

Je mehr sich die Eltern um ihren Nachwuchs kümmern, desto weniger Nachkommen sind für die Arterhaltung nötig. Bezogen auf unsere Thematik, heißt das: Je besser die Tierkinder durch Bauten geschützt werden, um so mehr von ihnen können bis zur Geschlechtsreife heranwachsen. Über die Bautätigkeit verringert sich somit der Aufwand bei der Produktion von Nachkommen. Dadurch kommt den Kinderstuben, unter denen wir von erwachsenen Tieren errichtete Bauten für Eier und/oder Jungtiere verstehen wollen, eine entscheidende Bedeutung für die Überlebensfähigkeit der Art zu.

Kinderstuben sind bei weitem häufiger und stammesgeschichtlich meist viel älter als die Bauten im Nahrungs- und Sexualsystem. Dementsprechend groß ist ihre Vielfalt. Da gibt es ausgehöhlte Kinderstuben tief im Erdboden, im Holz und sogar unter Eis und Schnee; die Jungen einiger Reptilien und Vögel schlüpfen in natürlichen Brutschränken aus den Eiern, andere wachsen in getöpferten Burgen oder kunstvoll gewebten Nestern heran. Als ordnendes Prinzip bei dieser Vielzahl von Kinderstuben soll die Bautechnik dienen. Grundsätzlich läßt sich zwischen einer substrathöhlenden (Graben, Bohren usw.) und einer aufbauenden Bauweise unterscheiden. Im ersten Unterkapitel sind die »Substrathöhler« nach ihrer systematischen Stellung geordnet. Es zeigt sich, daß quer durch das Tierreich ähnliche Prinzipien des Substrathöhlens bestehen und deren Kompliziertheit durchaus nicht mit dem Grad der Höherentwicklung einhergehen muß. Die dann folgenden Unterkapitel fassen Kinderstuben mit aufbauender Bautechnik zusammen. Hier wird deutlich, daß gleichartige Materialien bei unterschiedlichsten Tiergruppen ähnliche Bauformen entstehen ließen und umgekehrt unterschiedliche Materialien bei nahen Verwandten völlig verschiedene Bauwerke bedingen.

Kinderstuben sollen dem Schutz der Insassen dienen. Deshalb sind hier keine auffälligen und farbenprächtigen Bauwerke zu erwarten – solche würden ja auch Feinde anlocken –, sondern eher unauffällige, getarnte Konstruktionen. Den vielfältigen und erstaunlichen Verhaltensweisen der Baumeister tut das keinen Abbruch, sie fesseln den menschlichen Beobachter immer aufs neue.

Kinderstuben untertage

Viele Tiere verbergen ihren Nachwuchs in Felsspalten, Rissen oder anderen natürlichen Höhlungen. Andere nutzen verlassene Tierbauten oder quartieren ihren Nachwuchs in noch belegten »Wohnungen« ein. Bautätigkeit ist in keinem dieser Fälle vonnöten. Derartige Verstecke stehen aber nicht unbegrenzt zur Verfügung. Eine Reihe von Arten ging deshalb dazu über, aktiv Bauten für den Nachwuchs zu schaffen, Kinderstuben in unserem Sinne also. Zu den ursprünglichsten Bautechniken gehört das Herstellen eines Hohlraumes durch das Aushöhlen von Substrat. Dadurch entstehen flache Gruben oder tiefe Gangsysteme in den verschiedensten Materialien.

Erstaunliche Leistungen der Sandwespen

Sandwespen? Irgendwie kommen diese Tiere vielen von uns unangenehm bekannt vor. Verbindet man doch den Begriff »Wespe« meist mit einer sehr konkreten, oft schmerzhaft eingeimpften Vorstellung von bösartig stechenden schwarzgelben Fluginsekten. Aber wie das mit den allgemeinen Vorstellungen oft ist – sie stimmen nicht oder nur in sehr begrenztem Umfang. Die naschhaften Plagegeister am sonntäglichen Kaffeetisch im Freien haben nur wenig mit unserer Sandwespe zu tun. Sie gehören zu den sozialen Faltenwespen (Vespidae), deren graue Papiernester uns später noch beschäftigen werden, die Sandwespe dagegen zur großen Gruppe der Grabwespen (Sphecidae). Grabwespen und mit ihnen der überwiegende Anteil der Wespenverwandtschaft werden dem Menschen nicht gefährlich. Vielleicht sind sie gerade deswegen weithin unbekannt. Viele von ihnen führen ein Einsiedlerleben, bei ihnen obliegt die Sorge für die Nachkommenschaft allein dem Weibchen. Die begatteten weiblichen Grabwespen legen für jedes Ei eine Brutzelle an. Nicht alle Arten graben dabei ihre Nester im Boden, wie der Name Grabwespe vermuten ließe, manche bauen in morschem Holz, in ausgehöhlten Pflanzenstengeln oder in den Bohrgängen und Unterkünften anderer Insekten.

Die heimischen Sandwespen sind etwa 2 cm lang und an ihrem langgestielten schwarz-roten Hinterleib leicht zu erkennen. Aufmerksame Naturbeobachter begegnen ihnen häufig auf sonnenbestrahlten Wegen in Kiefernheiden und an anderen trockenen Orten. Im Sommer sind die Weibchen in den heißesten Tagesstunden emsig tätig, doch bereits der kleinste Wolkenschatten dämpft ihren Arbeitseifer erheblich. Wer selbst einmal in gleißendem Sonnenlicht vor einem Nesteingang der Sandwespe gelegen hat, kennt die zwiespältigen Gefühle des Beobachters, der einerseits interessante Erkenntnisse erhofft, sich zum anderen aber nach einem noch so kleinen Wolkenfetzen sehnt, der ihm etwas Schatten spenden könnte. In solchen Situationen bekommt man eine Vorstellung von der Geduld und Willenskraft, die nötig sind, um genaue Kenntnis vom Leben einer einzigen Tierart zu erhalten. Der holländische Verhaltensforscher BAERENDS hat die Sandwespenart *Ammophila pubescens* über fünf Jahre hinweg beobachtet und

dabei 2 500 Stunden ansitzen müssen, von denen etwa die Hälfte Ergebnisse brachte. Dabei unterstützten ihn stets eine Sekretärin und zeitweise bis zu fünf Hilfskräfte.

Nach seinen Beobachtungen gräbt das Sandwespenweibchen mit ihren Kiefern und Vorderbeinen einen senkrechten Schacht, der am Ende zu einer seitlichen Kammer erweitert wird. Losgescharrten oder mit den Kiefern gelösten Sand trägt es in einem speziellen, von Haaren umgebenen »Sandkörbchen« (Psammophor) zwischen Vorderbeinen und Brust ein Stück vom Nest weg, wodurch Duftspuren weitgehend verwischt werden. Durch den nachfolgenden Verschluß des Nestes wird anderen Interessenten – und es gibt deren genug – das Aufspüren der bequemen Nistgelegenheit weiter erschwert. Als Verschlußmaterial kommt loser Sand nicht in Frage, er würde durch den Schacht in die Kammer hinunterrieseln. *Ammophila* sucht daher zuerst einen passenden Verschlußstein für den Stollen. Als Richtmaß dienen ihr dabei die aufgesperrten Kiefer, die schon beim Graben der Röhre für deren Weite maßgebend waren. Der Rest wird dann mit Sand und kleinen Steinen aufgefüllt und gut getarnt.

Mit schnellem Flug sucht sie nun nach glatthäutigen Raupen, die sie durch einen oder mehrere Stiche in das Nervensystem lähmt, aber nicht tötet. Das hat den Vorteil, daß sich der Proviant für den Nachwuchs lange frisch hält, oft bis zu vier Wochen. Tote Raupen dagegen könnten zu schimmeln und zu faulen beginnen, bevor die Sandwespenlarve überhaupt zum Fressen käme. Die bewegungsunfähige Beute wird durch dick und dünn, über Steilhänge und durch dichten »Grasdschungel« zum Nest gezerrt, bei manchen Arten über 100 m weit. Man weiß, daß sich die Jägerin dabei nach Landmarken, wie Grasbüscheln, Steinen und kleinen Bäumchen, orientiert, deren Standort sie sich vor dem Ausflug genau eingeprägt hat. Vor dem verschlossenen Röhreneingang wird die Beute abgelegt und die Öffnung ausgeräumt. Den großen Abschlußstein legt *Ammophila* beiseite, das erprobte Stück wird noch mehrfach gebraucht. Danach packt sie die Raupe in einer genau fest-

Brutpflege der Sandwespe.
a Graben eines etwa 3 cm
tiefen Schachtes. Anfangs
wird das Material wegge-
scharrt, später mit den
Kiefern gelöst und rückwärtsgehend abtransportiert.
b Abtransport des Aushub-
materials, eingeklemmt in
Borstensäumen zwischen
Vorderbeinen und Kopf.
c Einziehen einer gelähmten
Eulen-Raupe,
d Eiablage,
e Verschluß der Nestkammer

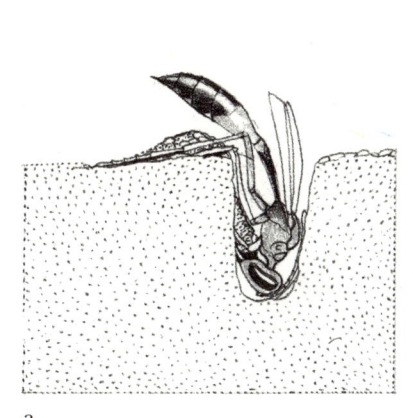

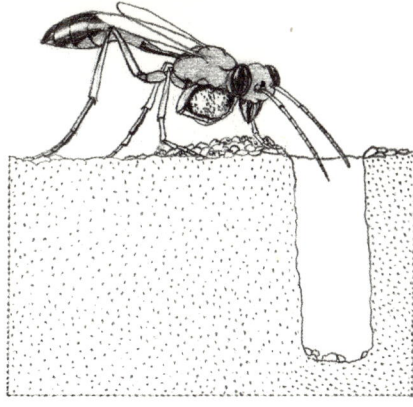

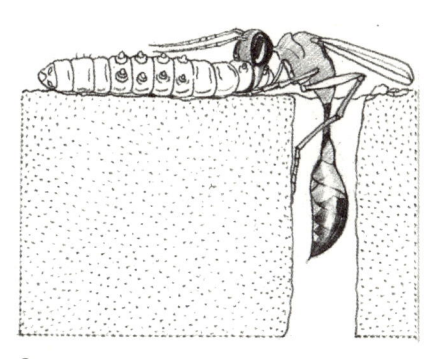

a

b

c

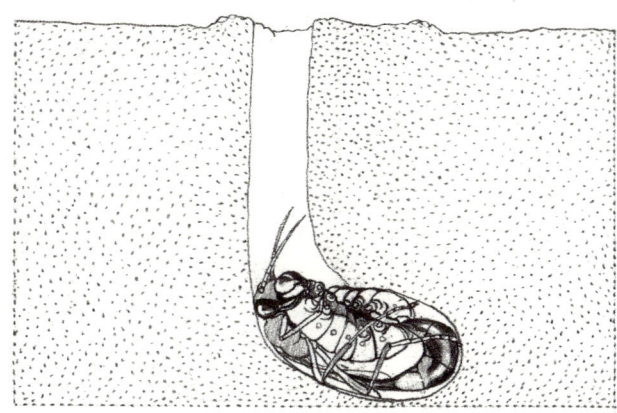

d

gelegten Art und Weise, zerrt sie, rückwärts kriechend, in die Höhle und legt ein Ei an ihr ab. Hierauf verschließt sie abermals das Nest. Die Brutfürsorge ist damit noch nicht beendet, die Wespenmutter versorgt ihren Nachwuchs auch weiterhin mit Nahrung. Gewöhnlich hat sie mehrere Nester gleichzeitig zu betreuen. Am Morgen fliegt sie die noch nicht endgültig ver- schlossenen Nester ab, öffnet die Eingänge und inspiziert jeweils das Innere. Wenn die Larve noch nicht aus dem Ei gekrochen ist, wird die Öffnung wieder verschlossen. Ist sie aber ge- schlüpft und verzehrt gerade die erste Raupe, so trägt die Mutter zwei oder drei weitere Beute- tiere ein. Ältere Larven versorgt sie noch einmal mit mehreren gelähmten Raupen und verschließt danach das Nest endgültig. Jetzt arbeitet sie mit noch größerer Sorgfalt als bei den früheren pro- visorischen Verschlüssen. Der Sand über dem Abschlußsteinchen wird mit dem Kopf festge- rammt, es wurde sogar berichtet, daß manche Arten größere Steinchen zwischen den Ober- kiefern halten und damit die oberste Sandschicht feststampfen und glätten. Das ist sehr bemerkens- wert und stellt einen der wenigen Fälle von Werkzeuggebrauch bei Insekten dar.

Wenn man sieht, mit welcher Präzision die Sandwespenmutter bei der Brutfürsorge vor- geht, stellt sich unwillkürlich die Frage, wie es ihr möglich ist, ohne Terminkalender und Notiz- buch genau zu wissen, welche Aufgabe zu wel- cher Zeit an welchem ihrer Nester auf sie wartet. Waren vielleicht die Forscher vergangener Gene- rationen auf der richtigen Fährte, die in *Ammo- phila* ein einsichtiges und planendes Wesen vermuteten? Diesen Gedanken nehmen wir nach den bisherigen Beispielen der Steuerung tierischer Bauleistungen nicht mehr sonderlich ernst, wir denken vielmehr sofort an eine Reihe genetisch fixierter Teilhandlungen (Erbkoordinationen). Das ist zweifelsohne richtig, nur ist damit die Frage nach der exakten Aufeinanderfolge der Einzelhandlungen noch nicht geklärt. Wir stoßen bei der Suche nach einer Antwort auf ein weiteres wichtiges Prinzip der Verhaltenssteuerung, auf das Prinzip der Handlungsketten.

Jede abgeschlossene Teilhandlung schafft im Nest eine neue Grundsituation mit den Schlüsselreizen für die nächste Handlung, die wiederum eine neue Grundsituation für die folgende Handlung liefert. Das setzt sich bis zum vorprogrammierten Ende der Handlungskette, dem endgültigen Nestverschluß, fort. Bereits bei der Nestinspektion wird das Verhalten der Wespe festgelegt. Hier ergeben sich folgende Grundsituationen:

a) »Nest leer« löst das Eintragen einer Raupe, die Eiablage und den vorläufigen Nestverschluß aus;

b) »Nest mit Raupe und Ei« löst den provisorischen Nestverschluß aus;

c) »Nest mit Raupe und Junglarve« bewirkt das Eintragen einiger, aber mindestens einer Raupe;

d) »Nest mit Altlarve« löst das Eintragen mehrerer Raupen und den sich anschließenden endgültigen Nestverschluß aus;

e) »Nest mit sich verspinnender Altlarve oder mit Kokon« löst den endgültigen Nestverschluß aus.

Die spezifischen Schlüsselreize aus dem Nest ermöglichen der Wespenmutter an jedem ihrer Nester ein situationsgerechtes Handeln. Was aber geschieht, wenn man die Dinge im Schacht künstlich verändert? Ein derartiges Experiment bietet sich geradezu an. Zuerst wird der Raupenvorrat für die heranwachsende Larve kontinuierlich verringert. Das Wespenweibchen steht deshalb immer wieder vor der Situation c); es trägt daraufhin am laufenden Band über zehn neue Raupen ein. Entfernt man in einem weiteren Experiment die vor dem Eingang abgelegte

Beute ein Stück, während das Weibchen die Röhre aufgräbt und inspiziert, so wird die verschwundene Raupe in der Umgebung gesucht und wieder vor den Nesteingang geschleppt. Aber statt sie gleich hineinzuziehen, legt die Wespe sie abermals ab und scharrt an dem ohnehin offenen Schacht – diese Handlung folgt eben normalerweise auf das Ablegen der Raupe –, und erst dann packt sie die Beute, um sie hinabzuziehen. Hat man diese inzwischen abermals entfernt, kann sich der Vorgang zwanzig- oder gar vierzigmal wiederholen, und immer wird der offene Eingang »noch einmal geöffnet«. Danach allerdings gibt sie auf oder zieht die Raupe doch direkt in den Bau, ohne sie vorher abzusetzen. Die Kette der Erbkoordinationen läuft ohne tiefere Einsicht ab, wobei das Resultat einer Teilhandlung (als Reizmuster aus der Umwelt) den Auslöser für das Einsetzen der nächsten bildet. Auf unserem Streifzug durch die Welt tierischer Bauten werden wir solchen Handlungsketten noch häufig begegnen.

Die Darstellung des Verhaltens der Sandwespen erfolgte in etwas idealisierter Form und vernachlässigt Unregelmäßigkeiten, die ab und zu auftreten. Gerade daraus aber wird ersichtlich, daß man keineswegs von »Instinktautomaten« sprechen darf, wie das gelegentlich geschieht. Automaten werden nicht von inneren Zuständen (Motivationen usw.) beeinflußt, die im lebenden Tier zu Verhaltensabweichungen führen können. Der holländische Forscher ADRIAANSE wußte um die möglichen Abweichungen im Verhalten der Sandwespe, als er BAERENDS' Untersuchungen nachvollzog. Ihm erschienen jedoch die Unterschiede zum beschriebenen Bauverhalten zu groß, so daß er stutzig wurde und die Morphologie der beobachteten Sandwespen genauer überprüfte. Das Ergebnis fiel überraschend aus. Hinter der von beiden Forschern untersuchten vermeintlich einheitlichen Art verbargen sich in Wirklichkeit zwei sehr ähnliche: *Ammophila campestris* und die bei dieser Gelegenheit »neuentdeckte« *A. pubescens*. Auch scheinbar nebensächliche Beobachtungen können sich bei der Unterscheidung ähnlicher Arten als wichtig erweisen. Beispielsweise, ob die Wespe beim Nestbau im Gleichtakt oder im Wechseltakt mit den Vorderbeinen scharrt, den gelösten Sand aus dem Schacht herauszieht oder mit Hilfe eines Borstenkranzes am Hinterleib (Pygidialfeld) rückwärts an die Oberfläche schiebt, wobei sich ein kleiner »Maulwurfshaufen« bildet. Mit den Mundwerkzeugen losgenagter Sand kann schließlich (wie bei *Ammophila*) in kleinen Portionen zwischen Vorderbeinen und Brust vom Bauplatz entfernt werden. Hier hat man darauf zu achten, ob das laufend oder fliegend geschieht.

Alle diese »Kleinigkeiten« im Bauverhalten der ungemein zahlreichen verwandten Arten geben dem Beobachter im Freiland meist schneller und besser Auskunft über die Familien- oder sogar Artzugehörigkeit als das äußere Erscheinungsbild der kleinen Baumeister mit den erstaunlichen Leistungen.

Rindenbrütende Borkenkäfer

Von den etwa 5 000 beschriebenen Arten der Familie der Borkenkäfer (Scolytidae) trifft man in Mitteleuropa etwa hundert an. Einige davon sind uns bereits aus dem Abschnitt über Pilzzüchter bekannt. Als Holzbrüter bohren sie ihre Brutgänge tief in das Innere der Stämme, ganz im Gegensatz zu den meisten heimischen Arten,

die ihre Gänge in und unter der Rinde anlegen und deshalb Rindenbrüter genannt werden. Ihre auffälligen, durch die erstaunliche Regelmäßigkeit oft an ornamentale Zeichnungen erinnernden Fraßfiguren sind jedem Forstmann bekannt. Ein Fachmann kann die verschiedenen Borkenkäfer allein nach der Ausprägung ihrer Brutgänge unterscheiden, ohne die »Täter« selbst gesehen zu haben. Für ihn erschließt sich aus den toten Bohrgängen im Holz ein umfangreiches Lebensbild der betreffenden Art. Versuchen wir, das anhand der übersichtlichen Fraßbilder des Eschenbastkäfers *(Hylesinus fraxini)* nachzuvollziehen.

Nach dem Schälen eines befallenen Eschenastes sieht man dessen Oberfläche von kurzgestielten, gegabelten Gängen bedeckt, von denen schmalere, sich allmählich verbreiternde Seitenstollen senkrecht abzweigen. Die Form dieser Fraßgänge ist aus der Fortpflanzungsbiologie der Käfer zwanglos zu erklären. Im Frühjahr frißt sich zunächst das Weibchen senkrecht in die Rinde hinein. Im Bohrloch wird es von einem Männchen aufgesucht und begattet, daraufhin beginnt es mit dem Brutgeschäft. Von der Stelle aus, an der das Bohrloch auf das Holz des Stammes stößt, nagt es zunächst nach der einen, dann nach der anderen Seite einen waagerechten Gang. In diesem Muttergang wird in den eigens dafür geschaffenen Nischen je ein Ei abgelegt. Aus den Eiern schlüpfen kleine weiße Larven, die alsbald selbst Gänge anzulegen beginnen. Die Larvengänge entfernen sich senkrecht vom Muttergang, der ursprünglichen und eigentlichen »Kinderstube«. Ihr Durchmesser wächst ständig, da die Larven infolge der Nahrungsaufnahme (sie verwerten das losgenagte Holz) laufend an Größe zunehmen. Die erwachsene Larve schließlich frißt sich ihre Puppenwiege, eine keulenförmige Höhlung, ins feste Holz. Wenn der fertige Käfer im Spätsommer aus der Puppe schlüpft, so nagt er sich auf dem kürzesten Wege zur Rindenoberfläche durch. Die runden Löcher in der Rinde, oftmals Tausende in einem Stamm, zeugen dann sowohl vom erfolgreichen Abschluß der letzten Brutetappe als auch von dem Schaden am befallenen Baum.

Fraßbilder des Eschenbastkäfers.
Oben: Das Käferweibchen nagt einen doppelarmigen waagerechten Brutgang, die eigentliche Kinderstube. In kleinen Nischen legt es je ein Ei ab. Von hier aus fressen sich die Larven senkrecht vom Muttergang weg ihre Stollen in das Bastgewebe des Eschenastes.
Unten: Fertiges Fraßbild. Die Larven haben sich am Ende ihrer Stollen verpuppt, die jungen Käfer gelangen durch Schlupflöcher ins Freie.

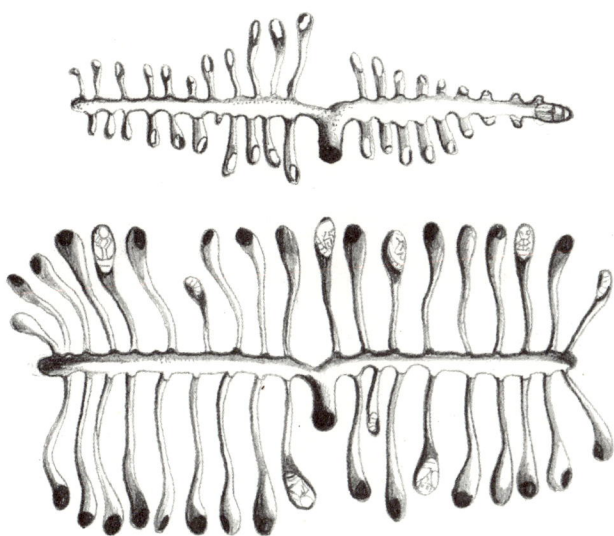

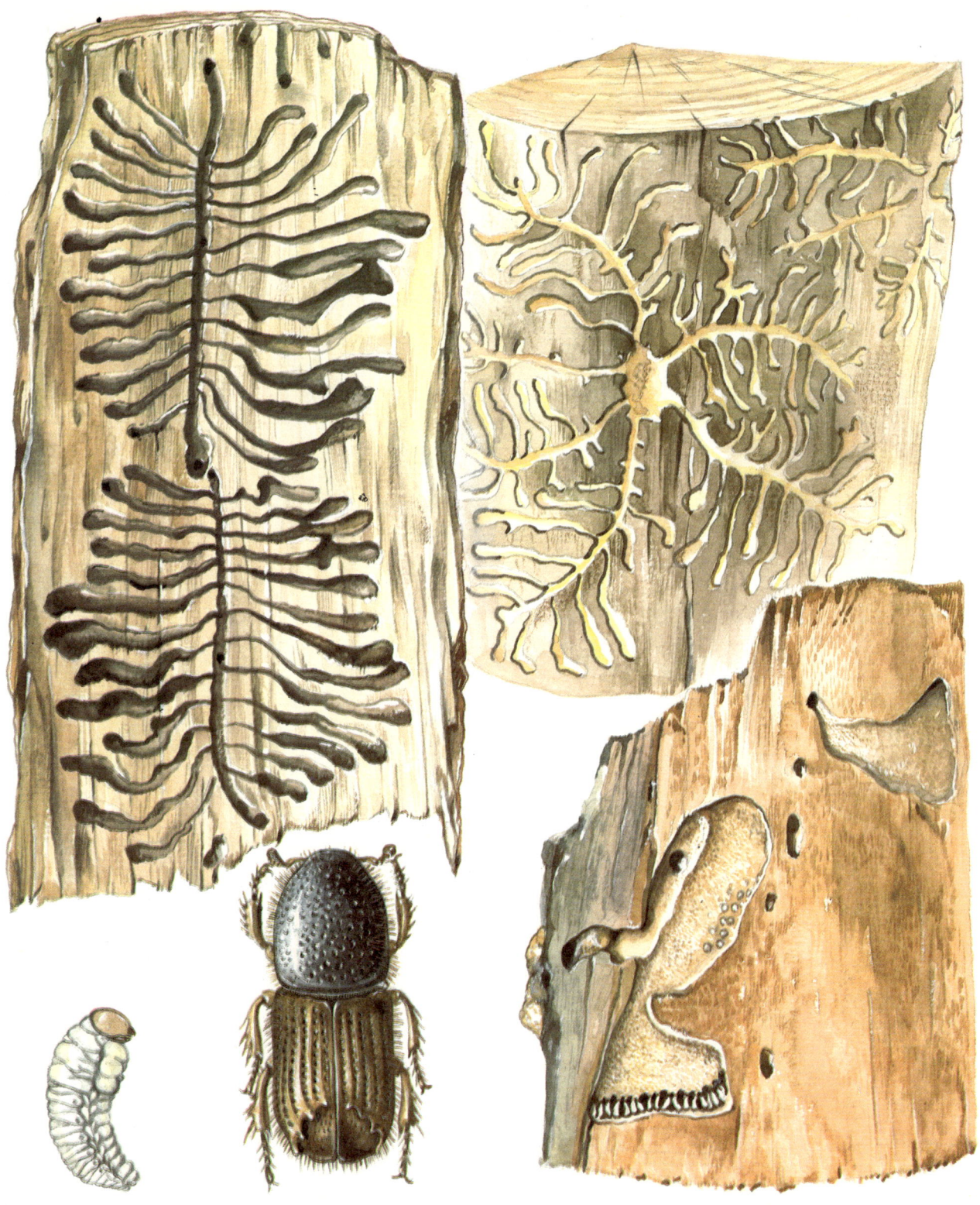

Links: Buchdrucker und sein Fraßbild.
Rechts oben: Sternförmige Brutgänge des Kupferstechers (*Pytiogenes chalcographus*). In der Mitte die vom Männchen angelegte Rammelkammer.
Rechts unten: Brutbild von *Dendroctonus micans*. Links Einbohrloch des Weibchens, anschließend Muttergang mit Luftloch und Eilager mit leeren Eihüllen. Die Larven fressen in gemeinsamer Front und verstopfen den Raum hinter sich mit Bohrmehl.

Unter den Borkenkäfern gibt es viele Forstschädlinge. Der bekannteste ist zweifellos der Fichtenborkenkäfer *(Ips typographus)*. Seine Brutgänge sind den meisten Menschen wohlbekannt, auf Waldspaziergängen müssen die Fraßfiguren mit ihrer schönen Regelmäßigkeit, man nennt diesen Käfer deshalb auch »Buchdrucker«, einfach auffallen. Bereits auf den ersten Blick erkennt der Betrachter hervorstechende Unterschiede zum Gangsystem des Eschenbastkäfers: In der Rinde, direkt unter dem Einbohrloch, findet man eine recht umfangreiche Höhlung, eine Besonderheit, die auf eine wichtige biologische Tatsache aufmerksam macht. Das Männchen – und nur dieses – bohrt hier das Einschlupfloch, es schafft sich damit einen Empfangsraum, die sogenannte Rammelkammer, für später zufliegende Weibchen. Während die vorige Art monogam lebt, man findet hier stets ein Paar in einem gemeinsamen Bau, begatten die Männchen der Arten, die die erwähnte Rammelkammer anlegen, in der Regel mehrere Weibchen, die dann von der Kammer aus ihre Muttergänge anlegen. Auf diese Weise entstehen die auffällig sternförmigen Brutgänge vieler »Kupferstecher« (*Pytiogenes*-Arten), ebenso die vorwiegend senkrechten oder waagerechten Mehrfachgänge anderer Borkenkäferarten. Auch hier kann man demnach aus der spezifischen Ganganlage mit großer Sicherheit auf Einzelheiten in der Fortpflanzungsbiologie der betreffenden Käfer schließen. Die dauerhaften Gangsysteme dokumentieren den vollständigen Lebenszyklus der Art – ein eindrucksvolles Beispiel für »eingefrorenes Verhalten«.

An dieser Stelle noch einige Bemerkungen zur Schädlichkeit der Borkenkäfer. Kein Tier an sich ist schädlich oder nützlich. Erst der Mensch drückt ihm diesen Stempel auf. Beim »Waldschädling« Fichtenborkenkäfer wird häufig nicht bedacht, daß er eigentlich nur altersschwache, kranke oder beschädigte Bäume befällt. Indem er abgestorbene und absterbende Baumsubstanz zerkleinern hilft, erfüllt er eine wichtige Funktion im Naturhaushalt. Nur wenn durch Windbrüche oder Schneeschäden größere Flächen gestürzter Bäume über längere Zeit liegenbleiben, wie das in den biologisch ungesunden Fichtenmonokulturen Mitteleuropas am Ende des letzten Weltkrieges vielfach der Fall war, kann es zu einer Massenvermehrung von Borkenkäfern kommen. Durch das massierte Angebot von Brutstätten setzt sprunghaft eine ungehemmte Vermehrung ein. Von einem bestimmten Zeitpunkt an finden die ständig wachsenden Käferheere keine weiteren abgestorbenen Brutbäume mehr und sind gezwungen, auf gesunde Bäume auszuweichen. Das ist der Punkt, an dem sich normalerweise der Bestand von selbst reguliert. Ein gesunder Baum ist nämlich in der Regel nicht von den Käfern gefährdet, da er sämtliche Bohrversuche im Harzfluß erstickt. Wenn aber Tausende Angreifer über einen gesunden Stamm herfallen, ist er nicht mehr in der Lage, alle Löcher mit Harz zu verkitten. Der Baum erliegt den Scharen, auch wenn viele Käfer dabei zugrunde gehen.

Kinderstuben in Sand und Kies

Weit weniger Aufwand als Sandwespen oder Borkenkäfer treiben viele Wirbeltiere bei der Herstellung ihrer Kinderstuben untertage. Einige sehr einfache Beispiele, eigentlich nur Vorstufen zu einer künstlichen Höhle, finden wir bei den Fischen, den Forellen etwa oder dem Lachs.

Der Lachs *(Salmo salar)* ist einer der bekanntesten Fische überhaupt, und das, obwohl ihn nur wenige von uns jemals gesehen haben. Dabei gehörten seine Wanderzüge vor noch nicht einmal hundert Jahren zum gewohnten Bild vieler europäischer Flüsse. Auch an Elbe und Rhein fingen Generationen von Fischern jährlich Hunderte Tonnen des begehrten Fisches, ohne daß die Bestände dadurch jemals gefährdet gewesen wären. Erst die katastrophale industrielle Umweltverschmutzung bewirkte sein Verschwinden aus weiten Gebieten.

Wo die Lebensbedingungen der Lachse noch nicht eingeengt wurden, treibt es zu bestimmten Zeiten die bis dahin im Meer lebenden Fische in unübersehbaren Scharen stromaufwärts. Stromschnellen, Wasserfälle und andere Hindernisse bis zu 4 m Höhe werden mit mächtigen Sätzen übersprungen. Mit Hilfe ihres Geruchsvermögens finden sie ihren Geburtsort mit erstaunlicher Sicherheit wieder. Hier, in schnellfließenden Bächen mit kiesigem Grund, legen die Weibchen durch kräftige Schwanzschläge ihre 20 cm tiefen und bis zu 2 m langen Laichgruben an. Während der Eiablage und der gleichzeitig erfolgenden Besamung werden die Gruben durch neuerliche Schwanzschläge mit Sand und Kies bedeckt. Am Grund der sauerstoffreichen Gewässer, verborgen unter der schützenden Deckschicht ihres Kiesbettes, schlüpfen nach mehreren Monaten die Jungfische. Bis der Dottersack aufgezehrt ist und ihr eigentliches Räuberdasein beginnt, das nach ein bis fünf Jahren im Meer fortgesetzt wird, suchen sie noch Zuflucht im Kiesversteck.

So primitiv diese Kinderstube auch anmuten mag, sie bietet der Brut so viel Sicherheit, daß sich die Art durch die Produktion von 10000 bis 30000 Eiern je Weibchen bis heute erhalten konnte. Der Karpfen, der seine Eier ungeschützt ablegt, erreicht den gleichen Erfolg erst mit einer halben bis einer Million Eier, ein Kabeljau mit etwa 9 Millionen und der Steinbutt mit 10 Millionen Eiern pro Jahr.

Im Vergleich zu den Fischen und Amphibien legen die Reptilien im allgemeinen sehr wenig Eier. Waren es bei den Weibchen mancher

Maurische Landschildkröte (*Testudo graeca*) beim Bau der Nestkammer. Mit Wasser aus ihren Darmanhangblasen befeuchtet sie den Boden und erleichtert sich so das Graben. Die Eier werden mit den Hinterbeinen aufgefangen und behutsam in der Grube abgesetzt.

Fischarten mehrere Millionen, bei Amphibienweibchen häufig Tausende, sind es bei den Reptilien dagegen kaum mehr als hundert Eier pro Legevorgang. Nach dem im Tierreich allgemein geltenden Satz, daß die Anzahl der Eier um so geringer ist, je mehr sich die Eltern um die Nachkommen kümmern, können wir bei den Reptilien ausgeprägte Brutfürsorge- und Brutpflegehandlungen erwarten. Tatsächlich werden die Eier meist an geschützten Stellen abgelegt und gut versteckt, oft auch vergraben und manchmal von den Müttern bewacht. Großer architektonischer Aufwand jedoch wird bei der Anlage der Brutbauten nicht betrieben. Nesthöhlenbau und demzufolge Vergrabehandlungen (Scharr-, Schwimm- und Verdrängungsgraben) herrschen vor. Unsere Darstellung soll sich auf die Herstellung der Kinderstuben der Schildkröten beschränken.

Schildkröten vermehren sich durch Eier, die wie alle Reptilieneier einen hohen Dotter- und Wassergehalt aufweisen und durch eine harte oder zähe Schale vor der Austrocknung geschützt sind. Dadurch wurde die Eiablage auf dem Festland überhaupt erst möglich. Alle Schildkröten, auch die Seeschildkröten, legen ihre Eier auf dem Land ab. Sie verfahren dabei in prinzipiell gleicher Weise. Mit Hilfe der Hinterbeine (seltener der Vorderbeine) gräbt das Weibchen ein Loch in den Boden. Land- und Süßwasserschildkröten können sich die Arbeit erleichtern, indem sie die Erde mit Wasser aus ihren Darmanhangblasen aufweichen. Bei unserer einheimischen Sumpfschildkröte konnte man beobachten, daß grabende Weibchen das Loch mit dem Schwanz »vorbohren«. Zwischendurch kehrten sie mehrmals in ihr nächstes Wohngewässer zurück, um die Darmanhangblasen wieder mit Wasser zu füllen. Hat ein Weibchen die Vorbereitungen zur Ablage getroffen, hält es seinen Schwanz in die Öffnung der Eikammer und läßt die langovalen Eier einzeln nacheinander austreten. Es fängt diese abwechselnd mit dem einen oder anderen Hinterbein auf und läßt sie behutsam zu Boden gleiten. Nachdem das letzte Ei abgelegt ist, wird die Nistgrube wieder zugescharrt und die Oberfläche geglättet.

Von natürlichen Brutschränken und Thermometerhühnern

Als Beschützer ihrer Brut und Erbauer brutofenähnlicher Nisthügel stellen die Krokodile eine bemerkenswerte Ausnahme unter den Reptilien dar. Ihre weißen Eier sind von einer harten Kalkschale umgeben und erreichen die Größe von Gänseeiern. Manche Arten, wie das Nilkrokodil (Crocodylus niloticus), vergraben ihre Eier an flachen, steinarmen Ufern. Dazu suchen sie nicht etwa die heißeste Stelle im Sand aus, wie man getreu dem Motto »Viel hilft viel« vermuten könnte – derartig hohe Temperaturen würden die Embryonen gar nicht überstehen –, die Weibchen vergraben ihre Eier vielmehr an Plätzen, die nicht den ganzen Tag der Sonne ausgesetzt sind. Häufig wird das Gelege noch mit Gras abgedeckt. Dadurch bleibt der Boden bis zu zehn Grad kühler als ein unbedeckter in der Sonne. Bei großer Hitze befeuchtet die tropfnaß aus dem Wasser kommende Krokodilmutter die Deckschicht über den Eiern. Ortswahl, Abdeckung und Befeuchtung zusammen ermöglichen eine einfache, doch recht wirkungsvolle Temperaturregulation. Biologen maßen in der Eikammer Werte von 30 bis 35 °C; die Schwankungen innerhalb von 24 Stunden betrugen höchstens drei Grad – beachtlich, wenn man bedenkt, daß sich die Außentemperatur in dieser Zeit um fast dreißig Grad ändert.

Die Mutter bewacht ihr Gelege während der gesamten Brutzeit und versucht, die zahlreichen Eiräuber zu vertreiben. Vor dem Schlüpfen hört man selbst durch die 30 cm dicke Erdschicht das Quäken der Jungen. Das Krokodilweibchen schiebt daraufhin mit dem Bauch die Deckschicht beiseite und geleitet die Jungtiere wie eine Entenmutter zum Wasser. Einige Alligatoren nehmen ihren Nachwuchs dazu sogar in das zähnestarrende Maul, ohne ihn zu verletzen (später jedoch werden kleinere Tiere häufig von ihren Artgenossen verspeist).

Aus der Bewachung, die die Panzerechsen ihrem Nachwuchs angedeihen lassen, zieht übrigens ein Regenpfeifervogel, der Wellentriel (Burhinus vermiculatus), Nutzen. Er brütet stets neben ihren Gelegen und ist durch die wehrhaften Krokodilmütter, die ihm nichts tun, ebenfalls vorzüglich geschützt.

Andere Krokodilarten leben in Gebieten ohne geeignete sandige Uferstellen, sie betreiben eine für Kriechtiere noch erstaunlichere Brutpflege. So bauen beispielsweise Leistenkrokodile (Crocodylus porosus) an den Küsten Südostasiens und der Hechtalligator (Alligator mississippiensis) in den amerikanischen Südstaaten umfangreiche, meterhohe Bruthügel aus faulendem Pflanzenmaterial. Die feuchten Pflanzenteile beginnen bald zu gären, wobei beträchtliche Wärmemengen frei werden. Jeder Landwirt kennt dieses Prinzip und weiß, daß sich feucht eingelagertes Stroh und Heu durch die Gärungswärme sogar selbst entzünden können. Alligatorenmütter begegnen der Überhitzung durch Lüften des Geleges. Leistenkrokodile bespritzen den Bruthaufen von Zeit zu Zeit mit Wasser aus dem Fluß oder aus einem selbstgegrabenen Schlammloch; die Feuchtigkeit erhält den Zersetzungsprozeß des Pflanzenmaterials aufrecht. Durch die Brutpflege (Lüften, Befeuchten) ändert sich die Temperatur bei den Eiern um nicht mehr als drei Grad, während die Außentemperatur um zwanzig Grad und mehr schwankt.

Die natürlichen Brutschränke der Krokodile sind von großem Interesse für die Wissenschaft, da man genau dem gleichen Prinzip auch bei einer Vogelgruppe, den Großfußhühnern, begegnet. Die Vögel entwickelten sich vor Millionen Jahren aus den Reptilien, und so besteht zumindest die Möglichkeit einer gemeinsamen Wurzel dieses auffälligen Bauverhaltens, auch wenn sich auf den ersten Blick nur wenige Gemeinsamkeiten zwischen den plumpen Panzerechsen und den Großfußhühnern feststellen lassen.

Vögel brüten auf ihren Eiern. Dieser Satz ist so selbstverständlich, daß jede Ausnahme staunende Aufmerksamkeit erregt. Noch dazu, wenn man erfährt, daß die Eier einer Vogelgruppe überhaupt nicht mehr mit dem wärmenden Elternleib in Berührung kommen, sondern durch die Gärungswärme feuchten Pflanzenmaterials, durch die Wärme vulkanischer Quellen und

noch nicht erkalteter Lava oder direkt durch die heiße Sonne am Meeresstrand ausgebrütet werden. Das klingt fast märchenhaft und wurde lange nicht geglaubt. Dabei sind die in Australien und der umliegenden Inselwelt beheimateten Großfußhühner (Megapodiidae) noch in einer anderen Beziehung einzigartig: Ihre Jungen schlüpfen so weit entwickelt aus den Eiern, daß sie oft schon kurze Strecken zu fliegen vermögen. Sie wachsen ohne jede elterliche Betreuung heran. Die auffallend großen und kräftigen Füße – Megapodiidae bedeutet auf deutsch Großfüßer – sind schon für die Küken lebenswichtig, wenn sie aus dem Ei schlüpfen. Sie müssen sich dann ohne Hilfe aus der Tiefe des Bruthaufens ans Licht emporwühlen. Diese Arbeit kann immerhin bis zu fünfzehn Stunden dauern. Später, bei der Anlage eines eigenen Brutschrankes, kommen die Scharrfüße abermals zur Geltung.

Das wohl merkwürdigste Brutverhalten zeigen die im Inneren Australiens lebenden Wallnister (Leipoa ocellata). Man nennt diese Vögel auch Thermometerhühner, weil sie mindestens zehn Monate im Jahr damit beschäftigt sind, die Temperatur ihrer Brutöfen zu regulieren.

In den regenreichen Monaten April und Mai – auf der Südhalbkugel unserer Erde hält dann gerade der Herbst seinen Einzug – scharren die Hühner zunächst einen großen, metertiefen Krater. Darin sammeln sie feuchtes Blattwerk. Nun ist das Laub in der meist trockenen Buschsteppe nicht gerade reichlich vorhanden, deshalb muß es im Umkreis von bis zu 50 m zusammengeharkt werden. Im Frühjahr ist die Grube endlich aufgefüllt. Darüber wird aus weiterem Pflanzenmaterial und viel Sand ein Hügel angehäuft und geglättet, unter dem der Kompost zu gären beginnt. Das Vogelpaar ist nun von früh bis spät am Bruthaufen beschäftigt, um die von ihnen angestrebte optimale Bruttemperatur von 34 °C zu erreichen. Ihr Hauptproblem liegt darin, daß im australischen Busch neben beträchtlichen jahreszeitlichen Schwankungen auch Temperaturunterschiede von vierzig Grad im Tagesverlauf keine Seltenheit sind. Überdies erhitzen die gärenden Pflanzenstoffe den Bruthaufen nicht gleichmäßig.

Kinderstuben.
Sie werden von den erwachsenen Tieren zum Schutz ihrer Nachkommen errichtet.
12 Mit einer wenig aufwendigen Technik wird das Schaumnest des Kampffisches (Betta splendens) gebaut. Das Männchen erzeugt den Schaum, indem es eine Luftportion nach der anderen im Maul mit zähem Schleim umhüllt und ausspuckt. In den extrem sauerstoffarmen Wohngewässern der Labyrinthfische sind derartig luftdurchlässige Nester an der Wasseroberfläche nötig, da die Embryonen sonst ersticken müßten. Die Männchen bewachen ihre Schaumnester bis zum Selbständigwerden der Jungfische.

Ausgehöhlte Kinderstuben sind im Tierreich weit verbreitet, z. B. bei den solitären Wespen. (Bildfolge von links nach rechts und von oben nach unten)

13 bis 17 Bau und Versorgung der Kinderstube der Sandwespe *Ammophila sabulosa*: Betäuben der Raupe durch Stiche ins Bauchmark 13; zum provisorisch verschlossenen Nest tragen 14; Raupe ablegen und Eingang öffnen 15; Raupe rückwärtsgehend einziehen 16; danach Eiablage an der ersten eingetragenen Raupe. Später werden weitere gelähmte Beutetiere zur Versorgung der Larve eingetragen; Nest verschließen, tarnen, und mit dem Kopf feststampfen 17.
Die Sandwespe arbeitet anfangs im Wechseltakt scharrend, später nagend, wobei sie die Bodenteilchen zwischen speziellen Borsten an Vorderbeinen und Kopf rückwärts aus dem Schacht trägt.

18 Die Grabwespe *Sphex* verfährt beim Abtransport des Aushubmaterials ebenso.

19 Die Sandknotenwespe *(Cerceris arenaria)* gräbt wühlend. Gelöstes Material zieht sie rückwärts aus dem Gang, wobei der Raum zwischen Vorderbeinen und Kopf wie ein kleiner Baggereimer wirkt. Manchmal schiebt sie die Bodenteilchen mit dem besonders gestalteten Hinterleib hinaus.

20 Dagegen entfernt der Bienenwolf *(Philanthus triangulum)* den gelockerten Sand durch Gleichtakt-Scharren. Seine Vorderbeine bewegen sich gleichzeitig nach hinten und schleudern die Bodenteilchen fort.

Eikokons sind spezielle Behälter aus körpereigenem Baumaterial. Neben z. B. Würmern und Insekten stellen auch die Spinnen solche Schutzbauten für ihre Eigelege her. An ihrem Beispiel soll die Vielfalt der Kokontypen mit ihrer spezifischen Schutzwirkung angedeutet werden.

21 Der Kokon der Dornfingerspinne *(Chiracanthium)* besteht nur aus wenigen Fäden, die ein Auseinanderfallen der Eier verhindern. Dafür bewacht ihn das Weibchen in seinem kugeligen Unterschlupf aus zusammengesponnenen Grasrispen (angeschnitten).

22, 23, 24 Dagegen hängt der Kokon der Sackspinne *(Agroeca brunnea)* völlig frei an Ästchen, Gräsern oder Baumrinde. In seinem ursprünglichen weißseidenen Zustand 22 wäre er viel zu auffällig – in die Vorstellungswelt unserer Vorfahren ging dieses Baustadium als Feenlämpchen ein – deshalb wird der Kokon nachträglich getarnt. Dazu spannt das Weibchen einen Versorgungsfaden zur Erde. Je nach Beschaffenheit des Untergrundes verwendet es Sandkörnchen 23 oder feinste Humusteilchen 24 zur Tarnung des weißen Gespinstes. Der unbefangene Betrachter würde unter dem unscheinbaren »Schmutzklümpchen« schwerlich eine Spinnenkinderstube vermuten. Vor Schlupfwespen und anderen spezialisierten Parasiten kann jedoch selbst diese fast perfekte Tarnung keinen vollständigen Schutz bieten.

25 Im dichten Grasgewirr feuchter Wiesen ist der Kokon der Zebraspinne *(Argyope bruennichi)* verborgen. Seine papierartige oberste Gespinstschicht trägt die Farbe vertrockneten Grases – besonders in der kalten Jahreszeit eine gute Tarnung.

26 Auffallend goldgelb ist dagegen der nur wenige Millimeter große Kokon des Spinnenfressers *Ero furcata*. Vielen kleinen Feinden bleibt er durch den langen Aufhängefaden verborgen.

27 Raubspinne mit Kokon unter dem Eingang der Gespinstkuppel. Etwa vier Wochen lang trägt das Weibchen der Raubspinne seinen Kokon ständig bei sich. Danach spinnt es unter zusammengebogenen Grashalmen eine seidene Kuppel, in der es den schlüpfenden Nachwuchs bewacht.

28, 29 Andere Spinnenarten verbergen ihre Kokons in zusammengerollten Blättern, wie die Kugelspinne *Euplognatha ovata* 28, oder zwischen mehreren versponnenen Blättern, wie die Kürbisspinne, eine Kreuzspinnenart 29.

Um die Temperatur zu prüfen, gräbt der Hahn ein Loch in den Bruthügel, so tief, daß er bis zu den Schwanzfedern darin verschwindet, und steckt den geöffneten Schnabel mehrmals in den Sand. Im Schnabelinneren müssen sich empfindliche Sinneszellen befinden, die den Vögeln die verblüffend genaue Temperaturbestimmung ermöglichen.

Im September, wenn das Frühjahr kommt, beginnt die Henne mit der Ablage der ersten Eier. Der Hahn gräbt zuvor die Brutkammer im Kompost auf und prüft die Temperatur mit dem Schnabel. Ist die Henne mit der Wärme nicht zufrieden, muß er eine bessere Stelle suchen. Bis in den Januar hinein werden so 16 bis 33 Eier abgelegt. Die Arbeit ist damit aber noch längst nicht getan. Nach den vier Monaten der Brutvorbereitung nimmt die Temperaturregulation am Brutschrank bis zum Schlüpfen des letzten Kükens weitere sechs bis sieben Monate in Anspruch. Fast täglich wird die Temperatur kontrolliert und im Nestbereich auf etwa ein Grad genau (!) reguliert.

Bei der heftigen Gärung im Frühjahr muß die überschüssige Wärme durch Lüftungsschächte abgeführt werden. Meist geschieht das in den Vormittagsstunden, bevor die Mittagshitze die Innentemperatur übersteigt. Im Sommer, wenn die Gärung abklingt, dafür aber die Sonne auf den Haufen brennt, ändert sich die Methode. Der Gefahr einer Überhitzung begegnen die Thermometerhühner jetzt durch Erhöhung des Sandhügels. Steigt die Temperatur im Haufeninneren trotzdem auf über 34°C, ergreifen sie eine ebenso überraschende wie wirksame Gegenmaßnahme: In der Morgenkühle entfernen sie die hohe Sandschicht und scharren einen tiefen Trichter bis in die Nähe der Eier. Wenn das Haufeninnere abgekühlt ist, werfen sie die Grube mit dem ausgebreiteten und deshalb noch stärker ausgekühlten Sand wieder zu. Er bildet einen wirksamen Isoliermantel gegen die Sonnenhitze. Diese Arbeit dauert jedesmal zwei bis drei Stunden.

Wenn im Herbst die Sonnenwärme abnimmt, müssen die Eier umgekehrt vor dem Erkalten geschützt werden. In der Mittagszeit tragen die Altvögel den Bruthaufen so weit ab, bis die Eier nur noch von einer dünnen Sandschicht bedeckt sind, die von den Sonnenstrahlen gut durchwärmt wird. Gegen Abend häufen sie den breitgescharrten und in der Sonne aufgeheizten Sand wieder über die Eier.

Beim Betrachten der – hier nur im Überblick beschriebenen – hochkomplizierten Handlungsabläufe möchte man fast an wohldurchdachtes und einsichtiges Verhalten glauben. Dazu ein Experiment des australischen Vogelkundlers H. J. FRITH: In den Nestbereich des Bruthaufens baute er außer einem Thermometer auch ein von außen regelbares Heizgerät ein. Die Hühner reagierten zunächst richtig. Im zeitigen Frühjahr, bei nur langsamer Aufwärmung durch die Gärung, pflegten sie das Nest nur alle zwei bis drei Tage zu öffnen. Als das Heizgerät zu arbeiten begann, öffneten sie den Haufen täglich und bekamen den Temperaturverlauf sogleich wieder unter Kontrolle. Als dann allerdings im Sommer künstlich geheizt wurde, erkannten sie nicht, daß die Wärme von unten kam. Eine derartige Möglichkeit ist in ihrem ererbten Verhaltensprogramm nicht vorgesehen. Sie richteten ihre Tätigkeit gegen eine Überhitzung durch die Sonne, ganz wie es dem Schema ihres jahreszeitlichen Verhaltensablaufes entspricht. Als Schutz gegen die vermeintlich zu starke Sonneneinstrahlung bauten sie den Hügel immer höher – wie hoch er geworden wäre, ist allerdings nicht bekannt, da ein Defekt am Generator den Versuch vorzeitig beendete.

Die umfangreichen Bruthügel der Thermometerhühner stellen bei weitem noch nicht die größten Bauten der Großfußhühner dar. Das unscheinbar graubraune, rebhuhngroße Grabhuhn *Megapodius freycinet* hält den Rekord unter den Hügelbauern. Sein Bruthaufen kann einen Durchmesser von 12 m und eine Höhe von 5 m erreichen! Nicht alle Arten errichten solche gigantischen Bauwerke. Einen weit bequemeren Weg beschreiten die kleinen Grabhühner auf vulkanischen Inseln. Am Fuße eines noch tätigen Vulkans unterhöhlen sie den lockeren Tuffboden in einem Gebiet von mehreren Quadratkilometern. In den unterirdischen Gängen legen

°C

40

30

20

10

Brutzeit

Juli   Aug.   Sept.   Okt.   Nov.   Dez.   Jan.   Febr.   März

Nacht   Tag

Frühsommer

Herbst/Winter

jährlich gut 100 000 Paare ihre Eier ab, die allein durch die vulkanische Erdwärme erbrütet werden. Die konstante und hohe Temperatur durch diesen riesigen natürlichen Brutofen erhalten die Vögel hier von der Natur als »Geschenk«, während sich ihre Verwandten im australischen Busch sie so mühevoll »erarbeiten« müssen.

An anderen Plätzen verstehen es die Großfußhühner, die Wärme noch nicht erkalteter Lava zu nutzen, oder sie legen ihre Eier in der Nähe heißer Quellen ab. Manche inselbewohnenden Arten wandern zur Brutzeit paarweise an die Meeresküste, wo sie nachts tiefe Röhren graben, in die sie die Eier hineinlegen. Das Ausbrüten der Gelege bleibt der Sonne überlassen.

Den Einwohnern der australischen Region sind die Erdbauten und Bruthaufen der Großfußhühner seit alters als Bezugsquelle für große und wohlschmeckende Eier bekannt. In manchen Gebieten befinden sich die Nistplätze in Familienbesitz, einige Brutgebiete an der Küste werden sogar von der Regierung zur Nutzung verpachtet. Zum Glück findet man in den riesigen Gebieten nur einen Bruchteil der Gelege.

Vögel bauen Höhlen in Erde und Holz

Wer das heute schon nicht mehr alltägliche Vergnügen hat, einen Eisvogel *(Alcedo atthis)* in seinem prächtig schillernden Federkleid vorüber-

fliegen zu sehen, meint unwillkürlich, einen Tropenvogel vor sich zu haben. Tatsächlich sind die meisten Vertreter der Familie der Eisvögel in den Tropen und Subtropen beheimatet. Der »fliegende Edelstein« weckte schon in alten Zeiten das Interesse der Menschen, und so rankt sich eine Vielzahl von Sagen und Geschichten um ihn. Die alten Griechen glaubten, er brüte auf dem Meer, daher sein griechischer Name halkyon – der im Meer schwanger werdende. Wie die Sage erzählt, waren die Götter den Halkyonen so gewogen, daß sie zu ihrer vermeintlichen Brutzeit, um Weihnachten herum, die Wellen des Meeres für vierzehn Tage glätteten. Hier irrten die Griechen gleich zweimal: Eisvögel brüten im Frühsommer, und nicht auf dem offenen Meer, sondern in selbstgegrabenen Erdröhren. An einem Steilhang in Gewässernähe lockert der auffällige Baumeister in wiederholten Anflügen ein Stück Boden mit dem Schnabel. Sobald das Loch tief genug ist, oft erst nach einem Tag angestrengter Tätigkeit, arbeiten die kurzen Beine beim Herauswerfen des gelockerten Materials mit. Es entsteht eine bis zu 1 m lange Röhre, deren Ende zur Brutkammer erweitert wird. Obwohl der Eisvogel kein Nistmaterial einträgt, ist für die Polsterung der Höhle gesorgt. Die Vögel würgen Gräten und Schuppen der verzehrten Fische als »Gewölle« aus. Durch den Verdauungsvorgang ist die Knochensubstanz des außergewöhnlichen Polstermaterials weich ge-

Experimente zur Temperaturregulation der Thermometerhühner nach J. H. FRITH.
Rote Linie: Von den Vögeln gebauter und betreuter Bruthügel. Die Temperatur schwankt während der gesamten Brutzeit um nicht mehr als 3 °C.
Grüne Linie: Vom Menschen nachgebauter Haufen aus Erde und Pflanzenstoffen. Die stürmische Gärung zu Beginn der Brutzeit würde die Embryonen abtöten.
Blaue Linie: Nachgebauter Haufen, nur aus Erde. Allein die Sonnenwärme bestimmt hier den Temperaturverlauf. Bis zur Mitte der Brutzeit liegen die Temperaturen weit unter dem Optimum.

worden und bildet eine gute Unterlage für die sechs bis zehn Eier und die drei Wochen später ausschlüpfenden Jungvögel.

Die Fütterung der Jungen geht streng geregelt vor sich. Der anfliegende Altvogel verdunkelt die Röhre, sein Schatten löst bei dem Nestling, der dem Eingang zunächst sitzt, das Schnabelsperren aus. Hat er seinen Teil erhalten, so rücken alle wie im Karussell ein Stück weiter. Auf diese Art und Weise erhält jeder seine Portion. Anschließend spritzen die Jungtiere ihren dünnflüssigen Kot in die leicht abschüssige Eingangsröhre, von wo er nach außen abfließt. Es ist nicht verwunderlich, daß die Altvögel nach einem Besuch der »duftenden« Brutröhre ein starkes Badebedürfnis zeigen.

Eisvögel sind nicht die einzigen einheimischen Vögel, die in selbstgegrabenen Erdhöhlen brüten, erinnert sei nur an die braunweißen Uferschwalben oder die in den letzten Jahren gelegentlich auch bei uns im Süden nistenden farbenprächtigen Bienenfresser. Bei nicht mitteleuropäischen Arten ist das Brüten in selbstgegrabenen Erdbauen noch viel weiter verbreitet, so bei zwei Pinguinarten, dem Reiherläufer, einigen Alken, dem Kea und dem Eulenpapagei, vielen Rackenvögeln, Glanzvögeln, Faulvögeln u. a. Bekannter jedoch sind jene Vögel, die ihre

Kinderstuben nicht im Erdreich, sondern in anderen Materialien, besonders dem Holz von Baumstämmen, anlegen. Hierher gehören unter anderem die Faulvögel, aber auch Arten wie die Weidenmeise, die ihre Nisthöhle in morschen Baumstämmen aushöhlt, eine Eulenart mit ihrer in einen Kaktus gehackten Röhre und natürlich die Spechte.

Ein lauter Trommelwirbel tönt durch den vorfrühlinghaften Wald. Mit durchdringenden »Kick«-Rufen jagen sich zwei lebhaft gefärbte Vögel von Stamm zu Stamm. Ein Buntspechtpaar trifft Hochzeitsvorbereitungen. Nicht weit vom Ort des lautstarken Treibens entfernt, liegt am Fuße einer alten Fichte ein Häufchen heller Späne. Der Blick gleitet am Stamm nach oben, in knapp 4 m Höhe hebt sich der Eingang zur frisch gezimmerten Nisthöhle deutlich ab. Die harte Arbeit des Zimmerns wurde vorwiegend vom Männchen geleistet. Menschliche Beobachter dieser Tätigkeit fragten sich schon vor vielen Jahren, wieso die Spechte beim Hämmern keine Kopfschmerzen bekommen. Die Antwort fand sich in der Anatomie ihrer Schädel. Durch eine wirkungsvolle Konstruktion und Verstärkung der Schädelknochen wird die entstehende Stoßenergie abgefangen, das Gehirn geschützt und somit »Kopfweh« vermieden. Schnabel, Körper-

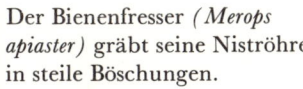

Der Bienenfresser *(Merops apiaster)* gräbt seine Niströhre in steile Böschungen.

bau und Gefieder der Spechte sind hervorragend an ihren Lebensraum, die Stammzone zwischen Erdboden und Baumkrone, angepaßt. Der ungemein harte Schnabel ist ihr wichtigstes Werkzeug. Er endet in einer scharfen Spitze, bei manchen Arten sogar in einer kurzen Schneide wie bei einem Meißel. Mit ihm hackt der Specht zwischen die Fasern des Holzes und trennt so ganze Splitter ab. Doch nicht nur beim Zimmern der Nisthöhle, dem Erbeuten versteckter Insekten und ihrer Larven, sondern auch bei der Erzeugung von Nachrichten spielt der Schnabel eine Rolle. Die weithin schallenden Trommelwirbel im Frühjahr erfüllen die gleiche Funktion wie die vielfältigen Gesänge unserer Singvögel, sie dienen der Arterkennung und der Revieranzeige.

Beim Schwarzspecht leitet sich die Ausdrucksbewegung des Trommelns direkt vom Nisthöhlezimmern ab (Ritualisierung). Rhythmus und Geschwindigkeit sind gegenüber dem ursprünglichen Bauverhalten bereits stark abgewandelt. Eine zweite Signalhandlung jedoch läßt deutlich ihren Ursprung im Zimmern erkennen. Wenn ein zimmernder Specht abgelöst werden will, dann fliegt er zum Nisthöhleneingang und pickt dort betont langsam an den Rand der Höhle. Der Partner fliegt dann herbei und löst ihn ab. Interessanterweise wird dieses »Ablösungsklopfen« auch von einem Vogel durchgeführt, der auf den Eiern sitzt, wenn er den anderen zur Brutablösung auffordert. Das Verhalten signalisiert demnach nicht speziell die Aufforderung, beim Zimmern abzulösen, sondern ist allgemein als ein Signal zur Ablösung zu verstehen.

Doch zurück zur Nisthöhle. Auf dem Boden des nach unten gekrümmten Schlauches befindet sich kein Nest aus Halmen und Federn, nur wenige Holzspäne liegen als Unterlage unter den weißen Eiern. Die weiße Färbung der Eier haben viele Höhlenbrüter gemeinsam, da in der Dunkelheit der Nistkammern eine Tarnfärbung unnötig wäre. Das heißt jedoch nicht, daß den Eiern im Inneren der Nestmulde keine Gefahr droht, besonders den Baumschlangen fallen Höhlenbrütergelege häufig zum Opfer. Der amerikanische Zebraspecht *(Dendrocopus borealis)* schafft spe-

ziell gegen die Rattenschlange *(Elaphe obsoleta)* eine erstaunliche Schutzvorrichtung, indem er rund um den Eingang zur Neströhre viele Löcher hackt, aus denen ständig klebriges, wohl gar giftiges Harz ausfließt.

Unter Eis und Schnee

Insekten, Fische, Reptilien und Vögel wurden bereits als Erbauer von »Kinderstuben untertage« vorgestellt. Sie entfalten ihre substrathöhlende Tätigkeit im sandigen und lehmigen Erdreich, im Kiesbett klarer Bäche und im Holz und in der Rinde der Bäume. Säugetiere fehlen noch in unserer Betrachtung. Abschließend soll deshalb die Wochenstube der Eisbärin, eine Kinderstube unter besonders harten Umweltbedingungen, Erwähnung finden.

Eisbären leben in einem riesigen Verbreitungsgebiet rund um den Nordpol. An das Klima ihrer unwirtlichen Heimat sind sie gut angepaßt. Eine weiße Tarntracht erleichtert die Jagd auf Robben, ihre Hauptbeutetiere. Aus ihrer Größe – es wurden Riesen von 3 m Länge und 800 kg bekannt – resultiert ein günstiges Verhältnis von Körpervolumen und wärmeabstrahlender Oberfläche. Eisbären besitzen als Ausnahme unter allen Bären behaarte Sohlen, und schließlich finden wir hier eine Kinderstube mit hochinteressanten Anpassungen an die extreme Umwelt.

Die tragende Eisbärin gräbt mit den Tatzen im Schnee oder im verschneiten Packeis tiefe Höhlen. Oft läßt sie sich dazu einfach einschneien und einwehen und beginnt dann erst ihre Arbeit. Vom Eingang her betrachtet, scheint der Tunnel bereits nach wenigen Metern in einem hohen Schneehaufen zu enden. Das ist jedoch noch nicht der Abschluß, sondern ein Schutzwall, der Zugluft abhält und die Verteidigung der Höhle gegen Eindringlinge erleichtert. Dicht dahinter befindet sich das Wochenbett der Bärin. Im Februar bringt sie hier meist zwei rattengroße, blinde Junge zur Welt. In der ersten Zeit kommen die Bärenkinder kaum mit dem kalten Untergrund in Berührung. Die Mutter wärmt sie auf den Tatzen und an ihrem Körper. Während draußen Schneestürme toben, herrscht im Inneren der Kinderstube aus Schnee und Eis ein vergleichsweise wohltemperiertes Klima. Die Bärin entfernt sich in den ersten Wochen nicht von ihrem Nachwuchs, sie ernährt sich dann von ihren Fettreserven, die ebenfalls zur Bildung der Milch dienen.

Maurer und Töpfer

In diesem Abschnitt kommen wir zu denjenigen Arten, die ihre Kinderstuben in aufbauender Bautechnik mörteln, töpfern oder kleben. Der Einsatz von natürlichen Bindemitteln wie Lehm und feuchter Erde ist die Regel, häufig finden zusätzlich körpereigene Bindemittel Verwendung. Meist handelt es sich dabei um Sekrete der Speicheldrüsen. Der Einsatz des Speichels kann so weit gehen, daß das ursprüngliche Bindemittel zum alleinigen Baustoff wird, etwa in den eßbaren Nestern der Salanganen.

Zunächst jedoch betrachten wir – gewissermaßen als Überleitung von den substratgehöhlten Grabbauten – eine in kombiniertem Hoch- und Tiefbau errichtete Kinderstube.

Ein rätselhafter Wasserhahn

Beim Lesen der bisher geschilderten Beispiele kann leicht der Eindruck aufkommen, der Wissenschaft sei die Mehrzahl der tierischen Bauten bereits bestens bekannt. Dieser Eindruck täuscht. Die Entstehung und oft auch die Funktion der meisten Tierbauten sind noch weitgehend ungeklärt. Selbst relativ gut erforschte Arten wie die heimische Pelzbiene *(Anthophora parietana)* geben hier Rätsel auf.

Besuchen wir einen Bauplatz der hummelähnlichen Pelzbiene in den Lehmwänden einer baufälligen Fachwerkscheune! Die Südwände erweisen sich bei näherem Hinsehen als von einer Vielzahl von Löchern durchsiebt. Daneben fallen einige etwa 4 cm lange, nach unten gebogene

Links: Pelzbiene am Vorbau zu ihrem Nest. Innerhalb der Lehmwand liegen die einzelnen Brutzellen mit einem Vorrat an Pollen und Honig (angeschnitten). Ihre Wände sind zum Schutz vor Nässe mit Speichel durchtränkt. Rechts: Die Kinderstube der Furchenbiene *Halictus* ist durch ein anderes Prinzip vor Feuchtigkeit geschützt: Rings um die Lehmwabe hat das Bienenweibchen einen Luftraum ausgenagt. Die Wabe ist demzufolge nicht aufgebaut, sondern aus dem Substrat herausgearbeitet (Lehmwand angeschnitten).

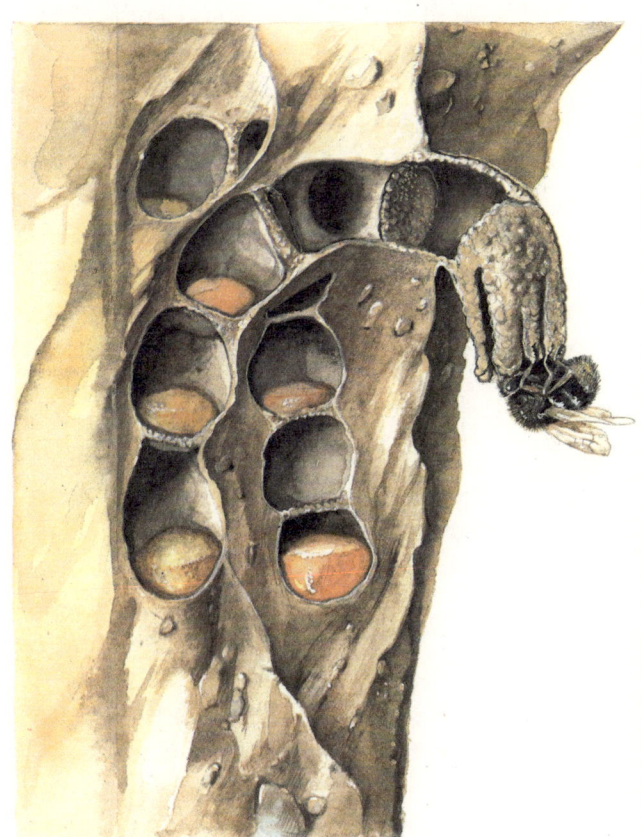

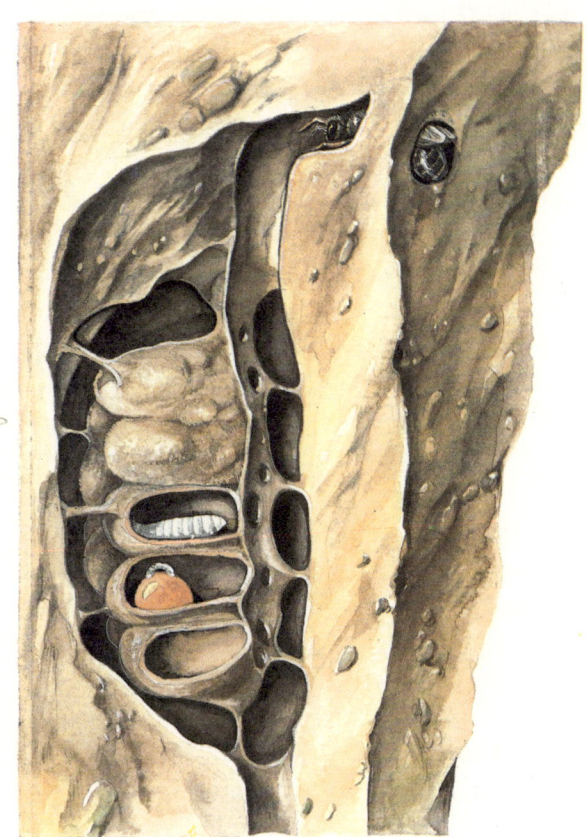

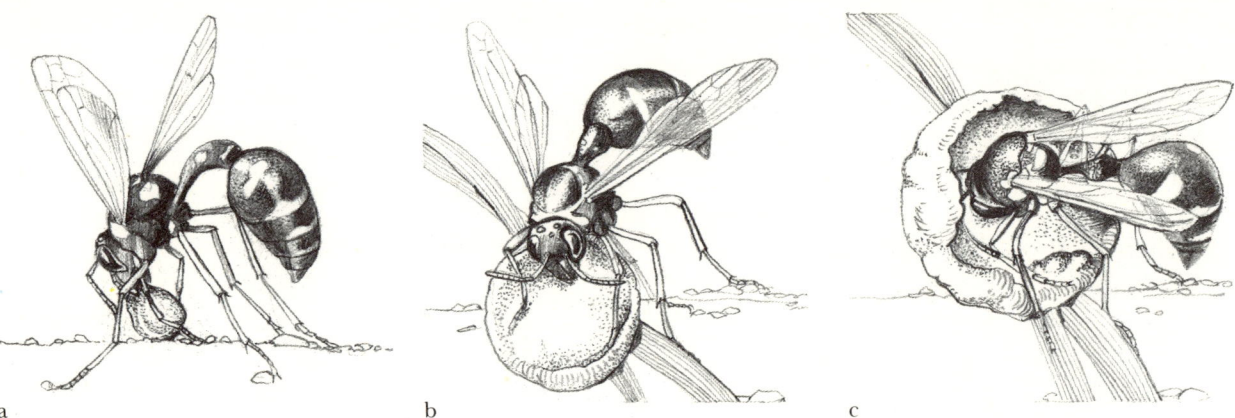

a   b   c

Röhrchen auf, gleichsam Wasserhähne im Miniaturformat.

Bei den solitären Pelzbienen bauen nur die Weibchen. Zuerst graben sie mit den Mundwerkzeugen einen gegabelten Gang in die Lehmfüllung des Fachwerks. Selbstverständlich kommen als Bauplätze auch natürliche Lehmwände in Betracht, schließlich existierten Pelzbienen schon, als an Fachwerkhäuser bauende Menschen noch gar nicht zu denken war. In den Verzweigungen des Ganges liegen jeweils drei oder vier Brutzellen hintereinander, bestückt mit einem Vorrat an Pollen und Nektar und einem Ei. Die Zellen werden voneinander durch Lehmwände getrennt, und der Eingang wird durch einen Lehmpfropf verschlossen. Zellenwände, Zwischenwände und Abschlußpfropf erhalten durch beigemengten Speichel erhöhte Festigkeit. Der getrocknete Speichel hat überdies wasserabweisende Eigenschaften und schützt so die Brut vor Nässe und Schimmelbildung, den wohl gefährlichsten Feinden aller in der Erde brütenden Insekten.

Im Unterschied zu den bisher vorgestellten substrathöhlenden Baumeistern entfernt die Pelzbiene das losgenagte Material nicht einfach aus der Röhre, sondern mauert die angefeuchteten Lehmklümpchen rings um den Eingang aneinander, so daß schließlich ein ansehnlicher Vorbau entsteht, eben der bereits beschriebene Miniaturwasserhahn. Ganz erstaunlich ist die Tatsache, daß einige solitäre Faltenwespen völlig gleichartige Eingangsröhrchen anlegen. Die Funktion der auffälligen Gebilde ist bisher hier wie da ungeklärt. Mag sein, daß sie Feinde irreführen,

Feuchtigkeit abhalten oder einfach als Baumaterialspeicher für den Nestverschluß dienen sollen, genau weiß das noch niemand. Mit Sicherheit aber sind sie nicht unbedingt für die Erhaltung der Brut nötig, denn diese liegt wohlverwahrt in der Tiefe der Lehmwand und entwickelt sich auch, wenn die imposante Vorhalle dem ersten stärkeren Regenguß zum Opfer fällt.

Dauerhaftere überirdische Konstruktionen müssen Tiere herstellen, die ihren Nachwuchs nicht in schützenden Höhlen unterbringen können. Die Mörtelbiene (Chalicoderma muraria) baut ihre freistehenden Zellen in ausschließlich aufbauender Tätigkeit an trockenen Steinen. Das Gesicht der Sphinx von Gizeh und die steinernen Ranken an der Südwand der Orangerie von Schloß Belvedere in Weimar z. B. sind stellenweise dicht mit ihren Bauten bedeckt. Bei der Nistplatzwahl orientieren sich die Mörtelbienen oft nach dem Hell-Dunkel-Kontrast. Eine südeuropäische Art legt ihre Bauten gern an der Schattenseite von Säulen an, sicher, um übermäßiger Wärmeeinwirkung zu entgehen. An einem Gebäude, an dem die Säulen »plastisch« aufgemalt waren, natürlich mit den dazugehörigen scheinbaren Schattenflächen, ließ sich die Biene wie der menschliche Betrachter täuschen und errichtete ihre Nester im scheinbaren Säulenschatten, in Wirklichkeit aber in der prallen Sonne.

Aus feinem Sand, Staub und dem Bindemittel Speichel formt die Bienenmutter einen wurstähnlichen Ballen, der zum Nestplatz getragen und dort alsbald verarbeitet wird. Die Her-

d Vollendung des Trichters mit einer frischen Pille.
e Es folgt das Eintragen mehrerer gelähmter Raupen.
f Ankleben eines Eis an der Innenwand.
g Verschluß des Brutgefäßes. Die Jungwespen beißen sich später durch die Nestwand ins Freie.

d   e   f

stellung einer Mörtelzelle, ihre anschließende Füllung mit Honig und die Ablage eines Eies nehmen etwa zwei Tage in Anspruch. Die dichtgedrängt stehenden Zellen, es werden bis zu einem Dutzend errichtet, übermauert die Biene anschließend noch mit einer Schicht besonders harten Mörtels, der allen Witterungsunbilden erfolgreich trotzt. Der unbefangene Betrachter würde unter dem unauffälligen Erdklumpen schwerlich eine Kinderstube mit ihren süßen Vorräten vermuten. Nach dem Schlüpfen aus den Puppen muß der Nachwuchs noch ein hartes Stück Arbeit leisten, um sich mit Hilfe der starken Kiefer ins Freie durchzubeißen.

Neues Leben aus der Urne

Ein hohes Maß an »künstlerischer« Vollendung erreichen die urnenförmigen Brutgefäße der Pillenwespen *Eumenes*. Pillenwespen deshalb, weil sie das Baumaterial – mit Wasser aufgeweichten Lehm – zu Pillen formen, bevor es, zwischen Mundwerkzeugen und Vorderbeinen gehalten, zur Baustelle transportiert und dort mit Hilfe der Kiefer und der sichelförmig gekrümmten Vorderbeine zu einer dünnwandigen Urne verarbeitet wird. Der Begriff »Urne« beschreibt die Form der Brutzelle, die tatsächlich der Gestalt der Bestattungsgefäße unserer bronzezeitlichen Vorfahren erstaunlich ähnelt. Doch damit nicht genug. Nicht nur die Form, sondern auch die Herstellungstechnik zeigt diese verblüffende Übereinstimmung. Ebenso wie die Pillenwespen bauten auch die Menschen vor der Erfindung der Töpferscheibe ihre Gefäße Schicht für Schicht aus schmalen Lehm- oder Tonwürsten auf. Aufbaukeramik nennt man das heute. Es ist kein Wunder, wenn den Sagen nordamerikanischer Indianer zufolge das Töpfern direkt von den kunstfertigen Pillenwespen übernommen wurde.

Hat das *Eumenes*-Weibchen sein Brutgefäß fertiggestellt, so beginnt es, eine Anzahl von gelähmten Käferlarven oder Raupen hineinzustopfen – für die Opfer eine Urne im Sinne des Wortes. Das Ei wird an einem Faden im Inneren des Gefäßes aufgehängt und der Eingang mit einem Lehmklumpen verschlossen. Die geschlüpfte Wespenlarve kann sogleich mit der Mahlzeit beginnen.

Töpfervögel

Nicht nur unter den Insekten gibt es geschickte Töpfer. Der südamerikanische Töpfervogel *(Furnarius rufus)* ist durch seinen deutschen Namen, dem er, wie wir sehen werden, alle Ehre macht, ebenfalls als solcher ausgewiesen. Seine wissenschaftliche Gattungsbezeichnung ist vom lateinischen Wort für Backofen (furnus) abgeleitet und weist bereits auf die Form des Nestes hin. Und wirklich erinnert der auffällige Bau aus Lehm, Kuhmist und Pflanzenteilen an einen altertümlichen Backofen. 5 bis 10 kg wiegt das arbeitsaufwendige Nest nach seiner Fertigstellung, für dessen Bau außer den Stabilisierungsmaterialien etwa 2000 Lehmklumpen von je 2 bis 5 g benötigt werden.

Bei seiner Tätigkeit ist das Töpfervogelpaar stark von der Bodenfeuchtigkeit abhängig. Erst wenn Regenfälle den Boden·aufweichen, regt sich der Bautrieb, manchmal lange vor der Brutzeit. Die Bodenfeuchtigkeit als Auslöser für das Nestbauverhalten ist hier sinnvoll, da kurz vor Beginn der Brutzeit – bei den meisten anderen Vögeln erwacht zu dieser Zeit der Bautrieb – die

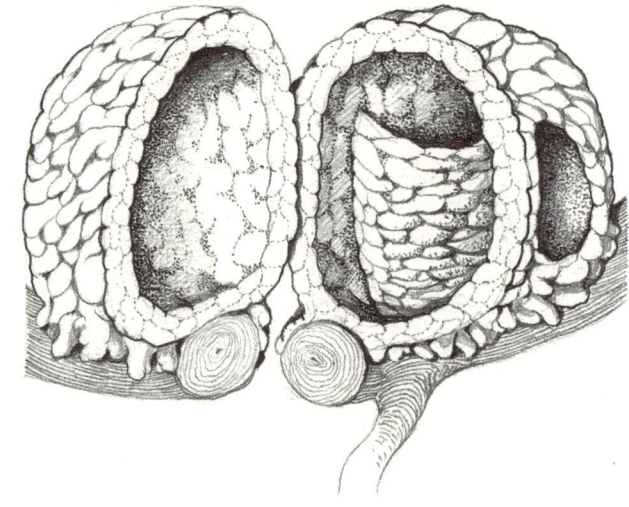

Töpfervogelpaar am Nest. Darüber aufgeschnittener Bau; hinter dem Eingang liegt die Trennwand zwischen Brut- und Vorkammer.

Erde bereits ausgetrocknet und für eine Verarbeitung ungeeignet geworden ist. Auf einem Ast, einem Hausdach oder auf einem Koppelpfahl an Viehweiden errichtet das im Aussehen an größere Nachtigallen erinnernde Vogelpaar mit Schnäbeln und Füßen einen Lehmsockel, später Seitenwände, Dach und eine Trennmauer im Inneren des Gemäuers, im ganzen eine recht

Männchen des Doppelhorn-
vogels *(Buceros bicornis)* versorgt sein eingemauertes
Weibchen mit Nahrung
(Baumhöhle angeschnitten).

komplizierte Konstruktion mit Vorkammer und einer gut gepolsterten Brutkammer. Diese Bauweise und besonders der enge Durchschlupf zwischen Trennwand und Dach garantieren der Brut ein hohes Maß an Sicherheit vor Feinden. Allerdings muß die Jungenaufzucht zu Beginn des Sommers beendet sein, da sich die Lehmburg dann unter der sengenden Tropensonne tatsächlich in einen Backofen verwandelt, in dem ein Aufenthalt unmöglich wird.

Bei weitem nicht alle Vertreter der umfangreichen Familie der Töpfervögel mörteln Backofennester aus Lehm und Erde. Viele Arten bauen wie ganz »normale« Vögel überdachte Nester aus Zweigen, Gras und Federn; andere töpfern nicht ihr gesamtes Nest, sondern stellen lediglich einige Bauteile auf diese Weise her. Dieses Verhalten wurde auch bei anderen Vögeln beobachtet. Der einheimische Kleiber *(Sitta europaea)* beispielsweise klebt vorgefundene Baumhöhlen mit feuchtem Lehm bis auf ein kleines Schlupfloch zu (daher der Name »Kleiber«). Ein noch weitergehendes Verhalten in dieser Richtung zeigen die – zumindest dem Namen nach – weitbekannten Nashornvögel.

Mit einer Ausnahme leben die Weibchen der im tropischen Afrika und Asien beheimateten Nashornvögel (Bucerotidae) zur Brutzeit merkwürdigerweise für viele Wochen in Baumhöhlen, deren Eingang mit einem festen Mörtel zugemauert ist. Nur durch einen engen Spalt können sie Nahrung entgegennehmen und ihren Kot entleeren. Nach den Beschreibungen alter Tierbücher soll das Nashornvogelmännchen sein Weibchen in den »finsteren Kerker« der Baumhöhle einmauern. Das stimmt jedoch nicht. Es beteiligt sich nicht an der Maurerarbeit, sondern trägt seiner Partnerin lediglich Baumaterial zu. Das Weibchen selbst klopft den Mörtel aus feuchter Erde, Kot und Futterresten (einige Arten verwenden auch Speichel als Bindemittel) mit seitlichen Schnabelschlägen fest. Es mauert sich selbst ein. Die Festigkeit der angeblichen Gefängnismauern entpuppt sich als fast idealer Schutz für Mutter und Nachwuchs, während das Männchen unermüdlich Nahrung für seine Familie heranschafft. Bei manchen Arten kommt

das Weibchen erst nach drei bis vier Monaten, zusammen mit den Jungvögeln, wieder zum Vorschein, bei anderen bricht es das Verlies schon eher auf, um dem Männchen bei der Fütterung der Jungen zu helfen. Diese folgen nun nicht etwa ihrer Mutter ins Freie, sondern mauern sich selbst wieder ein. Dieses Verhalten schützt sie vor vielen Feinden, denen die noch nicht flugfähigen Jungtiere außerhalb der Höhle ausgeliefert wären. Erst wenn sie voll ausgewachsen sind, brechen sie den Verschluß endgültig auf. Nun sind die Vogelkinder aber an verschiedenen Tagen aus dem Ei gekrochen und deshalb zu unterschiedlichen Zeitpunkten ausgewachsen. Es kommt deshalb vor, daß die Älteren bereits die Wand durchbrechen, während ihre jüngeren Nestgeschwister emsig bemüht sind, die entstehende Bresche wieder zuzumauern.

Die Biologie der Nashornvögel birgt noch weitere Besonderheiten im Zusammenhang mit der Bautätigkeit, unter anderem die sogenannte Schnellmauser. Wie alle Vögel wechseln sie in bestimmten Abständen ihr Federkleid. Während ihres Höhlendaseins fallen den Nashornvogelweibchen die Flügel- und Schwanzfedern so schnell aus, daß sie für einige Zeit flugunfähig sind. Im Schutz der Höhle ist das eine biologisch günstige Variante; je schneller die alten Federn ausfallen, um so mehr Zeit bleibt für das Nachwachsen der neuen. Allerdings ist der Vorgang nur bei einer großen Sicherheit des betroffenen Tieres sinnvoll, und tatsächlich scheint das Einmauern eine Voraussetzung für den schnellen Federwechsel zu sein, da nicht brütende Weibchen schrittweise mausern und somit immer flugfähig bleiben.

Nicht nur einzelne Bauteile, sondern das ganze Nest mörteln viele Schwalbenarten aus Ton, Schlamm und Erde. Die Form ihrer Bauwerke kann von einem flachen Napf bis zur Retorte mit langem Hals (Rötelschwalbe, Klippenschwalbe u. a.) variieren. Wir wollen uns auf die Nestbauten der zwei bekanntesten einheimischen Arten, der Rauchschwalben *(Hirundo rustica)* mit dem tiefgegabelten Schwanz und der rostroten Kehle sowie der weißbäuchigen und

Gemörtelte Schwalbennester.
Links: Rötelschwalbe
(Hirundo daurica) vor ihrem
retortenförmigen Nest.
Rechts: Felsenschwalben
(Petrochelidon ariel) bauen
ihre flaschenähnlichen Nester
dicht nebeneinander unter
Felsüberhängen.

weißbürzeligen Mehlschwalbe *(Delichon urbica)*, konzentrieren. Ursprünglich – und auch heute noch in dünnbesiedelten Gebieten – waren beide Arten Felsenbrüter und somit in Mitteleuropa sicher nicht gerade häufig. Erst das Vordringen der menschlichen Zivilisation, die damit verbundenen großen Rodungen sowie die Vielzahl der neuen künstlichen Felsen – genau das sind nämlich unsere Gebäude für eine bauwillige Schwalbe – ermöglichten ihre weitere Ausbreitung. Hinzu kommt, daß ihre Hauptfeinde, die Falken, die Nähe menschlicher Siedlungen meiden, während ihre Nahrungstiere, Fliegen und andere Insekten, in Massen von den Stallungen und Abfällen angezogen werden. Wir sollten hier ruhig einmal verdeutlichen, daß es nicht nur Tiere gibt, die vom Menschen bedroht und ausgerottet werden – viele der angeführten Beispiele legen

davon Zeugnis ab –, sondern auch Arten, die vom Menschen und seiner Ausbreitung profitieren. Kulturfolger nennt man diese Tiere. Wie das Beispiel der Ratten und Sperlinge zeigt, liegen auch hier schwerwiegende Probleme.

In manchen Gegenden mit geringer menschlicher Besiedlung brüten beide Schwalbenarten auch heute noch an Felsen. So fielen mir nistende Rauchschwalben an den überhängenden Flußufern des Kuban und an mongolischen Flüssen, Mehlschwalbennester in den Felsmassiven des Kaukasus und Altai, aber auch in den Kreidefelsen der Insel Rügen auf.

Die Nester beider Arten sind leicht voneinander zu unterscheiden. Rauchschwalben bauen ihre aus Lehm und Halmen gemörtelten napfförmigen Nester fast stets im Inneren von menschlichen Bauten – vom Nomadenzelt der asiatischen Steppen über Stallungen aller Art bis hin zu ländlichen Wirtsstuben und Tanzsälen. Viele Dorfbewohner wissen zu berichten, daß, kaum stand das Fenster der »guten Stube« ein paar Stunden offen, Rauchschwalben von einer Zimmerecke Besitz ergriffen und diese mit Lehmklümpchen, dem Nestanfang, verziert hatten.

Die Nester der gesellig brütenden Mehlschwalben befinden sich dagegen meist an Außenwänden. Oft sieht man im Frühjahr Dutzende der schwarz-weißen Vögel am Rande von Pfützen oder am Dorfteich auf der Suche nach Nestbaumaterial. Aus der feuchten Erde, die sie gründlich mit Speichel aus den zur Brutzeit stark angeschwollenen Speicheldrüsen durchmischen, mauern die Altvögel ihr halbkugelförmiges Nest, das kleine Schlupfloch liegt am oberen Nestrand.

Speichel – vom Bindemittel zum alleinigen Baustoff

An dieser Stelle scheint es angebracht, noch einmal auf die grundsätzliche Bedeutung von Speichel als körpereigenem Baumaterial hinzuweisen. Wir lernten ihn bei mehreren Arten als Universalklebstoff kennen, denken wir nur an die Pelzbiene, einige Nashornvögel und, wie eben erwähnt, die Mehlschwalbe. Zu den verblüffendsten Leistungen in der Speichelverarbeitung brachten es zweifellos einige Vertreter der Familie der Segler. Einer von ihnen, der Mauersegler *(Apus apus)*, ist mit Sicherheit jedem von uns, ganz gleich, ob Großstädter oder Dorf-

bewohner, schon aufgefallen. Die auf sichelförmigen Flügeln am Sommerhimmel dahinjagenden rußschwarzen Vögel sind schwerlich zu übersehen und ihre schrillen »Srieh«-Rufe noch weniger zu überhören. Doch wahrscheinlich wurden sie von den meisten Beobachtern für Schwalben gehalten. Mancherorts nennt man sie sogar »Turmschwalben«. Dabei haben sie außer einer vergleichbaren Lebensweise und einer ähnlichen Form nichts mit den Schwalben gemeinsam und stehen verwandtschaftlich nicht diesen, sondern den Kolibris nahe. Der Vergleich der schwarzen stromlinienförmigen Mauersegler, der Jäger des freien Luftraumes, mit den schillernden blütenbesuchenden Kolibris verdeutlicht das fast Unglaubliche der Situation: Nicht die ähnlichen Schwalben, sondern die äußerlich völlig abweichenden Kolibris sind mit den Seglern eng verwandt. Dieser Vergleich veranschaulicht eine Regel, die der Biologe als Konvergenz (gleichsinnige Anpassung) bezeichnet. Sie besagt, daß ähnlicher Lebensraum und ähnliche Lebensweise auch bei nicht näher verwandten Lebewesen ähnliche Körperformen bedingen. Eine solche gleichsinnige Anpassung ist der Grund, weshalb man Schwalben und Segler immer wieder miteinander verwechselt und sie früher als nahe Verwandte betrachtete.

Seglernester aus Speichel und im Flug aufgegriffenen Baustoffen.
Von links: Mauersegler bauen einfache Napfnester. Dagegen heftet der Palmsegler sein löffelförmiges Nest an herabhängende Palmblätter und leimt die Eier daran fest. Die nur 14 cm großen Steigrohrsegler fertigen bis zu 60 cm lange Neströhren (rechts außen, angeschnitten). Die relativ zur Körpergröße kleinsten aller Vogelnester bauen die Baumsegler. Sie kleben ihr winziges Nest an einen Ast.

Nun gibt es konvergente Entwicklungen nicht nur bei den Körperformen, auch im Verhalten und damit in den Bauten werden sie häufig sichtbar. Für das Verständnis dieser Erscheinungen, wir kommen später noch ausführlicher darauf zu sprechen, ist unser Beispiel der Schwalben und Segler sicher von Nutzen.

Doch zurück zu den Mauerseglern. Trotz aller gleichsinniger Anpassung lassen sie sich leicht von den Schwalben unterscheiden. Als vollendete Luftwesen erreichen sie weit höhere Geschwindigkeiten als die Schwalben (bis zu 180 km/h) und zählen damit zu den schnellsten Fliegern überhaupt. Die Anpassung an die Weite des freien Luftraumes geht noch weiter: Sie können hier den ganzen Tag verbringen, im Fluge fressen und trinken, sich fliegend begatten, wahrscheinlich im Fluge schlafen und sogar sämtliche Niststoffe aus der Luft fischen. Pflanzenteile, Federn, Papierschnitzel und andere leichte Stoffe klebt der Mauersegler mit seinem rasch erhärtenden Speichel fest zusammen, um daraus in Baumhöhlen oder Felsritzen, heutzutage allerdings meist in den Nischen der Häuser, seine flache Nestmulde zu formen. Bereits vorgefundene Nester anderer Arten, meist von Sperlingen oder Staren, speichelt er mitsamt den fremden Eiern und Jungvögeln kräftig ein und benutzt sie als Nestunterlage.

Speichel als Bindemittel und Baustoff spielt auch beim Nestbau anderer Seglerarten eine wichtige Rolle. Der mittel- und südamerikanische Steigrohrsegler *(Panyptila cayennensis)* klebt in sechs Monaten Bauzeit ein über 60 cm langes, unten offenes Rohr aus Tierhaaren, Pflanzenfasern und Federn, alles gut mit Speichel vermischt, an Baumstämme oder Felsvorsprünge. Eine gewaltige Leistung für die nur 14 cm langen Vögel! Die Eier liegen wohlverwahrt auf einem Mauervorsprung oberhalb der Rohrmitte, außen findet man häufig noch einen Scheineingang, der blind endet.

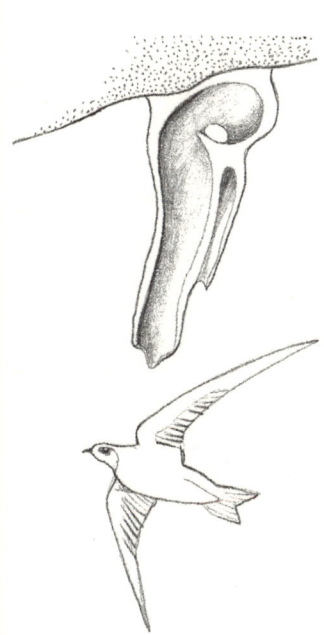

Ungleich weniger Aufwand beim Nestbau treibt der Palmsegler *(Cypsiurus parvus)* aus dem Süden der Alten Welt. Aus den im Flug ergriffenen leichten Stoffen leimt er mit dem Universalklebemittel der Segler ein winziges, löffelförmiges Nest an die Unterseite eines hängenden Palmblattes. Bereits bei geringer Luftbewegung beginnen die Palmwedel gefährlich zu schwanken, und man fragte sich, wieso Eier und Jungvögel nicht aus ihrer schaukelnden Wiege stürzen. Die Antwort ist überraschend einfach: Die beiden Eier sind mit Speichel am Nestboden festgeklebt, und die Jungvögel klammern sich sofort nach dem Schlüpfen an der herabhängenden Unterlage fest. Ebenso wie vorher der brütende Altvogel hängen sie dann wochenlang in lotrechter Haltung an ihrem luftigen Nest.

So klein und zerbrechlich der Nistlöffel des Palmseglers auch erscheinen mag, es gibt noch winzigere Vogelnester. Der auf Neuguinea und der umliegenden Inselwelt heimische Bartsegler *(Hemiprocne mystacea)*, ein zu den Baumseglern zählender weitläufiger Verwandter der bisher vorgestellten Segler, errichtet im Vergleich zur Körpergröße das kleinste aller Vogelnester. Seitlich an einen Ast leimt er aus Rindenstückchen, Federn und Speichel sein Miniaturnest, in dem gerade ein einziges Ei Platz findet, das sicherheitshalber angeklebt wird. Von unten erscheint der Bau wie ein Astknorren. Im Gegensatz zu den echten Seglern brütet der Bartsegler wie alle Baumsegler offen und ungeschützt. Das ermöglichte ihm zwar die Eroberung eines völlig neuen Lebensraumes, des dichten Waldes, brachte aber auch Probleme mit sich. Der erhärtete Speichel wird nämlich im Wasser wieder weich. Den echten Seglern schadet das nicht weiter, brüten sie doch in Höhlen oder doch zumindest vor Regen geschützt. Die Baumsegler mußten einen anderen Weg finden, um zu überleben. Und hier bietet sich die Erklärung für die erstaunliche Winzigkeit ihrer Nester: Der brütende Vogel muß bei den häufigen tropischen Regengüssen das Nest vollständig mit seinem Gefieder bedecken können, ein größerer Bau würde ihm buchstäblich unter den Füßen zerrinnen. Die Klebefläche am Ast ist bei einem so winzigen Nest aber recht klein, es bräche sicher bald ab, wenn sich der brütende Baumsegler mit seinem ganzen Gewicht darauf niederließe. So bleibt ihm nur die Möglichkeit, seinen Körperschwerpunkt auf den Ast zu verlagern. Die günstigste

Kombination von Lastverteilung und Schutzwirkung für das Nest würde sich bei einer Stellung quer auf dem Ast ergeben, und tatsächlich wird diese Bruthaltung vorzugsweise von den Altvögeln eingenommen. Dabei überdecken sie das Nest vollständig mit ihrem abgespreizten Bauchgefieder. Das Ei will jedoch nicht nur bedeckt, sondern vom Körper des brütenden Elternteils gewärmt sein. Dazu muß es hoch genug in der Nestmulde liegen, der Zweig darf also nicht zu dick sein. Er muß auch waagerecht verlaufen, da sonst zu guter Letzt doch noch Regenwasser in die Nestmulde flösse. Eine »Vogelnestsuppe« wäre dann wohl das Resultat. In der freien Natur kommt es selten soweit, doch den Menschen muß die Idee aufgeweichter Seglernester irgendwann verlockend erschienen sein – jedoch nicht beim Bartsegler, sondern weitläufig verwandten Arten, den Salanganen.

Wohl jeder hat schon einmal von der berühmten »Vogelnestsuppe« gehört oder gelesen. Die Kunde von diesem ausgefallenen Leckerbissen der chinesischen Küche erreichte Europa schon vor Jahrhunderten. Damals kannte man die Zusammensetzung der kulinarischen Nester noch nicht, man vermutete, daß die Vögel geheimnisvolle Stoffe, wie Walrat und die Samenmasse von Fischen, vom Meeresstrand aufnehmen und verarbeiten. Heute weiß man, woraus die Nester wirklich bestehen: aus dem Speichel der Salanganen. Der Beliebtheit dieses Gaumenkitzels, von chinesischen Küchenmeistern mit exotischen Spezereien zugerichtet, hat die Erkenntnis über seine Zusammensetzung kaum Abbruch getan, auch wenn inzwischen klar ist, daß die Nester fast unverdaulich und praktisch ohne jeden Nährwert sind. Ihre Erzeuger, die Salanganen, gehören zur Familie der Segler. Sie bewohnen Südasien und die vorgelagerte Inselwelt. Nicht alle Arten bauen die begehrten »weißen« Nester aus reinem Speichel. Einige, und das dürfte die ursprüngliche Bauweise sein, verwenden Pflanzenteile, Moos und Federn als zusätzliches Baumaterial. Solche Nester werden, obwohl oder gerade, weil mit natürlichem »Suppengrün« versehen, bei Feinschmeckern weniger geschätzt.

Einige Salanganenarten bauen Nester aus reinem Speichel. Als »eßbare Schwalbennester« wurden diese weißen Gebilde weltbekannt.

Salanganen nisten kolonienweise in Höhlen und unter überhängenden Felswänden. Zu Beginn des Nestbaus fliegen sie mehrmals gegen die erwählte Stelle und drücken mit der Zunge ihren zähen, fadenziehenden Speichel an den Felsuntergrund. Zuerst entsteht so der halbkreisförmige Grundriß, danach bauen sie die Wände Schicht für Schicht auf. Das fertige Nest ähnelt einer durchscheinenden weißen Tasse, in die ohne weitere Auspolsterung die Eier abgelegt werden – d. h., wenn die Vogeleltern überhaupt dazu kommen und ihnen die Menschen keinen Strich durch die Rechnung machen. Nimmt man nämlich den Salanganen ihr frisch bezogenes Nest, bauen sie sofort ein neues. Nun brüten sie schon im Normalfalle zwei- bis dreimal im Jahr, so daß sich nach mehrfachem Nestdiebstahl in manchen Gegenden vier »Ernten« jährlich erzielen lassen. Millionen Nester werden so in jedem Jahr in waghalsigen Klettertouren auf schwankenden Bambusgerüsten von den Höhlenwänden herabgestoßen, ein gefährliches Geschäft, bei dem schon viele Sammler abstürzten.

Luftige Konstruktionen

Bei den letztgenannten Beispielen tierischer Bautätigkeit spielten körpereigene Stoffe, speziell Sekrete der Speicheldrüsen, eine wichtige Rolle. Die folgenden Konstruktionen wären ohne körpereigene Baumaterialien ebenfalls nicht denkbar, allerdings kommen hier Substanzen sehr unterschiedlicher Herkunft zum Einsatz. Das Konstruktionsprinzip hingegen ist allen gemeinsam: Luftblasen, umgeben von einer stabilisierenden Hülle, kurzum, Schaum. Als Baumaterial weist Schaum einige bedeutsame Vorteile auf. Er ist leicht, vielseitig einsetzbar und mit geringem Aufwand aus Luft und wenigen körpereigenen Substanzen herzustellen.

Ein Floß aus Schaum

Die Veilchenschnecken (Gattung *Janthina*) schweben mit Hilfe eines selbstgefertigten Schaumfloßes an der Oberfläche warmer Meere. Regelmäßig sind sie in den Schwärmen ihrer Hauptbeutetiere, der Segelquallen, anzutreffen, die sie jedoch nur erbeuten können, wenn sie zufällig an ihr Floß herantreiben.

Der Fuß der Schnecke mit dem violettblauen Gehäuse ist nicht mehr zum Kriechen geeignet. Im Laufe der Entwicklungsgeschichte der Art wandelte er sich zu einem auf die Floßbildung spezialisierten Organ um. Die Schnecke stellt das Schaumfloß her, indem sie die Sohle der löffelförmigen Fußspitze an die Wasseroberfläche bringt, einschleimt und eindellt. Danach biegt

Veilchenschnecke mit Schaumfloß. Unter den Luftbläschen sind bis zu 500 Kokons mit insgesamt 2,5 Millionen Eiern befestigt.

sie die Fußränder über die halbkugelige Delle und taucht den Fuß samt Luftblase unter Wasser. Hier wird die Luftportion von dem erhärtenden Schleim eingehüllt und der entstandene Luftballon am Floß angeklebt. In je dreißig bis vierzig Sekunden entsteht so eine Blase nach der anderen, die die Schnecke in Bauabschnitten von sechs bis zehn Blasen zu einem Spiralband zusammenklebt, das 12 cm Länge und 2 cm Breite erreichen kann. Ohne ihre luftigen Konstruktionen würde die Schnecke im Ozean versinken. Zusätzlich, und das interessiert hier besonders, dient das Schaumfloß als Brutkammer. Zwischen den Luftblasen können die zwittrigen Tiere bis zu 500 Kokons mit 2,5 Millionen Eiern unterbringen. Nach einem freien Larvenstadium beginnen die wenigen Jungtiere, die ihren Feinden entgingen, ihr eigenes Floß zu bauen.

Die Konstruktion des Schaumfloßes erscheint so einfach und doch wirkungsvoll, daß es fast wundern würde, wenn nicht andere Tiere ähnliche »Erfindungen« gemacht hätten. Tatsächlich nutzen außer den Mollusken auch Insekten (z. B. Fangschrecken), Fische und Lurche den Schaum als Baumaterial für ihre Kinderstuben.

Das Schaumnest der Kampffische

Einer der bekanntesten Aquarienfische ist zweifellos der aus Hinterindien stammende Kampffisch *Betta splendens*. Während der Paarung und der Rivalenkämpfe steigert sich die Färbung dieser Tiere zu wahrhaft märchenhafter Pracht; dabei stecken in den nur 5 cm langen Fischen so viel Wildheit und Kampfbereitschaft, daß es in Thailand seit alters als Volksbelustigung gilt, wenn sich zwei der streitbaren Fischchen in einem Gefäß gegenseitig die Flossen zerfetzen.

Im Freileben besetzt jedes Männchen zur Laichzeit ein bestimmtes Territorium an der Oberfläche seines Wohngewässers. Dieses Revier muß gegen artgleiche Männchen verteidigt werden, hierin liegt die Bedeutung und Notwendigkeit ihrer hohen Kampfbereitschaft. An den Reviergrenzen kommt es häufig zu Streitigkeiten, die aber nicht mit ernsthaften Verletzungen enden, da der Verlierer fliehen kann. Die tödlichen Schaukämpfe im Wasserglas werden allein durch das Zusammenpferchen der Kämpfer provoziert, sie sind im Grunde gegen »die Natur« der Tiere.

Innerhalb seines Reviers schwimmt das Kampffischmännchen häufig an die Oberfläche, schnappt nach Luft und stößt sie in kleinen Blasen wieder aus. Das kommt in allen Jahreszeiten vor, meist aber zerplatzen die Blasen sehr schnell wieder. Unter dem Hormoneinfluß der Laichzeit jedoch entfalten die schleimproduzierenden Becherzellen im Rachen ihre volle Aktivität, dann werden die aufgeschnappten Luftportionen mit einer feinen Schleimhülle versehen. Nun zerplatzen sie nicht mehr, sondern sammeln sich an der Wasseroberfläche zu einem Schaumnest. Inzwischen hat sich auch ein Weibchen eingefunden, das von dem strahlend roten oder blauen Männchen lebhaft umworben wird. Im Verlauf des Hochzeitszeremoniells geben die dichtumschlungenen Partner gleichzeitig ihre Geschlechtsprodukte ab. Die Aufgabe des Weibchens ist damit erfüllt. Das Männchen dagegen sammelt die herabgefallenen Eier auf und spuckt sie ins Schaumnest. Auch nach dem Schlüpfen bewacht es seine Brut, ergänzt das Schaumnest und bringt Ausreißer ins Nest zurück. Nach etwa einer Woche zerfällt das schützende Schaumgebilde. Der Pflegetrieb des Fischvaters ist dann erloschen, und der Nachwuchs schwimmt seiner eigenen Wege.

Warum eigentlich solcher Aufwand an Brutpflege und weshalb ausgerechnet in einem Schaumfloß an der Wasseroberfläche? Wäre es nicht bequemer für die Tiere, ihre Eier einfach auf den Grund sinken zu lassen oder in einem Kiesbett zu vergraben, wie etwa die Lachse? Beide Verfahren würden für den Nachwuchs der Kampffische den sicheren Tod bedeuten. Die meisten Labyrinthfische (Anabantidae), zu denen auch der Kampffisch gehört, hausen nämlich in extrem sauerstoffarmen Gewässern. Sie können nur überleben, weil sie über das Labyrinth, ein zusätzliches Atemorgan, verfügen, das ihnen die Ausnutzung des Luftsauerstoffs ermöglicht – daher das Luftschnappen und -wie-

derausspucken, aus denen im Verlaufe der Stammesgeschichte der Nestbau entstand. Bei Eiern und Embryonen sind die Differenzierungen für die Luftatmung noch nicht ausgebildet, sie hätten deshalb am Gewässergrund, wo das Sauerstoffdefizit am größten ist, keine Überlebenschance. Nur an der Wasseroberfläche können sie ihren Sauerstoffbedarf decken. Unter diesem Gesichtspunkt erscheint das Schaumnest fast als »notwendige Erfindung«, denn es hält die Eier an der Oberfläche und erlaubt wahrscheinlich sogar einen Gasaustausch mit der umgebenden Luft. Die Kampffische stellen ein eindrucksvolles Beispiel dafür dar, wie Umweltbedingungen eine Art zur Anpassung zwingen können, sei es morphologisch (Zusatzatmung durch das Labyrinth) oder im Verhalten und der Bautätigkeit (Schaumnest und Brutpflege). Bauten, die einer Art optimale Entwicklungsbedingungen bieten, wie das vom sauerstoffreichen Wasser durchspülte Kiesbett für die Lachsbrut, könnten für andere Arten unter abweichenden Umweltbedingungen tödliche Folgen haben.

Schaumschlagende Frösche

Die Ruder- oder Flugfrösche (Rhacophoridae) haben sich wie die Labyrinthfische in auffällig hohem Grade auf ihre Umwelt eingestellt. Nur leben sie nicht in sauerstoffarmem Wasser, sondern im Gezweig der Bäume und Sträucher. An das Klettern, das Festsaugen an einer Unterlage und sogar an das Herabspringen sind sie körperlich hervorragend angepaßt. Manche Arten wie der Java-Flugfrosch *(Rhacophorus reinwardti)* haben zwischen den Zehen zarte Häutchen, die beim Sprung wie Fallschirme wirken und so den Fall in ein Gleiten umwandeln.

Zu den Eigentümlichkeiten dieser Froschfamilie gehört ihre Fortpflanzungsbiologie. Im Gegensatz zu den meisten anderen Lurchen sind sie bei der Eiablage nicht mehr auf das Wasser angewiesen, die Weibchen legen ihre Eier in Schaumnester an überhängenden Zweigen, Blättern oder Steinen an Gewässern ab. Gleichzeitig mit den Eiern scheiden sie eine schleimige Flüs-

Java-Flugfrosch und sein Schaumnest. Das Nestinnere verflüssigt sich im Verlaufe der Eientwicklung, so daß ein geschützter Miniaturtümpel für die Kaulquappen entsteht. Unten: Froschpaar bei der Eiablage. Das Männchen sitzt auf dem Rücken des Weibchens und hilft, die schleimige Flüssigkeit zu Schaum zu schlagen.

sigkeit aus der Kloake aus, die sie durch lebhafte Strampelbewegungen zu einem zähen Schaum schlagen. Während der Paarung reiten die Männchen auf dem Rücken ihrer Weibchen und besamen die austretenden Eier. Bei manchen Arten beteiligen sie sich an der »Schaumschlägerei«. Nach dem Laichvorgang formt das Weibchen mit seinen langen Beinen einen eiförmigen Klumpen aus der Schaummasse und preßt umliegende Blätter fest dagegen. Die Blattränder

legt es dergestalt um, daß der Laich möglichst allseitig umschlossen ist. Der ehemals weiße Schaum wird außen rasch braun und trocken, verflüssigt sich aber innen im Verlaufe der Eientwicklung. So entsteht für die Kaulquappen ein geschützter Miniaturtümpel, in dem sie von ihrem Dottervorrat leben, bis ein Tropenregen sie mitsamt ihrem Heim ins Wasser spült. Bis dahin halten die Tiere ihre Exkremente im Darm zurück und verhindern somit ein Verschmutzen

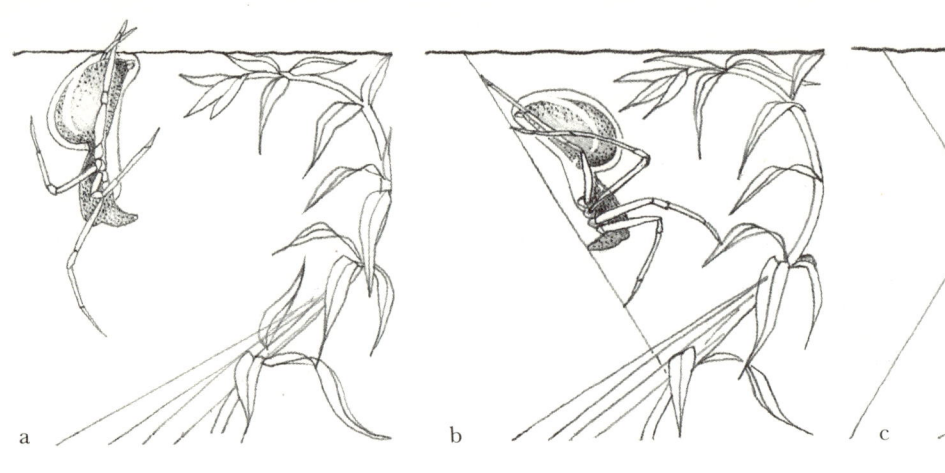

a   b   c

ihres Lebensraumes. Im Wasser entwickeln sie sich wie »normale« Kaulquappen bis zu ihrer Umwandlung in kleine Frösche. Die Jungen einiger Arten verlassen das Schaumnest erst als fertige Fröschlein, zweifellos die höchste Anpassungsstufe an den Lebensraum der Baumkronen.

Veilchenschnecke, Kampffische und schaumschlagende Frösche stabilisieren die Luftbläschen im Schaum durch körpereigene flüssige Substanzen. Einen anderen Weg, die Luftblasen am Zerplatzen zu hindern, beschreitet eine unter Wasser lebende Spinne.

Die Taucherglocke der Wasserspinne

Aus dem Leben der Spinnen, über ihre Fanggewebe und Jagdmethoden wurde in den vergangenen Kapiteln bereits eine Reihe wissenswerter Einzelheiten beschrieben. Eine der interessantesten Webmeisterinnen, die Wasserspinne, fand noch keine Erwähnung. Sicher wird es viele Leser überraschen, von der Existenz einer echten Unterwasserspinne zu hören, die den Schritt vom luftatmenden Landtier zurück ins Wasser ging. Dabei ist die Wasserspinne (*Argyroneta aquatica*) in flachen, sauerstoffreichen Gewässern weiter Teile Europas und Asiens gar nicht selten. Ihrer erstaunlichen Lebensweise und Bautätigkeit wegen erregte sie schon frühzeitig die Aufmerksamkeit der Forscher. So beschäftigt sich eine wissenschaftliche Untersuchung aus dem Jahre 1749 unter anderem mit der Frage, wie der auffällige, quecksilbergleich glänzende Schimmer an Hinterleib und Bauchfläche der Spinne zu erklären sei, der ihr den wissenschaftlichen Namen *Argyroneta* (argyros = Silber, netos von neein = spinnen) *aquaticus* (aqua = Wasser, also im Wasser lebend) eintrug. Bereits damals

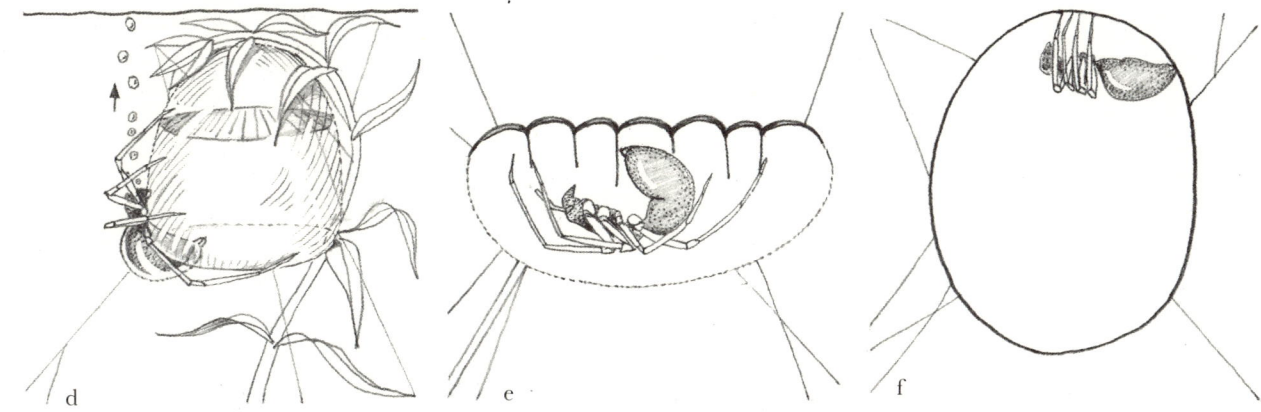

Baustufen und Glockentypen der Wasserspinne, schematisiert.

a Das Spinnenweibchen holt eine Luftblase von der Wasseroberfläche.

b An einem Wegfaden hangelt sie sich zu den bereits vorher gesponnenen Dachfäden herab.

c Abstreifen der Luftblase, Verstärken der Gespinsthülle und das Eintragen neuer Luftblasen folgen als weitere Bauetappen.

d Weibchen entfernt verbrauchte Luft aus der Eiglocke.

e Männchen spinnt an der Decke der Spermaglocke ein kleines Spermanetz.

f Spinne in Häutungsstellung in der allseitig geschlossenen Häutungs- und Überwinterungsglocke.

wurde der glänzende Belag als Luftschicht erkannt. Heute weiß man, daß diese Hülle dank besonderer Differenzierungen des Haarpelzes am Körper haftenbleibt. Über Körperwand und Lufthülle findet ein ständiger Gasaustausch mit dem umgebenden Wasser statt. Die Lufthülle funktioniert dabei wie eine »physikalische Kieme«; das ausgeatmete Kohlendioxid diffundiert ins Wasser, aus dem gleichzeitig wieder Sauerstoff in die Lufthülle nachströmt.

Normalerweise taucht *Argyroneta* mindestens einmal täglich auf, um die verbrauchte Luft in ihrer Gashülle zu erneuern. Soweit geht auch die Anpassung mancher Wasserinsekten, deren Konkurrenz die Wasserspinne aber in sehr vielen Dingen überlegen ist. Dank ihres Spinnvermögens ist sie in der Lage, einen Luftbehälter, gleichsam eine Taucherglocke, unter Wasser anzulegen und somit in hohem Maße von der Wasseroberfläche unabhängig zu werden. Die Tauchzeit betrug bei Experimenten bis zu drei Wochen. Sie spinnt dazu an geschützten Stellen, meist in dichtem Wasserpflanzengewirr, eine Dachkonstruktion aus wenigen waagerechten oder leicht gewölbten Fäden. Von der Wasseroberfläche wird nun eine besonders große Luftblase geholt. Das sagt sich leicht, stellt aber ein echtes Problem dar, ist doch Luft viel leichter als Wasser und zieht demzufolge stark nach oben. *Argyroneta* meistert die Schwierigkeit, indem sie ebenso wie ihre landlebenden Verwandten einen festen Wegfaden hinter sich herzieht, der ihr zum einen den Weg zum begonnenen Bauwerk weist und zum anderen den er-

forderlichen festen Halt gibt, wenn sie ihre »Last« nach unten zieht. Die Luftblase – und nach ihr noch etwa zehn weitere – werden unter der Dachkonstruktion abgestreift und gründlich mit Fäden befestigt. Nach dreißig bis neunzig Minuten Bauzeit entsteht eine vielfach umsponnene und verankerte, etwa 2 cm große, unten offene Luftglocke. Für verschiedene Lebensbereiche finden unterschiedliche Glocken Verwendung, oft genügen geringe bauliche Veränderungen, um einen Glockentyp in einen anderen zu überführen. Außer den Wohnglocken sind Ernährungs-, Häutungs-, Überwinterungs-, Ei- und Spermaglocken bekannt, die sich in Form, Größe und Bauweise unterscheiden. Obwohl unsere Aufmerksamkeit in diesem Kapitel besonders den Kinderstuben, also den Eiglocken, gilt, sollen auch die anderen Glockentypen kurz beschrieben werden. Die verschiedenen Bauten der *Argyroneta* stellen nämlich fast einen Idealfall für die Grundüberlegung unserer Gliederung dar, sie bestätigen, daß tierische Bauten stets aus einem Funktionsdruck aus den einzelnen Lebensbereichen (Funktionskreisen) heraus entstehen und auch so und nur so zu verstehen sind.

Die am häufigsten zu beobachtende Glockenform stellt die Ernährungsglocke dar. Sie ist auch der erste Glockentyp, den die Jungspinnen errichten. Nachdem sie eine Beute überwältigt haben, wird, sofern nicht schon vorhanden, sofort mit dem Bau einer einfachen Taucherglocke begonnen. Normalerweise findet die Spinne mit Beute darin Platz. Bei großem Hunger jedoch bleibt die Glocke so klein, daß nur die Beute sowie Kiefer und Mundraum der Spinne hineinpassen. Ihrem Zweck entsprechend, sind die Ernährungsglocken wenig dauerhafte Gebilde, deren Luftfüllung rasch schwindet. Mit geringem Aufwand lassen sie sich jedoch zu einer stabilen Wohnglocke ausbauen, in der später die nächsten Beutetiere verzehrt werden können. Die vagabundierenden Männchen bauen selten Wohnglocken, sie müssen sich ständig neue Nahrungsglocken errichten. Ruft man sich die Art der Nahrungsaufnahme bei Spinnen ins Gedächtnis zurück (Außenverdauung, vgl. S. 18), so wird der Aufwand an Bautätigkeit verständlich: Das Einspritzen des Verdauungssaftes erfolgt in eine recht große Öffnung und ist nur im Trockenen, d. h. an der Luft, möglich. Die Wohn- und Ernährungsglocke stellt demzufolge eine Grundlage für das Unterwasserleben der Spinne überhaupt dar. Ebenso grundlegend ist die Bedeutung

der stabilen, allseitig geschlossenen Häutungs- und Überwinterungsglocken, der Spermaglocken mit den Spermanetzen, in denen die Männchen die nötigen Vorbereitungen für die Paarung treffen, und vor allem natürlich der Eiglocken, in denen der *Argyroneta*-Nachwuchs das Licht der Unterwasserwelt erblickt. Vor der Eiablage baut das Weibchen eine neue, stabile Glocke, oder es verstärkt die gerade benutzte Wohnglocke, tarnt sie von außen sorgfältig mit Pflanzenteilen und zieht innen eine horizontale Gespinstdecke ein. In der oberen Kammer bringt die Wasserspinne bis zu vier Kokons mit je dreißig bis neunzig Eiern unter, in der unteren bewacht sie ihre Brut. Obwohl die Taucherglocke in der bereits geschilderten Weise als »physikalische Kieme« wirkt, reichert sich vor allem Stickstoff an, weshalb die Luft der Brutglocke mehrfach erneuert werden muß.

Brutzellen einer Blattschneiderbiene im morschen Holz, mit Blättern ausgekleidet und teilweise geöffnet. Larven in verschiedenen Entwicklungsstadien. Das Bienenweibchen schneidet u. a. aus Rosenblättern ovale Stücke für die Zellenwände heraus und runde für den Deckel.

Blattroller und Schneidervögel

Pflanzen findet man fast überall auf der Erde. Sie bilden die Grundlage für das tierische Leben. Viele der pflanzlichen Organismen besitzen Blätter, einen schier unerschöpflichen Vorrat an Baumaterial für den, dem es gelingt, ihn für sich nutzbar zu machen – was wunder, wenn die unterschiedlichsten Tiergruppen den Baustoff Blatt intensiv nutzen, sei es als Polstermaterial für warme Nester, als feuchtigkeitsabweisende Tapete in modrigen Gängen oder als eigenständiges Konstruktionsmaterial für eine schützende Kinderstube. Die spezifischen Materialeigenschaften zwingen die Baumeister zu bestimmten, überall ähnlich auftretenden Verhaltensweisen.

Im Sommer findet man häufig an Rosen, Fliedersträuchern und anderen Pflanzen Blätter mit runden und langovalen Ausschnitten. Es sind weibliche Blattschneiderbienen *(Megachile)*, die mit ihren scharfen Kiefern die Blattstücke herausschneiden, sie zusammengerollt zu ihrer Nisthöhle tragen und, wenn es ihnen auf Anhieb gelingt, auch hinein. Im Gang entfaltet sich das Blattstück und legt sich fest an die Wand an. Aus mehreren langovalen Stücken entsteht je eine fingerhutförmige Zelle. Die runden Abschnitte dienen als Verschlußstücke, wobei der Deckel der einen Zelle gleichzeitig den Boden der nächsten bildet usw., bis der ganze Bau mit einem zigarrenartigen Gebilde aus Blattfingerhüten vollgestopft ist. Die Blattschneiderbiene tut hier das gleiche wie der menschliche Maurer: Sie schaltet zwischen Fundament und Mauerwerk eine Isolierschicht, die das Eindringen von Bodenfeuchtigkeit verhindern soll. Im Gegensatz zu ihm muß die Biene ihr gesamtes Bauwerk isolieren, besonders in den ewig feuchten Tropen – hier leben die meisten der über tausend Blattschneiderbienenarten – ist das überlebensnotwendig. Wahrscheinlich stammen auch die Arten der gemäßigten Klimazonen aus tropischen Gebieten, und sie brachten die Isoliermethode von daher mit. Möglicherweise vermindert die Gerbsäure der Blätter zusätzlich die Schimmelgefahr.

In den einzelnen Zellen befindet sich ein Kuchen aus Pollen und Nektar, dazu je ein Ei. Die Blattschneiderbienen legen im allgemeinen ihre Brutbauten in hohlen Pflanzenstengeln, vorgefundenen oder selbstgegrabenen Gängen in morschem Holz, in Steinspalten oder unter der Erde an. Es leuchtet ein, daß die schlupfreifen Jungbienen – die am weitesten vom Eingang entfernten und demzufolge ältesten erreichen diesen Zustand zuerst – nicht ohne weiteres aus dem Brutkanal herauskönnen, liegt doch eine ganze Reihe jüngerer Geschwister vor ihnen. Sie müssen warten, bis alle dem Ausgang näheren Insassen ausgeflogen sind.

Eine andere Möglichkeit, aus einem Blatt eine sichere Kinderwiege zu schaffen, besteht im Einrollen eines lebenden, noch am Baume hängenden Blattes. Dieser besonders günstig erscheinende Weg, es entfällt ja die aufwendige Suche nach geeigneten Nisthöhlen, wird von verschiedenen Tierklassen beschritten. Unser erstes Beispiel, die farbenprächtige südostasiatische Schnecke *Cochlostyla leucophtalama*, schafft ihrem Nachwuchs einen schützenden Blatttrichter. Dazu stellt sie sich quer zum Blatt auf dessen eine Hälfte, biegt mit dem Hinterende ihres Fußes die andere Hälfte herüber und verklebt das zusammengerollte Blatt mit Schleim zu einer Tüte. Damit die vierzig etwa erbsengroßen Eier genügend Atemluft erhalten, frißt die Mutter ein Stückchen der einen Blatthälfte weg und überzieht es mit einem feinen Schleimhäutchen.

Kleineren Tieren als der recht großen Schnecke *Cochlostyla* wäre es unmöglich, das frische Laub mit den steifen Blattnerven allein durch ihre Körperkraft in die richtige Form zu bringen. Die weiblichen Blattrollkäfer, und nur diese verdienen eigentlich ihren Namen, verändern deshalb den physiologischen Zustand der ausgewählten Pflanzenteile, indem sie die Saftzufuhr durch Kerben unterbrechen oder einschränken. Aus dem welkenden, leichter zu verarbeitenden Material stellen sie ihre Kinderstuben her. Manche Arten drehen ganze Blätter zu Rollen zusammen, andere schneiden die Blätter ein und rollen nur die abgetrennten Teile zu Trichtern oder Paketen zusammen, wieder andere falten die eingeschnittenen Blätter, um sie danach aufzurollen. Die

Tätigkeit dieser Käferarten ist sehr kompliziert, müssen sie doch verwickelte geometrische Schnittfiguren auf der Blattoberfläche anbringen. So legt der in unseren Wäldern häufige Birkenblattroller *(Deporaus betulae)* zwei doppelt gekrümmte Schnitte durch den basalen Teil eines Birkenblattes – eine wirkungsvolle Technik, die die Herstellung regelmäßiger Trichter weit besser erlaubt als etwa gerade oder einfach gekrümmte Einschnitte. Zwischen dem Verlauf der Schnittfläche und dem Blattrand lassen sich bestimmte geometrische Beziehungen feststellen. Man glaubte deshalb, der Käfer konstruiere seine Schnittfigur – die Evolute zur Evolvente des Blattrandes – nach einer sorgfältigen Vermessung des Blattes. Das geschäftige Abschreiten

der Blattoberfläche verleitete wahrscheinlich zu dieser inzwischen experimentell widerlegten Deutung. Heute ist bekannt, daß der Anfangsteil der Schnittführung durch eine Erbkoordination hergestellt wird, die von den Schlüsselreizen »Blattoberseite«, »Blattrand« und »Nähe des Blattstiels« ausgelöst und über Reize vom Blattrand her gesteuert wird. Der Mittelteil kommt durch einen »Quertrieb« des Käfers zustande, einem Seitwärtsgang unter Vorschieben des Hinterleibes. Hierbei wirken steuernde Reize vom Blattnerven aus. Die Kerbung des Hauptnerven des Blattes wird ebenfalls durch bestimmte Schlüsselreize ausgelöst. Bereits nach kurzer Zeit beginnt das Blatt zu welken; der Käfer rollt zunächst die eine Blatthälfte vom Rande

Herstellungstechnik der Blattwickel des Birkenblattrollers und des Haselblattrollers *(Apoderus coryli)*.

her bis zur Mittelrippe ein und wickelt danach die zweite Hälfte um den Primärtrichter herum. Abschließend »bearbeitet« er die Rolle mit Rüsselstichen.

In den fertigen Blattwickeln finden die Eier und Larven ein ausgeglichenes Mikroklima und entsprechend vorbereitete Nahrung. Nach einiger Zeit fällt die nun völlig verwelkte Tüte ab. Die inzwischen herangewachsenen Larven verlassen sie, um sich im Erdboden in einer glattwandigen Höhle zu verpuppen.

Außer »niederen« Tieren, wie Schnecken und Insekten, haben auch Wirbeltiere das Blatt als Baumaterial ihrer Kinderstuben erschlossen. So

sind beispielsweise die Nester der Baumfrösche häufig von Blättern umhüllt, die hier jedoch nur Hilfsfunktionen bei der Stabilisierung des eigentlichen Schaumnestes erfüllen. Echte Blattroller dagegen sind mehrere südamerikanische Arten, zu denen der Makifrosch *(Phyllomedusa hypochondrialis)* gehört. Zur Eiablage suchen sie ein geeignetes Blatt in geringer Höhe über dem Wasserspiegel eines Tümpels oder Sumpfes aus. Das Weibchen trägt in der bei Fröschen üblichen Weise das Männchen auf dem Rücken. Beide Partner halten mit ihren Hinterbeinen die Ränder des erwählten Blattes zu einem Trichter, in dessen Grund das Weibchen eine Portion Eier ablegt, die vom Männchen befruchtet wird. Dann rückt das Paar ein Stück höher und setzt sein Laichgeschäft fort, bis im Verlaufe einer Stunde die Tüte mit etwa fünfzig Eiern gefüllt ist. Der klebrige Laich hält die Blattüte dauerhaft zu-

87

sammen. Wenn die Kaulquappen schlüpfen, fallen sie durch die untere kleine Öffnung ins Wasser und setzen hier ihre Entwicklung fort.

Um ein gerolltes oder gefaltetes Blatt (das allen gemeinsame Bauprinzip) zusammenzuhalten, entwickelten die verschiedenen Baumeister unterschiedliche Methoden. Die Blattschneiderbiene bringt die Blattstücke in einen formgebenden Gang, Schnecke und Frosch verkleben die Tütenränder miteinander, und die Blattwickel des Birkenblattrollers halten ihre Form aufgrund der Schnittlinien und möglicherweise auch der Rüsselstiche.

Über die verblüffendsten Fähigkeiten in dieser Richtung verfügen einige den Grasmücken verwandte Vogelarten, unter denen zweifellos der südostasiatische Schneidervogel (*Orthotomus sutorius*) der Meister seines Faches ist. Als Grundlage für das eigentliche Nest faltet er mit den Füßen und dem Schnabel ein großes lebendes Blatt oder vereinigt mehrere kleine zu einer Tüte, sticht mit dem Schnabel Löcher durch die übereinandergelegten Blattränder und zieht dabei einen mit viel Geschick mit Füßen und Schnabel zu Garn verdrehten Baumwollfaden, einen geschmeidigen Grashalm oder Fäden aus Spinnenseide hindurch, vernäht somit regelrecht die Blattränder. Ein Zurückrutschen der Fäden verhindert er durch Knoten. Die selbstgedrehten Baumwollfäden finden oft von allein guten Halt, da ihre Enden büschelförmig auseinanderspleißen.

In die fertige Tüte hinein baut der Schneidervogel aus Pflanzenwolle, Tierhaaren und anderen weichen Stoffen die Nestmulde. Von außen ist sie kaum zu sehen. Nach dem Schlüpfen werden die Jungen bis zum Flüggewerden in ihrer frei hängenden grünen Kinderstube von den Eltern betreut.

Eikokons

Eine unter Ringelwürmern, Insekten, Spinnen und anderen Tiergruppen weit verbreitete Art, die Eigelege zu schützen, besteht in der Anfertigung von speziellen Behältern aus körper-

a

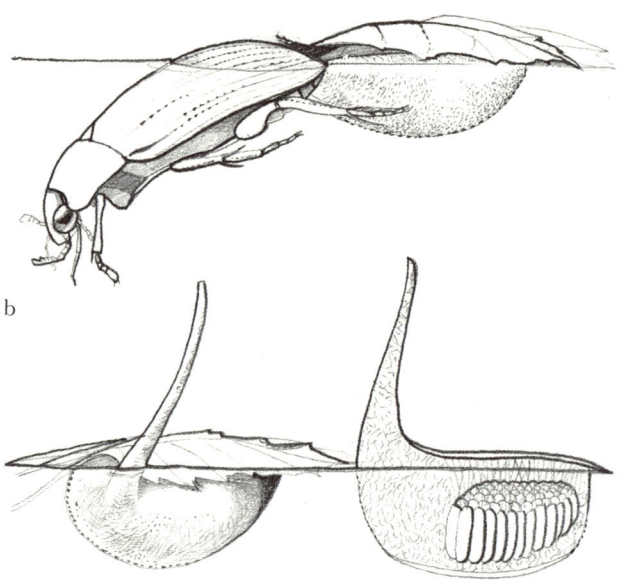

b

c

Kokonbau des Großen Kolbenwasserkäfers.
a Unter treibenden Blättern spinnt das Weibchen in Rückenlage eine Schicht aus Seidenfäden.
b Anfügen der Bodenplatte, wobei der eigene Bauch als Formvorlage dient.
c Die Eier liegen in einem lockeren Gewebe und stehen über einen Luftschacht mit der Außenwelt in Verbindung.
Rechts: Beim Spinnen des »Schornsteins« ragt der Hinterleib weit aus dem Wasser.

eigenem Baumaterial, den Eikokons. Hunderte verschiedener Kokons aus unterschiedlichen Materialien sind der Wissenschaft bekannt; wir beschränken uns hier auf je ein Beispiel aus der Klasse der Spinnentiere und der Insekten.

Wie alle wichtigen Vorgänge im Spinnenleben ist auch die Herstellung von Eikokons untrennbar mit dem Spinnvermögen und der Seide als Baustoff verbunden. Es ist eine nahezu obligatorische Tätigkeit aller Spinnenmütter, eine eierumschließende Hülle aus meist mehreren Gewebsschichten herzustellen. Wissenschaftler vermuten, daß die Spinnen schon frühzeitig in

die sich später zu selbständigen, schließlich transportablen Einheiten entwickelten, sich mehr und mehr für ihre spezielle Funktion veränderten und auch dann beibehalten wurden, als einige Spinnen zum vagabundierenden Leben übergingen. Die fehlende Schutzfunktion des Schlupfwinkels mußte nun auf den Kokon übertragen werden.

Manche heute lebenden Spinnen begnügen sich mit einem einfachen Kokon aus wenigen Gespinstfäden, andere trennen durch weitere Gespinstschichten eine allseits geschlossene Kammer davon ab, in der einige von ihnen Unterschlupf beziehen, um den Kokon und häufig auch die frischgeschlüpften Jungspinnen zu bewachen. Wieder andere hängen die Kokons in einem eigens geschaffenen Einest oder an einem langen Faden auf, oder aber sie tragen ihn ständig mit sich umher wie die uns bereits bekannte Raubspinne *Pisaura mirabilis*. Man trifft sie bereits im Juni mit ihrem charakteristischen gelbgrauen Eikokon an. Die Herstellung des Kokongespinstes erfolgt an einer verborgenen Stelle im Pflanzengewirr. Inmitten quergespannter Gerüstfäden spinnt *Pisaura* eine kreisförmige Gewebeplatte, die Basalplatte des Kokons. Bauchoben unter dem Gespinst hängend, fügt sie sodann einen zylindrischen Randwulst an; es entsteht eine napfförmige Höhlung, in die sie 100 bis 300 Eier ablegt. Danach wird die nach unten offene Höhlung mit einer locker versponnenen Deckplatte verschlossen. Jetzt löst die Spinne den Kokon aus den Gerüstfäden, knetet ihn zu einem kugeligen Gebilde zusammen und trägt dabei unter ständigem Drehen die äußere papierartige Schutzhülle auf. Nach seiner Fertigstellung wird der Kokon von den Kieferklauen der Spinnenmutter ergriffen und in den nächsten vier Wochen unablässig umhergetragen. Während der »Tragzeit« schlüpfen die Jungen aus den Eiern. Im Verlaufe ihrer Entwicklung löst die Mutter die oberen Fäden der Kokonwand, um das Kokonvolumen zu vergrößern und den Kleinen mehr Raum zu schaffen. Kurz bevor sie den Kokon verlassen, errichtet das Raubspinnenweibchen unter zusammengebogenen Grashalmen ein Schutzgespinst in Form einer unten

ihrer Evolution dazu übergingen, ihre Gelege durch Gespinstumkleidungen zu verbergen. Ungeschützt zu mehreren abgelegt, fielen die nährstoffreichen Eier sicher binnen kurzem zahlreichen Feinden zum Opfer, hohe Verluste durch Witterungsunbilden kämen hinzu. Die ursprünglichste Spinntätigkeit überhaupt dürfte in der Anfertigung einfacher Wohnbauten und Eiumhüllungen bestanden haben und nicht in der viel bekannteren, weil auffälligeren Herstellung von Fanggeweben. Wahrscheinlich gingen die Kokons aus abgetrennten, der Brut vorbehaltenen Kammern des primären Schlupfwinkels hervor, offenen Seidenkuppel. Hier hängt es die tragbare Kinderstube auf und bewacht sie bis zum endgültigen Ausschlüpfen der Jungen.

In ähnlicher Weise wie die Raubspinnen stellen auch viele andere Arten ihre Eikokons her. Bei der amerikanischen Art *Cupiennius salei* gelang es dem Biologen M. MELCHERS, Einzelheiten der Steuerung des Bauverhaltens aufzuklären. Diese Art spinnt ebenfalls zuerst die Basalplatte, danach den erhöhten Rand, der den Ablageplatz für die Eier umgrenzt. Nach der Eiablage spinnt das Weibchen die Öffnung zu. Wird es nun beim Kokonbau gestört, nachdem die Basalplatte fertig ist, dann spinnt es bei dem eine halbe Stunde später begonnenen Ersatzkokon keine Basalplatte mehr, sondern nur wenige Fäden und widmet sich ganz dem Randbereich, so daß der Kokonboden in der Mitte offenbleibt. Zählt man alle Spinnbewegungen zusammen, die es für die alte Basalplatte und den neuen Ersatzkokon ausführt, kommt man auf etwa die gleiche Anzahl, die es insgesamt für einen einzigen Kokon brauchen würde. Dem Spinnenweibchen steht gewissermaßen nur eine bestimmte Anzahl von Spinnbewegungen zur Verfügung (etwa 6400 Tupfbewegungen). Diese führt es auch »leer« aus, wenn beispielsweise beim Filmen im Scheinwerferlicht die Ausführgänge der Spinnwarzen eintrocknen und kein Faden mehr austritt. Sogar in diesem Falle absolviert es sein Verhaltensprogramm. Nach einer bestimmten Anzahl leerer Tupfbewegungen legt es die Eier, die dann natürlich zu Boden fallen. Danach fährt es fort, als würde es den (in Wirklichkeit nichtvorhandenen) Kokon zuspinnen, und versucht schließlich, das »Gespinst« von der Unterlage zu lösen.

Die Starrheit des innerlich programmierten Bauablaufplans zeigt sich auch, wenn eine der Spinnen auf einen halbfertigen Kokon gesetzt wird. Sie ist dann nicht in der Lage, situationsgerecht zu handeln, d.h., das Baustadium des vorhandenen Gespinstes zu berücksichtigen, sondern fährt so fort, als würde sie an ihrem alten Kokon weiterspinnen. Unnatürliche Bedingungen können somit zu unzweckmäßigen, für die Eiablage ungeeigneten Gebilden führen. Unter normalen Bedingungen jedoch erfüllt der vorgegebene Bauplan vollkommen seine Funktion.

Das zweite Beispiel für Kokonbauten führt in die Welt unter Wasser. Außer kiemenatmenden Tieren, wie Fischen, Krebsen und vielen anderen, leben hier auch luftatmende Organismen, einige Säugetiere, die Wasserspinne und vor allem Insekten. Die ebenfalls auf atmosphärischen Sauerstoff angewiesenen Insekteneier erfordern eine ganz spezielle Brutfürsorge. Eine der erstaunlichsten Methoden entwickelten die Kolbenwasserkäfer mit ihrem schwimmenden Kokonboot. Der Große Kolbenwasserkäfer *(Hydrous piceus)* gehört mit 4 bis 5 cm Körperlänge zu den größten mitteleuropäischen Käfern. Zur Eiablage sucht das Käferweibchen auf Teichen oder langsam fließenden Gewässern ein treibendes Blatt. Sich bauchoben an die Blattunterseite klammernd, befestigt es daran mit Hilfe seines am Hinterleib gelegenen Spinnapparates eine dicke Gespinstplatte. An diese obere Fadenschicht spinnt es anschließend in Normallage (mit dem Rücken nach oben) eine weitere Platte, wobei ihm der eigene Bauch als Formvorlage dient. Durch Zusammenschluß der Gewebeteile entsteht eine sich allmählich verjüngende Gespinsttasche, die mit etwa fünfzig in Reihe stehenden Eiern versehen wird. Das Ende des schwimmenden Kokons läuft in einen in die Luft ragenden, locker gesponnenen Schornstein aus, durch den die Eier im luftgefüllten Kokonschiff mit der Außenwelt in Verbindung bleiben.

Vogelnester – von der Erdmulde zum gewebten Hängenest

Wenn im Herbst die Blätter fallen, ist man immer wieder überrascht, wie viele Nester unserer heimischen Sänger bisher den Blicken entgingen. Gerade diese zierlichen, oft kunstvoll verflochtenen Gebilde aus Ästchen, Halmen und Federn sind es, die sich in unserer Vorstellung als »typische« Vogelnester eingeprägt haben. In Wirklichkeit gibt es d a s Vogelnest nicht. Die Vielfalt der Nestformen ist ebenso groß wie die der Standorte und Baumaterialien – erinnern wir uns nur der Niströhre des Eisvogels, der Lehmburg des Töpfervogels, der Blattüte des Schneidervogels oder der Thermometerhühner, die einen riesigen Bruthaufen errichten, aber nicht selbst brüten! Umgekehrt gibt es Arten, die zwar selbst brüten, aber kein Nest bauen. Sie wärmen ihr Gelege auf nacktem Boden, wie der heimische Ziegenmelker; auf den kahlen Felsvorsprüngen der nordischen Vogelfelsen, wie die Lummen und Alken; auf Astgabeln oder breiten Baumästen; in bereits vorgefundenen Höhlen und Nestern anderer Arten oder gar ohne jede Bodenberührung, wie der im ewigen Eis lebende Kaiserpinguin, der sein einziges Ei in einer Bruttasche über den Schwimmhäuten wohl verwahrt. Daß einige Vogelarten weder ein Nest bauen noch brüten, sondern ihren Nachwuchs von anderen Arten aufziehen lassen, ist durch das Beispiel des Kuckucks allgemein bekannt.

Muldennester

Viele Vogelarten scharren oder drücken vor der Eiablage flache Mulden ins Erdreich. Möglicherweise entstammt dieses Verhalten den Anfangszeiten der Evolution der Vögel, als diese ihre Eier noch im Boden vergruben und hier erbrüten ließen. Erst mit dem Übergang zur echten Warmblütigkeit dürften sie begonnen haben, ihre Gelege direkt zu bebrüten. Der nächste Schritt in Richtung eines »richtigen« Vogelnestes besteht in der Auspolsterung der Nestmulde. Dadurch gelangt zwischen Eier und Untergrund eine isolierende Schicht. Diese muß nicht immer flauschig weich sein, wie das Beispiel des Adeliepinguins *(Pygoscelis adeliae)* zeigt, der zur »Auspolsterung« kleine Steinchen benutzt. Der Unterbau schützt die Eier vor eisigen Schmelzwassern und hebt den brütenden Altvogel etwas vom Boden ab, was ihm einen gewissen Schutz vor Einschneien und Zuwehen gewährt. Manche Arten wie die Goldschnepfe *(Rostratula benghalensis)* errichten auf trockenem Grund keine Nester, auf feuchtem jedoch einen soliden Unterbau aus Pflanzenmaterialien.

Die Eier der am Boden brütenden Arten haben oft eine auffallend birnenförmige Gestalt. In Bewegung geraten, rollen sie in einer engen Kurve innerhalb der kleinen Nestmulde und sind somit weitgehend gegen ein Hinausfallen abgesichert. Fast immer sind diese Eier gefleckt und verschmelzen optisch mit ihrer Umgebung. In dunklen Höhlen nistende Vögel dagegen weisen häufig reinweiße Eier auf. Bei den Jungtieren wird der Unterschied noch deutlicher. Vogeljunge, deren Eltern keinen oder nur primitiven Nestbau an sichtgefährdeten Stellen betreiben, verlassen das »Nest« oft schon nach wenigen Stunden, sobald ihr Plüschpelz aus weichen Dunen getrocknet ist. Man nennt sie deshalb Nestflüchter. Die Nesthocker dagegen, zu ihnen gehören unter anderem unsere heimischen Singvögel, sind nach dem Schlüpfen völlig hilflos und sitzen oft noch Wochen im Nest. Es leuchtet ein, daß für diese Vogelkinder eine warme und geschützte Kinderstube einfach lebensnotwendig ist, andererseits ein zeit- und kräftezehrender Brutbau für Nestflüchter einen in der Natur kaum vorstellbaren »Luxus« darstellen würde, ganz abgesehen davon, daß Eier und Jungvögel in einem offenen Nest frei am Boden sehr auffällig wirken, geradezu wie auf einem Präsentierteller. Sehr wahrscheinlich büßten einige Bodenbrüter die Fähigkeit zum Nestbau erst sekundär wieder ein, beispielsweise Triel und Ziegenmelker. Gleiches gilt für einige Höhlenbrüter. Lebensbedingungen der Art, Entwicklung der Jungvögel und Nestbau stehen so in einer engen Wechselwirkung miteinander und bedingen sich gegenseitig.

Ein anschauliches Beispiel wenig aufwendig ausgepolsterter Nestmulden liefern viele Entenvögel. Die Weibchen der allbekannten Stockente (»Wildente«, *Anas platyrhynchos*) suchen einen ruhigen Platz im dichten Pflanzenwuchs, gelegentlich inmitten von Großstädten. Sie schaffen eine flache, locker ausgepolsterte Nestmulde. Als Baumaterial dienen Pflanzenteile, die aus der unmittelbaren Umgebung ins Nest gezogen werden. Eine Verbesserung der Wärmeisolation erreicht die Ente durch Einbauen von selbstausgerupften Daunenfedern – ein Verhalten, das die Weibchen der Eiderenten *(Somateria mollis-*

Vogelnester: von der Erd-
mulde zum gewebten
Hängenest.
a Flußregenpfeifer, b Eiderente, c Rothalstaucher,
d Rosaflamingo, e Steinadler,
f Stieglitz, g Schwanzmeise,
h Waldlaubsänger, i Baja-
weber, j Gemeinschaftsnest
der Siedelweber.

sima) in noch stärkerem Maße zeigen. Weichheit und Wärmehaltevermögen der Eiderdaunen sind ja geradezu sprichwörtlich (ihr wissenschaftlicher Name bedeutet: das allerweichste Daunenkissen), kein Wunder, waren sie doch ursprünglich zum Schutz der Eier vor der grimmigen Kälte ihrer nördlichen Heimat gedacht. Die unauffälligen Daunen dienen gleichzeitig als Sichtschutz, Stock- und Eiderentenmütter haben nämlich die Angewohnheit, ihre Gelege beim zeitweiligen Verlassen mit Daunen und Nistmaterial abzudecken.

In Grönland fing man jährlich über 100000 Eiderenten; außer Eiern, Fleisch und Federn lieferten sie weiche Bälge für Kleidung und Teppiche. So wurden sie mancherorts sehr selten. An anderen Stellen zäunte man große Brutkolonien ein und schützte sie damit vor Raubwild – allerdings nicht aus reiner Tierliebe. Die Besitzer nehmen die beiden ersten Daunennester samt Eiern weg und lassen den Vögeln erst das dritte, denn so oft können es diese durch ein Nachgelege ersetzen.

Napf- und Plattformnester

Ein umfangreiches Nest aus locker aufgeschichteten Pflanzenmaterialien errichtet der Höckerschwan *(Cygnus olor)*. Halbwild oder als Parkvogel hat er sich in den letzten Jahren stark vermehrt und brütet heute selbst in Großstädten. Ist der Nistplatz klar, so beginnen beide Partner, Schilf- oder Grashalme in der Umgebung einzeln abzubeißen und auf einen Haufen zu werfen. Niemals legen sie die Halme in einer bestimmten Ordnung ab, stecken sie ineinander oder verflechten sie miteinander. Die endgültige Nestform entsteht durch Ausmulden des Pflanzenhaufens. Höckerschwäne brüten stets in Ufernähe, gern im dichten Schilf. An der Boddenküste der Ostsee und anderenorts liegen ihre Nester gelegentlich in flachem Wasser. Naturgemäß bietet ein vom Wasser umgebenes Nest Schutz vor mancherlei Feinden. Verschiedene Vogelarten, unter ihnen der Haubentaucher *(Podiceps cristatus)*, nutzen das, indem sie schwimmende Nester bauen. Ein anderes Verfahren entwickelten die südamerikanischen Rüsselbleßrallen *(Fulica cornuta)*. Sie errichten im 60 bis 80 cm tiefen Wasser hoch gelegener Andenseen künstliche Inseln aus Steinen, auf denen dann das Nest aus Pflanzenstoffen ruht. Die Masse eines solchen Steinsockels wurde auf 1 500 kg geschätzt! Es ist bis heute noch nicht vollständig klar, wie diese einzigartigen Baumeister die kartoffelgroßen, bis zu halbkiloschweren Steine herbeischleppen. Sicher geschieht das unter Wasser, hier hilft ja der Auftrieb tragen, ob und wie der viel zu klein erscheinende Schnabel die Brocken überhaupt fassen kann, muß dahingestellt bleiben.

Die auf unseren Gewässern häufige Bleßralle *(Fulica atra)*, ein naher Verwandter der eben erwähnten Art, hat beim Nestbau keine derartigen Transportprobleme. Das Nest der grauschwarzen Vögel mit den weißen Schnäbeln und Stirnblessen steht meist innerhalb von Rohrbeständen in seichtem Wasser. Umgeknicktes Schilf dient als Unterlage, darauf legen sie trockene Schilfhalme, die ineinandergesteckt werden und sich so gegenseitig stützen. Oft sind die in Nestnähe stehenden Halme zu einer Art Haube über dem sauber gerundeten und tiefnapfigen Nest zusammengezogen; häufig führt auch ein Steg aus Schilfhalmen vom Wasser zum Nest hinauf, ein Konstruktionselement im Dienste der Fortbewegung.

Außer Nestbauten im Wasser bieten hoch über dem Erdboden stehende Kinderstuben einen besonderen Schutz vor Feinden, speziell vor kleinen Raubsäugern. Bei ihrer Anwesenheit wirkt ein Selektionsdruck auf hohe Neststandorte. Die ursprünglich am Boden nistenden Zahntauben von Samoa gingen zum Baumbrüten über, nachdem europäische Walfänger die ersten Katzen eingeschleppt hatten, und so konnten sie überleben. Viele andere Inselarten waren weniger anpassungsfähig und starben aus. Es gibt bei verschiedenen Vögeln Untersuchungen, die belegen, daß der Fortpflanzungserfolg bei Baumbruten generell über dem bei Bodenbruten liegt. In den langen Zeiträumen der Stammesgeschichte entwickelten viele bodenbrütende Arten tarnfarbene Eier und nestflüchtende Junge, um das gegebene

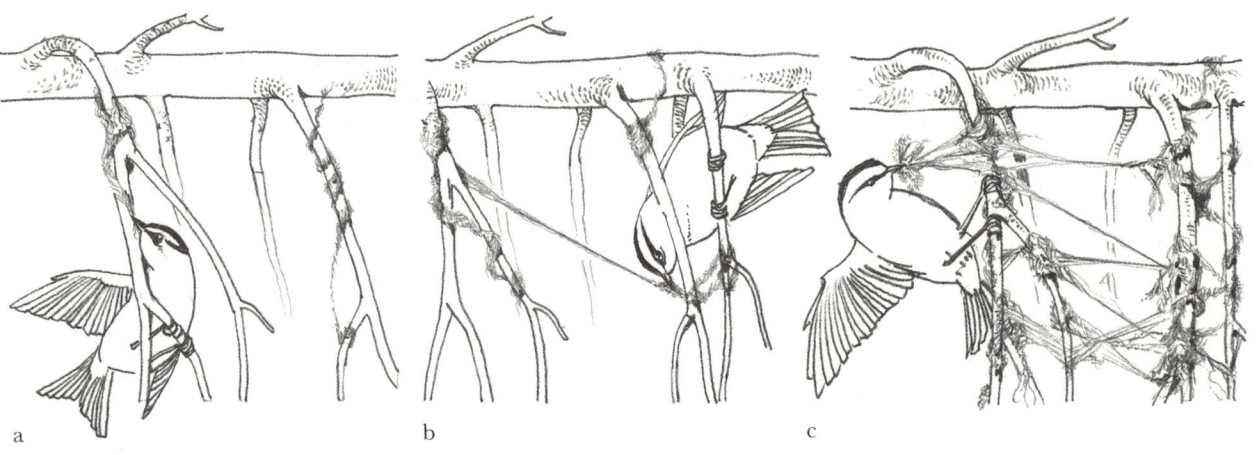

a b c

Nestbau des Sommergold-
hähnchens, Auswahl wich-
tiger Verhaltensweisen.
Anlage des Nestgerüstes
a »Abreiben«: Die Gespinst-
flocke wird mit einer seitlich
wischenden Bewegung abge-
streift.
b »Verspannen«: Hat sich
einiger Spinnstoff angesam-
melt, so wird die Flocke aus-
gezogen.
c »Außen säubern«: Ab-
reißen außen abstehender
Fransen, die entweder weiter-
verwendet (abgerieben) oder,
wenn verschmutzt, nestfern
abgestreift werden.

Risiko zu verringern. Andererseits ist mit hohen Neststandorten der Nachteil erhöhten Energieaufwands verbunden. Viele Baumbrüter fliegen tausendmal und mehr mit Nistmaterialien in die Höhe, von dem zusätzlichen Aufwand (für am Boden futtersuchende Arten) bei der Versorgung des Nachwuchses gar nicht zu reden. Auf einer New York vorgelagerten Insel, auf der keine kleinen Raubsäuger leben, kehrten deshalb einige Baumbrüter wieder auf den Boden zurück.

Eine große Anzahl baumbrütender Vogelarten baut einfache, plattformähnliche Nester. Wohl jeder hat schon einmal die flachen Reisigbauten der Türkentaube auf Straßenbäumen bemerkt und sich verwundert gefragt, weshalb die Eier nicht durch die sorglos dünnen Nester hindurchfallen. Mit einer besonders hohen Qualität des Nestbaus hängt die Zunahme der zutraulichen Tauben mit dem schwarzen Nackenfleck sicher nicht zusammen. Im Gegenteil, durch den geringen Aufwand beim Nestbau bleibt ihnen mehr Zeit und Energie für das Fortpflanzungsgeschäft. Etwaige Gelegeverluste durch unzulänglichen Nestbau gleichen sie durch ihre hohe Fortpflanzungsrate aus. In unseren Breiten ziehen sie zwei bis fünf Bruten jährlich auf – eine enorme Lebenskraft, der »Motor« für ihre er-

Türkentaube auf ihrem
sparrigen Reisernest.

Ausführung des Rohbaus
d »Hochreißen«: Im Nestinnern hochziehen von Gespinststreifen und verspannen.
e »Strampeln«: Das Weibchen drückt die Brust gegen die Nestwand und scharrt Lockermaterial nach hinten oben, rutscht dabei langsam rückwärts und danach wieder vorn hoch. So entsteht die halbrunde Form der Nestmulde.
Polstern
f »Federn aufstecken«: Als letzte Nestbauhandlung wird die Mulde mit 5 oder 6 großen Federn überwölbt.
Darunter: Sommergoldhähnchen am fertigen Nest.

d   e   f

staunliche Ausbreitung in den letzten Jahrzehnten.

Größere Vogelarten errichten umfangreichere Kinderstuben, ohne daß sich an der Bautechnik Wesentliches ändern muß. Störche und Reiher benutzen Zweige als Baumaterialien, Adler und Geier schleppen Äste und stattliche Knüppel für ihre Horste heran. Die Innenausstattung erfolgt mit feineren Materialien. An den mächtigen Horsten wird oft jahraus, jahrein weitergebaut; achtzig Jahre sind für einen sibirischen Seeadlerhorst belegt und fast 400 Jahre für ein Storchennest. Umfang und Höhe derartiger Bauten wachsen ständig, sie können schließlich 1 bis 2 t wiegen!

Viele Großvögel sind leider sehr selten geworden. Sie stehen unter strengem Schutz. Hat man einmal durch Zufall ein besetztes Adler-, Schwarzstorch- oder Kranichnest entdeckt, dürfen die Tiere auf keinen Fall gestört werden. Man muß hier nicht alles selbst genau untersuchen wollen, was einem persönlichen Beitrag zum Aussterben der bedrohten Arten gleichkäme. Die allgemeinen Verhaltensweisen im Nestbau sind ohnehin vielen gefiederten Baumeistern eigen, sie lassen sich deshalb viel einfacher, und ohne großen Schaden anzurichten, bei den heimischen Singvögeln beobachten, bei Amseln etwa oder Grünfinken.

Nur unter größten Schwierigkeiten dagegen wäre der Nestbau der Goldhähnchen von uns zu verfolgen, und schon gar nicht im Freiland. Auch die österreichische Biologin Ellen Thaler kam mit den praktisch fast undurchführbaren Freilandbeobachtungen nicht zum Ziel. Jedoch gelang es ihr durch jahrelange Volierenbeobachtungen (fast 1000 Stunden!), die Verhaltensabläufe beim Nestbau unserer kleinsten einheimischen Vogelarten zu erkunden. Befunde aus der freien Wildbahn ergänzen diese Untersuchungen. Gerade die Winzigkeit der Goldhähnchen macht ihren Nestbau für uns besonders interessant. Da ihre bezüglich der Körpermasse relativ große Oberfläche einen hohen Wärmeverlust mit sich bringt, sind sie – wie andere Kleinvögel auch – auf außerordentlich sorgfältig und dicht gebaute Nester angewiesen. Diese wiederum erfordern eine Vielzahl spezieller Bautechniken, die wir bei größeren Arten nur selten in dieser Mannigfaltigkeit antreffen.

Das kugelige Hängenest der Goldhähnchen ist fast ausnahmslos auf Nadelbäumen, Fichten zumeist, zu finden, und stets auf der windabgewandten Seite. Unterhalb des Hauptastes, zwischen den beidseitig herabhängenden Seitenzweigen, wählen die Männchen die künftigen Nistplätze aus. Durch Zurschaustellen von Baustoffen, durch Niststimmlaute, besondere Flatterflüge mit Niststoffen im Schnabel und ständig wiederholte, ritualisierte Baubewegungen versuchen sie, eine Partnerin für den Nistplatz zu interessieren. Die Weibchen tragen, anfangs unkoordiniert, Niststoffe im Schnabel umher,

zupfen neue aus und bündeln sie, oft über einige Tage hinweg, bis sie plötzlich gezielt Spinnstoff und Moos zum Nestplatz tragen.

Je intensiver das Weibchen mitbaut, desto geringer wird die Beteiligung des Männchens, das überhaupt nur bei den Wintergoldhähnchen aktiv am Baugeschehen mitwirkt. Lediglich in den ersten drei gemeinsamen Bautagen fliegt es öfter mit Niststoffen an als seine Partnerin. In dieser Zeit ist das Männchen nestdominant, d. h. der bestimmende Teil beim Bau. Je Stunde hetzt es seine Partnerin ein- bis dreimal vom Bauplatz weg, so daß sie bis zum neunten Tag nur zögernd und auf Umwegen ans Nest kommt, solange das Männchen baut. Diese Verhältnisse ändern sich aber grundlegend; die Nestdominanz geht auf das Weibchen über, und etwa vom elften Tag an wagt sich das Männchen nicht einmal mehr mit Nistmaterial ans Nest, wenn seine Partnerin dort tätig ist.

Beim Nest für die erste Brut baut das Männchen acht bis zehn Tage mit und begleitet danach das Weibchen nur noch bei dessen Bauhandlungen. Bei Zweitnestern ist seine Baubeteiligung schon zu Beginn geringer und endet nach höchstens vier Tagen. In einer der Freilandvolieren hetzte ein Männchen seine Partnerin zum Baubeginn derart, daß sie sich später nicht mehr ans Nest wagte. Dieses Männchen stoppelte allein ein »Nest« zusammen, einen verfilzten, nichtgeglätteten Klumpen, dem Mulde und Polstermaterial fehlten. Goldhähnchenmännchen verfügen offensichtlich nicht über die hierzu nötigen Verhaltensweisen.

Beim Sommergoldhähnchen baut das Weibchen allein, meist vom Männchen begleitet. Einige Baubewegungen des Weibchens (Abreiben der Spinnfäden, Verspannen) sind beim Männchen als ritualisierte Niststimmhandlungen erkennbar. Wie die Volierenbeobachtungen nahelegen, werden die Männchen allein durch die Aggressivität der bereits zu Baubeginn dominanten Weibchen am Bauen gehindert; ein mit einem Wintergoldhähnchenweibchen verpaartes Sommergoldhähnchen arbeitete am Grundgerüst mit und trug sogar Niststoffe zu, solange ihm seine Partnerin am Nest auswich. Auch

31 Thermometerhuhn (*Leipoa ocellata*) an seinem Bruthügel. Mit einem Durchmesser von 5 m und bis zu 2 m Höhe zählen die Brutbauten dieser australischen Vögel zu den größten im ganzen Tierreich. Die Thermometerhühner brüten nicht selbst. Im Innern des Haufens, in der Nähe der Eier, herrscht jedoch dank der komplizierten Wärmeregulation durch die Altvögel eine gleichbleibende Temperatur von 34 °C.

Viele Vögel graben ihre Kinderstuben in die Erde oder meißeln sie in verholzte Pflanzenteile.

32 Die Brutröhre des Eisvogels *(Alcedo attis)* führt leicht ansteigend in eine steile Uferböschung, so daß der Kot abfließen kann. Die Jungvögel sitzen im Kreis und rücken nach jeder Fütterung ein Stück weiter, so daß jeder seine Portion erhält.

Spechte zimmern ihre Nisthöhlen meist in Baumstämmen. Dabei arbeitet ihr Schnabel wie ein Meißel, und ihr besonderer Schädelbau bewirkt eine Stoßdämpfung.

33 Fütterndes Buntspechtmännchen *(Picoides major)* am Eingang der Bruthöhle.

34 Buntspecht füttert im Höhleninnern.

Trotz ihres schwachen Schnabels hat die Weidenmeise ihre retortenförmige Nisthöhle selbst aus dem morschen Stamm herausgearbeitet.

35 Weidenmeise *(Parus montanus)* vor ihrer geöffneten Nisthöhle. Im Unterschied zu den vorigen Arten liegen die Meisenjungen auf einem soliden Unterbau aus Moos und Federn.

Einige Vogelarten mauern
ihre Nester aus Schlamm oder
lehmiger Erde.

36 Flamingokolonie (Rosa-
und Kubaflamingos), Tier-
park Berlin. Flamingos brüten
in dichten Kolonien. Sie
stimulieren sich gegenseitig
zu Nestbau und Brut. Des-
halb ist ein Zuchterfolg nur
möglich, wenn mindestens
7 bis 10 Paare gemeinsam gehalten werden. Mit den
Schnäbeln holen die Vögel
Schlamm vom Gewässer-
grund und häufen ihn zu
einem Kegelstumpf mit
flacher Mulde auf. Das einzige Ei wird ohne Polsterung
abgelegt.
Ebenfalls aus Schlamm und
Erde mörteln die meisten
Schwalbenarten ihre Nester.

37 Pflanzenfasern und Würzelchen stabilisieren das Nest
der Rauchschwalbe *(Hirundo
rustica)*.

38 Die Mehlschwalbe *(Delichon urbica)* dagegen klebt die
Schlammklümpchen mit
ihrem Speichel zur halbkugel-
förmigen Nestwand zusam-
men.

39 Kleiber *(Sitta europaea)*
vor seiner teilweise zuge-
mauerten Nisthöhle.
Der Kleiber mörtelt nicht sein
ganzes Nest, sondern verengt
lediglich den zu weiten Eingang seiner Bruthöhle mit
einer Mauer aus feuchtem
Lehm. Durch das verbleiben-
de enge Schlupfloch werden
Feinde und größere Nist-
platzkonkurrenten, vor allem
Stare, von der Höhle fern-
gehalten.

Der Nestbau vieler Vögel beschränkt sich auf das Scharren oder Drücken einer flachen Erdmulde.

40, 41 Neststandorte des Austernfischers *(Haematopus ostralegus)*.
Auf Schotterflächen legt der Austernfischer seine Eier in eine kahle Mulde, während im Dünenbereich trockene Halme den Nestrand begrenzen.

42 Der nächste Schritt in Richtung eines »richtigen« Vogelnestes besteht in der Auspolsterung der Nestmulde. Die isolierende Schicht zwischen Eiern und Untergrund besteht meist aus ungeordneten Pflanzenteilen, z. B. im Nest des Höckerschwans *(Cygnus olor)*.

43 Jedoch können auch Steinchen diesen Zweck erfüllen, wie das Nest des Eselspinguins *(Pygoscelis papua)* zeigt. Durch den Steinchen-Unterbau sind die Eier vor eisigen Schmelzwässern sicher.
Außerdem sitzen die brütenden Altvögel höher und werden deshalb weniger leicht eingeschneit oder zugeweht – ein Vorteil in ihrer antarktischen Heimat.

In den offenen Muldennestern drohen dem Nachwuchs der Bodenbrüter viele Gefahren. Deshalb sind ihre Eier meistens gefleckt und verschmelzen optisch mit ihrer Umgebung. Die tarnfarbenen Jungvögel verlassen die Nestmulde oft schon kurz nachdem ihre Dunenpelze getrocknet sind, um den Eltern zu folgen, oder sich in der Umgebung zu verstecken.

44 Junge Flußregenpfeifer *(Charadrius dubius)* sind nur schwer in der Nestmulde zu entdecken.

zeigen junge, noch nicht geschlechtsreife Männchen beider Arten völlig übereinstimmende Baubewegungen, allerdings noch unkoordiniert.

Mit fortschreitendem Bau wechselt die Bautechnik der Goldhähnchen. Insgesamt lassen sich beim Wintergoldhähnchen vierzehn und beim Sommergoldhähnchen fünfzehn aufeinanderfolgende Baubewegungen unterscheiden, die drei Abschnitten zugeordnet werden können. Diesen drei Phasen, in denen jeweils verschiedene Materialien zum Einsatz kommen, entsprechen die deutlich dreischichtig aufgebauten Nester. Leicht lassen sich die einzelnen Schichten trennen und abheben. Aus Spinnstoffen, Moosen und – beim Wintergoldhähnchen – auch Flechten besteht die Außenwand. Bei Volierennestern des Wintergoldhähnchens entfielen 6,8 g Spinnstoff auf 4,2 g Moos bzw. Flechten und beim Sommergoldhähnchen 5,3 g Spinnstoff auf 1,2 g Moos. Dieser hohe Spinnstoffanteil – ein ideales Baumaterial, wie wir aus dem Spinnen-Kapitel wissen – fängt die extremen Belastungen ab, denen das Nest während der Jungenaufzucht ausgesetzt ist. Gewonnen wird er hauptsächlich aus Spinneneikokons (mitsamt den Jungspinnen verbaut!), Erzwespen- und Raupenkokons. Die Mittelschicht dagegen enthält keine Spinnfäden, sondern locker gepackte Moosstengel und beim Wintergoldhähnchen wiederum Flechtenfragmente. Kleine Federn und Tierhaare bilden die innere Polsterschicht. Insgesamt kann ein Wintergoldhähnchennest beispielsweise 2818 Moosstämmchen (3,1 g) enthalten, 1422 Flechtenteile (3,5 g) und im Extremfall 2674 Federn (1,8 g), ein Sommergoldhähnchennest dagegen unter anderem über 12000 Moosteilchen!

In der ersten Nestbauphase, der Anlage des Nestgerüsts, werden die Ästchen im Nestbereich allseitig mit Spinnstoff umwickelt und zu einem dreidimensionalen Grundgerüst ohne Boden verspannt. Das Grundgerüst wird in der zweiten Phase, dem Rohbau, weiter verstärkt, es werden Moose (Flechten) eingebracht. Der Transport von Spinnstoffen nimmt gegen Ende ab, schließlich wird nur noch Moos eingetragen. Jetzt ist die Nestgestalt bereits deutlich zu erkennen – Boden, Wandung und Mulde sind herausgearbeitet.

Die dritte Phase, das Polstern, ist von den vorigen durch eine deutliche Pause getrennt, in der kaum Niststoffe eingetragen werden. Danach bringt das Weibchen etwa eine Woche lang nur noch Haare und Federn heran. Beim Anblick des vorher so wichtigen Spinnstoffes zeigt es jetzt sogar Abscheubewegungen. Gleichzeitig mit dem Einbau der Polstermaterialien überhöht und verengt es den Nestrand. Unsere Abbildung auf Seite 94/95 zeigt einige Bauverhaltensweisen aus allen drei Phasen.

Bei Erstnestern hängt die Baudauer hauptsächlich von der Anlage des Nestgerüstes ab, an dem sechs bis achtzehn Tage gearbeitet wird. Im Freiland ruht der Bau bei Schlechtwetter. Später wird zügiger weitergebaut und auch bei ungünstigen Witterungsbedingungen nicht unterbrochen. Durchschnittlich achtzehn Tage bauen die Tiere an ihrem Nest, einige allerdings länger als vier Wochen. Zweitnester bauen sie in knapp zwei Wochen. Sommergoldhähnchen allerdings verwenden für Zweit- und Drittbruten stets das erste Nest, polstern es aber in sechs bis zehn Tagen neu aus.

Die Bauzeit konnte durch Einhängen fertiger Goldhähnchennester in die Volieren nicht verkürzt werden, eher scheinen sie den Fortgang der Arbeiten zu verzögern. Die Goldhähnchen waren nicht imstande, ihre Bauhandlungen der vorhandenen Unterlage anzupassen, überbauten diese mühsam oder rissen sie ab.

Nach dem Prinzip der Daunenauspolsterung schützen die Federschicht und die locker gepackten Moosstengel die Brut vor Abkühlung. Hinzu kommt, daß Hochgebirgsnester größer und kompakter als die in Mittelgebirgslagen gebaut werden. Ihre Mittelschicht und Polsterung sind diesen gegenüber bis auf das Dreifache verstärkt. Ähnliche Verhältnisse wurden ebenfalls von anderen Vogelarten beschrieben und sind auch von Säugern, beispielsweise Mäusen, bekannt. Bei jeder Witterung verlassen brütende Goldhähnchenweibchen ihr Nest etwa viertelstündlich und können ihm bis zu 25 Minuten fernbleiben. Auch starker Regen gefährdet die Brut nicht. Zwar saugen die Moose und Flechten große Wassermengen auf – ein bei Regen abgenommenes Nest wog 78 g, luftgetrocknet nur noch 19 g –, aber die Mulde bleibt trocken.

Die härtesten Bewährungsproben hat der Bau beim Heranwachsen der Jungvögel zu bestehen. Während die acht bis zehn Eier ganze 5 bis 7 g wiegen, bringen die reichlich zwei Wochen alten Jungvögel fast 100 g auf die Waage! Nester mit flüggen Jungen sind deshalb auch um etwa ein Drittel größer als frisch gebaute. Selbst derart belastet, sinken die Nester nicht ab, wenn sie sorgfältig verankert sind, auch nicht bei anhaltendem Regen. Wie bereits erwähnt, wird diese Leistung nur durch den hohen Spinnstoffanteil möglich.

Viele andere Kleinvögel verwenden ebenfalls Spinnstoffe beim Bau ihrer filzartigen Nestwände. Für den Wärmehaushalt dieser Arten sind dichte und zusätzlich noch ausgepolsterte Nester unbedingt erforderlich. Einige einheimische Finkenvögel, aber auch tropische Kleinvögel wie die Kolibris errichten derartige Nesttypen.

Überdachte Nester

Einen wirkungsvollen Schutz vor Witterungsunbilden bei gleichzeitigem Sichtschutz von oben bieten überdachte Nester. Viele Kleinvögel, besonders in tropischen Gebieten, errichten derartige Kinderstuben. Bei der Bleßralle wurden die Anfänge einer solchen Bauweise sichtbar; Elstern, Zaunkönige und Laubsänger errichten fortgeschrittenere Typen überdachter Nester. Die höchste Entwicklungsstufe erreichen die geschlossenen Nester im Konstruktionstyp der Hängenester.

Zu den kunstvollsten heimischen Vogelnestern gehören die Kinderstuben der Beutelmeise (*Remiz pendulinus*). An senkrecht· herabhängenden Zweiggabeln von Weiden, Pappeln oder Birken beginnt das Beutelmeisenmännchen im Frühjahr sein Werk. Als Neststandort bevorzugt es gewässernahe Plätze, gelegentlich schwebt das Nest sogar direkt über dem Wasserspiegel. Mit einer langen Faser im Schnabel umflattert das Männchen das ausgewählte Zweigende, verankert sie

und wickelt sie fest. Aus weiteren langen und biegsamen Materialien, wie Bast, Grashalmen, Nesselfasern und Würzelchen, flicht es um die benutzte Astgabel einen Ring von etwa 25 cm Durchmesser. Daraus entsteht durch geschicktes Verflechten weiterer Fasern ein Gebilde, das man treffend »Henkelkörbchen« genannt hat. Rückwand und Vorderseite sind nun noch zu schließen, ganz zuletzt wird der Eingang verkleinert und oft mit einer etwas verlängerten Einflugröhre versehen. Bereits während des Baues wirbt das Männchen mit scharfen »Ziieh«-Rufen um eine Partnerin. Findet sich keine, wird der Bau aufgegeben und an einer anderen Stelle neu begonnen. Das Weibchen beteiligt sich an der Fertigstellung des Nestes, indem es die Auspolsterung übernimmt und am Ausfüllen des Fasergerüstes mit wolligen Stoffen mitwirkt. In Lücken und Maschen der Grundkonstruktion werden die flauschigen Samenhaare von Weiden, Pappeln oder Rohrkolben sorgfältig eingearbeitet. Das filzige Gewebe ist schließlich so haltbar und warm, daß die Nestbeutel früher in Osteuropa von Kindern gesammelt und als Pantoffeln getragen wurden. Oft noch bevor das Nest nach drei bis vier Wochen ganz vollendet ist, legt das Weibchen fünf bis zehn weiße Eier. Brut und Jungenaufzucht sind seine Aufgabe, denn das Männchen beginnt jetzt mit dem Bau eines neuen Nestes und wirbt – meist mit Erfolg – um eine zweite oder gar noch weitere Partnerinnen.

Die meisten Verwandten der Beutelmeise leben in Afrika, darunter die Schließbeutelmeisen, die noch erstaunlichere Nester errichten. Die südafrikanische Kapbeutelmeise (*Anthoscopus minutus*) baut ihr Nest auf ähnliche Weise wie unsere Art, legt aber unter der kurzen Einflugröhre eine geschlossene, dunkle Nische an, die einen falschen Eingang vortäuscht. Der eigentliche Zugang kann vom Altvogel mit dem Schnabel zusammengedrückt werden und ist danach kaum noch zu erkennen.

Die Jungvögel schlafen auch dann noch im Nestbeutel, wenn die Eltern ihre zweite Jahresbrut aufziehen, dann drängen sich zuweilen bis zu achtzehn Tiere im engen Bauwerk zusammen.

Nestbau der Beutelmeise. Zwei Baustufen und fertiges Nest. Nur wenn sich nach abgeschlossenem Rohbau ein Weibchen am Bauplatz einfindet, wird das Nest vollendet.

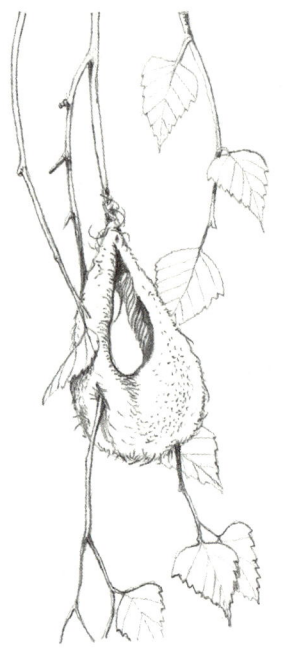

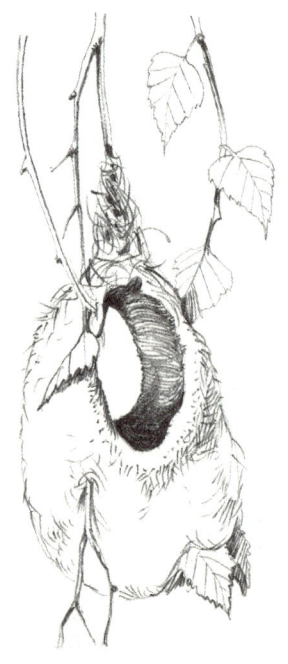

Es ist bei Vögeln gar nicht so häufig, daß die Nester auch zum Schlafen benutzt werden, wir kommen später noch darauf zurück.

Betrachtet man die bisher vorgestellten Vogelnester im Zusammenhang, so wird sowohl eine Entwicklung der Nestformen als auch der Bautechniken deutlich. Die Unterschiede entstanden ganz allmählich im Verlaufe der langen Evolution der Vögel. Nun kann man die Wege der Evolution nur sicher verfolgen, wenn sich fossile Reste bis in unsere Zeit erhalten. Bei den leicht vergänglichen Vogelnestern ist solches nicht zu erwarten. Den Wissenschaftlern bleibt hier ein zweiter Weg: die Entwicklung von Strukturen bei nahe verwandten lebenden Arten zu untersuchen und so über eine Reihe abgestufter Ähnlichkeiten auf ursprüngliche Formen zu schließen. Bei den bisher vorgestellten Kinderstuben ist das nicht ohne weiteres möglich, da ihre Erbauer oft verwandtschaftlich fernstehenden Familien angehören. Die Webervögel (Ploceidae) dagegen bieten die seltene Gelegenheit, eine große Anzahl verschiedener Nesttypen innerhalb einer Vogelfamilie studieren zu können.

Webervögel – die Meister im Flechten und Weben

Die Webervögel wurden durch ihre kunstvollen Nestbauten weltbekannt. Zu diesem Ruhm haben die Sperlinge sicher nichts beigetragen, dennoch gehören sie zur selben Familie. Hat man das »unordentliche« Nest des Haussperlings *(Passer domesticus)* vor Augen, möchte man diese Tatsache fast bezweifeln. Die Kinderstube dieses heute wohl häufigsten frei lebenden Vogels der Erde – im Gefolge des Menschen trifft man ihn in Australien und Feuerland ebenso wie in Sibirien nördlich des Polarkreises – steht meist in Höhlungen, in Bäumen wie an Gebäuden. Die Nester in engen Höhlen sind häufig offen, was wir anhand der bisherigen Beispiele als ursprüngliche Nestform zu deuten hätten. Erinnern wir uns an dieser Stelle jedoch der dürftigen inneren Nester der Höhlenbrüter: Kunstvolle

Bauten wären hier überflüssig und wurden deshalb gar nicht erst ausgebildet oder aber zurückgebildet, da ein Selektionsvorteil nicht nur für die Entstehung und Weiterentwicklung einer Struktur, sondern auch für deren Erhaltung notwendig ist. Wahrscheinlich war es beim oben offenen Nest des höhlenbrütenden Haussperlings ebenso. Für diese Vermutung spricht, daß Sperlingsnester in größeren Höhlungen überdacht sind und man gelegentlich freistehende kugelige Sperlingsnester in Büschen und Bäumen findet, in unseren Breiten wahrscheinlich durch Mangel an Nistgelegenheiten verursacht, im Süden oft auch ohne solchen Druck. In diesen Fällen bricht anscheinend das alte Webervogelerbe wieder durch. Halten wir fest: Ursprünglich offene Nester gibt es bei den Webervögeln nicht mehr, die offenen Nester der Haussperlinge lassen sich von geschlossenen Formen ableiten.

Als nächster Schritt zu den berühmten gewebten Nestern soll der sparrige Nestbau des Mahaliwebers *(Plocepasser mahali)* mit seinen zwei Eingängen Erwähnung finden, von einem gewebten Nest allerdings kann auch hier noch nicht gesprochen werden, eher von einem »Steckwerk«. Wenn wir dem Forscherehepaar COLLIAS weiter folgen, führen von hier aus Entwicklungslinien zu den Nestformen der Büffelweber, der Siedelweber und denen der echten Weber.

Die meisten der knapp hundert sperlings- bis amselgroßen Arten der Echten Weber (Unterfamilie Ploceinae) bewohnen das mittlere und südliche Afrika, einige leben in Südostasien. Die Form ihrer Nester ist von Art zu Art recht verschieden, oft ähneln sie den beschriebenen Beutelmeisennestern. Bei aller äußerlichen Ähnlichkeit ist die Struktur doch andersartig. Während die Beutelmeise ihr filziges Gewebe wie einen Knüpfteppich herstellt, weben die Echten Weber ihre Kinderstuben regelrecht nach dem Prinzip von Kette und Schuß. In ihren Nestern findet sich eine Unzahl verschiedenster Knoten und Schlingen, die dem textilartigen Gewebe zusätzliche Dichte und Haltbarkeit verleihen.

Zum Weben sind lange und schmiegsame Streifen nötig. Frische grüne Pflanzenfasern erfüllen diese Forderung am besten. So richtet sich

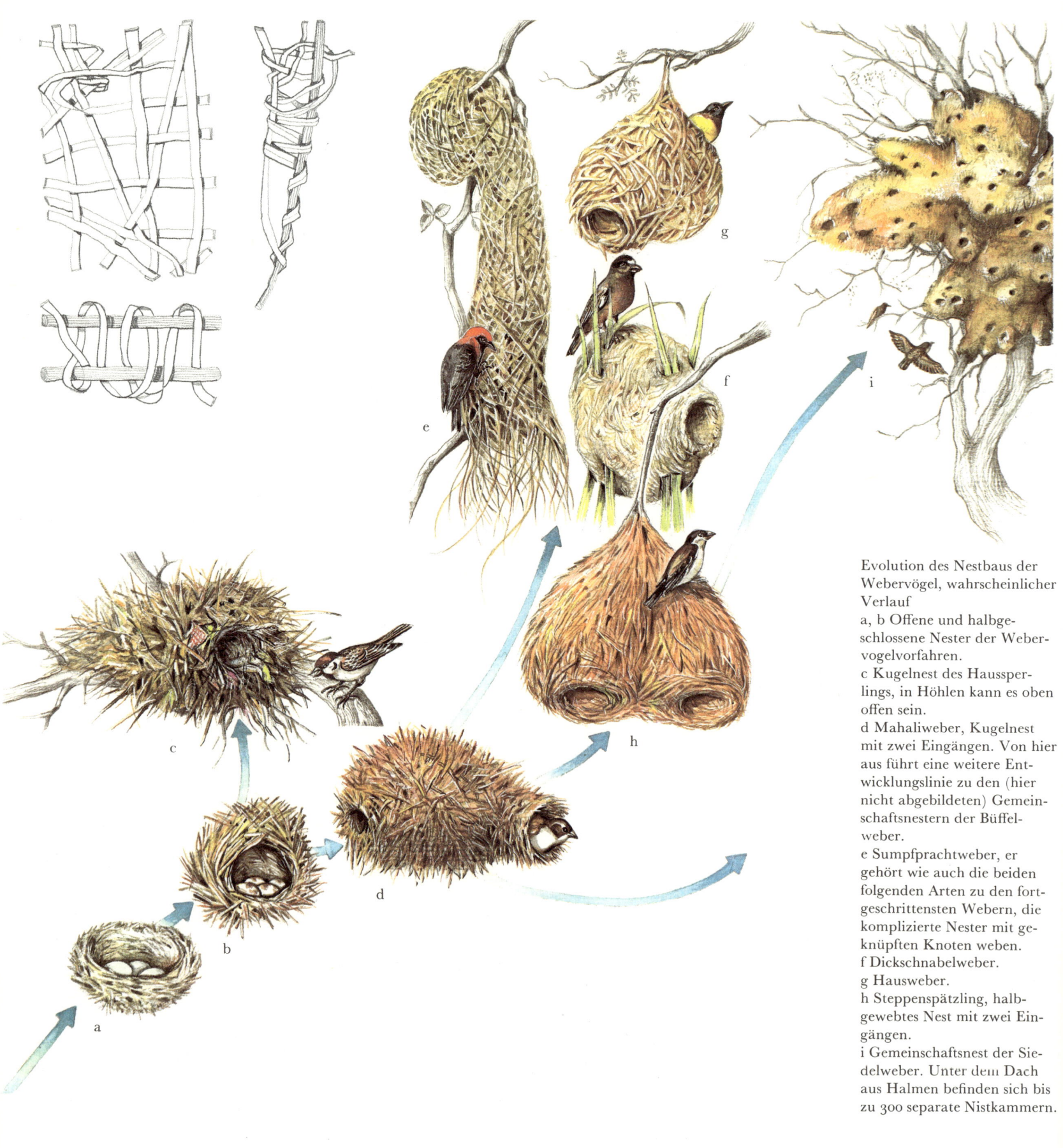

Evolution des Nestbaus der Webervögel, wahrscheinlicher Verlauf

a, b Offene und halbgeschlossene Nester der Webervogelvorfahren.

c Kugelnest des Haussperlings, in Höhlen kann es oben offen sein.

d Mahaliweber, Kugelnest mit zwei Eingängen. Von hier aus führt eine weitere Entwicklungslinie zu den (hier nicht abgebildeten) Gemeinschaftsnestern der Büffelweber.

e Sumpfprachtweber, er gehört wie auch die beiden folgenden Arten zu den fortgeschrittensten Webern, die komplizierte Nester mit geknüpften Knoten weben.

f Dickschnabelweber.

g Hausweber.

h Steppenspätzling, halbgewebtes Nest mit zwei Eingängen.

i Gemeinschaftsnest der Siedelweber. Unter dem Dach aus Halmen befinden sich bis zu 300 separate Nistkammern.

Knotentechniken der Webervögel (links oben).

Blutschnabelweber beginnt
mit dem Nestbau.

der Baumeister bei der Materialbeschaffung an-
geborenermaßen vor allem nach der grünen
Farbe, wie man eindrucksvoll durch Wahlexperi-
mente verschiedenfarbiger Wollfäden nachwei-
sen konnte. Finden sich keine herumliegenden
Fasern passender Farbe und Länge, so packt der
baugestimmte Vogel ein hervorstehendes Zipfel-
chen eines Grashalms oder Palmblatts fest mit
dem Schnabel und fliegt auf, wobei er einen
langen Streifen mit sich reißt. Die so gewonnenen
Fasern werden bei den meisten Arten auf mancherlei Weise an einen gegabelten Ast geknüpft
und zu einem Grundring gewunden, an den zunächst das Dach und dann die Brutkammer-
wand gewoben werden; in vielen Fällen setzt
der Baumeister noch eine Vorkammer und eine
Einflugröhre an. Der oft sehr lange Eingang
schützt vor Baumschlangen, während das dichte
Dach Regenwasser und sengende Sonnenstrahlen von der Brut abhält.

Zur Zeit des Nestbaus herrscht an den Brutplätzen reges Leben. Überall ist das Baugeschäft
in vollem Gange; die Männchen fliegen mit
Nistmaterial zu ihrem Rohbau, wo sie Faser auf
Faser zu ihrem kunstvollen Geflecht verweben,
die Enden durch Knoten und Schlingen mit dem
Grundgerüst verbinden und schließlich, lebhaft
flatternd, kopfabwärts an ihrem fast vollendeten
Nest hängen. Bis hierher lieferte der Abschluß
einer Baustufe automatisch die auslösenden Reize
für den Beginn der nächsten. Zur Vollendung
des Nestes ist die Mitarbeit oder zumindest die
Anwesenheit eines Weibchens nötig. Dieses muß
angelockt werden, wobei die Männchen sich
gegenseitig auszustechen versuchen. Manchmal
auf recht »unfeine« Weise, wie beim südostasiatischen Bajaweber *(Ploceus philippinus)*, von
dem berichtet wird, er zerstöre bei Abwesenheit
des Nachbarn das dünne, gedrehte Band, an dem
dessen Nest hängt. Das oben erwähnte Geflatter
ist Teil der Brautwerbung. Zusammen mit den
lauten Rufen und Gesängen macht es den Brut-
baum weithin auffällig, besonders für die erwar-
teten Weibchen. Sie sehen die rohbaufertigen
Nester und verstehen auch die Werbung des heftig flatternden Männchens, aber sie sind wähle-
risch und stellen hohe Ansprüche an die zu-

künftige Wiege ihrer Kinder. Nur die am sorg-
fältigsten gebauten Nester werden erwählt. Auch
die Farbe spielt eine wichtige Rolle, denn die
Weibchen bevorzugen eindeutig grüne Nester.
Sie können dabei zwischen frisch gebauten grünen und alten, aber im Experiment grün ge-
spritzten Nestern genau unterscheiden. Wurde
das rohbaufertige Nest nach etwa einer Woche
noch nicht von einem Weibchen gebilligt, so
reißt der Baumeister selbst das mit großem Aufwand errichtete Gebilde ein. Nachher versucht
er, am gleichen Ort ein noch wirkungsvolleres
Nest zu errichten. Hat er diesmal Erfolg, so hilft
ihm das Weibchen bei der Innenausstattung.
Da nur die tüchtigsten Webmeister eine Chance
haben, ihre Fähigkeit an Nachkommen zu ver-
erben, kommt der Auslese durch die Weibchen
eine außerordentliche Bedeutung für die Kunstfertigkeit der Art insgesamt zu.

Es scheint, daß Webervogelmännchen ihre
Bauten durch Erfahrung vervollkommnen. Junge
Männchen bauen bereits im ersten Lebensjahr,
noch bevor sie geschlechtsreif sind. Die Ver-

haltenskoordinationen für den Nestbau sind dann wahrscheinlich noch nicht ausgereift, sie stoppeln nur recht unvollkommene Nester zusammen, die natürlich von keinem Weibchen beachtet werden. Doch dürften diese »spielerischen« Versuche Erfahrungen im Umgang mit dem Baumaterial vermitteln und allmählich zur Herausbildung immer vollkommenerer Konstruktionen beitragen. Die Bauten der Webervögel verkörpern damit einen anderen Typ, als ihn etwa Spinnen, Insekten oder Fische herstellen, denen bereits das erste Netz oder die ersten Nester in vollendeter Form gelingen.

Webervögel neigen zu geselligem Brüten. Das läßt sie in einigen Gebieten zu gefürchteten Ernteschädlingen werden. Die Blutschnabelweber *(Quelea quelea)* z. B. rotten sich zu Millionenschwärmen zusammen. Fällt eine solche Wolke ins Getreide ein, bleibt kaum mehr als leeres Stroh übrig. Die Schwärme lösen sich auch zur Brutzeit nicht auf. Auf den wenigen bekannten Brutplätzen drängen sich die kugelförmigen Nester dicht zusammen, in einer Kolonie schätzte man über 10 Millionen! Mit Gift und Flammenwerfern ging man in einigen Staaten gegen die Brutkolonien vor.

Bei anderen Arten machte sich der Drang nach Geselligkeit in einer anderen Richtung geltend – sie errichten gemeinschaftliche Nester für mehrere Familien. Die amselgroßen Büffelweber *(Bubalornis albirostris)* der afrikanischen Savanne bauen im Gezweig eines Baumes eine Anzahl Nester dicht nebeneinander. Mit Dornenzweigen überbrücken sie anschließend die Zwischenräume, bis ein einheitliches, nach außen dornenstarrendes Gemeinschaftsheim entsteht, dessen einzelne weich ausgepolsterte Bruträume von unten zugänglich sind. Die Wohnburgen können 2 bis 3 m im Durchmesser aufweisen.

Noch größere Ausmaße erreichen die Gemein-schaftsnester der Siedelweber *(Philetairus socius)*. Die Anlage beginnt damit, daß mehrere Vögel an einem starken Baumast, heute auch an Telegrafenmasten, ein Dach aus Zweigen und Halmen herstellen. In diese Grundsubstanz hinein bauen die einzelnen Paare der in Einehe lebenden Vögel ihre Nistkammern, von denen nur die nach unten gerichteten Einflugöffnungen zu sehen sind. Jahr für Jahr arbeiten sie an dem Bau weiter, der über hundert Jahre alt werden und schließlich bis zu 300 Nesträume enthalten kann. Ein solches gigantisches Gebilde erreichte 7 m Länge, 5 m Breite und 3 m Höhe! Mit zunehmender Größe wächst die Gefahr, daß der Ast seiner zentnerschweren Last nicht mehr standhält und das Werk vieler Vogelgenerationen nach unten stürzt.

In dem Gemeinschaftsnest der Siedelweber finden sich regelmäßig Untermieter ein; Zwergfalken, kleine Papageienarten, Prachtfinken, aber auch Eidechsen und Baumschlangen. Somit steht der Bau auch außerhalb der Brutzeit nie leer, vor allem benutzen ihn die Erbauer dann selbst zum Übernachten. Wie genaue Messungen ergaben, ist das typische Temperaturgefälle der Steppengebiete (heiße Tage – kalte Nächte) im Inneren des ausgedehnten Nestes weitaus geringer – ein beträchtlicher Vorteil für den Energiehaushalt der schutzsuchenden Siedelweber.

Es ist nicht so selbstverständlich, wie es scheinen mag, daß Vögel in ihren Nestern auch schlafen. Das tun nur wenige Arten, beispielsweise Sperlinge, Elstern, Zaunkönige, Spechte und die erwähnten Beutelmeisen und Webervögel. Wir nähern uns hier bereits dem Komplex »Wohnbauten«, von dem das nächste Kapitel berichtet. Ausschließlich zum Schutz und zur Ruhe errichtete Vogelnester, wie die Schlafnester mancher Sperlinge und Schlafhöhlen einiger Spechte, gehören bereits dorthin.

5. Kapitel

Wohnbauten *Bauten im Dienste von Schutz und Verteidigung*

Wohnbauten dienen als ständiger oder zeitweiliger Aufenthaltsort für ihre Baumeister und gelegentlich deren Nachkommen. Sie bieten Schutz vor schädigenden Umwelteinflüssen: auf der einen Seite vor den abiotischen Faktoren Temperatur, Feuchtigkeit usw., auf der anderen vor biotischen Faktoren – Räubern, Parasiten, Krankheitserregern. Durch Auslese der Baumeister mit den jeweils günstigsten Konstruktionstypen paßten sich die Wohnbauten über lange Zeiträume immer besser an die gegebenen Umweltbedingungen an. So kam es zu den erstaunlichen Gemeinschaftszelten der Schmetterlingsraupen, in denen es oft über zehn Grad wärmer ist als in der Umgebung, zu den wärmeisolierenden Nestern von Mäusen und Eichhörnchen, den Schlammkapseln der Lungenfische, in denen sie das Austrocknen ihrer Wohngewässer überdauern, und zu einer Vielzahl von Bauten, die vor tierischen Feinden schützen. Hier sind die transportablen Gehäuse der Köcherfliegenlarven zu nennen, die weitverzweigten unterirdischen Bausysteme von Murmeltieren und Präriehunden, die verschließbaren Höhlen der Falltürspinnen oder die kunstvoll aus Halmen geflochtenen Nester der Zwergmäuse. Der Schutz vor tierischen Verfolgern aber wird niemals absolut sein können, da diese ebenso der natürlichen Auslese unterworfen sind und damit die Fähigkeit, die Schutzbauten aufzuspüren und zu überwinden, parallel mit deren Vervollkommnung zunimmt.

Auch bei den Wohnbauten soll die Bautechnik als Gliederungsprinzip dienen, und wieder lassen sich die großen Gruppen der Substrathöhler und Aufbauer gegenüberstellen. Die aufgebauten Behausungen werden zusätzlich nach dem Einsatz oder dem Fehlen körpereigener Baumaterialien untergliedert – ein Verfahren, das ebenfalls eng mit der Bautechnik zusammenhängt.

Künstliche Höhlen

Schutz findet man am einfachsten in einer Höhle, etwa einem Erdloch, einer Baumhöhle oder Steinspalte. Die Baumeister unter den Tieren statten Höhlen, die sie vorgefunden haben, besser aus oder errichten sie selbst. Das gehört zu den verbreitetsten Bautätigkeiten überhaupt. Auch der Urmensch lebte lange Zeit in Höhlen, bevor er sich Grubenhäuser und feste Wohnbauten errichtete.

Ein Hohlraum im Substrat kann auf vielerlei Weise geschaffen werden. Zu den wichtigsten Bautechniken gehören Minieren, Bohren, Auflösen, Verdrängungs- und Schwimmgraben. Trotz dieser unterschiedlichen Arbeitsweisen entsteht ein weitgehend ähnliches Endprodukt, die künstliche Höhle. Nachträglich fügen viele Arten noch aufgebaute Elemente in die Hohlräume ein, beispielsweise Polsterungen, Trennwände oder Verschlußteile.

Das unterirdische Reich der Regenwürmer

Allen von klein auf bekannt, von manchen mit Abscheu betrachtet, von anderen wegen ihrer bodenverbessernden Wirkung oder als Angelköder geschätzt, wird den Regenwürmern im Gegensatz zu den meisten anderen »niederen« Tieren, für die es oft nicht einmal deutsche Namen gibt, ein gewisses Maß an Interesse entgegengebracht – allerdings ein viel zu geringes, wenn man bedenkt, welch gewichtige Rolle sie im Haushalt der Natur spielen.

Während der längsten Zeit ihres Lebens halten sich die Regenwürmer in selbstangelegten unterirdischen Gängen auf. Zumeist finden sich zwei Arten von Röhren: einmal solche, die zur Nahrungsbeschaffung angelegt werden und die humusreiche Oberflächenschicht kreuz und quer durchziehen, und zum anderen senkrecht nach unten führende Schächte, die bei manchen Arten bis zu 8 m hinabreichen können. Nun finden die Würmer in diesen Tiefen kaum noch verwertbare organische Nährstoffe; sie legen die Tiefstollen auch nicht deshalb an, sondern vielmehr, um ungünstigen klimatischen Einflüssen, wie langandauernder Kälte, Hitze oder Trockenperioden zu entgehen. Die etwa dreißig heimischen Regenwurmarten müssen dazu nicht so tief hinabstoßen. Sie finden bereits 1 bis 2 m unter der Erdoberfläche relativ gleichbleibende Bedingungen mit geringen Temperaturschwankungen und einer hohen Bodenfeuchtigkeit. Hier schaffen sich die Tiere am Ende ihrer Schächte eine höhlenartige Erweiterung, die, mit Kotmasse und Körperschleim ausgekleidet, einen weitgehenden Schutz vor Austrocknung bietet. Hinzu kommt, daß sich die Würmer gleich einer Spirale oder einem Knoten einrollen und über die so beträchtlich verringerte Oberfläche den Wasserverlust auf ein Minimum beschränken.

Die Grabetechnik der Regenwürmer wird durch die Umweltbedingungen mitbestimmt. Lockere, feuchte Erde können sie mit dem Vorderende zur Seite drängen (Verdrängungsgraben). Das spitze Vorderteil mit dem Kopflappen dringt dabei in winzige Spalte ein, schwillt durch Kontraktion des kräftigen Hautmuskelschlauches an und treibt das Erdreich wie mit einem Keil auseinander. Abwechselnd streckt der Wurm sein Vorderende und läßt es wieder anschwellen, so schiebt er sich im lockeren Boden vorwärts. Durch härteres Erdreich dagegen frißt er sich regelrecht hindurch (Miniergraben). Auch die auf diese Weise geschaffenen Stollen dienen später als Verkehrsverbindungen, Unterschlupf und Ausgangspunkt für die oberirdische Nahrungssuche nach modernden Pflanzenteilen; sie sind keineswegs nur funktionslose Nebenprodukte des Erdefressens. Nachdem die aufgenommene Erde den Darm passiert hat und zerfallende organische Substanzen, aber auch verschiedene lebende Bodenorganismen verdaut sind, wird sie in Form von kleinen, klebrigen

Kotballen wieder abgegeben. Die Kotmassen werden entweder über der Röhrenmündung als turmförmige Erdhäufchen abgesetzt, oder zur Auskleidung der Wurmröhren benutzt.

Durch Aufsammeln und Wiegen der Kottürmchen läßt sich überblicksmäßig ermitteln, welche Erdmengen durch Miniergraben in einem bestimmten Gebiet je Zeiteinheit bewegt werden. Obwohl man dabei den in der Röhrenwand verbleibenden Anteil vernachlässigt, ergeben sich erstaunliche Zahlen, die, auf einen Hektar bezogen, im Tonnenbereich liegen. Die jährlich ausgeworfene Erdmenge reichte aus, den Boden in unseren Breiten mit einer 0,3 cm dicken Schicht zu bedecken. Bei den riesenhaften tropischen Gattungen, deren Vertreter bis zu 2 m lang und deren Kottürme 15 cm hoch und 300 g schwer sein können, würde diese Decke sogar 1 bis 2 cm hoch sein. Im Tal des Weißen Nils sollen in einer Nacht 5,5 t Erde je Hektar ausgeworfen werden, der gesamte Erdboden bis in 50 cm Tiefe würde demnach innerhalb von 27 Jahren einmal an die Oberfläche befördert!

Mit ihrer Bautätigkeit und der damit verbundenen mechanischen Auflockerung der Erde, der verbesserten Nährstoffverteilung, Durchlüftung und Durchfeuchtung liefern die Regenwürmer einen wesentlichen Beitrag zu einer erhöhten Bodenfruchtbarkeit und somit indirekt für die Ernährung des Menschen. Hinzu kommen die chemischen und biologischen Veränderungen, die das Erdreich beim Passieren des Regenwurmdarms erfährt (Bildung der Ton-Humus-Komplexe – für die Bodenqualität außerordentlich wichtige Verbindungen).

Wenn auch nicht so bedeutsam, so doch nicht weniger interessant, ist die Auswirkung der Bautätigkeit der Regenwürmer für die Altertumsforschung. Indem sie die Erde unterhalb von Steinen, Gebrauchs- und Kunstgegenständen, Waffen und vielen anderen Dingen verschlangen und die Kothäufchen daneben absetzten, brachten sie die unterminierten Gegenstände langsam aber sicher zum Einsinken. Von den ausgeworfenen Erdmassen allmählich eingebettet, wurden nicht nur Kunstwerke, sondern ganze Mauern und antike Städte konserviert.

Röhren im Meeresgrund

Nach den landlebenden Regenwürmern nun zu verwandten, aber im Meer lebenden Arten, deren Wohnungsbau ebenfalls eng mit der Nahrungsbeschaffung verbunden ist. Es gibt eine ganze Reihe von Würmern, Stachelhäutern u. a., die im und vom Meeresboden leben. Sie zeigen oftmals eine ähnliche Lebensweise und Bautätigkeit, so daß wir uns hier auf ein Beispiel beschränken können.

An den Küsten der westlichen Ostsee und des Nordatlantiks findet der Strandwanderer auf frei liegenden Sand- und Schlickwatten eine Vielzahl auffälliger Häufchen aus spiralförmig gewundenen Sandwürsten. Es sind die Kothaufen des Köderwurms *(Arenicola marina)*, auch Sandpier oder Sandwurm genannt.

Köderwürmer bewohnen U-förmige Gänge im schlickigen Sand, bei deren Anlage sie sich ähnlich wie die Regenwürmer in den Untergrund hineinfressen. Einen senkrechten und den waagerechten Schenkel des gebogenen Rohres kleiden

sie mit Schleim aus. Der andere senkrechte Teil (Sandstrang) ist mit nährstoffreichem Oberflächensand gefüllt, den das im waagerechten Abschnitt liegende Tier frißt. Das bedeutet natürlich nicht, daß der Wurm den Sand auch verdauen könnte, er verwertet vielmehr die darin enthaltenen Mikroorganismen und organischen Partikeln. Um den Bedarf an diesen Stoffen zu decken, muß er beträchtliche Sandmengen verspeisen, was schon daraus ersichtlich wird, daß er in seiner aktiven Phase alle vierzig Minuten in dem verfestigten Röhrenabschnitt rückwärts emporsteigt und vor dessen Mündung die bereits erwähnte spiralförmige Kotwurst absetzt. Wellenschlag oder einsetzende Flut sorgen für die Abfallbeseitigung. Bis vor wenigen Jahren glaubte man, *Arenicola* sei, wie eben geschildert, ein reiner Sandverzehrer. Heute ist bekannt, daß ihm darüber hinaus ein Teil seines Wohnbaus als Filteranlage dient.

Am Grund seines Wohnrohres liegend, erzeugt der Köderwurm durch ständig von hinten nach vorn laufende Verdickungswellen seines Körpers einen steten Wasserstrom zum Sandstrang hin. Dieser liefert ihm den Sauerstoff zur Atmung, aber auch Nährstoffpartikeln, die beim Eintritt in den Sandstrang als Filtrat zurückbleiben. Sand ist ein vorzügliches Filter, und so enthält der schließlich verzehrte Anteil ungleich mehr organische Bestandteile als der an sich schon nährstoffreiche Oberflächensand.

Die Larve des Köderwurms lebt zunächst am Boden und geht erst mit 8 mm Länge zur Anlage eines Wohnrohres über.

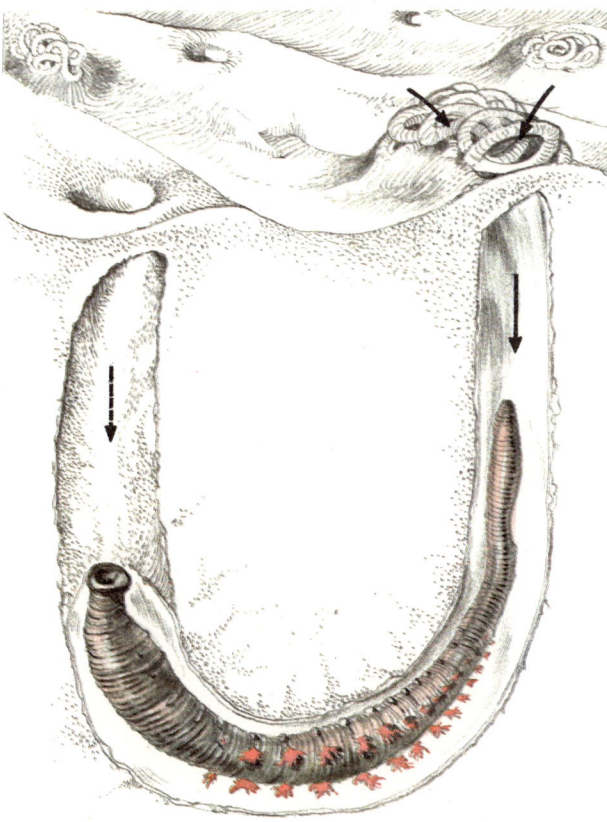

Köderwurm in seiner Röhre (schematisch). Links der Einsturztrichter, rechts die Kotspirale über dem Gang. Das Atemwasser (durchgezogene Pfeile) führt Nahrungspartikel mit, die im Sandstrang (unterbrochener Pfeil) hängenbleiben und zusammen mit dem Sand verzehrt werden.

Blattminierer

Regenwürmer, Köderwürmer und viele andere, nicht genannte Tiere legen ihre als Unterkünfte benutzten Fraßgänge in vorwiegend anorganischen Substraten an. Tausende Insekten aber bevorzugen hierzu organische Materialien. Hier wird der Spezialfall dieser Art von Bautätigkeit noch deutlicher sichtbar, die man mit einigem Recht auch als »Nebenprodukt« des Nahrungsverhaltens auffassen könnte.

Der Baustoff Blatt, und nur dieser soll jetzt interessieren, begegnet uns hier als Ausgangssubstrat für den minierenden Wohnungsbau einer ganzen Reihe von Fliegen, Mücken, Schmetterlingen, Käfern und Blattwespen. Meist sind es allerdings nicht die erwachsenen Insekten (Imagines), sondern deren Jugendstadien, die die auffälligen Gänge in die verschiedensten Blätter hineinfressen.

Dem aufmerksamen Beobachter sind die geraden oder spiralig gekrümmten, punktförmigen oder blasig aufgetriebenen Blattminen sicher schon einmal aufgefallen. Die Fraßgänge stechen meist hell von der grünen Blattumgebung ab, da die Larven sich in der Regel von den zarten inneren Zellschichten ernähren und nur diese den grünen Blattfarbstoff enthalten. Verfärbungen in den Gängen kommen meist durch Abprodukte zustande.

Für die Larven ist naturgemäß zwischen der oberen und unteren Deckschicht des Blattes wenig Platz, aber selbst dieser wird vielfach nicht vollständig in Anspruch genommen. Man kann sich davon leicht selbst überzeugen, indem man eine Reihe verschieden minierter Blätter miteinander vergleicht. Die hellen Fraßgänge werden nicht in allen Fällen von beiden Seiten gleich deutlich zu erkennen sein, weil sie nur in einer bestimmten, der Ober- oder Unterseite zugekehrten Schicht verlaufen. Die Spezialisierung kann so weit gehen, daß einige besonders stark abgeplattete Larvenformen lediglich in der deckenden Zellschicht des Blattes leben. Man stelle sich die »Dicke« eines Blattes vor und schließe dann auf die Größe der Insekten, die eine einzige Zellschicht bewohnen!

Die Vorteile der minierenden Lebensweise mit Verwertung des Substrats liegen auf der Hand. Es sind keine aufwendigen Wanderungen oder andere Vorkehrungen nötig, um die ergiebigen Nahrungsreserven zu erschließen. Zusätzliche Aufwendungen für Schutzbauten entfallen, dennoch sind minierende Organismen dem Zugriff von Räubern und Parasiten weniger ausgesetzt – ebenso der Konkurrenz anderer Arten an der Blattoberfläche – nicht zu vergessen auch das ausgeglichene Mikroklima im Blattinneren, in dessen »Treibhausatmosphäre« die Entwicklung mancher Arten außerordentlich schnell vonstatten geht. Die Funktion der Blattminen deckt sich mit der »echter« Wohnbauten, vielfach dienen sie zusätzlich als Verkehrsverbindungen und Versteck für die Verpuppungsgespinste der Larven.

Gleichartige oder ähnliche Bedingungen bieten sich außer in grünen Blättern auch innerhalb vieler anderer organischer Substrate an. So befinden sich in Stengeln, Samenanlagen, Knospen, unter der Rinde und selbst im Holz die verschiedenartigsten Minengänge. Die Fraßstollen des Borkenkäfernachwuchses werden dem Leser noch in Erinnerung sein, und die Bewohner »wurmstichiger« Äpfel und Pflaumen kennt jeder. Doch auch in tierischen Geweben kommen Minierer vor. Die Dasselfliegen sind dafür bekannte Beispiele, in einer etwas anderen Form auch die Tönnchenflohkrebse, die ihre Wohnungen in ausgefressenen Salpentönnchen beziehen.

Von Wohnungsbauern, denen das ausgehöhlte Substrat gleichzeitig als Nahrung dient, nun zu einer anderen Gruppe tierischer Baumeister, denjenigen, die ihre künstliche Höhle zwar ebenfalls mit Hilfe der Mundwerkzeuge herstellen, das losgebissene Material aber nicht fressen, sondern auf irgendeine Weise abtransportieren. Auch dieses Vorgehen ist weit verbreitet. Viele der höhlenden Wohnungsbautätigkeiten laufen in prinzipiell gleicher Weise ab, ihre Beschreibung enthielte zwangsläufig eine Reihe von Wiederholungen – wenden wir uns deshalb gleich einer besonderen Konstruktion zu, bei der der Hohlraum nachträglich mit aufgebauten Elementen kombiniert wird: einer mit einem Klappdeckel versehenen künstlichen Höhle.

Nächtliche Falltüren

Die meisten der in wärmeren Regionen lebenden Falltürspinnen (Ctenizidae) graben mit ihren kräftigen Kieferwerkzeugen, die z. T. rechenförmig mit Chitinzähnen besetzt sind, tiefe Röhren in den Boden. Diese mauern sie mit Speichel und Erdklümpchen aus, versehen sie

Nachts lüften die Falltürspinnen den Deckel leicht an und ziehen vorbeilaufende Insekten blitzschnell in die Röhre.

mit einer Seidentapete und verschließen sie mit einem oft konischen, korkengleich eingepaßten, an einem Seidenscharnier klappbaren Deckel. Einige Arten mit verzweigten Erdbauten trennen auch innen einige oder alle Seitengänge durch Klapptüren ab. Die Außenseite des Deckels ist stets mit Material aus der unmittelbaren Umgebung getarnt, oft so vorzüglich, daß selbst ein

geübter Beobachter Mühe hat, den Eingang überhaupt zu entdecken. Die Feinstruktur der dauerhaften und genau schließenden Türen offenbart sich erst unter dem Mikroskop: Kleine Steinchen liegen zwischen mehreren Seidenschichten, deren Fadenstränge oftmals in einem regelmäßigen, rechtwinklig zueinander verlaufenden Maschenwerk angeordnet sind, wie es auch Betonbauer in ihre Gußmasse einziehen. Den Mörtel in diesen Türen bildet eine eintrocknende Flüssigkeit, die vermutlich von Darmzellen gebildet und über den Spinnenmund abgegeben wird.

Falltürspinnen sind Nachtjäger. Tagsüber halten sie sich in ihren Erdbauten auf, deren Deckel sie mit den Mundwerkzeugen fest zuhalten. Vor ihren ärgsten Feinden, den Grab-, Weg- und Schlupfwespen, sind sie so aufs beste geschützt. Auch nachts kommen die meisten Arten nicht aus ihren Bauten heraus, sie lüften nur den Deckel leicht an und strecken ihre vorderen beiden Beinpaare heraus, mit denen sie vorüberlaufende Insekten blitzschnell packen.

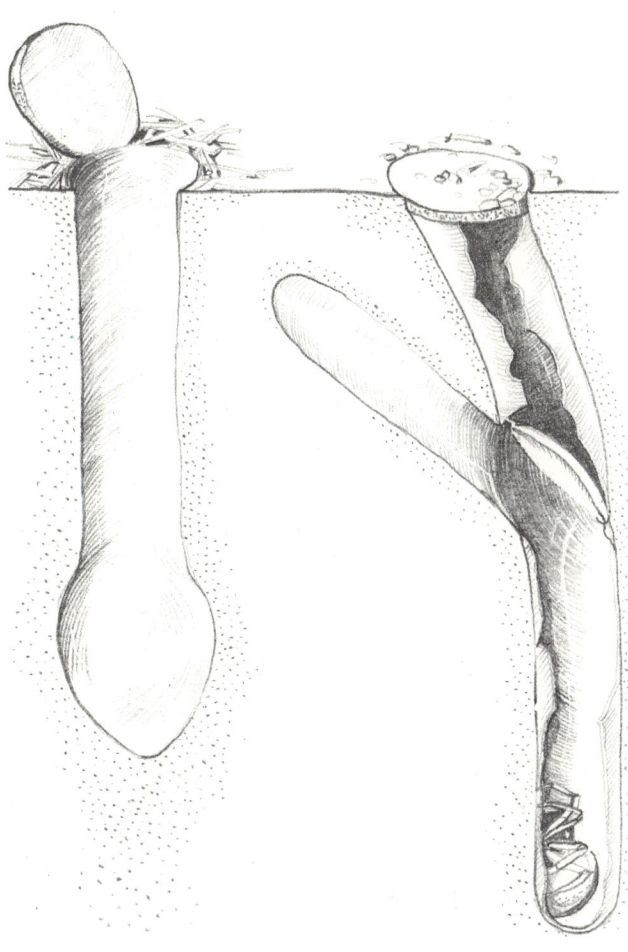

Erdröhren von Falltürspinnen. Links: Gespinstdeckel am seidenen Scharnier aufgeklappt. Der Verschluß paßt korkengleich in die Röhrenmündung. Rechts: Verzweigte Röhre von *Nemesia cementaria* mit äußerer und innerer Falltür. Seidentapete der Wohnröhre angeschnitten.

Die Baggertechnik der Kieferfische

Mit ihrem geräumigen Mundraum erscheinen die 10 bis 20 cm langen tropischen Kieferfische schon vom Anblick her als Maulgräber geradezu prädestiniert. Eine Reihe von ihnen hebt bis zu metertiefe Wohnröhren aus, die sie mittels einer besonderen Technik mit Steinchen oder Muschelschalen ausmauert. Der hier vorgestellte

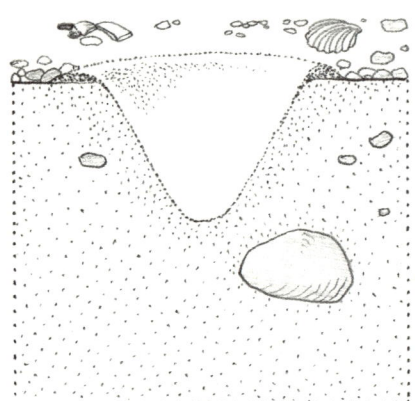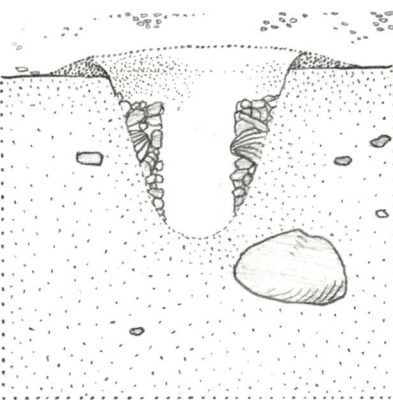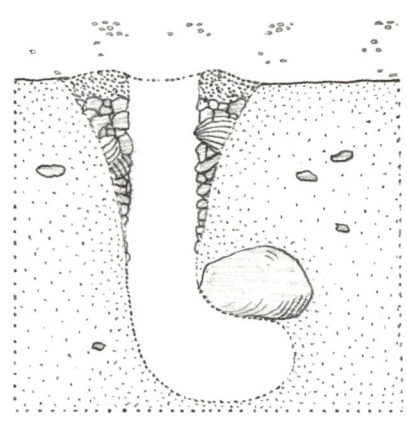

Goldstirnkieferfisch *(Opisthognathus aurifrons)* gräbt allerdings nicht so tief, der steinhaltige und von Korallenblöcken durchsetzte Meeresboden seiner Heimatgewässer an den warmen Küsten Amerikas würde das auch nicht zulassen.

An einer geeigneten Stelle in der Nähe anderer Artgenossen beginnt der Goldstirnkieferfisch mit den Ausschachtungsarbeiten. Gleich einem Bagger faßt er große Sandportionen mit dem voluminösen Maul und transportiert sie zur Seite, so daß sich allmählich ein Trichter bildet. Mit Steinchen und Muschelschalen verfährt er ebenso, nur werden diese anschließend zum Ausmauern des Kraters genutzt. Am Ende des senkrechten Schachtes, meist unter einem Stein, höhlt der Baumeister eine oder mehrere Wohnkammern aus. Je nach Beschaffenheit des Untergrundes kann deren Form beträchtlich variieren. Nach etwa siebenstündiger Bauzeit planiert der Maulgräber in einem letzten Arbeitsgang die Umgebung der neuen Höhle, wobei er das oberflächlich sichtbare Mauerwerk mit einer dünnen Sandschicht bedeckt. Tagsüber lauert er vor seinem Bau auf Beute, nachts und bei Gefahr zieht er sich in ihn zurück, wobei er den Eingang mit einem Steinchen oder einer Muschelschale verschließt.

Obwohl es nicht unmittelbar zum Bauverhalten gehört, sei noch erwähnt, daß unser Kieferfisch seine große Rachenhöhle nicht nur zum Ausbaggern von Substrat oder zum Fangen großer Beutetiere, sondern auch zum »Maulbrüten« nutzt, einem Brutpflegeverhalten, bei dem Eier und Jungfische über mehrere Wochen hinweg

Goldstirnkieferfisch beim Bau seiner Wohnröhre.
Oben: Drei Bauetappen.
Unten: Aushubmaterial transportiert er im Maul zur Seite. Steinchen und Muschelschalen finden beim Ausmauern des Schachtes Verwendung (Röhre angeschnitten).

im Maul gehütet werden – eine erstaunliche Lösung der Schutz- und Wohnansprüche des Nachwuchses.

Maulbrüter und Maulgräber gibt es auch in anderen Fischfamilien, ebenso die Technik des Maulgrabens, wofür die Lungenfische ein weiteres interessantes Beispiel liefern, allerdings mit einer anderen Methode des Materialtransports.

Ein Fischkokon

In Ländern mit ausgeprägten Dürrezeiten trocknen Flüsse und Seen häufig aus. Welche Probleme das für die Landtiere mit sich bringt und wie diese durch Bautätigkeit damit fertig zu werden suchen, wurde am Beispiel der brunnenbauenden Elefanten und Termiten bereits angesprochen. Für Wassertiere sind die Gefahren naturgemäß noch ernster. Manche Fische können an tiefere Stellen ausweichen, ein vollständig austrocknendes Gewässer bedeutet für sie jedoch den sicheren Tod.

Eine erstaunliche Überlebenstechnik entwikkelten die Lungenfische (Dipnoi). Das sind zwar echte Fische mit Kiemen, doch sind diese stark zurückgebildet, und ihre Tätigkeit wurde zum großen Teil von paarig angelegten »Lungensäcken« übernommen. Die einzigartigen Fische leben in Sumpf- und Morastgebieten Zentralafrikas und ihnen ähnliche in Amerika und Australien. Wenn die Wohngewässer der afrikanischen Lungenfische (Protopterus) in der Trokkenzeit zusammenschrumpfen, wühlen sie sich, anfangs durch Verdrängungsgraben, etwa einen halben Meter tief in den Gewässergrund ein. Bietet der Untergrund mehr Widerstand als die obenliegende weiche Schlammschicht, beißen sie, nach unten schwimmend, Substrat ab, zerkauen den Brocken, stoßen ihn, mit Wasser durchmischt, durch die Kiemenspalten aus und spülen das zerkleinerte Material mit heftigen Flossenschlägen zum Gang hinaus.

Wie neuere Forschungen ergaben, werden die Vergrabehandlungen nicht nur durch äußere Faktoren, etwa sinkenden Wasserspiegel und Sauerstoffgehalt, sondern auch durch endogene Faktoren ausgelöst. Am Ende des Ganges krümmen sich die Tiere U-förmig zusammen, bis der Kopf den Schwanz bedeckt. Danach sondern sie aus Hautdrüsen einen zähen Schleim ab, der sie ganz einhüllt. Zuletzt liegen sie in einer festen, mit Schleim austapezierten Schlammkapsel eingeschlossen. Nur über einen Luftkanal mit enger Öffnung, dessen umgebogene Ränder direkt in ihr Maul münden, stehen sie mit der Außenwelt in Verbindung.

Experimente ergaben, daß die Lungenfische bis zu vier Jahren in der Kapsel überleben können. In diesem Zustand gehen ihre Körperfunktionen stark zurück. Sie zehren von ihrer Muskulatur und verlieren deshalb an Länge und Masse, sind aber auf keine zusätzliche Nahrung angewiesen.

Der umgebende Schlamm erhärtet in dieser Zeit so sehr, daß man die Tiere mit ihrer Hülle als Ballen ausgraben kann. So werden sie als eine Art lebender Konserve auf den Markt gebracht. Man braucht die Kapsel bei Bedarf nur noch aufzuschlagen, um an den schmackhaften Fisch zu gelangen. Häufig wird der Ballen jedoch als Ganzes in heißer Asche gebacken – Lungenfisch im eigenen Saft.

Bleibt der Kokonbewohner aber unbehelligt, dann wird sein Gehäuse beim ersten starken Regen aufgeweicht und der Insasse freigesetzt.

Außer dem Maulgraben findet sich bei den Fischen eine Vielzahl weiterer Grabetechniken. Im einfachsten Falle stellt sich der Fisch mit der Nase gegen den Boden, wie der Lungenfisch im weichen Schlamm, und preßt sich, vorwärts schwimmend, hinein, bis er so weit mit Sand bedeckt ist, daß die Körperbewegungen im Boden ein Widerlager finden, dann geht es schneller. Wir kennen eine ähnliche Technik des Verdrängungsgrabens bereits vom Regenwurm. Die entstandene Höhlung muß noch verfestigt werden, um als Dauerunterkunft nutzbar zu sein. Die Röhrenaale (Heterocongridae) beispielsweise tun das mit einem Sekret ihrer Schwanzdrüse. Sie graben sich übrigens mit dem Schwanz voran ein, wobei den Flossensäumen die wichtige Funktion zukommt, einen Teil des Sandes fontänenartig nach außen zu schleudern – ein kombiniertes Aushub- und Verdrängungsgraben demzufolge.

Andere Arten graben mittels der Brust- und Bauchflossen oder nutzen die Kraft der Schwanzflosse und des ganzen Körpers, um Bodenmaterial wegzuschleudern oder wegzustrudeln. Hierher gehören die uns bereits im Zusammenhang mit der Jungenaufzucht bekannten Lachse, die mit kräftigen Schlägen ihres Körpers und Schwanzes ein Kiesbett für den Nachwuchs schaffen. Weniger robuste Arten nutzen den beim normalen Schwimmen erzeugten Vortrieb zum Graben: Sie halten sich, mit »Vollgas« schwimmend, irgendwo fest und treiben dadurch das sie umgebende Wasser rückwärts weg, wobei Sand und kleine Steinchen mitgerissen werden. Die Fische können sich dabei auf verschiedene Weise festhalten: entweder, indem sie mit den Bauchflossen entgegengesetzt rudern, oder sich, am Boden liegend, mit den Bauchflossen am Grund festklammern, sich in Spalten mit Hilfe weiterer Flossen verklemmen oder mit dem Kopf irgendwo gegenstemmen. Insgesamt kann man feststellen, daß bei den Fischen jede passende Bewegungsweise des ganzen Körpers, ihrer paarigen Flossen oder Flossensäume, sogar unter der Haut liegender Skeletteile in den Dienst des Wohnungsbaus treten kann, was indirekt den Selektionsvorteil dieses Verhaltens bestätigt.

Bohrer und Auflöser

Am Beispiel der Muscheln lassen sich gleich zwei interessante Grabtechniken zeigen: mechanisches Einbohren mit Hilfe spezieller Raspeln an den Schalen und »Auflösungsgraben«, d. h. Eindringen in Kalkgestein mittels kalklösender Drüsensekrete, zumeist Säuren.

Die »klassischen« Bohrmuscheln gehören zur Überfamilie Adesmacea. Alle ihre Mitglieder sind in der Lage, sich einzubohren. Sie können Gänge in Felsgestein treiben oder in Kreidefelsen eindringen, in Muschelkalk oder submarinen Torf ihre Röhren bohren und Holz aller Art durchlöchern. Vor menschlichen Bauten machen sie dabei nicht halt; Hafenanlagen, Deiche, Brücken und selbst Tiefseekabel sind deshalb durch einige Arten hochgradig gefährdet. Gleiches gilt für Schiffe mit Holzrümpfen.

Die mechanisch bohrende Lebensweise dieser Tiere bedingt eine freie Beweglichkeit ihrer Schalenhälften, die nicht, wie sonst bei Muscheln üblich, durch ein »Schloß« mit speziellen Bändern zusammengehalten werden, sondern, von starken Muskeln gegeneinander bewegt, wie ein Bohrgerät, besser, wie eine Raspel wirken. Die beiden Schalenklappen sind meist gerippt oder am vorderen Ende für ihre besondere Funktion gezähnt. Zusätzliche Umbildungen der Schalenform, die Verschiebung einiger Organe und Muskelgruppen stellen weitere Anpassungen dar. Der vordere Schließmuskel beispielsweise dient nicht mehr dem Zuklappen der Schalen, sondern dem Öffnen. Der hintere Schließmuskel schließt die Klappen, und der vordere öffnet sie wieder. Durch diesen ständigen Wechsel können sich die Bohrmuscheln dank ihrer gerieften oder geriffelten Schalenränder oder -oberflächen allmählich durch das Substrat hindurchraspeln.

Bei der Gattung *Zirfea* konnte der Bohrvorgang genauer verfolgt werden, da es gelang, einen Bohrgang anzuschneiden, ohne das Tier bei seiner Tätigkeit entscheidend zu stören. Die Muschel heftet sich mit dem Fuß an der Wand des Bohrloches fest und dreht sich langsam um ihre eigene Achse. Unter erneutem Festsaugen und Weiterdrehen klappt sie die Schale auf und zu, wobei kleinste Gesteinspartikeln abgeraspelt werden. Sie benötigt über dreißig Anheftungspunkte für ihren Fuß, um eine einzige Bohrumdrehung um ihre Längsachse zu vollenden – ein recht langwieriges Unterfangen. Bis die Muschel ausgewachsen ist, muß sie das Bohrloch ständig erweitern.

Aus dem Bohrgang heraus strecken die Tiere ihre meist langen Ein- und Ausströmröhren, über die sie Frischwasser und somit filtrierbare Kleinstlebewesen erhalten, von denen sie sich ernähren.

Eine ganz andere Ernährungsweise bildete sich bei den Schiffsbohrmuscheln (Teredinidae) heraus. Sie bohren ausschließlich in Holz und sind

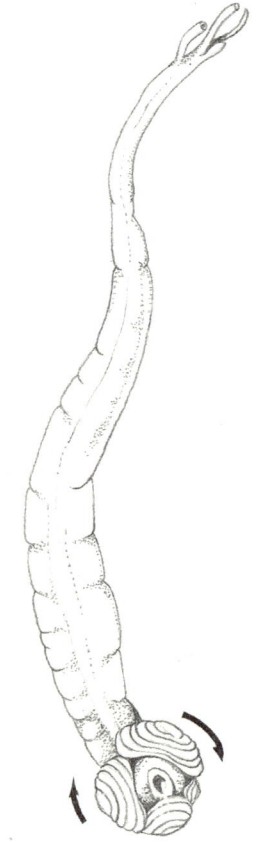

Schiffsbohrmuschel (*Teredo norvegica*). Die Schalenhälften sind stark reduziert und zu leistungsfähigen Bohrwerkzeugen umgebildet.

Bohrmuscheln.
Oben: Schiffsbohrmuscheln haben eine Buhne vollkommen durchlöchert. Sie kleiden die Bohrlöcher mit einer Kalkschicht aus (angeschnitten).
Mitte: Die Gemeine Bohrmuschel bohrt sich mit den gezähnten Schalenrändern selbst in härteres Gestein.
Unten: Die Felsendatteln lösen den Kalkstein durch Drüsensekrete und treiben so ihre Gänge voran (Steine aufgebrochen).

in der Lage, das losgeraspelte Material zu einem großen Teil zu verdauen. Wochenlang können sie sich nur von Holz ernähren, nehmen aber normalerweise wie alle anderen Muscheln auch Plankton auf, um ihren Stickstoffbedarf zu decken.

Der langgestreckte nackte Körper der Schiffsbohrmuscheln (»Bohrwürmer«) kann bei einigen Arten beachtliche Ausmaße erreichen, so bei dem Norwegischen Schiffsbohrwurm *(Teredo norvegica)* 50 bis 100 cm! Der Weichkörper, einschließlich der Ein- und Ausströmkanäle, wird von einer dünnen Kalkschicht umgeben, die den Bohrgang tapetenartig auskleidet. Die Schalenhälften sind stark reduziert und umschließen als Bohrwerkzeuge das Vorderende wie ein Ring, in dem nach vorn noch die Mundöffnung und der ebenfalls weitgehend reduzierte Fuß stehen. Die Schalenklappen sind in einen Mittelteil, Vorder- und Hinterplatten unterteilt. Die Oberfläche der erstgenannten wird von parallelen Feilenrippen bzw. Tausenden dichtstehenden Zähnchen bedeckt. Zusammen bilden sie die wichtigsten Bohrelemente. Die Klappen stoßen am Rücken und auf der Unterseite (eine bei Muscheln einmalige Lösung) nur in je einem Punkt zusammen, der als Gelenkkopf dient. Da die Achse zwischen den Gelenkköpfen nicht mehr in der Längsachse des Körpers, sondern genau senkrecht zu ihr steht, bewegen sich die Schalen jetzt von vorn nach hinten und umgekehrt – nicht seitlich, wie bei den anderen Muscheln üblich. Die Vorderplatten mit ihren Feilenrippen zerraspeln das Holz am Ende des Ganges, und die Zähnchen am Mittelteil der Schalen, bewegt von dem mächtigen hinteren Schließmuskel, erweitern den Gang zur Seite hin. Der kleine Fuß und die vorderen Mantelteile sorgen durch Ansaugen und Andrücken für einen engen Kontakt der Bohrwerkzeuge mit den zu bearbeitenden Holzteilen.

Nach jeder Bohrbewegung führt der Fuß die abgekratzten Holzspäne zum Mund. Da etwa acht bis zwölf Bohrbewegungen in der Minute erfolgen und der Fuß, der sich nach jeder Nahrungsaufnahme neu festsaugen muß, dabei ein Stück zur Seite rutscht, dreht sich das Tier langsam um seine Längsachse, wodurch alle Teile des Bohrloches gleichmäßig abgeraspelt werden können. Abgenutzte Zähne und Feilenrillen ersetzt die Bohrmuschel vom Mantelrand her durch neue. Die älteren werden dadurch in weniger beanspruchte Schalenabschnitte verlagert.

Ein Weibchen des Schiffsbohrwurmes *(Teredo navalis)* bringt drei- bis viermal im Jahr 1 bis 5 Millionen Eier hervor. Der Nachwuchs wächst bis zum letzten Larvenstadium im Kiemenbrutraum der Mutter heran und wird danach ins freie Wasser entlassen. Nach dem ein- bis dreiwöchigen Planktonleben heften sich die Larven mit »Muschelseide« am Holz fest und beginnen sofort, mit den Schalenrändern am Holz zu schaben. Bis sich die Schalen zu echten Bohrapparaten umgebildet haben (im Larvenstadium besitzen sie noch die sonst bei Muscheln üblichen Schloßzähne), hüllen sie sich in einen Wall aus Holzspänen. Der erste Bohrgang der kleinen Muscheln führt schräg ins Holz, knickt dann etwas um und verläuft zumeist in der Längsrichtung der Holzfasern. Einem Holzpfahl unter Wasser sieht man deshalb nicht unbedingt von außen an, ob er von Bohrmuscheln befallen ist. Erst wenn der Pfahl in Längsrichtung durchschnitten wird, erkennt man die Zerstörung im Inneren, die so groß sein kann, daß die Schnittfläche fast nur noch aus Löchern besteht. Bei der ungeheuren Vermehrungsrate der Art ist leicht vorstellbar, welche Unsummen der zusätzliche Aufwand an hölzernen Küsten- und Hafenbefestigungen verschlingt; die Pfähle müssen in manchen Gegenden jährlich ausgewechselt werden. Die Niederlande entgingen in den Jahren 1731/32 nur knapp einer unvorstellbaren Katastrophe, als ein Massenauftreten der Schiffsbohrmuscheln die hölzernen Deichbauten so stark zerstörte, daß ihre völlige Vernichtung drohte.

Einem den mechanisch raspelnden Bohrmuscheln vergleichbaren Lebensformtyp gehören die »Auflösungsgräber« an, Muscheln (aber auch Bohrschwämme, der Palolowurm u. a.), die säurehaltige Drüsenstoffe benutzen, um in Felsen, Steinen oder dickwandigen Weichtierschalen zu bohren. Einige Arten der Felsenbohrer

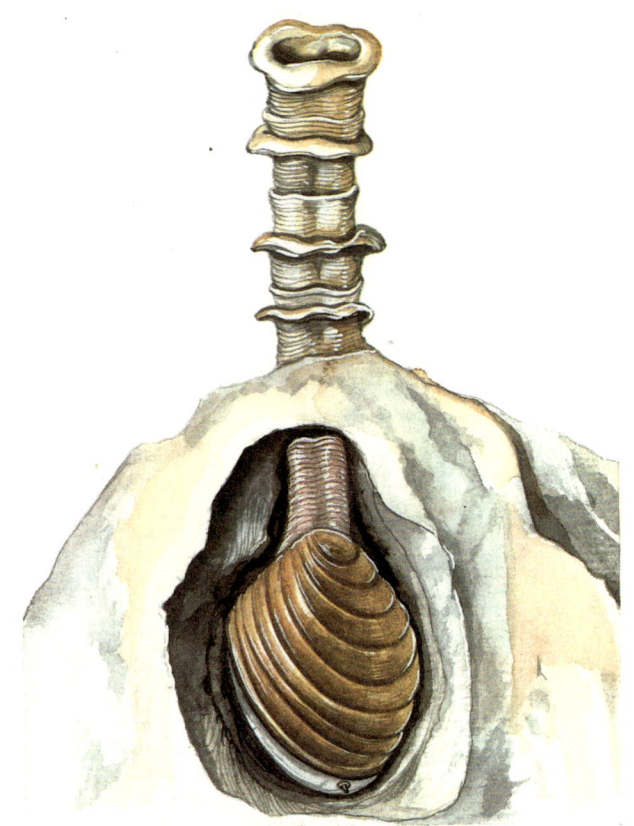

Die Rauchfangmuschel hat sich durch ätzende Drüsensekrete eine Höhle im Kalkstein geschaffen (geöffnet). Zusätzlich scheidet sie um ihren Körper und die lange Ein- und Ausströmöffnung eine Kalkhülle ab. Die »Manschetten« entstehen infolge des Wachstums des Tieres.

(Saxicavacea) sollen sowohl mechanisch als auch chemisch bohren können. Bekannt für die rein auflösende Grabtechnik sind beispielsweise die eßbaren Steindatteln *(Lithophaga mytiloides)* aus dem Mittelmeer. Ihr vorderer Mantelrand scheidet eine kalklösende Säure aus, mit deren Hilfe sie den Wohngang ausätzen. Dieser chemische »Bohrvorgang« nutzt im Gegensatz zum mechanischen Raspeln die Schalenoberfläche nicht ab, sie bleibt deshalb völlig unversehrt, ein gutes Unterscheidungsmerkmal, um zu erkennen, welche Bohrtechnik eine in hartem Substrat eingegrabene Muschel nutzte.

Am Golf von Neapel befinden sich in einem Tempel in 3,6 bis 6,6 m Höhe Bohrlöcher der Steindatteln. Ein erstaunliches Phänomen, das zeigt, daß sich an dieser Stelle das Land zuerst mindestens 6,6 m unter den Meeresspiegel absenkte und nach dem Befall der Säulen durch die Steindatteln wieder gehoben haben muß.

Viele Auflösungsgräber im Kalkstein umgeben sich selbst, ihre Schalen und ihre langen Ein- und Ausströmröhren mit einer Kalkschicht, die bald

birnenförmige, bald retortenförmige Gestalt besitzen. In dieses »Sekundärgehäuse« schließen sie gelegentlich Sand und andere Fremdkörper mit ein, die sie mit dem vom Muschelkörper abgeschiedenen »Kalkkitt« verbinden. Die Rauchfangmuscheln (Clavagella) verlängern, bedingt durch das Größenwachstum, in Abständen die Kalkröhren um ihre miteinander verwachsenen Ein- und Ausströmöffnungen, was diesen ein eigentümliches Aussehen verleiht – der deutsche Name nimmt darauf Bezug.

Scharr- und Schwimmgräber

Um Grabbauten im weiteren Sinne handelte es sich auch bei den vorangegangenen Beispielen, hier nun sollen solche Substrathöhler vorgestellt werden, die ihre Höhlen mit Hilfe ihrer Extremitäten ausheben, graben im eigentlichen Sinne also. Die wichtigsten Bautechniken sind dabei das Scharrgraben und das sogenannte Schwimmgraben. Zu den Scharrgräbern gehörten bereits einige der im Kapitel »Kinderstuben« besprochenen Grabwespen. Sie scharren entweder abwechselnd oder im Gleichtakt mit den Vorderbeinen, einige auch alternierend mit Vorder- und Mittelbeinen. Den gelösten Sand befördern sie entweder scharrend zum Nesteingang hinaus, schieben oder ziehen ihn im Rückwärtsgang nach draußen oder aber tragen ihn zwischen Vorderbeinen und Vorderkörper laufend und fliegend fort. Bei wohnungbauenden Wirbeltieren findet man Konvergenzen zu diesen Scharrtypen. Meist scharren sie mit den Vorderbeinen – entweder im Gleich- oder im Wechseltakt (Kaninchen, Mäuse und viele andere Nagetiere, aber auch Fuchs, Dachs usw.). Die Schwimmgräber dagegen bewegen sich kontinuierlich in der Erde und arbeiten mit dem ganzen Körper, wobei sie schlängelnde Bewegungen ausführen (z. B. Maulwurf und konvergente Formen bei Nagern und Beuteltieren). Wie bei den grabenden Wespen kann auch hier die gelöste Erde auf verschiedene Weise aus dem Bau entfernt werden. Viele werfen das Erdreich unter dem Körper hindurch nach hinten; der Fuchs beispielsweise stellt sich breitbeinig über die lockere Erde, faßt sie mit den Vorderbeinen und geht dann scharrend rückwärts. Andere, darunter besonders Nagetiere, treten mit den Hinterbeinen über den Erdhaufen und stoßen ihn nach hinten weg. Wieder andere ziehen ihn mit den Vorderbeinen rückwärts aus dem Gang heraus. Der Maulwurf und einige andere dagegen befördern die beim Schwimmgraben gelösten Erdmassen mit den Hinterbeinen weiter, finden diese jedoch Widerstand, wendet sich das grabende Tier und schiebt die Erde mit den Vorderbeinen hinaus. Der Maulwurf ist dabei zu beachtlichen Kraftanstrengungen fähig, er kann das Zwanzigfache seines Körpergewichts aus dem Tunnel hinausstemmen.

Als Beispiele für extremitätengrabende Wohnungsbauer lassen sich bei den Wirbeltieren unter anderem einige Fische erwähnen, viele Lurche, besonders Froschlurche, unter den Reptilien einige Schildkröten wie die Gopherschildkröte (Gopherus polyphemus) in den trockenen Prärien des südlichen Nordamerikas, die sich der Mittagshitze durch tiefe, selbstgegrabene Höhlen entzieht, und viele Eidechsenverwandte (Lacertidae) mit ihren selbstgegrabenen Erdröhren, auch junge Krokodile, die zum Schutz vor den Erwachsenen tiefe Höhlen in die Ufer graben. Von einigen wenigen Vögeln, dem Schnabeltier, Beuteltieren (z. B. Beutelmull und Wombat) und vielen höheren Säugern sind ebenfalls mit Hilfe der Extremitäten gegrabene Wohnbauten bekannt. Unter den Säugern sind es beispielsweise Gürteltiere, einige Schuppentiere, das Erdferkel, Warzenschweine, das Zwergflußpferd, die meisten Nagetiere, Bären, Hyänen, Dachse, Füchse, Schakale, Erdmännchen (Surikate), Fuchsmangusten und Erdwölfe, die ihre Wohnbaue selbst graben.

Von den vielen Tieren mit grabender Bautechnik sollen hier nur die Nagetiere näher betrachtet werden. Sie haben dank ihrer Fähigkeit, tiefe Erdbaue zu graben, selbst so lebensfeindliche Gebiete wie Halbwüsten und Wüsten besiedelt. Wüsten, Steppen oder Grasland bieten nur wenig Deckung vor Raubfeinden. An diese Verhältnisse paßten sich die dort lebenden Nager in verschiedenster Weise an. Die einen gingen ganz oder fast ganz zur unterirdischen Lebensweise über. Wie der Maulwurf verlassen sie ihre Baue nur selten und sind auch körperlich an das unterirdische Leben angepaßt. Augen und Ohrmuscheln bleiben klein, der Schwanz ist kurz, und den walzenförmigen Körper tragen kurze, kräftige Gliedmaßen. Meist sind die Vorderfüße breit und mit langen Krallen versehen, oder aber sie sind nur wenig verändert, während die mächtigen Nagezähne deutlich vorstehen. Diese helfen dann beim Lockern des Materials. Jede größere geographische Region hat ihr spezialisiertes Wühlnagetier, das sich hinsichtlich seiner Körperform und seines Verhaltens unabhängig von den anderen an die wühlende Lebensweise angepaßt hat.

Die zweite Möglichkeit, im deckungsarmen Gelände zu überleben, findet sich bei vielen Mäuseartigen, die zwar Erdbaue graben, ihre Nahrung aber oberirdisch suchen und dazu be-

Links: Warnendes Alpenmurmeltier vor seinem Bau.
Mitte: Steppenmurmeltiere, darüber ihr Dauerbau (schematisch). Die kurzen Blindgänge sind Toilettenräume.
Rechts: Winterbau der Alpenmurmeltiere (schematisch). Sommerbaue sind nicht so tief und weniger verzweigt.

sondere Tunnelsysteme im Gras anlegen (s. »Straßenbauten«). Diese Arten bleiben meist klein und können so das Gras selbst als schützende Deckung nutzen. Andere Arten, wie Murmeltiere, Ziesel und Präriehunde, können auf diese Deckung verzichten, da sie über spezielle Warnrufe verfügen, die sie immer dann ausstoßen, wenn ein Feind oder auch nur ein neutrales Reizobjekt in Sicht kommt. Alle Koloniemitglieder ziehen ihren Nutzen aus der großen Anzahl von Sinnesorganen, die so für die Feindüberwachung zur Verfügung steht. Solche Tiere können recht groß sein, im allgemeinen begrenzt aber der zum Graben der Erdbaue benötigte Kraftaufwand auch hier die Körpergröße. Das Beispiel der Murmeltiere soll den Selektionsvorteil verdeutlichen, den die Bautätigkeit – hier verbunden mit der besonderen Anpassungsform des Winterschlafes – mit sich bringt.

Der kurze Sommer der Murmeltiere

Die Sonne brennt auf die hitzeflimmernden kasachischen Steppen. Nicht zu zählen die etwa meterhohen, 8 bis 12 m breiten Erdbuckel – Auswurfhügel über den Bauen der Steppenmurmeltiere. So weit das Auge reicht, Murmeltierhügel an Murmeltierhügel, eine von Tieren gestaltete Landschaft!

In unmittelbarer Nachbarschaft des menschlichen Eindringlings sind die Tiere verschwunden, etwas weiter entfernt schauen nur die Köpfe aus den Löchern, und erst in 100 m Entfernung sieht man die gedrungenen, hasengroßen Tiere auf den Hinterkeulen »Männchen machen«. Sie alle lassen in kurzen Abständen rhythmische, heiser bellende Warnrufe hören – ein Warnsystem, dessen Wirksamkeit sich sogar bei den pfeilschnellen Beuteflügen des seltenen Kaiseradlers bewährt, dem es nicht gelingt, einen der aufmerksamen Wächter zu erbeuten.

Im Frühsommer sind die Murmeltierfamilien mehrere Stunden am Tag mit der Futtersuche beschäftigt. Das sieht recht drollig aus, so, als rutschten sie bäuchlings durch ihr Nahrungsrevier. In dieser Haltung wählen sie sorgfältig die saftigsten Halme und Kräuter aus. Täglich werden bis zu 1,5 kg Grünmasse benötigt, denn es bleibt ihnen nicht viel Zeit, sich das reichliche Kilogramm Fett anzufressen, das sie zum Überdauern des Winters unbedingt als Reservestoff brauchen. Mitte August bereits, wenn die europäischen Badestrände den Höhepunkt der Sommersaison verzeichnen, sind die Eingänge der Murmeltierbaue zum »Winterschlaf« verstopft. Genauer, zu einem Sommerschlaf, der nahtlos in den Winterschlaf übergeht.

Ein Anachronismus im Naturhaushalt? Keineswegs. Betrachten wir Umwelt und Lebensweise der Tiere im Zusammenhang: Alle Murmeltiere sind auf saftige Pflanzenkost zum Aufbau der lebensnotwendigen Fettvorräte angewiesen; bereits im Juli aber finden sie in der Steppe kaum noch ein grünes Hälmchen, das Gras ist auf dem Halm getrocknet, hat viel von seinem Nährwert verloren und wird außerdem von Antilopen und den wandernden Herden der Haustiere abgeweidet.

Die Energiebilanz der Murmeltiere muß jetzt negativ ausfallen; ihr Überleben wäre gefährdet, wenn sie nicht rechtzeitig zum extrem energiesparenden Winterschlaf übergingen.

Winterschlaf aber ist nur in einigermaßen frostsicheren Unterkünften möglich, und da es in der Steppe keine natürlichen Höhlen gibt, sind die Tiere auf selbstgegrabene, tiefe Erdbaue angewiesen. Beim Graben befördern sie die gelockerte Erde mit ruckartigen Bewegungen der Vorderpfoten unter den Bauch, ergreifen sie dort mit den Hinterpfoten und schleudern sie nach hinten. Die engen, gerade dem eigenen Körper Durchlaß gewährenden Röhren bilden ein umfangreich verzweigtes Gangsystem, das meist 2 bis 3 m, gelegentlich sogar bis zu 7 m in die Tiefe führt, einen oder zwei Ausgänge, einen Wohnkessel und eine Reihe blind endender Koträume enthält. Diese Abfallräume stellen ein spezielles Konstruktionselement im Dienste der Hygiene des Bausystems dar, leben doch die Tiere fast neun Monate lang hinter sorgsam verschlossenen Eingängen, ohne die Möglichkeit, ihre Abprodukte draußen absetzen und vergraben zu können.

Im dick ausgepolsterten Wohnkessel (je rauher die Winter, desto dicker die Polsterschicht, am stärksten beim sibirischen Kappenmurmeltier, das im Dauerfrostboden überwintert) hält die ganze Familie, eingerollt und aneinandergeschmiegt, ihren Winterschlaf. Der Stoffwechsel ist stark gedrosselt, und die Körpertemperatur fällt bis auf 5 °C ab. Sinkt die Temperatur noch weiter ab, erwachen einige der Tiere, setzen Harn ab und erwärmen sich für kurze Zeit, wobei auch der Überwinterungskessel etwas aufgeheizt wird – eine Tatsache, die den anderen Familienmitgliedern ein ungestörtes Weiterschlafen ermöglicht.

Die Steppenmurmeltiere benutzen sommers wie winters denselben Bau. Verwandte gebirgsbewohnende Arten wie das Alpenmurmeltier beziehen dagegen im Laufe des Sommers flachere Gangsysteme weiter oben am Berghang. Hier finden sie noch im Spätsommer saftige Kräuter, die in den Tälern längst verdorrt sind. Die Reviere mit den Bauen der Murmeltiere liegen deshalb oft kettenförmig horizontal am Hang verteilt und sind viel länger als breit. Sowohl in Lage als auch in Form – tiefe Sommerbaue wären bei dem steinigen Boden zu aufwendig, zu flache Winterbaue dagegen erforderten zu hohen Reservestoffbedarf und führten letztendlich zum Erfrieren der Tiere – sind die Murmeltierbaue optimal auf die ökologischen Gegebenheiten abgestimmt. Sie erlauben die bestmögliche Nutzung der vorhandenen Nahrungsreserven bei gleichzeitigem Schutz vor tierischen Feinden (Warnsystem) und bewahren, verbunden mit der sprichwörtlichen Fähigkeit, zu »schlafen wie ein Murmeltier«, vor tödlichen Energieverlusten in der nahrungsarmen Zeit. Erst die Bautätigkeit und die Möglichkeit, neun Zehntel ihres Lebens unter der Erde zu verbringen, gestatten den Tieren das Leben und Überleben in ihrer rauhen Umwelt.

Konstruktionen mit körpereigenem Baumaterial

Die Schalenamöbe

Unsere Betrachtungen über »Aufbauer« wollen wir mit einem Grenzfall tierischer Bautätigkeit beginnen, dem Schalenbau der Thekamöben (thek, griech. = Schale, Hülle). Amöben sind einzellige Lebewesen, Protoplasmaklümpchen ohne Nervensystem und Organe. Ihr Aufbau, ihr Verhalten und ihre Bautätigkeit erschließen sich nur unter dem Mikroskop. Einige Arten schützen ihren Körper durch eine Schale aus Silikatplättchen, die vom Zellkörper gebildet und an dessen Oberfläche abgegeben werden – durch Abscheidung also, keine Bautätigkeit in unserem Sinne. Andere Arten jedoch, und zu ihnen gehören die Difflugien, benutzen Fremdkörper, mikroskopisch kleine Sandkörnchen oder Kieselalgenskelette, zum Bau ihrer Schalen.

Rechts: Einige Amöbenarten schützen ihren Körper durch feinste Kalk- und Silikathüllen, die vom Körper abgeschieden werden. Das ist jedoch keine Bautätigkeit im Sinne dieses Buches.
Links: Die Difflugien dagegen benutzen mikroskopisch kleine Sandkörnchen oder Kieselalgenskelette zum Bau ihrer Schalen.

Beim Bau ihres Gehäuses lassen sich die Difflugien nur während der Vermehrung (Teilung) beobachten. Dann quillt das Protoplasma unter starker Wasseraufnahme aus der Schalenmündung hervor, und man sieht die zahlreichen Sandpartikeln und Diatomeenschalentrümmer, die sich die Amöbe im Laufe der Zeit durch

Gehäuse der Muschelsamm-
lerin im Meeresgrund. Der
bäumchenartige Aufsatz aus
zusammengeklebten Sand-
körnern wirkt wie ein Stellnetz, an dem Nahrungs-
partikel hängenbleiben.

Umfließen einverleibt hat. Die Baustoffe treten nun an die Oberfläche des Plasmas und werden hier durch eine erstarrende Flüssigkeit, die durch die winzigen Öffnungen zwischen den Bausteinen nach oben steigt (durch Kapillarkräfte), zur Tochterschale zusammengekittet. Der erstaunlich lückenlose Zusammenschluß der Materialien vor dem Erstarren der körpereigenen Kittsubstanz wird vor allem durch physikalische Mechanismen, die Kapillarattraktion und die Kohäsionskräfte der mikroskopisch feinen Teilchen untereinander, bewirkt.

Der eigentliche »Bauvorgang« stellt somit eine Art Abscheidung dar, vergleichbar der Schalenbildung bei Schnecken und Muscheln. Das eigentlich Neue besteht in der Verwendung aktiv gesammelter, in ihrer Struktur nicht veränderter Baumaterialien – eine Tatsache, die nach der Eingangsdefinition bereits die Bezeichnung »Bautätigkeit« rechtfertigt.

Gehäuse auf dem Meeresgrund

Eine Reihe von Vielzellern stellt vom Aussehen her ähnliche, nur eben viel größere Gehäuse her. Die Baustoffe werden hier aber nicht erst ins Körperinnere aufgenommen, sondern direkt verbaut. Eine große Anzahl im Meer lebender Polychäten (Vielborster, Verwandter der Regenwürmer) stellt regelmäßig Wohnröhren her, so die an den Küsten der nördlichen Meere häufige Muschelsammlerin *(Lanice conchilega)*. Die Larven der bis zu 30 cm langen und 5 mm dicken Art leben über längere Zeit hinweg in einer durchscheinenden Hülle aus dem Sekret einer Kittdrüse frei schwimmend im Plankton. Erst wenn die Jungtiere bis zu einem bestimmten Stadium herangewachsen sind, setzen sie sich am Meeresboden fest, um alsbald mit dem Ausbau ihrer Röhren zu beginnen. Das Baumaterial, Sandkörnchen und Steinchen, vorzugsweise aber Bruchstücke von Muschelschalen, ergreifen sie mit den langen Tentakeln und befördern es durch Wimpernschläge in den Tentakellängsrinnen zum vorderen Körperende. Hier wird es kurz unter dem zusammengefalteten Mundlap-

pen aufbewahrt und anschließend mit einem erhärtenden Sekret an die Röhrenmündung angepreßt. Größere Schalenstücke werden mit den Tentakeln herangezogen, mit einer Drüsenabscheidung der Bauchplatte bestrichen und ebenfalls am Gehäuseeingang festgeklebt. Auf die Mündung der fertigen Röhre setzt die Muschelsammlerin noch ein bäumchenartiges Gerüst aus verklebten Sandkörnchen. Dieses verästelte Gebilde wirkt wie ein kleines Stellnetz, in dem sich Mikroorganismen und organische Abfallstoffe verfangen, die das Tier von Zeit zu Zeit mit den Mundlappen ableckt oder mit den Tentakeln abstreift. Das Gerüst der Muschelsammlerin dient außerdem noch als Stütze für die bis zu 12 cm langen zarten Tentakel, wenn diese den Boden abweiden. Sie ist übrigens nicht an ihre Wohnröhre gefesselt, verläßt diese gelegentlich freiwillig, kehrt aber stets zu ihr zurück.

Ebenfalls festsitzende Röhren errichten die Köcherwürmer (Sabellaria) an den Küsten nördlicher Meere. Ihre aus großen Sandkörnchen zusammengesetzten und vielfach gewundenen Bauten stellen sie dicht nebeneinander auf den Meeresgrund, manchmal auch auf Muschelschalen oder Krebspanzer. Die Fruchtbarkeit der Sabellarien ist enorm, und häufig siedeln sie so dicht, daß ihre orgelartigen Röhren sogenannte »Sandkorallenriffe« bilden, die in kurzer Zeit erstaunliche Ausmaße erreichen können, wie beispielsweise an den Buhnen der Insel Norderney, wo sie innerhalb von zwei Jahren ein 60 m langes, etwa halbmeterhohes Riff bildeten – an einer einzigen Buhne bis zu 75 Millionen Röhren!

Die Wohnröhren der Gattung Phragmatopoma bilden in den Tropen ähnliche Wurmriffe von oft bis zu 1 m Höhe. Man vermutet, daß die angesiedelten Würmer durch chemische Substanzen neue Larven zur Ansiedlung anlocken.

Das transportable Eigenheim der Köcherfliegenlarven

Einige Wohnbauten der Köcherfliegenlarven sind wahrscheinlich vielen Menschen aus eigener Anschauung bekannt. Man kann sie beim Baden

Gehäuse von Köcherfliegenlarven. Im allgemeinen bauen die Bewohner schnellfließender Bäche schwere Steinköcher und die stehender Gewässer Köcher aus Pflanzenteilen, Schneckenhäusern usw.
Von oben: *Lepidostoma hirtum*, Köcher aus spiralig angeordneten Pflanzenteilen (angeschnitten). *Limnophilus flavicornis*, Köcher aus Schneckenhäusern, daneben Köcher der gleichen Art aus Pflanzenteilen. *Seriocostoma*, beutelförmiges Gehäuse aus Sandkörnchen. *Glossosoma*, sattelförmiges Gehäuse aus Steinen. Unten: Gehäuse einer landlebenden Sackträgermottenlarve (*Canephora unicolor*). Die gleichartigen Köcherformen beruhen allein auf Konvergenz.

Veränderter Köcherbau der Larve von *Dotamophylax luctuosus* beim Wechsel des Lebensraumes. Der größte Köcher ist 3 cm lang. Bei anderen Arten ändert sich nicht nur das Baumaterial, sondern auch die Köcherform. Beispielsweise von einer runden Sandröhre zu einem vierkantigen Köcher aus Pflanzenteilen.

in einem Waldsee, am Ufer eines Teiches und sogar in einem schnellfließenden Bach entdecken. Die häufig köcherförmigen, mit den verschiedensten Fremdmaterialien besetzten Larvengehäuse sind so markant, daß eine ganze Insektenordnung ihren deutschen Namen danach erhielt. Nun bauen allerdings bei weitem nicht alle Köcherfliegenlarven schützende Gehäuse; einige leben frei im Wasser, andere stellen lediglich einfache Wohn- und Verpuppungsgespinste her, wie viele der erwähnten Reusenfischer. Die Anfertigung von Gespinsten für die Verpuppung, wie sie sich auch bei einer Vielzahl anderer Insektengruppen findet, stellt zweifellos die ursprünglichste Form der Spinntätigkeit der Köcherfliegen dar. Davon abgeleitet ist die Fähigkeit, festsitzende Wohnröhren zu spinnen, in denen die Köcherfliegen leben oder in die sie sich bei Gefahr zurückziehen können. Durch den ortsgebundenen Wohnsitz ergibt sich allerdings eine Reihe von Schwierigkeiten für die Nahrungsbeschaffung. Deshalb verbinden diese Arten ihre Wohngespinste fast immer mit einer Fangkonstruktion, die ihnen auch ohne gefährlichen Ortswechsel Nahrung zuführt. Eine zweite Richtung in der Evolution der Köcherfliegen führte zur Herausbildung eines transportablen Gehäuses, bei dessen Bau Seide zusammen mit verschiedensten Fremdmaterialien verarbeitet wird. Die Larven sind darin gut geschützt, bleiben aber beweglich und können so ihre Nahrung aktiv aufsuchen. Die Mehrzahl der Köcherträger geht dabei recht behäbig vor. Da sie sich von verschiedenen Pflanzen ernähren, besteht keine Veranlassung für eine schnelle Fortbewegung. Die wenigen räuberischen Arten sind schon an ihrer größeren Beweglichkeit von den Pflanzenfressern zu unterscheiden. An einer der behenden räuberischen Arten, der Großen Köcherfliege *(Phyganea grandis)*, soll die Entstehung des transportablen Gehäuses eingehender erläutert werden.

In stehenden oder langsamfließenden Gewässern unserer Breiten schlüpfen im späten Frühjahr die winzigen Larven aus den Eiern. Sie verlassen die schützende Gallerthülle um das Gelege und sinken auf den Gewässergrund. Ihr

Hinterleib ist noch von einem Vorköcher aus Gallert bedeckt, an dem die Larven einige Zeit später Algenstücke oder andere Pflanzenteile befestigen, und zwar so, daß die etwa zehnmal so breiten wie langen Baumaterialien in Längsrichtung zum Körper der Larve zu liegen kommen. Immer neue Stücke schneidet die Baumeisterin aus den umliegenden Wasserpflanzen heraus und spinnt sie parallel nebeneinander am Köcherrand an. Dabei füllt sie zunächst den rechten Winkel zwischen dem zuletzt angesetzten Baustein und dem Köcherrand mit Seidengespinst aus, schneidet danach mit den Oberkiefern ein entsprechendes Pflanzenstück zurecht und legt es auf die neue Gespinstfläche. Anschließend wird das Teilchen mit den Mundwerkzeugen beleckt, mit der bespeichelten Seite genau an das letzte Teilchen angefügt und zum Schluß zickzackförmig festgesponnen. Das jeweils neu angesetzte Stück überragt dabei das vorige etwas, so daß sich schließlich eine enge Spiralröhre aus Pflanzenteilen ergibt – eine dauerhafte und dabei leichte Konstruktion für die gefräßige Larve, die unentwegt auf der Suche nach Insektenlarven ist. Ausgangs des Sommers wechselt die nun reichlich 2 cm lange Jägerin mit ihrem bei neun bis zwölf Spiralumläufen etwa 4 cm langen Köcher ihr Revier. Sie hält sich nun in der Vegetation nahe der Wasseroberfläche auf. Hier lebt sie bis zum Absterben der oberflächennahen Wasserpflanzenbestände und kehrt danach zum Gewässergrund zurück. Die ganze Zeit über wächst die Larve und ist deshalb gezwungen, ständig ihr schützendes Gehäuse zu vergrößern.

Die hinteren Köcherteile brechen mit der Zeit ab oder werden abgestoßen. Ältere Köcher weisen deshalb nicht die zu erwartende deutlich konische Form auf, sondern erscheinen mehr oder weniger zylindrisch. Bei jedem Wechsel des Lebensraumes muß die Larve notgedrungen mit anderen Materialien weiterbauen. Oft werden dabei die neuen Baustoffe anfangs in viel zu großen Stücken verarbeitet, so daß die zu langen und nur teilweise festgesponnenen Teilchen den älteren Gehäuseabschnitten frei aufliegen. Bald jedoch hat sich die Baumeisterin auf das neue Material eingestellt und das »richtige Maß« wiedergefunden. Nähert sich das Larvenstadium seinem Ende, muß der Köcher für die Puppenruhe umgebaut werden. Viele Arten beschweren ihr Gehäuse dann mit Steinchen und verankern es an der Unterlage. Die beiden Köcheröffnungen werden nun mit einem dichten Gespinst verschlossen, in dem allerdings Öffnungen zur Versorgung mit Atemwasser ausgespart bleiben. Die schlupfreife Puppe durchschneidet nach höchstens zwei Wochen mit ihren gekrümmten Oberkiefern das vordere Verschlußgespinst und verläßt den nun überflüssigen Köcher. An der Wasseroberfläche angelangt, wird die Puppenhülle bald abgestreift, und das fertige Insekt beginnt sein Leben an der freien Luft.

Gemeinschaftszelte

Schmetterlinge sind die nächsten Verwandten der Köcherfliegen. Ihre gemeinsame stammesgeschichtliche Wurzel geht nicht nur aus ihrem ähnlichen Körperbau hervor, sondern vor allem auch aus dem prinzipiell gleichen Bauverhalten ihrer Jugendstadien.

Die Larven der Schmetterlinge, die Raupen, können ohne Ausnahme Gespinstfäden erzeugen. Auf der Mitte ihrer Unterlippe erhebt sich eine Warze mit der Öffnung der beiden Spinndrüsen, die oft mächtig entwickelt sind und den ganzen Körper durchziehen. Die Seidenfäden spielen im Leben der Raupen eine wichtige Rolle. Viele von ihnen leben geradezu an einem endlosen Faden, den sie ohne Unterbrechung erzeugen. Sie kleben ihn an der Unterlage an und halten sich mit den Beinen daran fest, so vermögen sie sogar an den glattesten Flächen umherzukriechen. Beim Sturz von der Unterlage oder auf der Flucht vor Feinden durch Sichfallenlassen erweisen sich die Seidenfäden als ebenso unentbehrlich wie etwa als Wegweiser von und zur Futterstelle oder als Material für die Herstellung von Wohngespinsten und Kokons. Vorerst sollen uns die Gespinstzelte einiger Schmetterlingsraupen näher beschäftigen.

Wohngespinste entstehen ohne eigentlichen Bauplan durch mehr oder weniger regelloses Umherkriechen auf dem Substrat, meist Blättern oder Ästchen, wobei die Zwischenräume mit einer schleierartigen Hülle überdacht werden. Häufig erinnern sie an aufgespannte Zirkuszelte oder flaschenförmige Beutel. Die eindrucksvollsten Gespinstunterkünfte findet man zweifellos bei gesellig lebenden Raupen, etwa den europäischen Prozessionsspinnern. Bei den verschiedenen Arten der Gattung *Thaumetapoea* leben die Raupen nicht nur in gemeinsamen Nestern auf ihrem Futterbaum, in denen sie bei einigen Arten sogar überwintern, sondern sie bewegen sich auch in geschlossenem Zuge vom Nest in die Krone zu ihrem Nahrungsplatz und von dort wieder zurück zur Ruhe ins Nest. Von diesem Verhalten rührt auch ihr deutscher Name her. Beim »Prozessionszug« vom und zum Nest geben die Raupen ständig Spinnfäden ab, die allmählich eine feste Seidenstraße bilden. Das bei größeren Raupenverbänden über meterlange Wohngespinst erhält im Laufe der Zeit durch Kotballen, Brennhaare und zahlreiche abgestreifte Raupenhäute ein braungelbes Aussehen. Je näher der Verpuppungstermin rückt, desto schmutziger und undurchsichtiger werden die Nester, die dann weithin sichtbar in den Baumkronen hängen. Die Raupen verpuppen sich gemeinschaftlich in wabenartig angeordneten Kokons.

Gemeinschaftszelte zum Wohnen, um darin zu fressen oder gar zum Überwintern werden ebenfalls von Vertretern anderer Schmetterlingsfamilien errichtet, beispielsweise den Gespinstmotten (Yponeumatidae) und Trägspin-

Offene Nester sind am Erdboden von vielen Feinden bedroht. Mehr Sicherheit vor kleinen Raubtieren bieten u. a. erhöhte Standorte oder Nistplätze im Wasser.

45 Die Bleßralle (*Fulica atra*) baut ihr Nest im Flachwasser der Seen und Teiche. Steigt der Wasserspiegel, so erhöht sie den aus Schilfhalmen zusammengesteckten Bau, bis sich die Eier in Sicherheit befinden.

46 Im schwimmenden
Nest des Haubentauchers
(Podiceps cristatus) sind die
Eier von Wasserstands-
schwankungen nicht gefährdet. Die aufeinandergehäuf-
ten Ästchen und Wasser-
pflanzen heben und senken
sich mit dem Wasserspiegel.

Für Nester an erhöhten
Standorten, etwa auf Bäumen
und Sträuchern, ist eine wei-
terentwickelte Bautechnik
nötig. Lose aufgetürmte
Pflanzenteile würden hier
keinen Halt finden und abstürzen.
Großvögel stecken ihre
Nester meist aus Ästen und
Zweigen zusammen. Die
Innenausstattung erfolgt mit
feineren Materialien.

47 Storchennest auf einem
Schornstein. An den stabilen
Nestern wird jahrelang weitergebaut, fast 400 Jahre sind
für ein Storchennest belegt.
Umfang und Höhe wachsen
dabei ständig. Sie können
schließlich weit über 1000 kg
wiegen.

Kleine Vögel müssen dichte und hohe Nestwände bauen, um ihren Nachwuchs vor Unterkühlung zu schützen.

48 Das dicht geflochtene und dabei elastische Nest des Teichrohrsängers *(Acrocephalus arundinaceus)* hängt zwischen mehreren Schilfhalmen. Die Nestwand besteht aus Pflanzenfasern, die vor ihrer Verarbeitung häufig angefeuchtet werden. Bei zu hohem Wasserstand wird der Bau nach oben verlängert.

49 Zu den kunstvollsten tierischen Kinderstuben gehört das Nest des Pirols *(Oriolus oriolus)*. Der geflochtene Nestbeutel ist mit Schlingen und Knoten an einer Astgabel befestigt.

Um so kleiner der Vogel, desto ungünstiger ist sein Verhältnis von Oberfläche zu Volumen, und desto sorgfältiger muß sein Nachwuchs vor Wärmeverlust geschützt werden.
50 Die Nester der Goldhähnchen, der kleinsten heimischen Vögel, sind deshalb besonders dicht und warm gebaut. So kann ein Nest des Sommergoldhähnchens *(Regulus ignicapillus)* über 12 000 Moosstengel enthalten!

Einen wirkungsvollen Schutz vor Witterungsunbilden bei gleichzeitigem Sichtschutz von oben bieten überdachte Nester:
51 Elsternest mit einem sparrigen Dach aus Reisern.
52 Zaunkönig *(Troglodytes troglodytes)* vor seinem kugelförmigen Nest.

Die höchste Entwicklungsstufe erreichen die geschlossenen Nester im Konstruktionstyp des Hängenestes.

53, 54, 55 Baustufen des Beutelmeisennestes. Das »Henkelkörbchen« 53 wird allein vom Männchen geflochten. Nur wenn sich ein Weibchen einstellt, werden die Wände geschlossen und eine kurze Einflugröhre angebaut 54. Das fertige Nest 55 ist durch den Einbau wolliger Samenhaare so fest und warm, daß es früher von Kindern gesammelt und als Schuhwerk getragen wurde.

Während die Beutelmeise ihr filziges Gewebe wie einen Knüpfteppich herstellt, weben die Echten Webervögel (Ploceidae) ihre Nester regelrecht nach dem Prinzip von Kette und Schuß. Verschiedene Knoten und Schlingen verleihen ihren Nestern zusätzliche Stabilität.

56 Das Männchen des Textorwebers wirbt unter dem Rohbau seines Nestes um eine Partnerin.

57 Im tropischen Afrika und Asien hängen die Webervogelnester mancherorts wie Früchte an den Bäumen.

nern (Lymantriidae), und sind auch bei den mit diesen nicht näher verwandten Gespinstblattwespen (Pamphiliidae) zu finden.

Die festesten und widerstandsfähigsten Nester dürften die Raupen des mexikanischen Weißlings *Eucheria socialis* herstellen, deren flaschenförmige Gespinste so hart und dauerhaft sind, daß sie von den Einwohnern des Landes als Behälter, zuweilen sogar für den Transport von Flüssigkeiten, verwendet werden.

Die Verhaltensweisen der zeltbewohnenden Raupen und die mannigfaltigen Vorteile, die sie aus ihren Gespinsten ziehen, sind so interessant, daß sie hier nicht unerwähnt bleiben sollen. Besonders die Zusammenhänge zwischen Bauverhalten und Witterung verdienen unsere Aufmerksamkeit. Wesentliche Erkenntnisse über diesen Punkt vermitteln die Untersuchungen des amerikanischen Forschers W. G. WELLINGTON, der mit einem System empfindlicher Meßfühler für Temperatur und Feuchtigkeit im Lebensraum der Raupen arbeitete.

Bei seinen Experimenten an der kanadischen Westküste fiel ihm besonders der Widerspruch zwischen dem zarten Bau der Spinnerraupen und dem rauhen Frühlingsklima in diesen Breiten auf. Die Kontrolle der Meßfühler ergab Erstaunliches: Die Temperatur innerhalb der Gemeinschaftszelte von *Malacosoma pluviale* und *Hyphantria textor* lag häufig acht bis dreizehn Grad über den Außenwerten. Das Gemeinschaftszelt – ein Miniaturtreibhaus! Daneben schützen die Seidenwände vor vielen Feinden, vor Regentropfen, Wind, zu starker Austrocknung der zarthäutigen Tiere und sogar vor Insektiziden. Die wichtigste Funktion besteht jedoch in dem Treibhauseffekt, durch den Sonnenwärme gespeichert und während bewölkter Intervalle nur langsam wieder abgegeben wird. Daraus resultiert ein insgesamt wärmeres und vor allem ausgeglicheneres Mikroklima innerhalb der Gespinste. Während der rauhen Frühlingsmonate ist das für die wechselwarmen Raupen von entscheidender Bedeutung. Wie bei allen Tieren ohne konstante Körpertemperatur sind auch ihre Stoffwechselvorgänge stark von der Umgebungswärme abhängig, die Verdauung z. B. erfolgt bei den höheren Temperaturen im Zelt schneller, die Mahlzeit wird eher in Körpermasse umgesetzt – ein bedeutender Vorteil für zeltbewohnende Arten. Das gilt sowohl für die jüngeren Raupen, die ständig unter dem Zeltdach fressen, als auch für die älteren, außerhalb des Gespinstes weidenden, die zur Ruhe und Verdauung regelmäßig ins Zelt zurückkommen. Wenn im Sommer die Außentemperaturen steigen, verliert der Treibhauseffekt tagsüber seine Bedeutung, doch auch jetzt noch erweist sich das Gespinst als nützlich: Es schützt vor tödlicher Überhitzung.

Kurioserweise ist das Zelt, das so viel zum Wachstum und Überleben der Raupen beiträgt, in gewisser Hinsicht nur ein Nebenprodukt ihres ausgeprägten Temperaturverhaltens. Die frischgeschlüpften Räupchen regulieren ihre Körperwärme, indem sie vor Überhitzung durch zu starke Sonneneinstrahlung in den Schatten fliehen (negative Phototaxis) und zurück ins Licht kriechen, wenn ihnen zu kühl wird (positive Phototaxis). Sind die Tiere noch klein, so bewegen sie sich dabei lediglich von der Blattoberseite zur Unterseite, größere Raupen kriechen bereits um kleine Zweige herum. Die dabei gezogenen Gespinstfäden bilden die Grundlage für das Gemeinschaftszelt. Mit der Erweiterung des Nahrungsraumes vergrößert sich das Nest Lage um Lage. Hat es die umliegenden Ästchen eingehüllt, beginnen die Raupen, Zwischenwände in das Gespinst einzuziehen. Zu diesem Zeitpunkt zeigt sich ein auffälliger Umschwung in ihrem Verhalten: Wie bereits erwähnt, reagieren junge Raupen bei starker Erwärmung phototaktisch negativ – sie flüchten in den Schatten. Nach ihrer dritten Häutung jedoch, etwa in der vierten Woche nach dem Schlüpfen, reagieren sie plötzlich phototaktisch positiv auf Überhitzung. Sie suchen den hellsten Punkt auf, heben dort den Vorderkörper vom Untergrund ab und warten mit genau zur Sonne gerichtetem Kopf, bis die Temperatur unter das verhaltenauslösende Niveau sinkt. Der plötzliche Verhaltensumschwung fällt zusammen mit einem jahreszeitlich bedingten drastischen Temperaturanstieg.

In dieser Zeit, besonders während sonniger Frühsommertage, verbringen die Raupen die heiße Mittagszeit innerhalb ihrer Gemeinschaftszelte. Sie kriechen von Raum zu Raum, bis es auch im innersten Kompartiment zu heiß für sie wird. Nach ihrem frühlarvalen Verhaltensprogramm müßten sie jetzt weiter nach der dunkelsten Stelle suchen, und das ist im Gespinst nun mal das innerste Kompartiment, wo sich die Raupen ja sowieso schon aufhalten. Das neue Verhaltensmuster bietet einen Ausweg aus dieser lebensgefährlichen Situation. Die Tiere orientieren sich jetzt bei Überhitzung zum hellsten Punkt hin und verlassen dazu das Wohngespinst. Um zu überleben, kriechen sie aus der schützenden Unterkunft heraus und setzen sich der Sonne aus – ein Widerspruch? Nur ein scheinbarer. In der gefährlichen trockenen Mittagshitze halten sich nämlich alle Gruppenmitglieder im Zelt auf. Die Sonnenwärme dringt nur langsam durch die Vielzahl der Zeltwände, im innersten Kompartiment kommt es deshalb nur selten, und wenn, dann mit mehrstündiger Verschiebung zur lebensgefährlichen Überhitzung. Flüchten die Tiere daraufhin zum hellsten Punkt, d. h. nach außen, so haben sich die Bedingungen dort bereits gebessert. Die Strahlung der tiefstehenden Sonne ist dann nicht mehr so intensiv und verliert durch die beschriebene Haltung der Tiere (kleinstmöglich besonnte, gleichzeitig maximal luftumströmte Körperoberfläche) weiter an Gefährlichkeit.

Der Wechsel im Verhalten auf Lichteinstrahlung ist es, der den Schmetterlingsraupen ermöglicht, Nutzen aus ihrem Zelt nicht nur als Miniaturtreibhaus, sondern unter gegenteiligen Witterungsbedingungen auch als Schutzschild vor zu intensiver Bestrahlung zu ziehen.

Interessanterweise kann man bei einer anderen, nicht näher verwandten Art von Zeltbauern ebenfalls den gleichen Verhaltensumschwung sehen, während er bei nichtzeltbauenden verwandten Arten fehlt.

Bei den Untersuchungen zeigten sich zwischen den einzelnen Geschwistergruppen (die Mitglieder einer Gruppe entstammen jeweils dem Gelege eines Falterweibchens, sind also Geschwister) erstaunliche Unterschiede in Form und Größe der Zelte. Als Ursache stellte sich das unter

schiedliche Aktivitätsniveau der Gruppen heraus. Schon kurz nach dem Schlüpfen aus den Eihüllen ist die Aktivität der einzelnen Raupen unterschiedlich. Einige können den Platz nicht ohne ein wegweisendes Seidenband verlassen, andere benötigen es nicht, sondern schaffen selbst eins. Indem sie das tun, führen sie ihre »abhängigen« Geschwister vom Schlupfort weg zum Bauplatz des ersten Gemeinschaftszeltes. Die Proportionen von unabhängigen und abhängigen Raupen, Führern und Geführten, schwanken zwischen den jeweiligen Kolonien. Daraus ergeben sich weitreichende Konsequenzen für Nestbau und Entwicklungsgeschwindigkeit.

Eine Kolonie mit etwa 20% aktiven Mitgliedern z. B. baut große und weiträumige Nester, da die lebhaften Raupen zwischen den kurzen Ruhepausen rastlos über größere Strecken umherkriechen. Die abhängigen Mitglieder verbessern dann mit ihren Spinnfäden die Qualität des Zeltdachs. Im Laufe der Entwicklung legen solche Kolonien in schneller Folge mehrere Nester hintereinander an, jedes größer als das vorhergehende. Diese Gruppen überleben auch in der härtesten Frühlingswitterung.

Gibt es dagegen in einer Kolonie nur wenige aktive Mitglieder und eine große Anzahl extrem träger Tiere, so bleiben die Nester klein und werden auch nicht gewechselt, was natürlich infolge der Verschmutzung durch Kot und abgestorbene Raupen einer Infektion Vorschub leistet. Die Ruhepausen zwischen den Mahlzeiten sind hier sehr lang, und das allgemeine Aktivitätsniveau ist so niedrig, daß die Geschwistergruppe auch unter günstigen Umweltbedingungen zum Untergang verurteilt ist.

Die Aktivität der Gesamtkolonie beeinflußt somit das Schicksal jedes ihrer Mitglieder. Das Aktivitätsniveau jedes Individuums wiederum hängt davon ab, an welcher Stelle des mütterlichen Ovars es sich entwickelte. Die zuerst gebildeten Eier erhalten die meisten Nährstoffreserven, so daß die ersten Embryonen gleichzeitig die lebenstüchtigsten sind. Nährstoffärmere Eier ergeben später die abhängigen und trägen Raupen. Die zuletzt gebildeten Eier enthalten oft so wenig Reservestoffe, daß die Embryonen nicht einmal die Eihülle zu sprengen vermögen und bereits im Ei umkommen.

Die als Raupen aktiveren Weibchen können vor ihrer Verpuppungszeit mehr Reserven speichern als ihre trägen Schwestern und legen deshalb später mehr nährstoffreiche Eier, bevor auch sie nährstoffarme produzieren. Mehr nährstoffreiche Eier aber bedeuten mehr aktive Raupen. Diese bilden die Grundlage aktiver Kolonien mit vielen und großen Zelten, sie haben somit wiederum bessere Überlebenschancen.

Eine kostbare Puppenwiege

Wenn sich das Raupenstadium der Schmetterlinge seinem Ende nähert, beginnen die meisten Arten mit der Anlage eines festen Gespinstes für die Puppenruhe – ganz gleich, ob sie als Raupen in einem gemeinschaftlichen Zelt oder ohne jedes Schutzgespinst aufwuchsen.

Das weitaus bekannteste und für den Menschen bedeutungsvollste Verpuppungsgespinst ist der Kokon des Maulbeerseidenspinners *(Bombyx mori)*. Bereits seit Jahrtausenden im alten China gezüchtet, wurde der Falter längst zum echten Haustier. Die domestikationsbedingten Veränderungen in Körperbau und Verhalten waren so stark, daß man lange Zeit benötigte, um die Stammform wieder herauszufinden.

Da auf die Ausfuhr von Seidenspinnern, ihren Raupen und Eiern die Todesstrafe stand, blieb das altchinesische Seidenmonopol lange unangetastet. Erst im 3. Jahrhundert v. u. Z. dehnte sich der Seidenbau über Korea nach Japan aus. Zur folgenschwersten Ausfuhr kam es, als eine chinesische Prinzessin bei ihrer Heirat nach Mittelasien Seidenspinnereier in ihrem Kopfputz verbarg. Wahrscheinlich von Mittelasien aus gelangten Seidenspinnereier im Jahre 552 nach Byzanz; zwei Mönche hatten die kostbare Fracht in ausgehöhlten Wanderstäben eingeschmuggelt. Später breitete sich der Seidenbau über ganz Europa aus, ohne aber in Mitteleuropa die gleiche Bedeutung zu erlangen wie in wärmeren Ländern. Auch nachdem einheimische Seide erzeugt wurde, kam nach wie vor ein großer Teil des in Europa verarbeiteten Materials mit Karawanen auf der uralten Seidenstraße aus China. Lange Zeit wurden Seidenstoffe mit Gold aufgewogen und blieben höchstens Persönlichkeiten vorbehalten. Erst Mitte dieses Jahrhunderts, mit der Einführung der Kunstseide, ging ihre Bedeutung besonders in den Industriestaaten mehr und mehr zurück.

Nach etwa vierwöchiger Fraßzeit spinnt die bis 9 cm lange Seidenraupe innerhalb eines äußeren lockeren Gespinstes ihren Verpuppungskokon. Sie verarbeitet dabei bis zu 4 000 m Seidenfaden, von dem sich allerdings auch bei großen Kokons nur 900 bis 1 000 m in einem Stück abhaspeln lassen. Spätestens zehn Tage nach dem Einspinnen werden die in den Kokons befindlichen Puppen durch Heißluft abgetötet. Anderenfalls würde der schlüpfende Falter durch Absonderung einer alkalischen Flüssigkeit das Gespinst aufweichen und mit den Beinen ein Schlupfloch reißen. Der Faden wäre danach nur noch in kurzen Stücken zu gewinnen. Jeder Seidenfaden besteht eigentlich aus zwei Einzelsträngen, die durch Seidenleim, der bei der Verarbeitung entfernt wird, verklebt sind.

Außer dem Maulbeerseidenspinner gibt es noch andere Seidenlieferanten. Vertreter der Augenspinner *(Antheraea*-Arten) liefern die Tussahseide, und vom ostasiatischen Atlasspinner *(Attacus attacus)* stammt die Fagaraseide. Uns soll hier noch eine andere Art, der Große Seidenspinner *(Platysamia cecropia)*, interessieren, an dem VAN DER KLOOT und WILLIAMS eingehende Untersuchungen über die beim Kokonbau zusammenwirkenden Faktoren durchführten.

Der Bau des Verpuppungskokons stellt die einzige Spinntätigkeit dieser Schmetterlingsraupe dar. Er wird in artspezifischer Weise aus Außenlage, Schwammschicht und Innenlage aufgebaut. Annähernd 2 000 m Seidenfaden werden unter abwechselndem Sichstrecken und Sichbeugen, unter Drehungen und achterförmig schwingenden Bewegungen des Vorderkörpers zu dem schließlich 6 bis 10 cm langen Kokon versponnen. Das Ausmaß der Bewegungen wird durch die Möglichkeit der Fadenanheftung und die Berührungsreize gesteuert.

Eine Reihe von Versuchen sollte klären helfen, ob und – wenn ja – welchen Anteil die Innenfaktoren am Zustandekommen der Handlungsfolge haben. Es wäre denkbar, daß die Reihenfolge der Bauabschnitte durch Außenreize bestimmt wird, wie etwa bei der Sandwespe, wo jede abgeschlossene Teilhandlung die auslösenden Reize für den Beginn der nächsten schafft. Man setzte Raupen, die gerade begonnen hatten, einen Außenkokon zu spinnen, in einen Kokon mit bereits vollendeter Außenhülle – sie spannen weiter Außenkokon. Man setzte innenkokonspinnende Tiere in eine eben erst begonnene Außenschicht – sie arbeiteten trotz fehlender Schutzhülle weiter an der Innenlage.

Weder in diesen noch in folgenden Experimenten waren sie in der Lage, auf veränderte Bedingungen situationsgerecht zu reagieren. Keiner der drei Bauabschnitte kann wiederholt werden, Reparaturen sind nur an noch nicht vollendeten Schichten möglich.

Umweltreize als steuernde Faktoren scheiden somit bereits weitgehend aus. Es sind vielmehr endogene (innere) Faktoren, die die Reihenfolge des Spinnverhaltens festlegen. Genauer: Es ist die Menge an verbrauchtem Spinnstoff, gemessen an der bereits abgesonderten Fadenlänge, die den jeweiligen Bauabschnitt unabdingbar festlegt. So beginnt die Raupe z. B. bei einem Fadenverbrauch, der etwa 40% ihres Spinndrüseninhalts entspricht, mit dem Bau der inneren Kokonlage, wobei sich die Frequenz, mit der sie ihren Körper dreht, ändert. Die achterförmigen Spinnbewegungen werden übrigens auch von Raupen ohne Spinnwarzen fünf bis sechs Tage »leer« ausgeführt. Sie »verspinnen« dabei gewissermaßen die ihnen normalerweise zur Verfügung stehende, hier aber nicht austretende Fadenlänge.

»Leeres« Spinnen ist auch von anderen Schmetterlingsraupen und Spinnen bekannt. Davon war bereits die Rede, und von der wichtigen Rolle der Hormone bei der Verhaltenssteuerung (im Falle von kokonspinnenden Raupen ein Wechselspiel zwischen einem »Juvenilhormon« und einem »Reifungshormon«) soll später berichtet werden. Schenken wir vorerst einem anderen interessanten Kapitel tierischer Bautätigkeit, dem Prinzip der Sparsamkeit, unser Augenmerk.

Sparsamkeit an Energie und Material gehören zu den Grundprinzipien der Bautätigkeit. Die Konstruktion des Radnetzes bei Kreuzspinnen liefert dafür einen Beweis. Bei den Kokonbauten vieler Insekten ist dieses ökonomische Prinzip nicht so offensichtlich, aber vielleicht gerade deswegen um so eindrucksvoller. Das nachstehende Beispiel, bei dessen Darstellung wir weitgehend den Verhaltensforschern Wolfgang Wickler und Uta Seibt folgen, soll das verdeutlichen.

Die Achtertour

Um aus dem Spinnfaden den für die betreffende Art charakteristischen Kokon herstellen zu können, muß die Larve mit ihrem Spinngriffel bestimmte Bewegungen ausführen: Sie pendelt mit dem Vorderkörper seitlich hin und her und bewegt sich gleichzeitig voran. Beide Bewegungen zusammengenommen ergeben, daß der Faden in Achterschlingen gelegt wird. Man hat dieses Muster deshalb als Achtertour bezeichnet. Schmetterlingsraupen, einige Köcherfliegenlarven, die Larven der Ameisen, Schlupfwespen, Käfer und anderen Insekten zeigen dieses Grundelement des Spinnens.

Eine Acht kann man auf zweierlei Weise schreiben: Entweder beginnt man mit einem S oder umgekehrt wie beim Fragezeichen. Wie Beobachtungen ergaben, nutzen aber die genannten Insektenlarven fast nur eine der beiden Möglichkeiten. Sie legen ihre Achterschlingen in derselben Richtung an, die auch wir beim Schreiben bevorzugen, indem wir die Schreibrichtung des Buchstabens S weiterführen.

Einer fertig geschriebenen Acht ist nicht mehr anzusehen, in welcher Umlaufrichtung sie geschrieben wurde. Anders ist das bei den Figuren, die entstehen, wenn man während des Schreibens das Papier mit gleichförmiger Bewegung seitlich wegzieht. Jetzt entstehen zwei völlig verschiedene Figurentypen – je nachdem, welche Um-

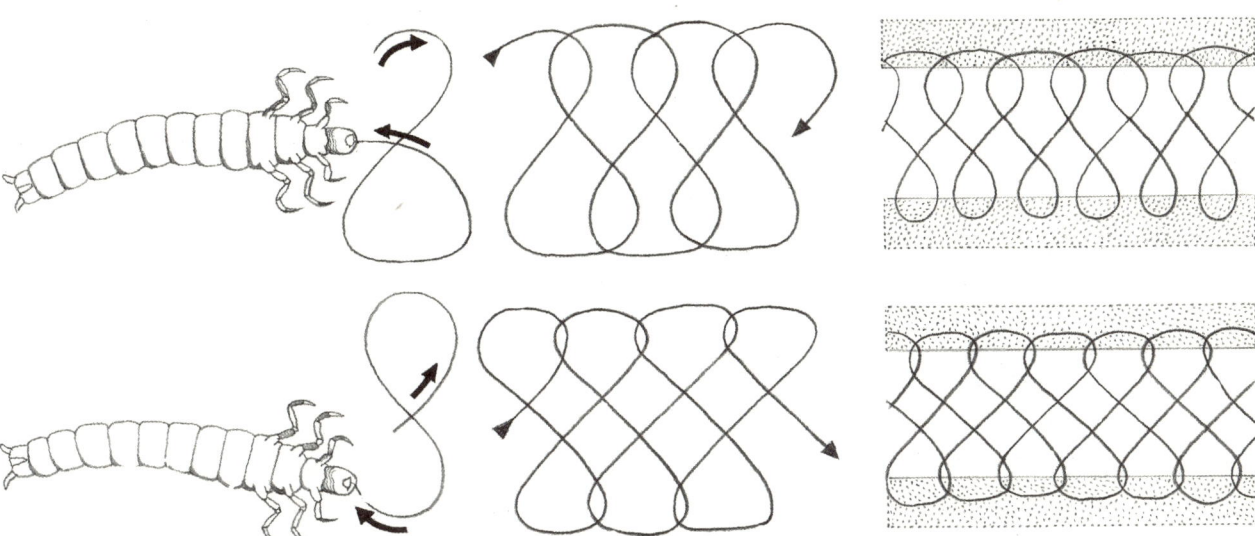

Die Achtertour.
Links: Eine kokonspinnende Insektenlarve kann zwei Richtungen benutzen, um den Faden in 8er Schlingen zu legen. Oben zieht sie den Spinnfaden an den Außenseiten der 8 in Kriechrichtung, unten entgegengesetzt.
Mitte: Zwei vom Computer simulierte Gespinste verdeutlichen die Folgen der beiden Umlaufrichtungen. Das untere ist bei gleicher Fadenlänge dichter als das obere.
Rechts: Der untere Spalt ist gleichmäßiger und dichter mit Maschen verschlossen als der obere (Ränder des Spaltes punktiert).

laufrichtung die Achtertour hatte. Dasselbe Ergebnis entsteht auch bei gleichbleibendem Umlaufsinn, aber entgegengesetzter Richtung des weggezogenen Papiers. Je nachdem, wie schnell man schreibt oder wie rasch das Papier bewegt wird, werden sich die Schlingen verschieden weit überlagern und Maschen bilden.

Gleiches gilt für die spinnende Larve. Die Bewegungsrichtung des Papiers entspricht dem Vorwärtskriechen, dabei werden die Achterschlingen von dem seitlich hin- und herpendelnden Vorderkörper quer zur Fortbewegungsrichtung ausgelegt. Für die ständig vorwärts kriechende Larve ergeben sich, entsprechend unseren Schreibversuchen mit bewegtem Papier, zwei Möglichkeiten: Entweder sie bewegt den Kopf in Schreibrichtung eines Fragezeichens, wobei sie den Kopf an den Außenrändern der liegenden Acht in Kriechrichtung bewegt, ihn beim Durchfahren der längeren Mittelstrecke aber entgegen ihrer Fortbewegungsrichtung, also zurück, führt. Dementsprechend wird vergleichsweise mehr Fadenmaterial dem Randbereich aufliegen und weniger zum Zuspinnen des Zwischenraumes verwendet werden können als bei der zweiten Variante, wenn nämlich die Larve ihren Spinngriffel beim Durchlaufen der langen Mittelstrecke in Kriechrichtung führt und ihn an den Außenrändern der liegenden Acht zurück bewegt. In diesem Falle steht mehr Spinnmaterial

für das Zuspinnen und weniger für das Anheften zur Verfügung.

Das Bewegungsmuster der Achtertour ist der Wissenschaft schon länger bekannt, aber erst R. STRENG von der Regensburger Universität machte auf die Unsymmetrie im Ergebnis der zwei möglichen Umlaufrichtungen aufmerksam. Er verfolgte die Problemstellung weiter und ließ in einer Großrechenanlage einen Computer »spinnen«. Entsprechend programmiert, spannen zwei »Computerinsekten« unter jeweils genau gleichen Bedingungen, nur mit entgegengesetzter Drehrichtung der Achtertour. Es wurden Achterschlingen in verschiedenen Abständen und Überlappungsgraden erzeugt, programmierte Löcher gestopft und Lücken mit ungleichmäßig gezackten Rändern verschlossen. Dabei wurde unter anderem mathematisch berücksichtigt, daß der Faden stets unter Zugspannung austrat, deshalb zwischen den Anheftungspunkten, die es nicht nur am Rand, sondern auch in der Mitte, wo die sich kreuzenden Fäden miteinander verkleben, gibt, gestreckt verläuft und somit ein eher unregelmäßiges Achtermuster ergibt.

Das Ergebnis war in allen Fällen gleich: Der Fadenverbrauch je Zeiteinheit ist zwar bei Achtertouren in S-Richtung und in ?-Richtung derselbe, aber unter allen geprüften Bedingungen war die S-Richtung vorteilhafter. Mehr Maschen entstehen, vergleichsweise mehr Faden überspannt die Lücke in schrägem Winkel, und die von den Maschen umschlossenen Flächen zeigen weniger starke Größenunterschiede; das Gewebe wird also gleichmäßiger, dichter und fester. Die darin befindliche Larve oder Puppe ist demnach besser vor Witterung, Fremdkörpern, Räubern und Parasiten geschützt.

Wenn die verfügbare Fadenmenge begrenzt ist und möglichst wirkungsvoll eingesetzt werden muß – davon darf man zu Beginn der Evolution des Spinnverhaltens ruhig ausgehen – kann der zunächst unbedeutend erscheinende Vorteil der einen Spinnrichtung gegenüber der anderen schon einen Selektionsvorteil bedeuten und verständlich machen, warum sich die eine auf Kosten der anderen durchgesetzt hat. Es leuchtet deshalb ein, warum so unterschiedliche Insektengruppen wie Schmetterlinge, Ameisen oder Käfer die gleiche Spinnmethode benutzen.

Noch einmal: gerollte Blätter und luftige Konstruktionen

Mit dem Spinnen von Raupenzelten und Verpuppungskokons ist die Palette der unter Verwendung körpereigener Substanzen aufgebauten Behausungen nicht erschöpft. Aus der Vielfalt seien noch drei Beispiele ausgewählt, deren Baumaterialien – Blätter und Schaum – bereits im Zusammenhang mit der Jungenaufzucht vorgestellt wurden, allerdings in einer anderen Verarbeitungstechnik.

Viele Insektenlarven, gelegentlich auch die Imagines, wie die afrikanischen Buckelzirpen, erzeugen mit Hilfe von Spinnfäden Blattwickel, Blattrollen, Tüten usw. Besonders gut läßt sich ein solcher Bauvorgang an den Raupen der einheimischen Fliedermotte *(Xanthospilapteryx syringella)* verfolgen. Ohne großen Aufwand kann man diese Beobachtungen auch zu Hause machen, sie erfordern allerdings etwas Geduld.

In fast jedem Sommer zeigen sich an Fliedersträuchern auffallend verkrümmte, eingerollte, meist braunfleckig-welke Blätter. Um diese Büsche schwärmen in den Abendstunden oft riesige Mengen der mit 11 mm Flügelspannweite recht kleinen Fliedermotten. Bald nach der Begattung legen die Weibchen ihre Eier an Blattknospen oder der Blattunterseite ab. Aus den gruppenweise abgelegten Eiern schlüpfen nach zwei Wochen die Raupen, die sich sofort in die Blätter einbohren. Ihre Fraßtätigkeit erkennt man an den Platzminen, die große Teile der Blattfläche einnehmen können und die Blätter meist zum Einkrümmen und Vertrocknen bringen. Später verlassen die Raupen ihre mit Kot gefüllten Minen und fressen an der Blattunterseite weiter. Die Blattspitze oder der Blattrand wird durch feuchte Seidenfäden, die sich beim Trocknen verkürzen, umgebogen und in gemeinschaftlicher Tätigkeit immer weiter aufgerollt. Im Inneren des so entstandenen Blattwickels herrscht für die hier fressenden Raupen ein günstiges Mikroklima. Ist der Nahrungsvorrat erschöpft, so verlassen sie das inzwischen durch Kot verunreinigte Blattgehäuse und rollen ein frisches Fliederblatt zusammen. Zu diesem Zeitpunkt läßt sich ihre Bautechnik am besten verfolgen, wobei immer wieder überrascht, mit welcher Geschwindigkeit die kleinen Raupen mittels der Spannseile das Blatt zum Einrollen bringen. Jedes der zarthäutigen Tiere arbeitet dabei für sich. Von Arbeitsteilung und somit einer »echten« Gemeinschaftsarbeit, wie bei den sozialen Insekten, ist nichts zu sehen. Man muß übrigens nicht warten, bis die Raupen von allein ihren Blattwickel wechseln, sondern kann dem etwas nachhelfen, indem man die Insassen eines Gehäuses vorsichtig auf ein frisches Fliederblatt setzt.

Der zweite Baustoff, der hier – wiederum mit veränderter Herstellungstechnologie – behandelt werden soll, ist der Schaum. Wohl jeder hat schon einmal die Bekanntschaft der ungewöhnlichen Schutzbauten der Schaumzikadenlarven gemacht – sei es, daß wir beim Blumenpflücken überraschend in etwas Feuchtes griffen (das Wiesenschaumkraut verdankt ihnen seinen deutschen Namen), uns an dünnen Weidenzweigen eine Menge weißer Schaumklümpchen auffielen oder daß es beim Rasten auf einer Sommerwiese plötzlich feucht durch die Kleidung kam. Schimpfen auf die unappetitliche Schaummasse, Kuckucksspeichel nennt sie der Volksmund, wird zumeist die erste und einzige Reaktion auf die unerwartete Entdeckung gewesen sein. Schiebt man jedoch den Schaum etwas beiseite, so zeigen sich darunter seine Erzeuger: eine oder mehrere Larven der Schaumzikaden (Cercopidae).

Die Larven sitzen kopfabwärts an Pflanzenstengeln, ihre Saugrüssel haben sie tief in die Wirtspflanze versenkt, von deren Saft sie leben. Wasser steht ihnen durch den Pflanzensaft reichlich zur Verfügung. Den Überschuß lassen sie vom After aus über den ganzen Körper laufen, sitzen also in einem Tropfen aus Pflanzensaft und Kot. Solche quasi Unterwasserbedingungen verlangen besondere Vorkehrungen für die Atmung. An der Bauchseite des Hinterleibes befindet sich ein Kanal, der nur am rückwärtigen Ende offenbleibt. Um Luft zu holen, genügt es der Larve, die Hinterleibspitze ganz wenig aus der Hülle zu strecken. Die verbrauchte, aus den Tracheen, den feinen Luftkanälchen des Insektenkörpers, wieder austretende Luft bildet die Schaumblasen in der Flüssigkeit, die schließlich das ganze Tier umhüllen. Luftblasen in gewöhnlichem Wasser zerplatzen aber viel zu schnell, deshalb muß der Schaum durch besondere Zuschlagstoffe stabilisiert werden. Wachsseifen sind hieran beteiligt. Sie entstehen, wenn die Exkremente, die ein wachsspaltendes Enzym enthalten, über die am siebten und achten Hinterleibsring liegenden Wachsdrüsen fließen. Die Wachsseifen verbinden sich mit den basischen Bestandteilen des Kotes und beeinflussen zusammen mit bestimmten Eiweißsubstanzen die Entstehung und Haltbarkeit der Schaumhülle.

Die eingangs erwähnte Unappetitlichkeit der Schaumhülle ist durchaus wörtlich zu nehmen. Genau aus diesem Grunde nämlich gewährt sie Schutz vor einigen Feinden und bietet daneben Sicherheit vor Austrocknung.

Andersartige Schutzkonstruktionen aus Schaum errichtet die Larve der Blattwespe *Lygaeonematus compressicornis*. Sie umgibt ihren Freßplatz auf einem Espenblatt mit einem Zaun aus Schaumpalisaden, und manchmal versperrt sie den Zugang zu ihrem Weideblatt, indem sie solche Schaumpalisaden schon am Blattstiel errichtet. Der Schaum ist klebrig und enthält Salicylsäure. Kleinere Feinde, beispielsweise Ameisen, lassen sich dadurch abschrecken.

Konstruktionen ohne körpereigenes Material

Ein Steinhaufen tut's auch

Als erstes und einfachstes Beispiel ohne körpereigenen Materials aufgebauter Behausungen soll die Unterkunft des Kraken *(Octopus vulgaris)* vorgestellt werden. Der im Mittelmeer lebende Krake bleibt mit kaum 1 m Länge viel kleiner als seine bekannteren riesigen Verwandten in der Tiefsee. Tagsüber hält er sich meist in Felsspalten, Höhlen oder einer selbstgebauten »Burg« versteckt. Burgenbau und das »Vermauern« zu großer Höhleneingänge ist charakteristisch für einige Krakenarten. Fehlen natürliche Versteckmöglichkeiten, so werden Steine aus der Umgebung gesammelt, an einem bestimmten Punkt zusammengetragen und dort zu einem Ringwall aufgetürmt. Der Besitzer dieses Steinhaufens läßt sich in dessen Mitte nieder. Als Baumaterialien kommen auch Schneckenhäuser, Krebspanzer oder Zivilisationsmüll in Frage. Erstaunlich sind die Lasten, die von den Tieren transportiert werden können. Ein knapp 10 cm langer Krake trug z. B. acht Steinchen mit einer Masse von 220 g bei sich, ein anderes Mal sogar Steine mit 350 g Gesamtmasse! (Der Auftrieb des Wassers ist dabei allerdings zu berücksichtigen.) Größere Kraken befördern Steine von mehreren Kilogramm, wobei sie mit dem Vorderende vorangehen und den Stein mit den Armen nachziehen.

Obwohl, genaugenommen, nicht hierher gehörig, da mit körpereigenen Baustoffen errichtet, sei an dieser Stelle noch ein anderer Steinhaufen erwähnt, der der Feilenmuschel *(Lima hians)*. Unter Verwendung von Muschelseide, einem

Krake beim Bau seines Steinhaufens.

fädig erhärtenden Sekret aus der am Fußrand liegenden Byssusdrüse, heftet sie Steine, Muschelschalen und andere harte Stoffe zu einer etwa 12 cm großen, hohlen Burg zusammen, in der die dünnschalige, nur 2 cm lange Muschel Schutz vor Feinden sucht.

Nestbau bei Nagetieren

Ebenfalls sehr einfache Bauten finden wir bei einigen Nagetieren, z. B. der Hausmaus *(Mus musculus domesticus)*. Mit nur wenigen Bewegungsmustern, wie Drehen inmitten des zusammengetragenen Baumaterials und abwechselndem Schieben mit den Vorderbeinen (»Tapezierbewegung«), errichtet sie einen Rundwall um sich herum. Auch isoliert aufgezogene Tiere schaffen diese typische Nestform. Wenn Hausmäuse frei bauen, entsteht ein Kugelnest. Wie bei vielen anderen Säugetieren ist jedoch auch bei ihnen der Nestbau häufig mit einem Grabbau kombiniert. Ständig freistehende Sommernester errichten dagegen die Zwergmäuse *(Micromys minutus)*. Diese mit knapp 7 cm Körperlänge recht kleinen Nagetiere leben in weiten Teilen Eurasiens. Pflanzensamen und gelegentlich Insekten bilden ihre Nahrungsgrundlage. Mit Hilfe ihres Greifschwanzes turnt die Zwergmaus geschickt im Unterwuchs umher, oft inmitten von Getreidefeldern. Hier errichtet sie 0,5 bis 1 m über dem Boden ihren geflochtenen Unterschlupf. Zuerst beißt sie einige lange Halme an, klettert an ihnen hinauf und bringt sie so zum Umknicken. Daraufhin zieht sie grüne Blätter und andere Pflanzenmaterialien aus der Umgebung zu sich heran, zerspleißt sie mit den Spitzen ihrer Nagezähne der Länge nach in etwa fünfzehn Einzelstreifen und verflicht diese anschließend miteinander. Jeder der schmalen Blattstreifen bleibt am Halm und deshalb auch später frisch und grün, das Nest fällt deshalb in seiner Umgebung farblich kaum auf. Ist die Nestgrundlage durch die Verbindung gegenüberstehender Blätter geschaffen, so wird der Bau nach oben kuppelförmig erweitert. Inzwischen sind die Blätter der nächsten Umgebung bereits

verbaut, und es müssen entferntere abgebissen, zerfasert und von innen her in das Grundgerüst eingefügt werden, bis eine feste Wohnkugel entsteht. Durch den seitlichen Einschlupf trägt die Zwergmaus abschließend weiche, trockene Polstermaterialien ein. Die Innenauskleidung darf ruhig aus gelben Halmen bestehen, sie ist ja von außen nicht sichtbar. In Abhängigkeit von der Funktion des Nestes – Kinderstuben werden sorgfältiger und dichter als Wohn- und Schlafnester gebaut – nimmt der Bau 5 bis 48 Stunden in Anspruch.

Zwergmäuse sind keine Winterschläfer. In der kalten Jahreszeit halten sie sich in reich mit Vorräten versehenen Winternestern unter der Erde auf oder in Scheunen und Speichern, wo sie ständig einen »gedeckten Tisch« vorfinden.

Auch die Eichhörnchen *(Sciurus vulgaris)*, die in ähnlichen, nur nicht so kunstvoll geflochtenen Nestern leben, halten keinen Winterschlaf. An milden Tagen verlassen sie ihren Kobel, um Vorräte aus den im Sommer angelegten Verstecken zu holen. Nach einem solchen Ausflug wird der seitliche Eingang des meist kugelförmigen Nestes sorgfältig verschlossen, um die Kälte von dem dick mit Moos, Gras und Flechten ausgepolsterten Innenraum fernzuhalten. Oft stehen die etwa halbmetergroßen Bauten in Astgabeln dicht am Stamm, häufig auf den Fundamenten ehemaliger Vogelnester passender Größe, etwa denen von Hähern oder Krähen. Die Zweige für die Außenhülle werden vom Nestbaum selbst abgebissen oder abgebrochen und fest ineinandergesteckt. Auch hier entsteht zuerst eine Grundplattform, von der aus die Arbeit an Wänden und Decke erfolgt. Mit Zähnen und Vorderpfoten verankert das Eichhörnchen auch widerspenstige Zweige in seinem schließlich kugelförmigen »Steckwerk«. Das Material für die Innenauskleidung trägt es oft aus größerer Entfernung herbei, wobei ihm eine besondere Verhaltensweise zur Verfügung steht: Es führt schnelle, synchrone Streichbewegungen mit den Vorderbeinen aus, wodurch ein kleines, rundliches Bündel aus den Baustoffen entsteht, das nun leicht ins Maul genommen und transportiert werden kann. Der Bau eines Wohnkobels dauert zwei bis fünf Tage. Steht allerdings eine geräumige Baumhöhle zur Verfügung, kann sich das Eichhörnchen die aufwendige Außenhülle sparen und beendet seine Bautätigkeit schon früher. Außer dem Hauptnest, das als Wohnung und (beim Weibchen) als Kinderstube dient, werden häufig noch kleinere, nicht so sorgfältig gebaute Nester als Ruhe- und Zufluchtsstätten in anderen Revierteilen angelegt. Gleich nach der Paarungszeit wird das Männchen aus der künftigen Kinderstube verjagt.

Zwergmaus am Nest.

Biber gestalten die Landschaft

Der Biber *(Castor fiber)* gehört mit seinen knapp 30 kg Körpermasse zu den größten und schwersten Nagetieren. Bevor ihn der Mensch in weiten Gebieten ausgerottet hat, bevölkerte er in großer Zahl die Wasserläufe der Waldgebiete Europas, Asiens und Nordamerikas, hier die nahe verwandte Art *C. canadiensis.*

Erst spät, fast zu spät, bemerkte man, daß die Wasserbaumeister einen wichtigen Faktor im ökologischen Gleichgewicht darstellen. Besonders, wenn sie den Lauf wilder Gebirgsbäche hemmen, vermögen sie verheerende Überschwemmungen zu verhindern. Sie regulieren den Wasserstand schneller und wirksamer, als Ingenieure dazu in der Lage sind, und arbeiten überdies kostenlos. Heute ist die Zahl der Biber dank intensiver Schutzbemühungen in einigen Ländern wieder im Steigen begriffen.

Vieles im Leben der Biber erscheint beim ersten Hinsehen widersprüchlich: Er lebt von Blättern und Baumrinde, die sich in unerreich-

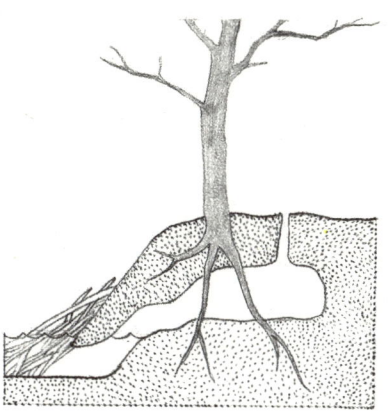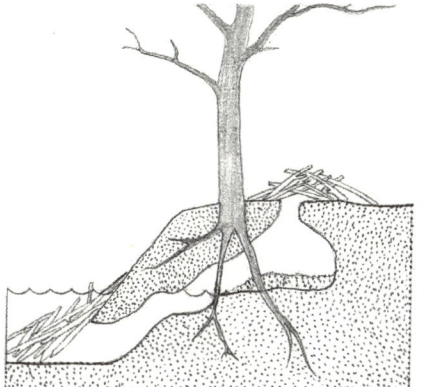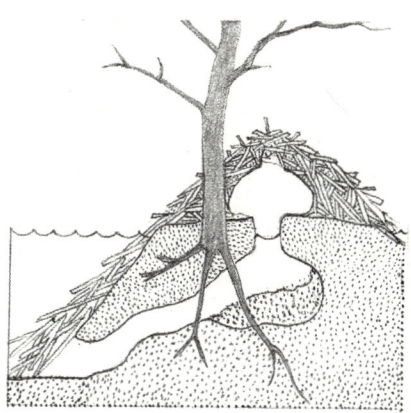

Entwicklung einer Biberburg aus einem Erdbau, schematisch. Steigt der Wasserspiegel, so kratzen und nagen die Biber Erde von der Decke des Kessels ab, der Boden erhöht sich. Wird das Dach zu dünn, so häufen sie Äste und Erde darüber. Steigt das Wasser noch weiter, so verlagern sie den Wohnkessel ins Innere der aufgebauten Biberburg. Die Zweige über der Baueinfahrt sollen das Einfrieren des Wassers verhindern.

barer Höhe befinden, denn er kann nicht klettern; er ist ein Wassertier, das auf dem Lande unbeholfen ist, aber er findet seine Nahrung ausschließlich auf dem Lande; er benötigt tiefes Wasser zum Schwimmen, siedelt sich aber häufig an dafür viel zu flachen Gewässern an. Diese scheinbare Unstimmigkeit löst der Biber durch sein erstaunliches, in der Tierwelt einmaliges Verhalten. Er fällt mit meißelscharfen Zähnen Laubbäume, um an deren Blattwerk und Rinde zu gelangen; er legt Schleppstraßen und -kanäle an, um Nahrung und Baumaterial über Land transportieren zu können, und er reguliert mit einer beispiellosen »ingenieurtechnischen« Leistung den Wasserstand seines Wohngewässers auf das benötigte Niveau.

Entsprechend der vielfältigen Anforderungen, ist das Bauverhalten der Biber außerordentlich mannigfaltig. Seinen Wohnbau treibt er zumeist schräg aufwärts in die Uferböschung, wobei er mit den Vorderpfoten gräbt, die Erde mit den Hinterfüßen, die breite Schwimmhäute tragen, nach hinten wegschaufelt, sich umdreht und das lose Material mit den Vorderpfoten vorwärts aus dem Stollen schiebt. Die Eingänge zu dem stets im Trockenen liegenden Wohnkessel befinden sich immer unter Wasser. In Höhe des Wasserspiegels ist die Röhre zu einer Freßkammer erweitert, in der die Tiere ihre in nächtlicher Arbeit herbeigeschleppten Pflanzenteile verzehren. Abfälle werden am nächsten Morgen restlos entfernt. Über die Eingänge des Röhrensystems schichten die Biber ein Dach aus Zweigen und Erde, das gegen Eindringen der Kälte schützt

und verhindert, daß das Wasser in den Gängen gefriert.

Steigt der Wasserspiegel, so wird von der Decke des Wohnkessels Erde abgekratzt oder abgenagt und dadurch der Boden erhöht. Wird das Dach zu dünn, dann häufen die Tiere von außen Zweige, Knüppel und Erde darüber. Wenn das Wasser noch weiter steigt, verlegen sie den Wohnkessel schließlich ins Innere der aufgebauten »Biberburg«. Derartige Wasserburgen werden auch inmitten langsam fließender Gewässer errichtet, wenn die Ufer für einen Erdbau zu flach sind. Die nächtlichen Baumeister schichten dazu bis zu 4 m lange Knüppel und Zweige übereinander und höhlen im Inneren des bis zu 3 m über den Wasserspiegel ragenden Haufens Wohnkessel und Eingänge aus (Substrathöhlen in aufgebautem Material!). Lücken verstopfen sie mit Schlamm, Steinen und feinen Pflanzenstoffen. Das Material wird dazu mit den Handflächen oder dem Kinn gegen die Baustelle gepreßt. Auch zahme Biber verschließen sofort jedes Guckloch zu ihrer Wohnung, während sie sich durch eine Glaswand ungestört beobachten lassen. Auf Zugluft zu reagieren ist in ihrem Verhaltensprogramm verankert, nicht dagegen auf Sicht, die ja in ihrem natürlichen Leben im Bau keine Rolle spielt.

Ein Teil des Kuppelbaus bleibt locker gepackt und wird nicht mit Schlamm abgedichtet. Über dieser Stelle steigt bei strengen Frösten ein Dampfwölkchen auf – ein Zeichen dafür, daß hier die Be- und Entlüftung der Biberburg erfolgt. Die Insassen halten keinen Winterschlaf.

Sie schaffen sich einen Vorrat an Zweigen, die sie vor ihren Uferhöhlen oder Burgen aufschichten, in reißendem Wasser im Boden festrammen und zu einer kompakten Masse verflechten. Mit Vorliebe fällen sie Bäume von etwa 12 cm Dicke, fast durchweg wirtschaftlich bedeutungsloses Holz. Die Fähigkeit, einen Baum zu fällen, ist dem Biber angeboren, handaufgezogene können das bereits mit wenigen Monaten ausgezeichnet. Der Biber umfaßt den Baum mit den Pfoten, dreht den Kopf zur Seite und nagt Splitter für Splitter sanduhrförmig ab. Zwischendurch schärft er die Zähne des Unterkiefers an denen des Oberkiefers. Auf ein schwaches Knacken als erstes Anzeichen des stürzenden Baumes flüchtet er, den Kopf auf ihn gerichtet, in entgegengesetzter Richtung. Sehr selten wird ein Biber erschlagen. Bäume ohne Krone fällten zahme Biber erst, als ein grüner Zweig darübergehängt wurde. Schwache Stämme und Äste zerlegen sie in handliche Stücke, die sie über spezielle Schleppstraßen oder – bei flachen Ufern – über eigens ausgehobene Schleppkanäle ins offene Wasser transportieren und hier als Nahrung oder Baumaterial verwenden.

Die Herstellung einer umfangreichen Wasserburg an sich ist im Tierreich noch nichts Ungewöhnliches. Auch Bisamratten errichten ähn-

Staudamm aus Ästen, Steinen und Schlamm; oft das Werk vieler Generationen. Vor dem Damm eine Rinne, aus ihr entnehmen die Biber den Schlamm zum Abdichten.

Biber am Ufer beim Bäumefällen und Materialtransport. Kleinere Stücke werden aufrecht getragen, größere einzeln gezogen.

Im Wasser fällt der Transport leichter (ein wesentlicher Grund für die Anlage der Staudämme).

liche, wenn auch kleinere Burgen. Mit seinen Dammbauten jedoch, durch die der Biber den zu seinem Schutz und zum Nahrungstransport nötigen hohen Wasserstand sichert, steht er einzigartig da. Man muß sich dabei vor Augen halten, daß der Biber ja nicht am Ort seiner unmittelbaren Bedrängnis, etwa der langsam trocken fallenden Baueinfahrt, arbeitet, sondern an einem entfernten, stromabwärts liegenden Platz, wodurch sich im Endeffekt aber flußaufwärts der Charakter des Gewässers und der Landschaft nach seinen Bedürfnissen umgestaltet.

Beim Dammbau nutzt der Biber geschickt natürliche Erhebungen als Stützpfeiler und bezieht auch Felsbrocken oder gestürzte Bäume in sein Bauwerk ein. Häufig rammt er Knüppel in den Boden des Wasserlaufs und steckt Äste dazwischen, die er mit dem Vorderfuß an die gewünschte Stelle lenkt und unter energischen Kopfbewegungen mit den Zähnen feststößt. Oft

Am Gewässergrund als Wintervorrat verankerte Äste und Zweige.

Biberburg, angeschnitten. Der Eingang liegt stets unter Wasser. Über dem Wohnkessel eine locker gepackte Schicht zur Entlüftung. (Meistens ist die Vorkammer nur teilweise wassergefüllt.)

stützt er den Damm zusätzlich durch stabile Querhölzer oder Astgabeln gegen die Strömung ab. Große Äste werden einzeln herangeschleppt, kleinere im Maul gebündelt. Erde und kleine Zweige legt er auf einen Haufen, schiebt die Vorderbeine darunter und marschiert aufrecht los. Im Wasser erfolgt der Transport schwimmend, das Material zwischen Kinn und Bauch eingeklemmt.

Die Zwischenräume im Damm füllt der Baumeister mit Zweigen und Schlamm, so lange, bis das Bauwerk wasserdicht ist. Unter Wasser fällt die Stauseite glatt und steil ab, häufig findet man vor ihr einen Graben im Gewässergrund, weil die Biber hier den Schlamm für die Abdichtung der Staumauer ausgruben oder ihn einfach mit den Hinterbeinen aufwühlten und von der Strömung gegen die Ritzen im Bauwerk treiben ließen.

Die Dämme sind selten höher als 1,5 m, am Ufer immer etwas flacher, da sich hier der Überlauf für das gestaute Wasser befindet. Mehrere hundert Meter lang können diese Dämme werden. Auf dem größten nordamerikanischen soll man 700 m entlanggehen können, er ist stabil genug, um selbst Roß und Reiter zu tragen. Solche gigantischen Anlagen sind das Werk vieler Bibergenerationen. Ständig sind sie dem wechselnden Wasserstand anzupassen. Aufbau und dauernde Instandhaltung könnten nie von einem Individuum allein bewerkstelligt werden, sie erfordern die Zusammenarbeit aller Mitglieder einer Familie und aller Familien einer Kolonie. Hier stellt sich die Frage, wie diese Zusammenarbeit zustande kommt, wie überhaupt die komplizierten Bauhandlungen der Biber gesteuert und ausgelöst werden. Wesentliche Beiträge zur Lösung dieser Frage lieferten unter anderem die Experimente und Beobachtungen des schwedischen Verhaltensforschers WILSON.

Um das Bauverhalten studieren zu können, hielt er jahrelang Gruppen zahmer Biber in geräumigen Gehegen. Es zeigte sich, daß der in hohem Maße einsichtig wirkende Staudammbau auf angeborenen Verhaltensmustern beruht. Vom Menschen aufgezogene Jungtiere, die niemals einen Biberbau gesehen haben, errichteten bereits mit wenigen Monaten ohne Irrtümer und

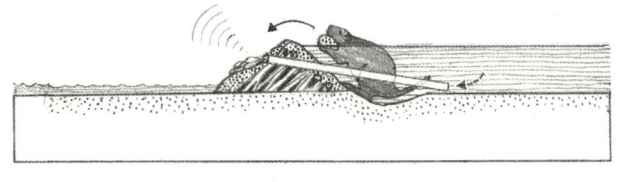

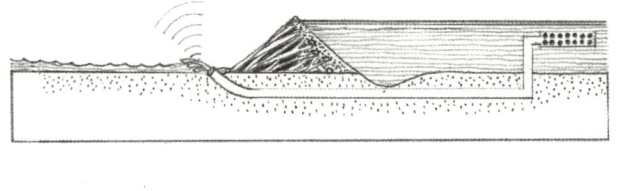

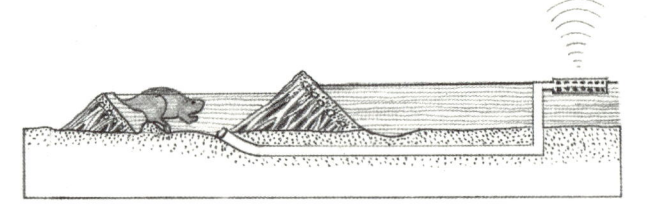

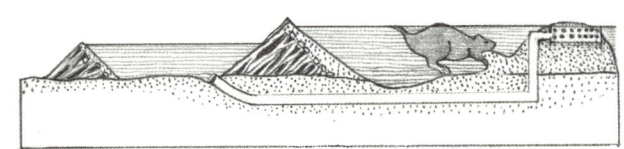

Experimente des französischen Zoologen P. B. RICHARD zu den auslösenden Reizen beim Dammbau des Bibers. Von oben: Das Wasser plätschert durch ein Abflußrohr am Damm. Die Biber verschließen die Schallquelle von der Stromseite her mit Schlamm.

Aus einem Abflußrohr hinter dem Damm sprudelt Wasser hervor: Stromabwärts bauen die Biber einen zweiten Damm und bringen so die Schallquelle zum Verstummen. Gleichzeitig gelangt der Einlauf des Rohres an die Wasseroberfläche, das Wasser fließt mit hörbarem Rauschen ab:

Die Biber lagern so lange Schlamm um die Schallquelle ab, bis das Einlaufsieb verstopft und damit das Geräusch verstummt ist.

Fehlversuche eine völlig normale Wohnburg und in strömendem Wasser einen perfekten Staudamm. Als auslösende Reize für den Dammbau erwiesen sich die Geräusche fließenden Wassers. Der gesamte Bauablauf wird weitgehend von diesem Rauschen bestimmt, und auch später werden undichte Stellen akustisch erkannt und sofort repariert. Ebenso reagieren die Biber auf Rauschen vom Tonband. Sie versuchen, die Schallquelle ebenfalls zu »reparieren«, d. h., zum Schweigen zu bringen, auch wenn sie gar nicht im eigentlichen Damm lokalisiert ist.

Für den Aufbau und die Erhaltung der Dämme werden zahlreiche Arbeitskräfte benötigt. Eine Bibergruppe besteht jedoch selten aus mehr als zehn bis vierzehn Tieren; mehr würden sich behindern, weil sie einzeln und nie gemeinsam arbeiten. Die Gruppenstärke wird ohnehin meist durch das Futterangebot begrenzt.

Schimpansen bauen all-
abendlich ein neues Nest. Nur
Säuglinge dürfen im Nest der
Mutter übernachten.

Schimpanse beim Bau seines
Schlafnestes. Er hält sich am
Mittelast fest, biegt Zweige
zu sich heran und hält sie mit
den Füßen in der richtigen
Lage. Mit weiteren Ästen
verflochten, ergeben sie eine
feste Nestplattform.
Gorillas und Orang-Utans
bauen ähnliche Schlafnester.

Die Konstruktionen
unserer nächsten Verwandten

Von allen heute lebenden Tieren stehen uns die
Zwergschimpansen und Schimpansen verwandtschaftlich am nächsten. Das geht eindeutig aus
vielen anatomischen, physiologischen und sero-
logischen Befunden hervor. Auch im Verhalten
zeigen sich verblüffende Ähnlichkeiten, wovon
sich jeder Zoobesucher selbst überzeugen kann.
In den letzten Jahrzehnten führten Verhaltensforscher, wie Jane Goodall und G. Schaller,
gründliche Freilanduntersuchungen an Schimpansen und anderen Menschenaffen durch. In
freier Wildbahn zeigen sich die Tiere in vielerlei
Hinsicht noch menschenähnlicher als im Käfig.
Große architektonische Leistungen vollbringen
sie hier allerdings nicht; ihre Bautätigkeit beschränkt sich auf das Anlegen einfacher Schlafnester.

Schimpansen (*Pan satyrus*) bauen sich Abend
für Abend bei Eintritt der Dämmerung ein neues
Zweignest zum Schlafen. In den dichten Baumkronen tropischer Wälder sucht das Tier zuerst
eine aufrechte Astgabel oder mehrere parallele
Äste. Von diesem Fundament aus zieht es be-
nachbarte Äste heran, knickt sie um und hält
sie in der Mitte mit den Füßen fest. Kleinere,
gut belaubte Zweige werden zur Polsterung dar-
übergelegt und durch das Gewicht des Schimpansen zusammengedrückt. Bereits nach drei bis fünf
Minuten ist der Bau vollendet. Oft scheint ihm
die Unterlage noch unbequem, und er reißt

weitere dichtbelaubte Ästchen ab, die er unter den Kopf oder andere Körperteile schiebt, bevor er sich endgültig zur Ruhe begibt. Trotz der kurzen Bauzeit sind alle Zweige des Nestes gut zwischeneinandergesteckt und verflochten. Die jüngsten Kinder bis zu einem Alter von etwa vier Jahren übernachten bei der Mutter, sonst baut jeder sein Nest für sich allein. In der Regenzeit, wenn der Boden sehr naß ist, stellen sie zuweilen auch Tagesnester her, um ihren Mittagsschlaf auf einigermaßen trockenem Untergrund zu halten. Nicht überall errichten Schimpansen allabendlich ein neues Nest. In Gebieten, wo sie wenig umherwandern, benutzen einige wiederholt denselben Schlafbaum mit dem alten Nest.

Die Grundlagen des Nestbauverhaltens werden den Menschenaffen im Erbgut mitgegeben. Schimpansenkinder beschäftigen sich schon spielerisch mit Nestkonstruktionen, wenn sie noch gar nicht gebraucht werden. In diesem Stadium lernen sie, das vorhandene Material mit den ihnen zur Verfügung stehenden Baubewegungen in arteigener Weise zu verarbeiten. An einem gefangenen alten Orang-Utan beobachtete man typische Nestbaubewegungen, die im »Leerlauf«, d. h. ohne Baumaterial, abliefen, was ebenfalls auf einen festgelegten, vererbten Handlungsablauf schließen läßt.

Es mag für manchen enttäuschend sein, bei unseren nächsten Verwandten nur ein Minimum an architektonischen Qualitäten anzutreffen, wo doch viele »niedere« Tiere großartige und kunstvolle Bauten errichten. Dazu sollte man sich vor Augen halten, daß die einfachen, in kürzester Zeit zu errichtenden Schlafnester ihre Funktion vollkommen erfüllen. Sie verhindern den Kontakt mit Bodenfeinden, wirken isolierend auf feuchtem Untergrund, schützen so vor Erkältungskrankheiten und besitzen daneben noch ein erstaunliches Wärmehaltevermögen. Für kompliziertere, d. h. zeit- und energieaufwendigere Bauten gab es in der Evolution von Schimpanse, Orang-Utan und Gorilla in ihrer Urwaldumgebung gar keine Veranlassung.

Mit dem vorwiegend vom ererbten Verhaltensprogramm gesteuerten Nestbau sind jedoch die »architektonischen« Möglichkeiten der Men-schenaffen keineswegs erschöpft. In ihrer natürlichen Umgebung kommen diese latenten Fähigkeiten jedoch kaum zum Einsatz, erst unter den künstlichen Bedingungen der Gefangenschaftshaltung erlangen sie Bedeutung.

WOLFGANG KÖHLERS bahnbrechende Untersuchungen auf diesem Gebiet stammen aus den ersten Jahrzehnten dieses Jahrhunderts. Uns sollen hier lediglich jene Experimente interessieren, die mit dem Bau- oder Konstruktionsverhalten in Beziehung stehen.

KÖHLERS zahme Schimpansen benutzten Stöcke zum Herbeiangeln von Bananen, die außerhalb ihres Käfigs lagen, und machten die »Erfindung«, daß man zwei an sich zu kurze Stöcke zusammenstecken kann, um das Ziel zu erreichen. Hoch an der Decke aufgehängte Bananen wußten sie zu erlangen, indem sie Kisten heranholten und übereinanderstapelten, bis sie den begehrten Leckerbissen ergreifen konnten. Eine junge Schimpansin brachte es sogar fertig, einen Turm aus vier Stockwerken aufzubauen, wacklig zwar, denn Schimpansen scheinen kein Gefühl für die Statik ihres »Bauwerks« zu besitzen, aber haltbar genug, um hinaufklettern zu können und von hier aus die Banane zu erlangen. Jede der Handlungsweisen, gleich, ob es sich um die Suche nach geeignetem Baumaterial, das Heranschaffen oder Auftürmen handelt, kam nicht etwa durch bloßes Herumprobieren zustande, sondern wirkte bewußt und zielstrebig. Oft saßen die Tiere ruhig da, bis ihnen die Lösung einfiel. Nicht alle Schimpansen sind allerdings in der Lage, diese komplizierten Aufgaben zu bewältigen. Der Anblick erfolgreichen Tuns regt zwar zum Handeln an, aber es gelang keinem der zuschauenden Schimpansen, ein solches neues Prinzip auf einmal zu erfassen. Jeder mußte die zum Erfolg führenden Einzelheiten der Reihe nach neu erproben.

Der Turm aus Kisten – gleichgültig, wie wacklig er ausfiel – steht dennoch, da mit Einsicht in die Zusammenhänge errichtet, auf einer ungleich höheren Stufe als selbst die kunstvollsten Spinnennetze, Webervogelnester oder Termitenbauten, die auf der Grundlage ererbter Verhaltensprogramme erbaut werden.

6. Kapitel

Die Bauten sozialer Insekten *Bauten im Dienste des sozialen Zusammenlebens*

Kein Tier lebt völlig isoliert. Immer finden sich irgendwelche Beziehungen zu Artgenossen, sei es beim Nahrungserwerb, der Fortpflanzung oder in einem anderen Zusammenhang. So ziehen Heuschrecken in riesigen Schwärmen in dieselbe Richtung, Tanzfliegen und Mücken finden sich zu oft unübersehbaren Tanzgesellschaften zusammen, und Grabwespenweibchen versorgen ihren Nachwuchs über einen längeren Zeitraum mit frischer Nahrung. Im weitesten Sinne ist jedes Zusammenwirken von Tieren derselben Art als soziales Verhalten zu betrachten. Zur Definition der sozialen Lebensweise der staatenbildenden Insekten gehört jedoch mehr: das Fortbestehen des Staates über die Zeit der Jungenaufzucht (auch bei wechselnden Einzeltieren) hinaus, die ständige Pflege der Brut durch Ammen (meist die älteren Geschwister) und die Gemeinschaftsarbeit, verbunden mit einer Arbeitsteilung. Rein äußerlich zeigt sich diese Arbeitsteilung in der Ausbildung verschiedener Morphen oder Kasten. Neben den sonst üblichen Männchen und Weibchen existieren hier noch weitere Formentypen einer Art (»Arbeiter«, »Soldaten« usw.).

Die sozialen Insekten errichten Bauwerke, die zu den imposantesten tierischen Konstruktionen überhaupt zählen. Würde man an die Erbauer der Termitenhügel menschliche Maßstäbe legen, dann glichen ihre Nester Berggipfeln von knapp 2000 m Höhe! Es gibt komplizierte Lüftungsanlagen in steinharten Termitenbauten, unterirdische Gewölbesysteme der Ameisen von mehr als 100 m Durchmesser, kunstvolle Bienenwaben aus Wachs und Wespennester aus feinstem Papier oder Karton. Jedes Staatsgebilde ist nur im Zusammenhang mit seinen Bauten lebensfähig und zu verstehen, genauso, wie diese ohne die komplizierte soziale Organisation nicht denkbar wären. Bauten und Erbauer bilden eine Einheit,

gewissermaßen einen höheren Organismus – eine Vorstellung, die sich in dem einem alten Sprachgut entlehnten Ausdruck »der Bien« für die Gesamtheit des Bienenstaates niederschlägt. Die gesonderte Behandlung der Bauten sozialer Insekten trägt dieser höheren Stufe tierischer Bautätigkeit im Sozialverband Rechnung.

Ansätze zur sozialen Lebensweise gibt es unter anderem bei einigen Schmetterlingsraupen, nordamerikanischen Schaben, verschiedenen Grabwespen und auch bei den Spinnen. Voll ausgeprägt ist das staatenbildende Leben jedoch nur bei Termiten, Ameisen, Bienen und – mit gewissen Einschränkungen – bei Faltenwespen. Bei den beiden letztgenannten Gruppen stellen die staatenbildenden Arten eine kleine Minderheit; von den 20000 Bienenarten beispielsweise brachte es nur eine Gattung *(Apis)* mit vier Arten zur staatenbildenden Lebensweise im Sinne der oben gegebenen Definition. Übergangsformen, bei denen die genannten Forderungen nicht vollständig erfüllt sind, finden sich häufiger. Dagegen gibt es in der Überfamilie der Ameisen mit ihren vielen Gattungen und über 60000 Arten keine Übergangsformen mehr, sie leben alle sozial, wobei ihre Staaten schon 50 Millionen Jahre existiert haben, bevor sich die ersten menschlichen Gemeinwesen entwickelten. Das Sozialleben der Termiten ist mit Sicherheit noch älter. Sie sind nicht näher mit Bienen und Ameisen verwandt und stellen eine eigene Ordnung mit vielen Familien, Gattungen und etwa 2000 Arten.

Wespennester aus Papier

Die faust- bis kopfgroßen grauen Papiernester der sozialen Faltenwespen sind wahrscheinlich vielen Lesern aus eigener Anschauung bekannt.

Im Laufe der stammesgeschichtlichen Entwicklung entstanden diese komplizierten Nestformen aus einfachen Typen solitärer Arten, erinnert sei hier nur an die kleinen Nesturnen der Pillenwespen. Die einfachsten Nester unter den sozialen Arten bauen die Feldwespen (Polistes).

Ihr Bau besteht aus einer kleinen Wabe, die mit einem starken Stiel frei an Zweigen, Mauern, Felswänden und anderen Orten hängt. Die »Erfindung«, das Nest mit einer schützenden Hülle zu umgeben, haben die Feldwespen noch nicht gemacht. Wenn es in die offene Wabe hineinregnet, saugen sie das Wasser auf und tragen es weg. Wird es den Tieren aber zu warm, holen sie Wasser herbei und verwenden es zur Kühlung.

Im Frühjahr beginnt ein bereits im Vorjahr begattetes Weibchen, die »Wespenkönigin«, mit dem Nestbau. Andere Königinnen können sich hinzugesellen und sich an Nestbau und Eiablage beteiligen. Unter ihnen bildet sich eine Rangfolge aus, in der immer das zuerst erschienene Weibchen an der Spitze steht. Es legt die meisten Eier, frißt sogar die Eier der anderen auf und vertreibt diese schließlich, wenn die erste Brut schlüpft.

Die Gattung Vespa ist, wie in vielen anderen Beziehungen, so auch im Nestbau, gegenüber Polistes wesentlich weiter fortgeschritten. Einmal wenden sie das Prinzip an, mehrere Waben etagenförmig untereinanderzubauen, und zum anderen umgeben sie ihr Nest mit einer vielschichtigen Hülle. In der Hülle ist eine Vielzahl von Luftkammern enthalten, die das Nestinnere wirkungsvoll gegen die Außenluft isolieren. Nur so kann im Bereich der Brut eine nahezu konstante Temperatur von etwa 30°C gehalten werden. Eine bestimmte Gruppe von Arbeiterinnen widmet sich der Wärmeerzeugung, indem sie in schneller Folge den Hinterleib zusammenziehen und wieder strecken. Die Muskelbewegungen setzen Wärme frei (ebenso zittert unser Körper bei Kälte, um Wärme zu erzeugen). Wird es bei hohen Außentemperaturen im Nest zu warm, so tragen die Wespen Wasser ein und befeuchten die Zellen im Innenraum. Durch die Verdunstungskälte sinkt die Temperatur (verdunstender Schweiß an unserer Körperoberfläche hat den gleichen Effekt).

Beobachtet man den Bau eines der Papiernester über mehrere Monate, so bekommt man einen guten Einblick in die einzelnen Bauetappen. Ausführliche Beschreibungen dieser Vorgänge verdanken wir unter anderem den Arbeiten W. Weyrauchs. Im Frühjahr beginnt die bereits im Vorjahr begattete Königin mit dem Bau. Sie wählt dazu eine feste Unterlage an einem geschützten Platz, wo sie zuerst ein Stielchen fertigt, an dessen Ende sie zwei kleine Zellen anbaut. Gleichzeitig legt sie um die Säulenbasis einen flachen Teller an, der bald zu einer Schale erweitert und später zu einer fast kirschgroßen Kugelhülle geschlossen wird. Eine kleine Öffnung dient als Schlupfloch für die Erbauerin. Um die erste kugelige Hüllenwand wird in einigem Abstand ein zweiter, entsprechend größerer Mantel von gleicher Form gebaut. In diesem Sinne wächst das Nest über Faust- bis zu Kopfgröße. Der Nestkern, um den herum und um dessentwillen nach außen Wand um Wand angebaut wird, bleibt nicht unverändert. An die ersten zwei Zellen werden weitere angebaut, die in einer Wabe zusammenliegen. Bald ist die Wabe so weit gewachsen, daß sie an die nächstliegende, also älteste Hüllenwand anzustoßen droht. Vorher jedoch reißt das Wespenweibchen diesen Mantel wieder ab. Das abgetragene Nestmaterial geht nicht verloren: Es wird entweder im Nestinneren zum Zellenbau benutzt oder außen zum Vergrößern der jeweils letzten Hülle eingesetzt. Ebenso verwenden ja auch wir altes Papier, um neues daraus herzustellen – jedenfalls sollten wir das tun.

Je größer ein Wespennest ist, um so mehr Hüllen wurden bereits in seinem Innenraum wieder abgerissen. Da die Wabe entsprechend mitwächst, erweitert sich auch der freie Raum, den sie im Inneren der jeweils ältesten Kugelhülle frei läßt (infolge ihrer Scheibenform kann die Wabe ja nur den Platz an der Decke des Nestinnenraumes ausfüllen). Sobald der frei bleibende Raum eine gewisse Größe überschritten hat, beginnt der Bau einer zweiten Wabe.

Mit der Größe des Nestes wächst von jetzt an

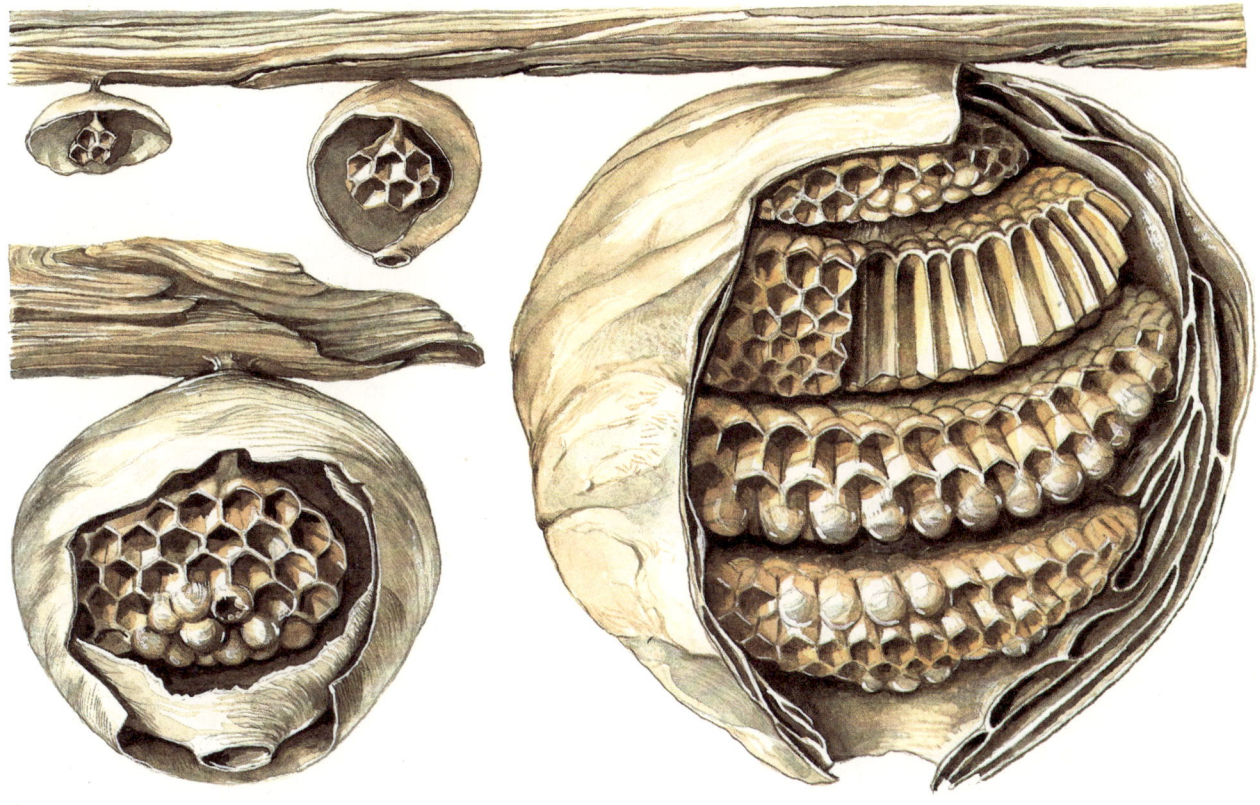

auch die Anzahl seiner Stockwerke. Ältere Nester einiger heimischer Wespenarten (Gattung *Vespa*) können im Herbst zehn Etagen enthalten! Mit der Herstellung und Anordnung der Wachswaben der Honigbienen hat diese Bautechnik wenig zu tun. Die Wespenwaben sind meist waagerecht angeordnet und nur an der Unterseite mit Zellen besetzt, nicht zweiseitig wie bei den senkrechten Bienenwaben.

Den Baustoff gewinnen unsere bekanntesten heimischen Arten *(Vespa, Dolichovespula)* mit Vorliebe an älteren, grauverwitterten Zaunpfählen – daher die grauen Nestwände. Andersfarbene Baustoffquellen führen zu farblich abweichenden, häufig buntgestreiften Nestern. Es gibt in unserer Gegend im Spätsommer wohl kaum einen Zaunpfahl, der nicht von zahllosen hellen, 2 mm breiten und etwa 2 cm langen senkrechten Streifen übersät wäre. An diesen Stellen wurde das verwitterte Holz entfernt, und die hellere Unterschicht tritt zutage. Überall an solchen Pfählen kann man dann auch Wespen sitzen sehen, die mit der Gewinnung des Holz-

stoffes beschäftigt sind. Unter deutlich hörbarem Knistern und Kratzen schaben sie mit den Kieferwerkzeugen Holzfasern und kleine Schnipselchen ab. Dabei kriechen sie langsam rückwärts, genau senkrecht nach unten. Am Arbeitsplatz lassen die Tiere etwas Speichel austreten, der die Unterlage kurzzeitig sichtbar dunkler färbt, durchweicht und das Abreißen der Späne erleichtert. Hat das Klümpchen aus durchspeichelten Holzfasern etwa Senfkorngröße erreicht, wird es im Fluge zum Bauplatz transportiert. Hier angekommen, knetet die Baumeisterin das Material noch einmal gründlich durch und versetzt es mit einem leimhaltigen Speichelsekret, das die verfilzten Holzteilchen verklebt.

War die Rohstoffgewinnung eine aufwendige und langwierige Arbeit, so spielt sich seine Verwendung beim Bau überraschend schnell ab. Bevor die Wespe sich aber an einer bestimmten Stelle zum Bauen anschickt, läuft sie in der Regel in großer Eile scheinbar ziellos über den Baugrund. Ist die passende Stelle gefunden, bestimmen die spezifischen Reize von der Unterlage, was aus dem Rohstoff gefertigt werden soll – ob eine Zelle, eine Hüllenwand, ein Stielchen oder ein anderes Nestelement. Jedes dieser Teile erfordert eine andere Verarbeitung desselben Baumaterials. Auf den Rand der äußersten Nesthülle beispielsweise setzt sich die Baumeisterin in reitender Stellung und drückt das Baustoffbällchen fest gegen die Papierkante. Immer auf dem Papierrand reitend, geht sie nun rückwärts und rollt von ihrem Bällchen einen feuchtglänzenden Papierstreifen ab. Gleich darauf packt sie ihn mit den bezahnten Innenrändern ihrer Kieferwerkzeuge und zerrt ihn mit kauenden und harkenden Bewegungen in die Länge. Zehn bis dreißig solcher Plätthandlungen sind nötig, um den Streifen auf das nötige Format zu dehnen. Der ganze Vorgang läuft mit außerordentlicher Geschwindigkeit ab, so daß man die Wespe dauernd laufen sieht. Streifen für Streifen wird in zeitaufwendiger Arbeit aneinandergefügt, bis schließlich die großen Papierwände entstehen, die wir an den Wespennestern bewundern.

Interessant ist, daß wir das Papier in prinzipiell gleicher Weise herstellen wie die Wespen. Wir zerkleinern Faserstoffe (Holz oder Schilf), genau wie die Wespe das Holz in kleine Schnipsel zerbeißt. Wir kochen die Späne anschließend in Natronlauge und anderen Chemikalien, um die Fasern aufzuweichen und ihr Gerüst aufzulockern, genau wie die Wespen die Holzstückchen mit ihrem Speichel einweichen. Danach verfilzen wir die im Wasser verteilten Fäserchen auf einem Sieb und schütteln überflüssiges Wasser ab, ebenso, wie es die Wespen mit ihrem Holzbrei tun, wenn sie ihn mit Drücken, Harken und Ausziehen auf die gewünschte Dicke bringen. Das fertige Stück »Büttenpapier« lösen wir durch Andrücken an ein Filztuch ab, die Wespen lassen es einfach an der Luft trocknen. Die Übereinstimmung zwischen beiden Papiersorten reicht über die Herstellungstechnik hinaus bis zu den Rohstoffen. Noch im Mittelalter wußte man in den Papiermühlen nur Wolle und Lumpen zu verarbeiten. Erst vor knapp 150 Jahren kamen zwei Entdecker auf die Herstellung von Holzfaserpapier. Eigentlich erfanden sie es nicht selbst, sondern schauten es lediglich den Wespen ab. Sie beobachteten die schwarz-gelben Baumeister bei der Papierproduktion und kamen dadurch auf den Gedanken, das gleiche Prinzip in der Papierindustrie anzuwenden.

Ein kopfgroßes Papiernest könnte natürlich niemals von einem Weibchen allein hergestellt sein. Viele Arbeitskräfte sind daran beteiligt. Genau hierin liegt die Erklärung für den erstaunlichen Sprung in der Nestentwicklung zwischen solitären und sozialen Arten. Anfangs ist die Königin beim Bau noch auf sich allein gestellt, ebenso wie die Weibchen der einsiedlerisch lebenden Sandwespen oder Pillenwespen. Sie muß bauen, Eier legen, Nahrung beschaffen und die Brut versorgen. In der ersten Zeit erhalten die Larven ein Kropfsekret von der Mutter, später Fleischnahrung in Form von zerkauten Insekten. Da die vielen hungrigen Larven zunächst nur spärlich versorgt werden, sind die nach drei Wochen aus ihrer mit einem Gespinstdeckel verschlossenen Zelle schlüpfenden Wespen nur unvollkommene Hilfsweibchen, die die Mutter unterstützen. Hier sind wir bei einem entscheidenden Unterschied zwischen solitären und sozialen Insekten angelangt: Nur die Nachkommen der letzten schließen sich der Mutter an und bilden mit ihr eine Familiengemeinschaft mit Arbeitsteilung ihrer Mitglieder. Allerdings schlägt sich die Arbeitsteilung hier noch nicht in einem gestaltlichen Wandel nieder, wie etwa bei den Arbeiterinnen der Bienen und Ameisen. Die Hilfsweibchen der Wespen unterscheiden sich, wenn man von der Größe absieht, kaum von ihrer Mutter. Sie vergrößern den Bau, sorgen für eine bessere Unterbringung der Brut und für deren ausreichende Fütterung. Die Mutter kann sich ganz dem Eierlegen widmen. So nimmt während des Sommers die Volkszahl zunächst langsam und dann immer rascher zu. In einem besonders großen Nest der Deutschen Wespe *(Paravespula germanica)* wurden 3900 Bewohner gezählt. Im Durchschnitt findet man jedoch nur einige Dutzend bis wenige hundert Individuen in einem Nest. Von all den Tieren, die einen Wespenstaat aufbauen, bleibt keines über den Winter am Leben, für den Fortbestand

Konstruktionstypen von Wespennestern (schematisiert).
Oben: Nest vom Außenskelett-Typ aus Brasilien, Gattung *Chartergus*. Die feste Außenwand aus Karton trägt die Waben; in der Mitte liegt der Durchgang zur nächsten Etage.
Mitte: Nest von *Polybia*, einer Art aus Venezuela. Modelliert aus feinem Ton. Die Etagen sind nur vom Eingang her zugänglich und nicht miteinander verbunden, Außenskelett-Typ.
Unten: Nest vom Innenskelett-Typ, Gattung *Vespa*. Die Last wird von zentralen Säulen getragen.

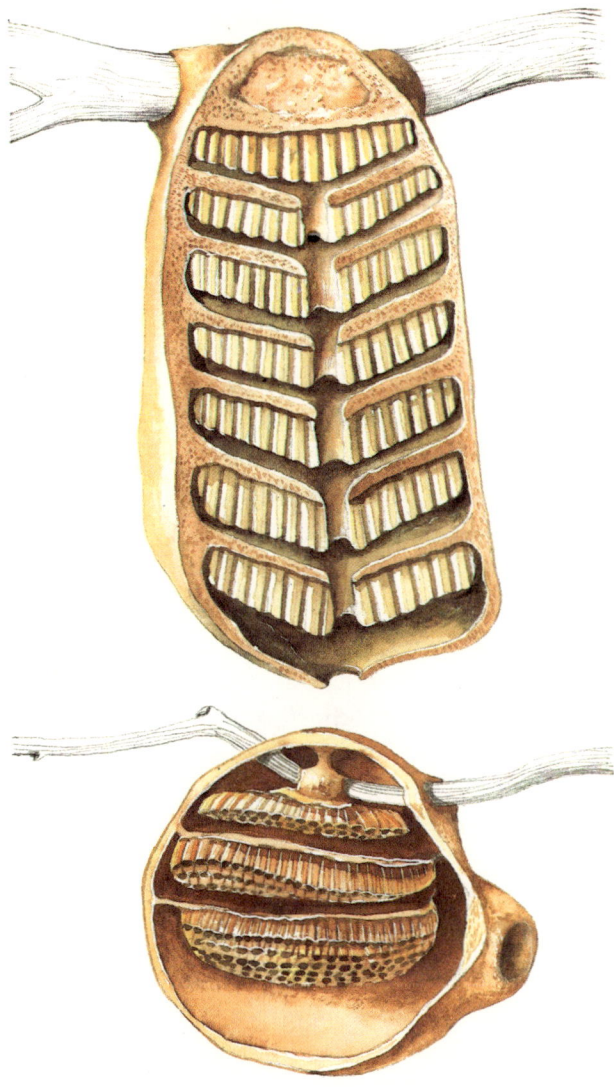

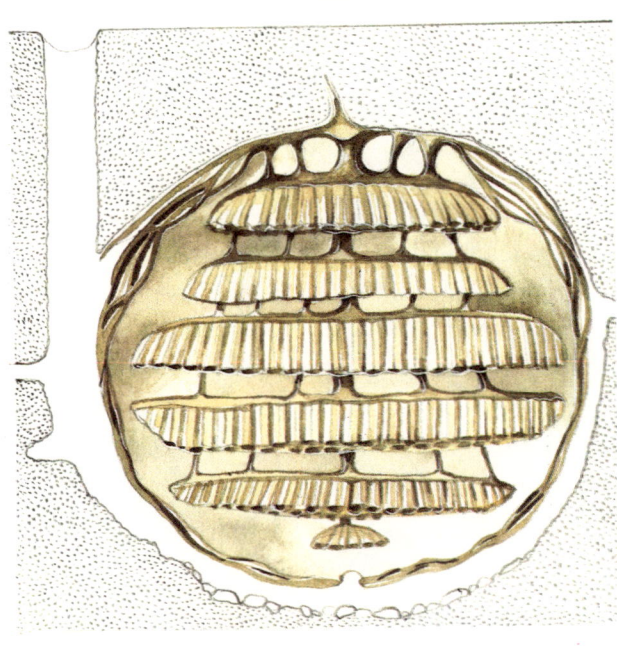

der Art sorgen wiederum befruchtete Weibchen, die ebenso wie die kurzlebigen Männchen im August aus größeren Zellen schlüpfen und an geschützten Orten überwintern.

Die oben beschriebene Nestkonstruktion gilt im Prinzip für die Mehrzahl der einheimischen sozialen Wespen. In den Feinheiten der Nestarchitektur ergeben sich jedoch Unterschiede zwischen den einzelnen Arten und Gattungen. Die Vertreter der Gattung *Vespa* verbinden ihre Wabenetagen mittels kleiner Säulen – einer Hauptsäule in der Mitte und häufig einer Reihe konzentrisch angeordneter Nebensäulchen. Bei *Dolichovespula* dagegen tritt anstelle dieses Säulensystems ein Leistenkranz, dessen Enden sich immer weiter gabeln.

Größere Unterschiede im Bauplan werden beim Vergleich der Papierwespen *(Vespa)* mit den Kartonwespen *(Chartergus)* sichtbar. Während erstere eine Hülle aus vielen dünnen Papierschichten um ihre Waben bauen, errichten die Kartonwespen eine einzige kompakte Wandschicht aus einer kartonartigen Masse. Dieser grundlegende Unterschied in der Anlage des Nestmantels steht in engem Zusammenhang mit der Art, wie die älteren Waben eines Nestes aneinander befestigt sind. Hier lassen sich zwei Baupläne unterscheiden: einmal der Typ mit Innenskelett (stelocyttarer Typ), nach dem unter anderem unsere heimischen Arten ihre Nester bauen, zum anderen die Wespennester mit Außenskelett (phragmocyttarer Typ), zu denen die Bauten der Kartonwespen zählen. Beim Innenskelettnest übt das wabenverbindende Gerüst seine Haupttragkraft über eine im Zentrum jeder Wabe gelegene besonders feste Säule aus, um die herum sich weitere tragende Säulchen oder Leistenbänder so anordnen, daß die Dicke des Traggerüstes zum äußeren und unteren Nestteil, entsprechend dessen Größe und Masse, abnimmt. Zwischen Wabenrändern und Nesthülle bleibt überall ein freier Raum, in dem sich der zuweilen recht lebhafte Verkehr zwischen den Stockwerken abspielt. Die Nesthülle ist nur sehr dünn und leicht mit dem Finger einzudrücken. Bei den Nestern mit Außenskelett dagegen ist gerade die Nesthülle die feste, tragende

Stütze, an der die Waben unmittelbar ansetzen. In der Mitte jeder Wabe liegt ein runder Durchschlupf, der einzige, durch den die Bewohner von Etage zu Etage gelangen können. Diese durchgehenden Öffnungen liegen genau an der Stelle, an der sich beim Innenskelett-Typ der tragende Säulenstamm befindet.

Hier scheint es angebracht, daran zu erinnern, daß sich auch im Körperbau der Tiere zwei große Gruppen unterscheiden lassen: diejenigen mit Innenskelett (Wirbeltiere) und diejenigen mit Außenskelett (Arthropoden, zu denen die Insekten gehören). Auch hier stand die Natur vor der Aufgabe, ein zusammenhaltendes Gerüst für die einzelnen Teile des Organismus (entsprechend den Teilen des Wespennestes) zu »erfinden«, und auch hier löste sie das Problem auf verschiedenen Wegen, aber mit übereinstimmendem Erfolg.

Die Bauten der Bienen

Übergänge zum staatenbildenden Leben

Die Übergänge vom einsiedlerischen Leben zu echten Insektenstaaten lassen sich am besten bei den Bienen verfolgen. Nur bei ihnen gibt es nebeneinander solitäre Arten, Zwischenformen und echte staatenbildende Vertreter. Von den Pelzbienen und ihren wasserhahnförmigen Vorbauten war schon die Rede, und auch davon, daß sie sich häufig in großer Anzahl an bestimmten Brutplätzen einfinden. Zusammengeführt werden sie nur durch den günstigen Bauplatz, und jede der Bienen lebt hier für sich allein. Trotz der an sich solitären Lebensweise gewinnt ihre Verteidigungskraft beträchtlich an Wirksamkeit. In gemeinsamen Angriffen schlagen sie Feinde zurück, bienensammelnde Entomologen klagen gelegentlich darüber.

Bei einigen Furchenbienen (Halictus) werden die Weibchen recht alt und erleben noch das Ausschlüpfen ihrer Kinder. Die Geschwister der ersten Jahresgeneration arbeiten zusammen an dem begonnenen Bau fort, legen ihre Eier in dasselbe Nest und betreuen gemeinsam die Brut, ohne Schranken zwischen dem Nachwuchs zu errichten. Erst der Herbst zerstört dieses Gemeinwesen, und im Frühjahr fängt jedes der im Spätsommer geschlüpften Weibchen von vorn an.

Etwas weiter entwickelte Verhältnisse finden wir bei den Familiengemeinschaften der Hummeln. Im Aussehen unterscheiden sich die plumpen Hummeln gar nicht sehr von vielen Einsiedlerbienen. Tatsächlich werden sie mit ihnen und den Honigbienen in eine gemeinsame Überfamilie (Apoidea, Bienen) gestellt. Auch hier beginnt im zeitigen Frühjahr ein im Vorjahr begattetes Weibchen mit dem Nestbau. Meist wählt es Stellen unter der Erde, etwa in Mäusebauen, gelegentlich auch höher gelegene, geschützte Orte, beispielsweise in alten Vogelnestern. Der Nestbau erinnert zuerst noch sehr an den solitärer Formen, jedoch ist der Zellenbau ein ganz anderer. Das junge Weibchen benutzt bereits Wachs (eine fettähnliche Substanz), auf dessen Bereitung bei der Honigbiene näher eingegangen wird. Hummeln verwenden das Wachs noch nicht rein, sondern vermischen es mit Pollen, Harz und anderen Stoffen.

Die Königin der häufigen Ackerhummel (Bombus agrorum) stellt zunächst nur eine einzige Wachszelle her, versorgt sie mit Blütenstaub, legt einige Eier hinein und verschließt die Zelle. Daneben hat sie einen Vorratstopf aus Wachs errichtet, den sie mit Honig als Nahrungsreserve für kalte Tage füllt. In der Folgezeit öffnet das Weibchen ab und zu die Brutzelle, um den heranwachsenden Larven erneut Futter zu reichen. Damit geht sie einen großen Schritt weiter als die meisten solitären Arten. Trotz der mehrfachen Fütterung fällt die erste Serie der Nachkommen, die vom Weibchen allein versorgt wird, recht kümmerlich aus; alle Tiere sind klein und besitzen unausgebildete Eierstöcke. Diese Hilfsweibchen haben die gleiche Funktion wie jene im Wespenstaat: Sie übernehmen das Einsammeln von Nahrung, den Bau neuer Brutzellen (die alten dienen nur noch als Honigspeicher) und die Erweiterung der Moos- und Wachshülle des Nestes. Dadurch können die nun aufwachsenden Geschwister besser mit Futter und Wohnraum versorgt werden, und es schlüp-

Nest der Ackerhummel, Oberseite der Mooshülle abgehoben. Die heranwachsenden Larven wölben die Wände der braunen Brutzellen vor. Zugesponnene Zellen mit Puppen hell, am Rande Honigtöpfe. Die Hilfsweibchen sind viel kleiner als ihre Mutter, die Königin.

fen bereits etwas größere Tiere. So geht das weiter, bis dann im Spätsommer auch vollentwickelte Weibchen entstehen, von denen sich einige mit den nun ebenfalls schlüpfenden Männchen verpaaren. Nur diese befruchteten Weibchen überleben den Winter und gründen im Frühjahr als Königinnen ein neues Nest.

Die Familiengemeinschaft der Hummeln wird somit in jedem Jahr neu gegründet und kann deshalb nur selten auf mehr als 300 Tiere anwachsen. In subtropischen und tropischen Gebieten dagegen bleiben die Familien und ihre Nester über mehrere Jahre intakt, entsprechend größer ist ihr Umfang. Ganz anders liegen die Verhältnisse im hohen Norden, wo der Sommer so kurz ist, daß sich nur eine einzige Generation von Geschlechtstieren entwickeln kann, die Hummeln ihr Leben also wieder als solitäre Tiere verbringen.

Die Stachellosen Bienen (Meliponinae) sind zwar nicht näher mit den Hummeln oder Honigbienen verwandt, verdeutlichen aber eine wichtige Übergangsform zwischen ihren Staats- und Nesttypen.

Wie die Hummeln erzeugen die etwa 350 tropischen Meliponenarten Wachs, das allerdings auch hier nicht rein verwendet, sondern oft mit Holz oder Harz vermischt wird. Meist kommen verschiedene Baumaterialien bei ein und derselben Art vor, so daß die äußeren Hüllen, die oft an Wespennester erinnern, aus Harz, Lehm und zerkautem Holz, die inneren Waben aus Wachs hergestellt sind. Gelegentlich ist der Zugang zum Nest dadurch geschützt, daß die Tiere einen engen Gang aus Wachs bauen, der von Wächtern versperrt wird. Andere Arten verschließen das Flugloch nachts durch einen Wachsstopfen.

Innerhalb der Stachellosen Bienen läßt sich ein Entwicklungstrend erkennen, der von den Nestern mit einzelnen oder unregelmäßig vereinigten Zellen (ähnlich denen der Hummeln) zu solchen führt, die regelmäßige, nach oben offene Waben aufweisen.

Bei den Meliponen finden wir das erste Mal wirkliche Arbeiterinnen, d. h. nicht nur verkümmerte Hilfsweibchen wie bei den Wespen oder Hummeln, sondern Tiere weiblichen Geschlechts, die sich von den Vollweibchen, den Königinnen, in einer ganzen Reihe von Merkmalen unterscheiden. Neben den Kennzeichen hochentwickelten staatlichen Lebens (langlebigen Staaten, Arbeitsteilung, die auch gestaltlich zum Ausdruck kommt) zeigen die Stachellosen Bienen eine Reihe ursprünglicher Züge, besonders im Bereich der Brutpflege. Sie verschließen beispielsweise die Zellen mit der Brut und verzichten auf deren Fütterung. Nur eine Art füttert einmal nach. So zeigen die Familiengemeinschaften der Meliponen, daß höhere und niedere Formen staatlicher Entwicklung nebeneinander vorkommen können und die hier gegebene Aufeinanderfolge nicht als Entwicklungsreihe, sondern als Seitenzweige eines gemeinsamen Stammbaumes aufzufassen ist. Bei den Bienen erfolgte der Übergang zur sozialen Lebensweise mindestens fünfmal, da in fünf Familien Vorstufen staatlichen Lebens anzutreffen sind.

Honigbienen

Zur echten Staatenbildung jedoch, die in allen Punkten unserer Definition genügt, haben es unter den 20000 Bienenarten nur die Honigbienen gebracht. Zu diesen gehören außer der Honigbiene *Apis mellifera*, der Biene schlechthin, noch die Indische Riesenbiene *(A. dorsata)* und die Indische Zwergbiene *(A. florea)*. Von diesen Arten, besonders der Honigbiene, gibt es eine große Anzahl von Rassen, die inzwischen über weite Teile der Erde verbreitet wurden.

Die Riesen- und Zwerghonigbienen weisen noch einige primitive Züge auf. Ihre senkrechten, beidseitig mit Zellen besetzten Waben hängen frei an Urwaldbäumen. Sie können bei der Riesenhonigbiene im Extremfall 2,10 × 1,20 m messen, fast 100000 Zellen und 100 kg Honig enthalten! Die Form der Zellen untereinander ist hier mit Ausnahme einiger Längenunterschiede völlig identisch, und jede Zelle kann noch jedem Zweck dienen: als Brutzelle für die verschiedenen Kasten oder als Vorratsgefäß. In den nur handtellergroßen Waben der Zwerghonigbiene gibt es dagegen schon verschiedene

Zelltypen: »Arbeiterzellen«, die etwa der Größe einer Arbeiterin entsprechen und auch zu deren Aufzucht dienen, Honigzellen, die wie die vorigen gestaltet, aber mehr als dreimal so lang sind, Drohnenzellen, die einen etwas größeren Umfang haben und zur Aufzucht der Männchen dienen und schließlich nicht sechseckige, sondern tönnchenförmige Weiselzellen (Weisel = Weibchen) für die künftigen Königinnen.

Die obere Schmalseite der Wabe haben die Zwerghonigbienen etwas abgeflacht und so zu einem kleinen Tanzboden ausgebaut, auf dem die heimkehrenden Sammlerinnen ihre Informationen über den Bienentanz (die »Sprache« der Bienen) weitergeben.

Die Waben der Honigbiene hängen nur in Ausnahmefällen an der freien Luft. Fast immer bevorzugen sie Baumhöhlen oder Felsspalten zur Anlage ihrer Bauten. Durch Nachahmung solcher Wohnräume ist es dann auch dem Menschen gelungen, sich der Bienenstaaten zu bemächtigen, ohne ihre Bewohner allerdings zu echten Haustieren machen zu können; denn die Bienen leben in den vom Menschen geschaffenen Räumen ebenso wie vorher in der Wildnis.

Ursprünglich beutete der Mensch nur die Waben wilder Bienen aus (Honig, Wachs, Brut). Doch schon die alten Ägypter verwendeten Röhren aus Nilschlamm als Bienenstöcke, wie eine 5000 Jahre alte Darstellung beweist. Genau die gleichen Röhren sind dort auch heute noch in Gebrauch. In den Waldgebieten Mitteleuropas herrschte lange Zeit die sogenannte Zeidelwirtschaft vor, bei der der Zeidler die Baumhöhlen mit einer abdeckbaren Öffnung versah, um die Waben leichter entnehmen zu können. Diese Art von Imkerei war sehr mühsam, da die Höhlen weit auseinander lagen und nur durch Zufall besetzt wurden. Später verwendete man abgesägte Stücke eines hohlen Baumes oder künstlich ausgehöhlte Holzklötze. In manchen Gegenden brachte man die Bienen in Strohkörben unter, wie auch heute noch in der Lüneburger Heide. Alle diese Unterkünfte stellten jedoch keine optimale Lösung dar, vor allem, weil Brut- und Honigwaben nicht klar getrennt waren und bei der Honigentnahme das ganze Volk

Wohnbauten.
Schutz findet man am einfachsten in einer Höhle, deshalb werden die meisten Wohnbauten substrathöhlend im Erdboden oder in organischen Stoffen angelegt.

59 Präriehund *(Cynomys socialis)* vor seinem Bau. Die Erdhügel in den Kolonien dieser nordamerikanischen Erdhörnchen sind keine funktionslosen Ablagerungen von Aushubmaterial, sondern Aussichtspunkte für die Wächter und beeinflussen durch ihre Höhe und Form die Belüftung des weitverzweigten Gangsystems.

60 Die an der Oberfläche unsichtbaren Baue anderer Nagetiere können mitunter beträchtliche Schäden in Land- und Forstwirtschaft verursachen, besonders wenn sie in dichtes Wurzelwerk genagt werden, wie der Bau der Kleinwühlmaus *(Pitymys subterraneus)*.

61, 62 An der westlichen Ostsee und den Küsten des Nordatlantiks sind oft weite Schlickflächen von den spiraligen Kothaufen über den Röhren des Köderwurms *(Arenicola marina)* bedeckt.

Nachträglich fügen viele Arten noch aufgebaute Elemente in die Hohlräume ein, z. B. Polsterungen, Trennwände oder Verschlußteile.

63 Die Falltürspinne *Nemesia cementaria* verschließt ihre Wohnröhre mit einem dicht gesponnenen, am seidenen Scharnier klappbaren Deckel, der korkengleich in die Röhrenöffnung paßt. Hier wurde der Klappdeckel vom Fotografen geöffnet. Die Spinne hat ihre Kieferklauen in seine Unterseite geschlagen und klappt ihn sofort wieder zu.

Die Raupen verschiedener Schmetterlingsfamilien überziehen ihre Nahrungspflanzen mit seidenen Gespinsten. In diesen Gemeinschaftszelten sind sie vor Witterungsunbilden, einigen Feinden und sogar vor Insektiziden weitgehend geschützt.

64, 65 Raupenzelte einer Gespinstmotte *(Yponomeuta)*. Die ausgewachsenen Raupen haben ihre Nahrungspflanzen vollständig kahlgefressen. Sie verpuppen sich dicht nebeneinander im Schutze ihres Gemeinschaftsgespinstes.

66 Gespinstmotte schlüpft aus dem Kokon.

Andere Insektenlarven graben sich vor der Verpuppung ein oder verkriechen sich in Spalten und Rissen. Oft verarbeiten sie Fremdmaterialien in ihren Kokons.

67 Unter loser Borke gebauter Schmetterlingskokon mit eingesponnenen Rindenpartikeln

68 Zwei Raupen eines Eulen-Falters (Noctudidae), eine davon beim Bau ihres Kokons. Sie führt den Seidenfaden in achterförmigen Schlingen und formt so eine geschlossene Hülle.

69 Für den Menschen hat der Kokon des Maulbeerseidenspinners *(Bombyx mori)* die größte Bedeutung. Er enthält bis zu 3 km Seidenfaden, von dem etwa 900 m in einem Stück abgehaspelt werden können. Dabei ist die Wand des Kokons kaum stärker als ein Blatt Zeichenkarton. In dem aufgeschnittenen Kokon liegt die Seidenspinnerpuppe.

Mit Hilfe feuchter Seidenfäden stellen gewisse Raupen
schützende Blattwickel her.
Die Fäden verkürzen sich
beim Trocknen und ziehen
das Blatt in die gewünschte
Form. Oft wird der steife
Blattnerv angenagt, damit er
sich leichter rollen läßt.

70, 71, 72 Die Raupen der
Fliedermotte (Xanthospilapte-
ryx syringella) stellen ihren
Blattwickel gemeinsam her.
In seinem Innern herrscht
ein ausgeglichenes Mikro-
klima, und Nahrung ist in
Form der eingerollten
Blatteile reichlich vorhanden.

Eine wenig aufwendige, aber wirkungsvolle Schutzhülle stellen sich die Larven der Schaumzikaden her. Sie sitzen kopfabwärts an ihren Nahrungspflanzen und saugen deren Saft. Vom Hinterleib aus lassen sie den flüssigen Kot über ihren Körper laufen, wobei sich durch die verbrauchte Atemluft aus den seitlich mündenden Luftkanälchen Schaumblasen bilden. Eiweiße sowie Sekrete aus den Nierenkanälchen und äußeren Wachsdrüsen stabilisieren die Schaumhülle. Sie schützt ihre Bewohner vor Austrocknung und einigen Feinden.

73, 74 Unter der »Kuckucksspucke« genannten Hülle finden sich je nach Art eine oder mehrere Larven der Schaumzikaden (Cecropidae).

75 Bei Säugetieren sind aufgebaute Wohnungen selten, zu den bekanntesten zählt das geflochtene Nest der Zwergmaus (*Micromys minutus*).

oder zumindest ein großer Teil der Brut vernichtet werden mußte. Der große Fortschritt in der Imkerei kam in der Mitte des vorigen Jahrhunderts, als man Bienenkästen mit eingehängten Holzrähmchen entwickelte, in die die Bienen ihre Waben bauen konnten. Die Honigwaben sind seitdem frei beweglich, das erleichterte die Imkerei ganz beträchtlich.

»Der Bien«

Wie einleitend erwähnt, bezeichnet man die Gesamtheit aller Bienen eines Volkes, einschließlich der Brut, der Vorräte und des Wachsgebäudes, als »den Bien«. Um die Leistungen der Bienen und ihre Bautätigkeit verstehen zu können, müssen wir die Zusammensetzung und Organisation des Biens wenigstens in groben Zügen kennen.

Ein normales Volk umfaßt im Sommer 40 000 bis 80 000 erwachsene Tiere – alles Nachkommen einer Königin, des einzigen eierlegenden Weibchens im ganzen Staat. Die große Masse des Volkes bilden die Arbeiterinnen, die zwar ebenfalls weiblichen Geschlechts sind, sich aber im allgemeinen nicht mehr fortpflanzen und auch in anderen Merkmalen von der Königin unterscheiden. Im Frühjahr und Sommer findet man Drohnen (Männchen) im Volk. Einige von ihnen vereinigen sich auf dem Hochzeitsflug mit einer jungen Königin. Sind sie dazu nicht mehr nötig, so werden sie von den Arbeiterinnen in der »Drohnenschlacht« mit Kniffen und Stichen aus dem Stock getrieben. Draußen verhungern sie alsbald.

Im Laufe eines Jahres legt die Königin 100 000 bis 150 000 Eier, im Frühsommer mitunter 3 000 pro Tag. Diese gewaltige Leistung ist nur möglich, weil sie sich an keiner anderen Arbeit beteiligt, ja, die Eiablage nicht einmal zur Nahrungsaufnahme unterbrechen muß, denn die Arbeiterinnen bieten ihr mit den Rüsseln einen Futtersaft an. Die Fütterung der Königin ist eine der vielen Aufgaben, die ausschließlich den Arbeiterinnen obliegt. Genauer gesagt, den jungen Arbeitsbienen – die Arbeitsteilung bei den

Honigbienen steht nämlich im Zusammenhang mit dem Lebensalter.

In den ersten zehn Lebenstagen sind die Jungbienen vorwiegend mit Innendienstarbeiten beschäftigt, vor allem mit der Brutpflege und der Fütterung der Larven. Am Ende dieser Periode bilden sich die Futtersaftdrüsen zurück, dafür gelangen aber die Wachsdrüsen zur vollen Entfaltung; die Arbeiterin wird zur Baubiene. Nebenbei verrichtet sie noch andere Arbeiten im Stock, bis etwa vom 21. Tag an auch ihre Wachsdrüsen zurückgebildet werden und sie zum Sammeln von Nektar und Honig ausfliegt. Nicht ohne Grund ist das ihre letzte Tätigkeit, denn im Außendienst drohen der Sammelbiene die meisten Gefahren.

Ganz so streng lassen sich die Termine für den Wechsel des Arbeitsgebietes nicht immer festlegen. Im Stock gibt es ständig eine Reihe untätiger Tiere, die dort einspringen, wo es besonders nötig ist. Zur Schwarmzeit, wenn die alte Königin mit einem Teil des Volkes den Stock verläßt, um einen neuen Staat zu gründen, entwickeln sich die jetzt besonders benötigten Wachsdrüsen bereits bei Jungarbeiterinnen, die eigentlich noch im Alter der Brutpflegerinnen stehen. Der Bau der neuen Waben, des »Wachszellkörpers des Biens«, geht deshalb nach dem Umzug erstaunlich schnell vonstatten.

Das ökonomische Sechseck

Wie bei den Zwerghonigbienen gibt es auch in den Waben unserer Honigbienen drei verschiedene Zellformen. Die Mehrzahl der Zellen ist gleich gebaut und dient der Aufzucht der Arbeiterinnen und der Speicherung von Pollen und Honig. Nur die Mitte der Waben im Stockinneren wird von der Königin mit Eiern belegt, die äußeren Zellen und die weiter hinten liegenden Waben dienen als Nahrungsspeicher. Für die etwas größeren Drohnen errichten die Arbeiterinnen umfangreichere Zellen und für die Königinnen noch größere, meist seitlich oder am unteren Wabenrand.

Außer den zuletzt genannten rundlichen Kö-

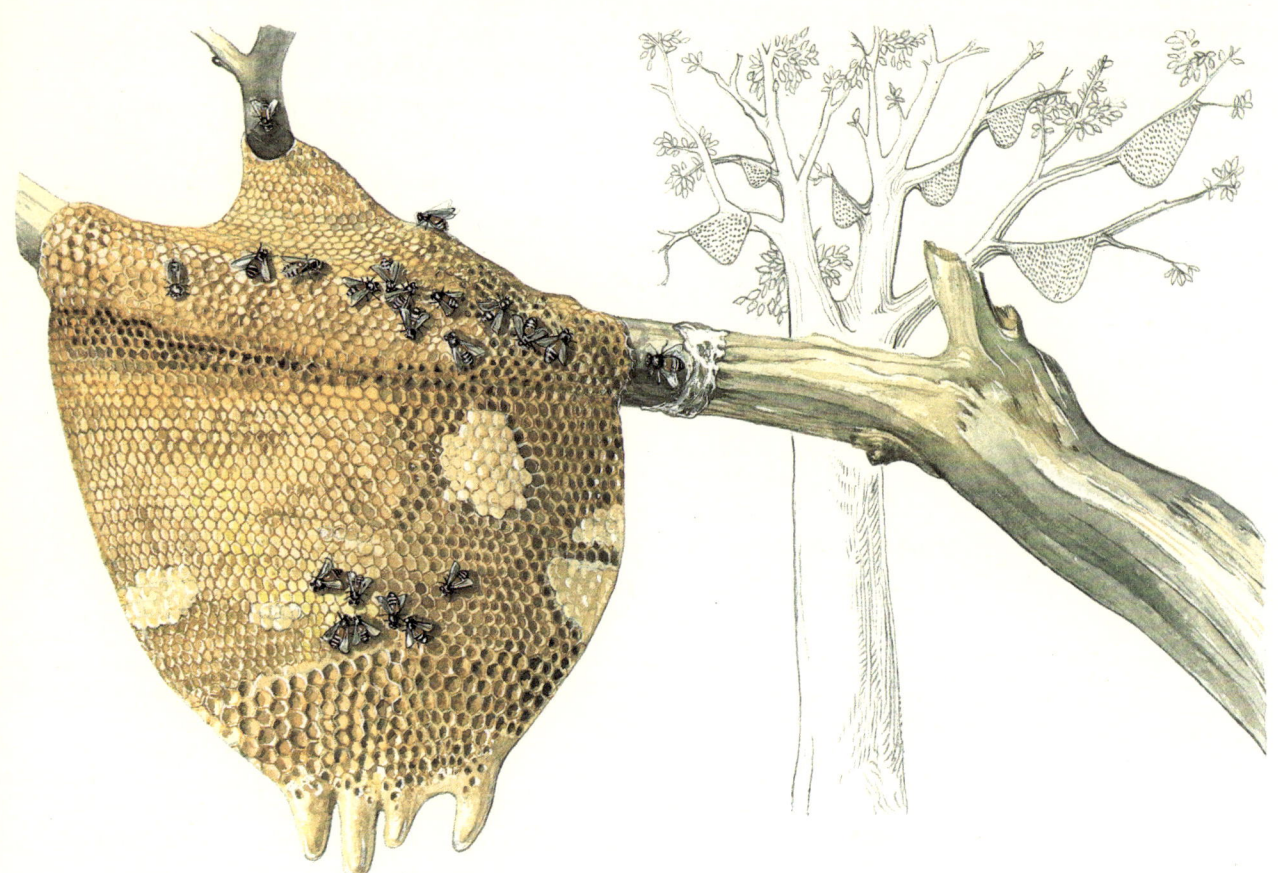

Vorteile der sechseckigen Zellenform, Erläuterung im Text.

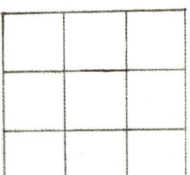
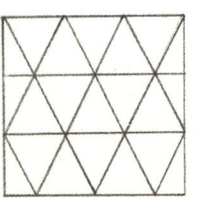
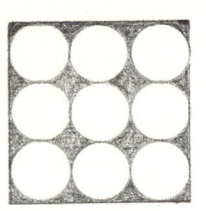
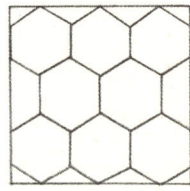

niginnenzellen, die ja nicht direkt im Zellverband stehen, bilden alle Zellen gleichseitige sechseckige Prismen. Diese Form erwies sich nach den Gesetzen der Sparsamkeit unter anderem deshalb als auslesebegünstigt, weil jede ihrer Wände gleichzeitig als Wand der Nachbarzelle dienen kann. Bei runden, fünfeckigen oder achteckigen Grundformen müßten die Bienen für jede Zelle ganz oder teilweise eine eigene Wand bauen (Materialverschwendung), außerdem blieben ungenutzte Räume zwischen ihnen (Platzverschwendung). Bei drei-, vier- oder sechseckigen Zellen entfiele dieser Nachteil. Die Sechsecke haben hier bei gleichem Flächeninhalt den geringsten Umfang – für den Bau von Zellen mit sechseckiger Grundform ist demzufolge bei gleichem Fassungsvermögen am wenigsten Baumaterial nötig.

Früher wurde vielfach angenommen, die sechseckige Form der Zellen käme allein durch den seitlichen Druck der Nachbarzellen zustande. Das erwies sich als falsch. Die Zellen entstehen von vornherein in ihrer späteren Gestalt, jede Ecke der entstehenden Zelle zeigt sogleich den richtigen Winkel von 120°. Die Form der Sechsecke muß den Baumeisterinnen im Erbgut mitgegeben sein; sie »verzieren« damit sogar die Außenwände der kegelförmigen Königinnenzellen, wenn sie an ihnen herumwerkeln.

Der Wabenbau

Wo Baubienen an der Arbeit sind, hängen sie in dichten Klumpen und Trauben aneinander, in deren Inneren sie eine Temperatur von 35 °C aufrechterhalten. Diese Wärme ist zum »Ausschwitzen« des Wachses notwendig. Es tritt in Form kleiner Plättchen aus vier Wachsdrüsen an der Unterseite des Hinterleibes hervor (bei Hummeln und Stachellosen Bienen auch am Rücken, bei letzteren sogar bei den Männchen). Mit einer Borstenreihe am ersten Fußglied des Hinterbeines wird das Wachsplättchen unter den

Bauchschuppen aufgespießt und hervorgezogen, anschließend zu Vorderbeinen und Mund weitergereicht. Die Baubiene knetet jedes Wachsschüppchen mit den Kieferwerkzeugen gründlich durch und vermischt es mit dem Sekret einer Speicheldrüse. Dadurch erhält es bei der herrschenden Wärme jene Weichheit, bei der es am besten geformt werden kann. Sobald die Wachsschüppchen entnommen sind, schwitzt die Baubiene das nächste aus, so daß immer ausreichend Baumaterial zur Verfügung steht.

Die Arbeit an einer neuen Wabe beginnt meist an zwei oder drei getrennten Punkten an der Decke des Bienenstocks, in den heute üblichen Bienenkästen (Beuten) an der oberen Leiste eines der Holzrähmchen. Von hier aus wachsen die Wachszungen immer weiter nach unten und vereinigen sich schließlich nahtlos an ihren Rändern. Einer fertigen Wabe sind die Stoßstellen nicht mehr anzusehen. Das ist um so bemerkenswerter, als nicht erst eine Zelle fertiggestellt und dann mit der nächsten begonnen wird, sondern viele der Sechsecke gleichzeitig und an verschiedenen Orten im Bau sind. Außerdem wechseln sich die Baumeisterinnen häufig ab, oft schon nach dreißig Sekunden. Jede Baubiene informiert sich vor dem Ankleben der Wachsklümpchen über den jeweiligen Stand der Arbeit und führt sie folgerichtig fort. Zuerst errichten sie einen rhombenförmigen Teil des Zellbodens, an dem sie mit der Anlage von zwei Zellwänden beginnen. Danach werden am Zellboden zwei weitere Rhomben mit jeweils zwei Seitenwänden angefügt. Beim Aufbau der Zellwand bringen die Baubienen zunächst einen roh gekneteten Wulst aus Wachs an. Unter hobelnden und ziehenden Bewegungen der Kiefer walzen sie ihn anschließend zu einem feinen Blatt aus. Nach mehrfacher Kontrolle und Abschaben überflüssigen Wachses hat die Zellwand eine Dicke von 73, bei Drohnenzellen 94 Tausendstelmillimetern. Die Abweichung beträgt jeweils höchstens zwei Tausendstelmillimeter. Lange Zeit war es rätselhaft, wie die Bienen die Dicke ihrer Zellwände bestimmen. Sie müssen in der Lage sein, sie zu messen, denn sonst könnten sie die Werte nicht so genau einhalten. Bei Forschungen in den letzten Jahren erkannten Wissenschaftler das Prinzip der erstaunlich exakten Messung. Die Bienen benutzen hierbei ein indirektes Verfahren. Mit den Kiefern drückt die Baubiene gegen die Zellwand und dellt sie damit ein. Hebt sie die Mandibeln ab, so schwingt die Delle zurück. Während des Meßvorgangs tasten die Fühlerspitzen pausenlos über die Wandstelle und vermitteln genaueste Informationen vom Ablauf der Eindellung und der Rückschwingung. Dieser Schwingungsvorgang aber ist bei gleichbleibender Temperatur von 35 °C, gleicher Wachsbeschaffenheit und Zellenform genau von der Wanddicke abhängig.

Entfernt man die äußersten Spitzen der Fühler mit den Spezialsinnesorganen, so können die

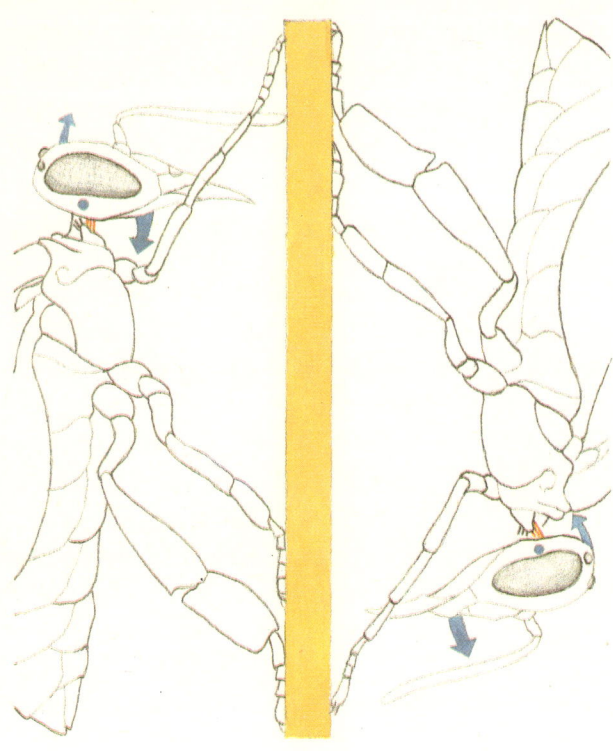

Baubienen zwar die sechseckige Grundarchitektur der Zellen noch bringen, diese bleiben jedoch unregelmäßig, ihre Wände sind teils zu dick, teils zu dünn und weisen häufig Löcher auf.

Wie die Bienen den Abstand einer Zellwand von der gegenüberliegenden messen, ist noch nicht vollständig klar. Er beträgt bei den Arbeiterinnen- und Honigzellen 5,2 mm, bei den Drohnenzellen 6,2 mm. Wahrscheinlich sind hier die Vorderfüße als Meßinstrumente beteiligt. Andere sicher nachgewiesene Meßinstrumente für den Wabenbau befinden sich im Nacken der Bienen. Hier registriert eine Gruppe hochempfindlicher Sinnesborsten jede Drehung und Lageveränderung des Kopfes. Sitzt die Biene mit dem Kopf nach oben, so zieht die Schwerkraft dessen schwereres Unterteil gegen die Brust und bewirkt damit eine Auslenkung der Sinnesborsten. Bei der Haltung mit dem Kopf nach unten erfolgt die Auslenkung im umgekehrten Sinne. Auch Schrägstellungen können über veränderte Druckverteilungen auf den Sinnesborsten genau registriert werden. So kontrollieren die Baumeisterinnen ihre eigene Körperhaltung und zugleich die senkrechte Stellung der Waben. Verklebte man

den Bienen eines Versuchsvolkes ihre Sinnesborsten mit einem Wachsgemisch, so brachten sie in zwei Wochen nur drei unregelmäßige Zellen zustande. Und das, obwohl die Sammeltätigkeit normal ablief und sogar Wachs im Überschuß produziert wurde, die Schüppchen aber fielen ungenutzt zu Boden. Erst als in einer Hitzeperiode die verklebten Sinnesborsten teilweise wieder freischmolzen, kam es in vier weiteren Tagen über Vorstufen zu annähernd normalen Zellen.

Die senkrechte Stellung der Waben hängt, wie eben gezeigt, von den Schweresinnesorganen im Nacken ab, die gleichmäßige Ausrichtung der Waben im Bienenstock ist damit aber noch nicht erklärt. Im künstlichen Bau hängt der Imker die Rähmchen parallel nebeneinander, womit das Problem gelöst wäre. Im Freileben jedoch sind andere Ordnungsprinzipien unerläßlich. Ohne diese gäbe es ein heilloses Durcheinander, wenn beispielsweise ein Bienenschwarm in einer dunklen Baumhöhle einzieht und an verschiedenen Stellen gleichzeitig Tausende Arbeiterinnen die Bauarbeiten beginnen. Doch auch hier kommt bald ein harmonisches Bauwerk zustande, dessen Waben in der gleichen Richtung wie die im Mutterstock ausgerichtet sind. Man suchte nach einer Erklärung und kam zu dem Schluß, daß die Bienen sich bei der Ausrichtung ihrer Waben nach dem Magnetfeld der Erde orientieren. Sie

Schwerkraftsinnesorgane der Biene. Sinnesborsten rot gezeichnet. Sitzt die Biene mit dem Kopf nach oben, so zieht die Schwerkraft dessen schwereres Unterteil gegen die Brust – die Sinnesborsten werden ausgelenkt. Bei umgekehrter Haltung erfolgt eine entgegengesetzte Auslenkung. So können die Bienen ihre Lage im Raum kontrollieren und die Waben senkrecht ausrichten.

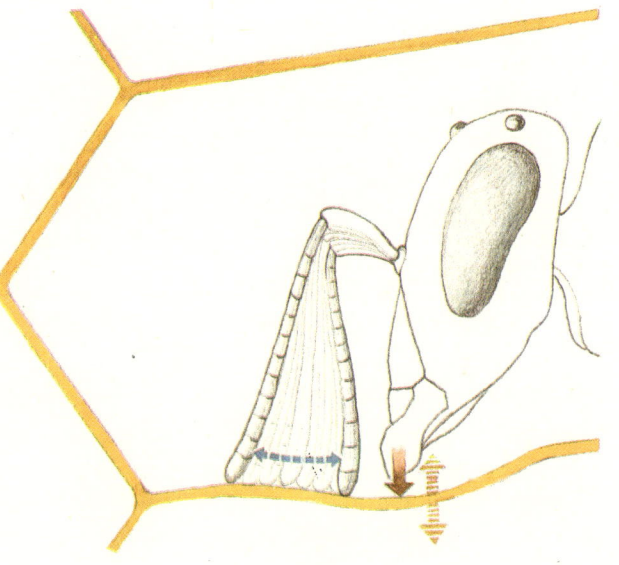

Bestimmung der Wandstärke einer Zellwand durch Eindellen und Messen der Rückschwingung (schematisch). Abweichung maximal 0,002 mm.

arbeiten gleichsam nach einem inneren Kompaß. Verdreht man das natürliche erdmagnetische Feld mit einem künstlichen Magneten, so weichen die Bienen in der Kompaßrichtung ihrer Waben um die entsprechenden Werte vom Mutterstock ab.

Es ist erstaunlich, welche Stabilität der Bau aus dem an sich weichen Material Wachs aufweist. Eine normale Wabe (37 × 22,5 cm), zu deren Bau etwa 40 g Wachs verarbeitet werden, kann über 2 kg Honig aufnehmen! Für diese Tragfähigkeit ist sicher auch die Form der Zellböden und ihre Verzahnung mit den Nachbar- und gegenüberliegenden Zellen von Bedeutung. Die Zellen selbst weisen eine Steigung von 13° von der Basis zur Öffnung hin auf, so daß der zähe Honig nicht heraustropfen kann. Honiggefüllte Zellen werden mit einem Wachsdeckel verschlossen. Das Baumaterial dazu lagern die Baubienen schon vorher als Wachswulst am Zellenrand ab, um es bei Bedarf nur noch über die Öffnung zu breiten. Auch die Zellen mit den erwachsenen Larven werden für die Puppenruhe verdeckt, die Larve spinnt darunter zusätzlich noch ein dichtes Gespinst aus Seidenfäden. Unter dieser doppelten Schutzhülle vollzieht sich die Verwandlung zur fertigen Biene. Die optimale Temperatur für die Entwicklung der Brut (und die Wachserzeugung) liegt bei 35 °C. Die Bienen bemühen sich, diese Temperatur im Brutbereich zu halten. Steigen die Werte bedrohlich an, so rufen die Arbeiterinnen einen kühlenden Luftstrom durch Fächeln hervor und tragen oft noch Wasser ein, um Verdunstungskälte zu erzeugen. Fällt die Temperatur unter das Optimum, dann finden sich viele Arbeiterinnen auf den Brutwaben ein und steigern durch erhöhte Verbrennung ihre Körperwärme, die auf die Waben übertritt. Den Winter übersteht das Volk in einer dichten Traube, in deren Inneren, wo sich die Königin aufhält, ständig eine Temperatur von etwa 25 °C herrscht. Den Energiebedarf decken sie dann aus den gespeicherten Honigvorräten oder aus Zuckerwasser, das ihnen der Imker ersatzweise anbietet.

Abschließend noch einige Worte zum Baumaterial. Obwohl das Wachs der Honigbiene am bekanntesten ist, beschränkt sich die Wachserzeugung keineswegs auf diese Gattung. So bestehen die feinen Fäden auf dem Rücken einiger Blattlausarten aus reinem Wachs, manche Zikaden schwitzen ebenfalls Wachs aus, desgleichen einige solitäre Bienen. Sogar bei Pflanzen ist es als Blattüberzug weit verbreitet, am mächtigsten bei der Wachspalme (Copernicia cerifera). Eine Nutzung des Wachses ist hier nicht immer ersichtlich, in einigen Fällen scheint es sich um eine Abscheidung von Stoffwechselendprodukten zu handeln. Die Hummeln benutzen nun erstmals das aus irgendeinem Grunde auftretende Wachs zum Nestbau, die Stachellosen Bienen errichten daraus (in gemischter Form) bereits einfache Waben, und bei den Honigbienen kommt schließlich die doppelseitige Wabe mit der ökonomischen Sechseckstruktur der Zellen hinzu.

Neben dem Wachs verwenden die Bienen auch Harze, besonders zum Verkitten von Lücken und Spalten im Stock (»Kittharz«). Die Zwerghonigbienen setzen klebrige Harzringe außerdem zum Schutz ihrer Nester ein. Sie umgeben den Ast, an dem ihre kleine Wabe hängt, an beiden Seiten mit einem klebrigen Streifen aus Baumharzen, an dem honigraubende Insekten klebenbleiben. Noch ein anderes Anwendungsgebiet ist gegeben, wenn ein größeres Tier in den Bienenstock eindringt und durch die Stiche der wehrhaften Bewohnerinnen ums Leben kommt. In diesem Falle wird die Maus, oder was immer für ein Tier es sei, mit einem luftdichten Überzug aus Harz versehen und somit mumifiziert. Indem sie in ihrem Heim keine Fäulnis aufkommen lassen, schützen sich die Bienen vor möglichen Infektionen.

Das Kittharz wird besonders im Herbst gesammelt, wenn durch die Ritzen im Stock viel von der kostbaren Wärme entweicht. Die Baubienen vermischen es (wie das Wachs auch) mit dem Sekret einer Speicheldrüse, wodurch sich die Verarbeitung vereinfacht.

Der Mensch zieht schon seit alters Nutzen aus den Baustoffen der Bienen. Das Wachs – es ist übrigens kostbarer als Honig, erst 150 000 Bienen erzeugen im Laufe ihres Lebens 1 kg Wachs – dient heute weniger der Kerzenherstellung als vielmehr in großem Umfang als wertvoller Rohstoff in der pharmazeutischen Industrie. Sogar das Kittharz erlangte eine gewisse Bedeutung, da es mit großer Wahrscheinlichkeit eines jener geheimnisvollen Mittel war, mit denen die italienischen Geigenbauer ihre Instrumente überzogen, um deren Klang zu verschönern.

Vielseitige Ameisen

Ameisen gibt es nahezu überall dort auf der Erde, wo Insektenleben überhaupt möglich ist. 6000 Arten sind bisher beschrieben worden, und mit Sicherheit liegt die tatsächliche Anzahl noch höher. Zu dieser erstaunlichen Lebensfähigkeit tragen ihre Bauten einen großen Teil bei. Außer den allbekannten Hügelnestern (Ameisenhaufen) gibt es weiträumige unterirdische Bausysteme, Nester in ausgehöhlten Baumstämmen, Kartonnester und sogar Nester aus miteinander verwobenen Blättern. Von den Straßen und vielfältigen Wirtschaftsbauten der Ameisen war bereits im Zusammenhang mit dem Nahrungssystem die Rede.

Alle Ameisen sind soziale, staatenbildende Insekten. Sie können kleine Kolonien von kaum einem Dutzend Tieren bilden, aber auch in Staaten von tausend, hunderttausend oder sogar 10 Millionen Tieren leben. Solitäre Arten gibt es nicht mehr. Damit liegen hier andere Verhältnisse vor als bei den Bienen, mit denen sie trotz aller Verschiedenheit in Aussehen und Bauten die Grundzüge des Körperbaus und der staatlichen Organisation gemeinsam haben. Man stellt sie deshalb in eine einheitliche Ordnung, die der Hautflügler.

Wie bei den Bienen gibt es auch im Ameisenstaat eine ausgeprägte Arbeitsteilung, die in der Gestalt der Tiere zum Ausdruck kommt. Am zahlreichsten sind die ungeflügelten Arbeiterinnen, weibliche Tiere mit verkümmerten Geschlechtsorganen, die alle Arbeiten außer der Eiablage zu verrichten haben. Im Unterschied zu den Bienen sind bei den Ameisen nicht alle Arbeiterinnen gleich gestaltet, sie bilden vielmehr mannigfaltige »Kasten« aus. Manchmal

gehen die einzelnen Formen stufenlos ineinander über wie bei den Waldameisen, bei denen es viele mittelgroße Arbeiterinnen gibt, aber auch größere und kleinere in abnehmender Zahl – die kleinen sind mehr im Innendienst beschäftigt, während die größeren vorwiegend Außenarbeiten verrichten. Bei vielen Arten sind die Kasten dagegen scharf und übergangslos voneinander getrennt.

Die Männchen und Vollweibchen der Ameisen sind als junge Tiere leicht zu erkennen: Sie tragen Flügel. An schwülen Sommertagen sieht man gelegentlich große Schwärme der geflügelten Geschlechtstiere gleich einer Rauchwolke aus den Ameisennestern zum Hochzeitsflug aufsteigen. Gelingt es einem der jungen Weibchen, sich mit einem Männchen zu paaren, wirft es bald danach die Flügel an einer vorgezeichneten Bruchstelle ab und versucht, ein neues Nest zu gründen. Es ist dabei ganz auf sich allein gestellt, da die Männchen schon bald nach der Begattung sterben und das Weibchen aus dem Heimatnest im Normalfalle keine hilfreichen Arbeiterinnen mitbekommt wie etwa die schwärmende Bienenkönigin.

Die Königinnen einiger Arten sind allerdings nicht in der Lage, aus eigener Kraft einen Staat zu gründen. Die Amazonenameise (*Polygerus rufescens*) beispielsweise dringt in das Nest von *Formica fusca* ein, tötet die Königin durch einen Biß in den Kopf und überläßt die Sorge um ihre eigene Brut ganz den Hilfsameisen. Auch später versorgen die fremden Arbeiterinnen den Nachwuchs der Amazonenameisen, da deren Arbeiterinnen aufgrund ihrer dolchartigen Oberkiefer gar nicht in der Lage sind, die Brut zu füttern. Sie können nicht einmal allein fressen, sondern lassen sich von den artfremden Hilfsameisen versorgen. Durch ständige Raubzüge wird der Bedarf an »Sklaven« gedeckt.

In einigen Fällen kommen die Jungköniginnen ins heimatliche oder ein artgleiches Nest zurück, in dem sie manchmal Aufnahme finden. So entstehen Staaten mit mehreren (oft über 100) Königinnen. Diese Völker erreichen dann die höchste Individuenanzahl (*Anomma wilverthi* über 10 Millionen Tiere). Durch den ständigen Zu-

Kasten der Roten Waldameise. Von oben: Männchen, Weibchen nach Abwurf der Flügel, Arbeiterin.

strom junger, unverbrauchter Königinnen sind solche Staaten theoretisch unsterblich.

Im allgemeinen jedoch hat jedes Volk nur eine Königin, die das Nest auch selbständig gründet. Nachdem sie die Flügel abgeworfen hat, sucht sie ein geeignetes Versteck unter einem Stein oder gräbt eine kleine Höhle in den Boden, deren Eingang sie von innen verstopft. In den ersten Monaten ernährt sich die junge Königin vorwiegend vom Abbau ihrer Flugmuskulatur, die ja nun nicht mehr gebraucht wird. In dieser Zeit legt sie die ersten Eier, pflegt die Larven und ernährt sie mit einem Speicheldrüsensekret, oft auch mit den zuletzt gelegten Eiern, von denen sie ab und an selbst eins frißt. Sind die

Hügelnest der Roten Waldameise, über einem Baumstumpf errichtet. Der Bau führt mindestens ebenso tief in die Erde hinein, wie er darüber hinausragt. Um dem Verrotten entgegenzuwirken, wird der Haufen ständig umgeschichtet, so daß die inneren Baustoffe regelmäßig zum Trocknen an die Oberfläche gelangen.

ersten Arbeiterinnen aus den Puppen geschlüpft, kommt Leben in den neuen Staat. Sie öffnen die Höhle, sorgen für Nahrung und übernehmen die weitere Bautätigkeit.

Kraternester und Hügelbauer

Die einfachsten Nester findet man bei jenen Arten, deren junge Königinnen sich unter einem Stein, in einem Erdloch oder einer Mauerspalte angesiedelt haben, wo sich das wachsende Volk nun einige wenige Räume schafft. Schon etwas höher organisiert sind die sogenannten Kraternester, die besonders bei Steppen- und Wüstenameisen verbreitet sind. Hier schließt sich an die ursprüngliche Höhlenunterkunft der Königin ein mehr oder weniger senkrechter Schacht nach unten an – wie weit, hängt in der Regel von der Feuchtigkeit des Bodens ab, da alle Ameisen, auch die Wüstenbewohner, eine bestimmte Feuchtigkeit für die Entwicklung ihrer Brut benötigen. Aus dem Schacht wird die Erde nach oben hinausbefördert und um den Eingang abgelegt. So entstehen dann an der Mündung turmartige Gebilde oder, bei größeren Nestern, kraterförmige Erhebungen (Abb. S. 36). Von dem senkrechten Gang aus werden Abzweigungen und seitliche Kammern für verschiedene Zwecke angelegt. Die unteren dienen meist als Brutkammern, die obersten dagegen als Abfallspeicher, die mit Puppenhüllen, Nahrungsresten und toten Nestinsassen vollgestopft werden. Die Kraternester größerer Ausdehnung haben meist mehrere Eingänge. Bei den Blattschneiderameisen bilden sie riesige Labyrinthe von gelegentlich 1 ha Ausdehnung mit Tausenden unterirdischer Kuppeln.

Die um den Eingang der Kraternester angehäufte Erde kann von den Ameisen nachträglich noch mit Höhlungen durchzogen werden. So verfahren die Körnersammler der Mittelmeerländer und einige andere. Hier bestehen fließende Übergänge zu den Hügelbauern, etwa unseren Gelben Wiesenameisen und Schwarzen Wegameisen der Gattung *Lasius*. Sie häufen die ausgehobenen Erdkrümel an Grashalmen und ande-

ren stützenden Pflanzenteilen auf, bis die typischen kleinen Erdkuppeln entstehen, die wohl jeder schon einmal gesehen hat.

Noch bekannter jedoch dürften die Hügelbauten der Roten Waldameisen sein, die Ameisenhaufen schlechthin, an die man zuerst denkt, wenn von den Bauten dieser Tiere die Rede ist. Auch hier ist der oberirdische Hügel nur ein Teil der Gesamtanlage, die mindestens ebenso tief in den Boden hineinreichen kann.

Die Bauarbeiten beginnen immer untertage, wobei häufig morsche, innen ausgehöhlte Baumstümpfe als Ausgangspunkt für den späteren Haufen dienen. An der Oberfläche liegende Öffnungen werden schon bald mit einer Vielzahl von Kiefern- und Fichtennadeln, Ästchen, Halmen, Rinde und anderen Materialien aus der Umgebung bedeckt. Sie bilden die Grundlage des Kuppelbaus. Die Arbeiterinnen bewegen selbst Teilchen, die ein Vielfaches ihrer eigenen Körpermasse auf die Waage bringen. Häufig schleppen sie zu mehreren an einem allzu schweren Stück. Die Oberfläche des Hügels dichten sie mit feineren Baustoffen ab, das Innere durchziehen sie mit vielen Gängen und Kammern. Die Öffnungen der Gänge werden an heißen Tagen erweitert (die Temperatur steigt auch dann nicht über 31 °C), nachts und an kalten Tagen dagegen sorgfältig verschlossen, um die kostbare Wärme länger im Bau zu halten (die Nesttemperatur sinkt im Sommer nicht unter 20 °C). Überhaupt tun die Waldameisen viel für die Wärmeregulation. Da sie jedoch über keine so hochentwickelte Regulationstechnik verfügen wie Honigbienen und soziale Faltenwespen, müssen sie das Problem auf eine andere Weise lösen. Sie bedienen sich ihrer Hügelbauten als Strahlenfänger und Wärmespeicher. Wenn die Sonne morgens und abends tief am Horizont steht, nehmen die Kuppeln weit mehr Strahlen auf und machen sie für die Erwärmung des Nestes nutzbar, als die flache Erdoberfläche über einem Erdnest. Besonders an schattigen Standorten kommt dieser verbesserten Nutzung der Sonnenenergie ein hoher Stellenwert zu. Deshalb sind die Hügel in lichtarmen Fichtenwäldern höher als diejenigen in lichten Kiefernbeständen.

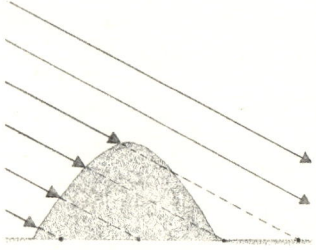

Ameisenhaufen als Strahlenfänger und Wärmespeicher. Nur zwei der vier vom Hügel aufgefangenen Sonnenstrahlen würden die Oberfläche eines flachen Erdnestes erwärmen.

Eine weitere Möglichkeit, die Temperatur im Bau zu erhöhen, besteht darin, daß sich große Mengen von Arbeiterinnen von der Sonne durchwärmen lassen und dann schnell ins Nestinnere laufen, wo sie die gespeicherte Wärme abgeben. Mag das auf den ersten Blick auch etwas Schildbürgerhaftes an sich haben, so hat man doch berechnet, daß die Masse der Ameisen, die erwärmt ins Nest zurücklaufen, verglichen mit dem zu erwärmenden Luftvolumen in den Brutkammern, recht beträchtlich ist.

Während soziale Faltenwespen und Honigbienen die benötigte Temperatur und Feuchtigkeit direkt an den Brutzellen aufrechterhalten, müssen die Ameisen, um den gleichen Effekt zu erzielen, ihre Larven und Puppen (das sind die sogenannten »Ameiseneier«) ständig in diejenigen Nestbereiche tragen, in denen gerade optimale Bedingungen für sie herrschen. Bei einer Beschädigung des Nestes ist es besonders die Brut, die mit großer Geschwindigkeit in Sicherheit gebracht wird.

An der Schnelligkeit, mit der die Löcher im Nest repariert werden (besonders Spechte graben solche, um an die Insekten und ihre Brut zu gelangen), erkennt man die große Bauaktivität eines Ameisenstaates im Sommer. Auch die scheinbar stabile und endgültig fertige Oberfläche des Ameisenhaufens ist in ständigem Umbruch begriffen. Das konnte eindrucksvoll nachgewiesen werden, indem man die Oberfläche mit einem Farblack besprüht hat. Nach vier Tagen war die Farbschicht verschwunden, und der Haufen hatte sein ursprüngliches Aussehen wieder. Bei der Nachsuche befanden sich die gefärbten Teilchen etwa 10 cm tief im Kuppelbau, in den sie von Tag zu Tag tiefer einsanken. Später aufgesprühte Farbstoffe gingen den gleichen Weg. Nach einem Monat erschienen die Farben nacheinander wieder an der Oberfläche, und zwar in der gleichen Reihenfolge, in der sie vorher verschwanden. Die Erklärung für diese verblüffende Erscheinung liegt darin, daß die Arbeiterinnen ständig Baustoffe von der Basis nach außen tragen, die ehemals oben liegende Schicht somit immer mehr ins Haufeninnere rückt, bis sie schließlich selbst wieder ans Licht

befördert wird. Das feuchte Material aus dem Inneren gelangt so in bestimmten Abständen an die Oberfläche zum Trocknen, wodurch vor allem einer Verpilzung entgegengewirkt wird. Wie groß diese Gefahr ist, zeigt sich an verlassenen Hügeln, die ohne die fortlaufende Umschichtung bereits nach kurzer Zeit verschimmeln und verrotten.

Rote Waldameisen leben vorwiegend räuberisch. Sie durchkämmen – meist auf ihren Straßen – beträchtliche Nahrungsreviere. Beim Massenauftreten von Forstschädlingen stellte sich immer wieder heraus, daß die Gebiete um Ameisennester vom Befall verschont blieben und dann wie grüne Oasen aus dem kahlgefressenen Wald hervorstachen. Die Roten Waldameisen stehen deshalb unter Naturschutz.

Holz- und Kartonnester

Die mit 13 mm Länge größten heimischen Ameisen sind die Roßameisen der Gattung *Camponotus*. Sie legen ihre Bauten bevorzugt in Baumstubben oder Stämmen an, die innen bereits teilweise vermorscht sind. Das erleichtert ihnen das Aushöhlen von Gängen und Kammern. Nicht selten besiedeln die Tiere auch lebende Stämme, in deren Inneren sie ihre Gänge bis in 10 m Höhe nagen können. Sie folgen dabei den Jahresringen im Holz, wobei sie die weichen, beim schnelleren Frühjahrswachstum entstandenen Anteile entfernen, die härteren, im Sommer gewachsenen Bestandteile jedoch stehenlassen, zumindest, soweit es der Raumbedarf gestattet. Das Holz dient ihnen dabei nicht als Nahrung. Es wird nicht einmal in den Darm aufgenommen.

Verwandte Arten der Gattung *Colobopsis* höhlen ihre Gänge im Inneren von Nußbäumen aus. Der Zugang zum Nest ist rund und so klein, daß besonders gestaltete »Pförtnerinnen« ihn mit dem Kopf verschließen können. Der verdickte, vorn abgeflachte und außerdem rindenfarbene Kopf paßt genau in das Eingangsloch, das er als lebender Stöpsel vollständig verschließt. Die Pförtnerin gibt den Eingang nur Kolonieangehörigen frei, die durch Anklopfen mit den Füh-

tonnest setzt sich auch unterirdisch fort. Die Bewohner überwintern wie auch die Roten Waldameisen in den unteren Nestbezirken.

Bis 1970 nahm man an, daß die Schwarzen Holzameisen die feinen Holzfasern mit Sekreten der Speicheldrüsen zu Karton verbinden, etwa so, wie wir das bereits von den Wespen kennen. Als jedoch bei einer Untersuchung des Kartons nach den Bestandteilen des Speichels geforscht wurde, konnte man keine entdecken. Wenn aber nicht mit Speichel, womit wird dann der Karton in den *Lasius*-Nestern zusammengehalten?

Wie bereits berichtet, tragen viele Ameisenarten den zuckerhaltigen Kot der Blatt- und Schildläuse (Honigtau) als Nahrung ein. Man konnte nun beobachten, daß die Bauaktivität bei reichlichem Zuckerangebot sprunghaft stieg, andererseits beim Fehlen zuckerhaltiger Säfte nur wenige bröcklige Wände gebaut wurden. Versuche mit rotgefärbtem Zuckerwasser brachten die Aufklärung: Schon kurz nach dem Angebot der farbigen Nahrung zeigten sich rote Spuren am frischen Karton, später war der gesamte neue Nestabschnitt intensiv rot gefärbt – die Ameisen verwendeten offensichtlich konzentrierte Zuckerlösung als Bindemittel für ihren Karton. Anschließende Versuche mit radioaktiven Zuckern zeigten, daß die Tiere den zum Bau benötigten Zucker gar nicht erst in den Verdauungstrakt aufnehmen, sondern ihn im Kropf zum Bauplatz transportieren. Es mag zunächst unökonomisch erscheinen, wenn die Baumeisterinnen einen Nahrungsstoff auch als Bindemittel verwenden. Da aber Honigtau in fast unerschöpflicher Menge zur Verfügung steht, erweist sich dieser Weg doch als biologisch sinnvoll, weil so der Umweg vermieden wird, über den Stoffwechsel ein geeignetes Sekret produzieren zu müssen.

Dem Zucker im Karton kommt noch eine weitere wichtige Funktion zu. Er dient einem bestimmten Pilz als Nahrung, der regelmäßig in den Kartonnestern – und anscheinend nur hier – vorkommt. Dieses Pilzgeflecht verleiht dem leichten Material eine hohe Stabilität, es bildet gleichsam die lebende Stütze des ganzen Bauwerks.

lern Einlaß begehren und auch am Geruch als Mitglieder erkannt werden. Sehr große Öffnungen können von mehreren Pförtnerinnen gemeinsam verschlossen werden, während sie nur etwas zu große Eingänge mit einer kartonartigen Masse verkleinern, bis der Kopf der Pförtnerin genau paßt.

Karton als Baustoff nutzen auch andere im Holz lebende Ameisenarten. Die heimischen Schwarzen Holzameisen *(Lasius fuliginosus)* beispielsweise errichten ihre Bauten in morschen Baumstämmen. Anstatt sich die Wohnung im Holz auszuhöhlen wie die vorigen Arten, bauen sie ihr Kartonnest in eine bereits vorhandene Höhlung hinein. Beim Nestbau bringt eine Gruppe von Arbeiterinnen ständig kleine Holzteilchen heran, eine zweite sorgt für das nötige Bindemittel, und eine dritte Gruppe, die eigentlichen Baumeister, fügt beides zu einer kartonartigen Masse zusammen, aus der sie im Inneren der Baumhöhle eine Nestkonstruktion aus vielen unregelmäßigen Kammern schaffen. Das Kar-

Häufiger als bei europäischen Arten kommen Kartonnester bei tropischen Ameisen vor. Hier sind die Tiere nicht durch niedrige Temperaturen gefährdet, ihre Kartonbauten stehen deshalb häufig frei in den Kronen der Urwaldbäume. Dadurch sind sie gut gegen die in diesen Gebieten periodisch wiederkehrenden Überschwemmungen geschützt.

Im Aussehen erinnern sie oft an tropische Wespennester, sind aber nicht so haltbar. Ob sie ebenfalls mit Zuckerlösung erbaut werden, ist nicht bekannt.

Weberameisen

Wie die tropischen Kartonnestbauer errichten auch einige andere Arten ihre Bauten hoch über dem Erdboden. Die erstaunlichsten Leistungen vollbringen dabei zweifellos die afrikanischen und südasiatischen Weberameisen der Gattung *Oecophylla*. Sie hausen im Gezweig lebender Bäume und Sträucher und verwenden deren Laub als Wände ihrer Nester. Die einzelnen

Blätter der rundlichen Bauten sind durch ein dichtes, seidenartiges Gewebe miteinander verbunden. Zunächst standen die Wissenschaftler bei diesen Konstruktionen vor einem Rätsel, denn erwachsene Ameisen haben keine Spinndrüsen. Nur ihre Larven besitzen solche, sie

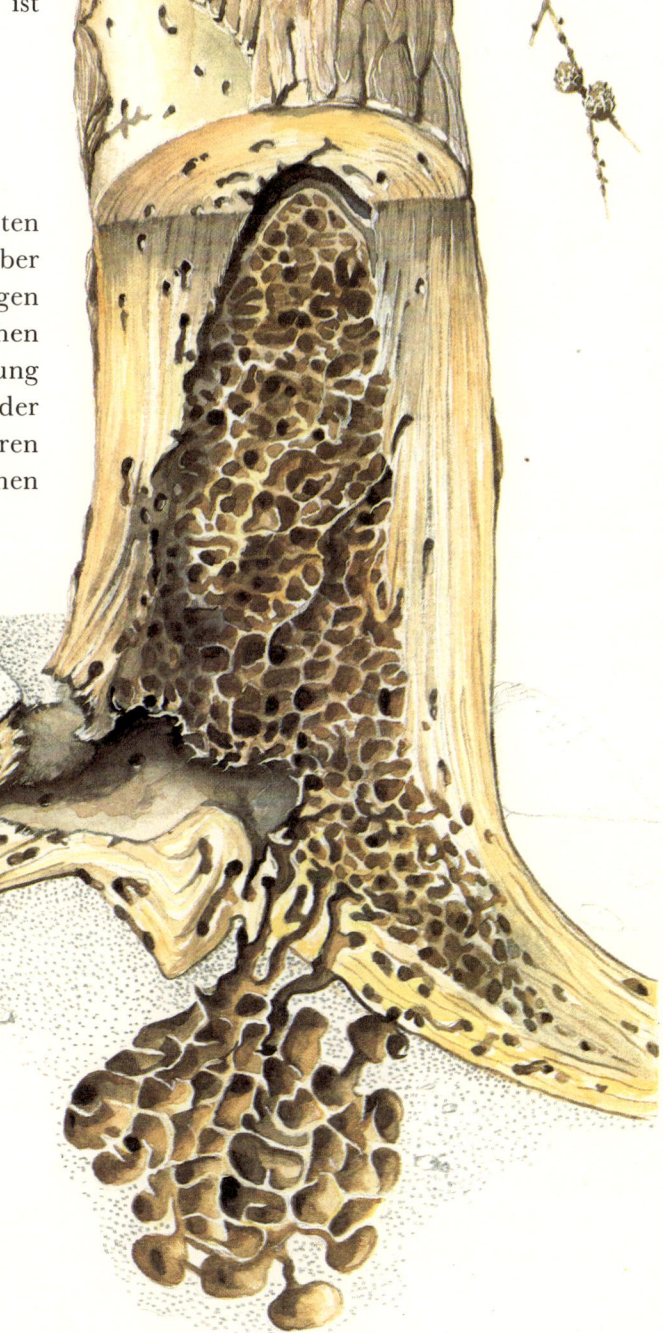

Nestanlage der Schwarzen Holzameise *(Lasius fuliginosus)* in einem morschen Lärchenstamm (schematisiert). Das Kartonnest füllt die vorgefundene Höhle bereits weitgehend aus. Vor dem Eingang ein Haufen Auswurfmaterial, unter dem Stamm das ebenfalls aus Karton gebaute Überwinterungsnest.

Weberameisen beim Bau
eines Blattnestes.
Zuerst versuchen die Arbeiterinnen unabhängig voneinander, Blätter zusammenzuziehen. Ist eine erfolgreich,
so geben die anderen ihre
Versuche auf und beteiligen
sich. Nachdem die Blätter in
eine zeltähnlich geschlossene
Form gebracht wurden, holen
einige Arbeiterinnen Larven
aus dem Mutternest, mit
deren Spinnfäden sie die
Blätterränder zusammen-
heften. Aus weiteren Seidenfäden der Larven werden
runde Eingänge und Galerien
hergestellt.
Oft bilden die Weber-
ameisen lange Ketten, um
Blätter zusammenzuziehen
oder Spalten zu überbrücken.

spinnen sich bei vielen Arten einen dichten Ko-kon, in dem sie ihre Puppenruhe verbringen. Gleiches ist ja von den Seidenraupen und vielen anderen Insektenlarven bekannt. Ameisenlarven liegen aber im Gegensatz zu den beweglichen Schmetterlingsraupen mehr oder weniger unbeweglich in der Tiefe des Nestes und sind mit Sicherheit nicht in der Lage, an den Blättern emporzukriechen und sie zusammenzuspinnen. Dennoch stammt das Seidengewebe in den Nestern der Weberameisen aus den Spinndrüsen der Larven. Wie es zu diesem Gewebe kommt, gehört zu den erstaunlichsten tierischen Bautätigkeiten überhaupt und stellt zugleich eines der wenigen Beispiele für einen Werkzeuggebrauch im Tierreich dar.

Haben die Arbeiterinnen eine geeignete Stelle für den Nestbau erkundet, so ergreifen sie mit den Kiefern das Nachbarblatt und beginnen, es an das Blatt heranzuziehen, auf dem sie stehen. Dies wird zu Baubeginn von den einzelnen Arbeiterinnen an den verschiedensten Stellen probiert. Nur an besonders günstigen Ausgangspunkten jedoch bilden sich mit der Zeit größere, gemeinsam arbeitende Ameisengruppen. Hier stehen viele Arbeiterinnen in einer Reihe nebeneinander und ziehen zwei Blätter zusammen. Oft halten sie eine Stunde lang an einem bestimmten Punkt fest. (Aufgrund dieser Eigenschaft werden sie in der Medizin der Landesbewohner genutzt, um klaffende Wunden zu klammern.) Ist der Spalt zwischen den Blättern für ein Einzeltier allein zu breit, dann hängen sich mehrere Arbeiterinnen aneinander, indem sie jeweils die »Taille« des Vordertieres mit den Kiefern umspannen – man hat Ketten aus acht Individuen beobachtet, die in erstaunlich kurzer Zeit Blattränder zusammenzogen oder größere Blätter einrollten.

Inzwischen kommen andere Arbeiterinnen zur Baustelle, die zwischen ihren Kiefern jeweils eine der weißlichen Larven tragen. Sie betrillern die Vorderenden der Larven mit den Fühlern und veranlassen sie dadurch, ihre Spinnfäden abzugeben. Gleich darauf drücken sie mit der Mundöffnung die lebenden Weberschiffchen bald diesseits, bald jenseits des Spaltes an die Blattränder, heften dabei die Seidenfäden fest und erzeugen so ein festes Gewebe, das die Blätter der Nestwand dauerhaft zusammenhält. Daß die Weberameisen ihre Larven gleichzeitig als Spinnrocken und Weberschiffchen benutzen, ist unter den spärlichen Beispielen tierischen Werkzeuggebrauchs wohl das Erstaunlichste.

Zum Weben sind nur die Larven des dritten Stadiums geeignet, aus deren vergrößerten Speicheldrüsen das Spinnsekret stammt. Während die Larven der meisten nichtwebenden Verwandten einen Kokon spinnen, bleiben die Puppen von *Oecophylla* nackt, d. h. ohne ein besonderes Kokongespinst. Ihr Spinnsekret dient ausschließlich dem Nestbau. Auch einige andere tropische Arten aus der Verwandtschaft der Weberameisen benutzen ihre Larven als Baustofflieferanten. Ihre Konstruktionen unterscheiden sich oft beträchtlich von dem beschriebenen Typ und gleichen gelegentlich einem außen gut getarnten seidenen Beutel. Hier wie dort sind nicht, wie sonst meist der Fall, die Larven einseitig auf die Hilfe der Erwachsenen angewiesen, sondern umgekehrt auch die erwachsenen Tiere, ja der ganze Staat, auf die Mitwirkung der Larven.

Termiten, die großen Architekten

Auf den ersten Blick haben die Termiten viel mit den Ameisen gemeinsam. Wie bei diesen wimmelt es in ihren Bauten von ungeflügelten Arbeitern verschiedener Kasten, beide leben vorwiegend im und am Boden, und hier wie dort treten zu bestimmten Zeiten große Schwärme geflügelter Geschlechtstiere auf. Häufig bezeichnet man sie deshalb als Weiße Ameisen. Dieser Ausdruck ist jedoch nicht sehr treffend, denn die Termiten haben verwandtschaftlich nichts mit den Ameisen zu tun. Sie stehen vielmehr den Schaben nahe.

Das staatliche Leben der Termiten ist mit 200 Millionen Jahren viel älter als das der Ameisen und Bienen und weist gegenüber diesen eine Reihe von Besonderheiten auf. Unter anderem gilt das für die Arbeits- und Bauleistungen

im Staat. Während bei den sozialen Hautflüglern die madenähnlichen Larven zu jeder aktiven Mitarbeit unfähig waren, sind die Jugendformen im Termitenstaat emsig tätig. Das ist möglich, weil die Termiten zu den Insekten mit einer »unvollkommenen Verwandlung« gehören, denen das Ruhestadium der Puppe fehlt. Ihre Verwandlung vollzieht sich in kleinen Schritten, wobei die Larven bei jeder Häutung den erwachsenen Tieren ähnlicher werden. Die verschiedenen Kasten der Arbeiter – wie bei den Ameisen gibt es hier Soldaten, kleine und große Arbeiter, um nur einige zu nennen – bleiben ihr ganzes Leben »jugendlich«, d. h., ihre Geschlechtsorgane gelangen nie zur Reife. Eier legt nur die Königin.

Bei den Wespen, Hummeln, Bienen und Ameisen spielen die Männchen eine untergeordnete Rolle. Mit der Begattung der jungen Königin haben sie ihre Funktion erfüllt und sind für das staatliche Leben nicht mehr von Bedeutung. Bei den Termiten dagegen gibt es sowohl männliche wie weibliche Arbeiter, Soldaten usw., die, ohne geschlechtlich aktiv zu sein, sämtliche Bauarbeiten übernehmen. Auch das männliche Geschlechtstier, der »König«, hat eine wichtige Rolle im Sozialgefüge. Er ist mit der Königin in Dauerehe verbunden, bei hochentwickelten

Arten sogar mit ihr gemeinsam in einer außerordentlich festen Kammer eingeschlossen, die das Königspaar nie verläßt. Das Weibchen könnte den Raum auch gar nicht verlassen, da ihr Hinterleib auf ein Vielfaches der ursprünglichen Länge und Dicke angeschwollen ist, ganz auf die Eiproduktion spezialisiert. Die Königinnen einiger Arten bringen es täglich auf 40 000 Eier und mehr! Im Laufe ihres Lebens paaren sich die Geschlechtstiere mehrfach miteinander. Nicht selten werden sie älter als zehn Jahre. Die Staatswesen selbst und damit die Bauten sind theoretisch unsterblich, da ihr Königspaar immer wieder aus der kleinen Kaste der Ersatzgeschlechtstiere erneuert werden kann.

Wahrscheinlich können die Termitenstaaten auch in der Natur Hunderte Jahre alt werden. Meist fallen sie allerdings vorher Naturkatastrophen zum Opfer, beispielsweise Überschwemmungen oder Bränden. Auch ihre Feinde, wie die südamerikanischen Ameisenbären oder afrikanische Erdferkel zerstören mit ihren meißelscharfen Grabklauen die Wände der Termitenbauten, um an die Insassen zu gelangen. Nur selten wird jedoch eines der Staatswesen durch die natürlichen Feinde vollständig vernichtet.

Entwicklung eines unterirdischen Termitennestes *(Cornitermes)* zum Hügelbau.

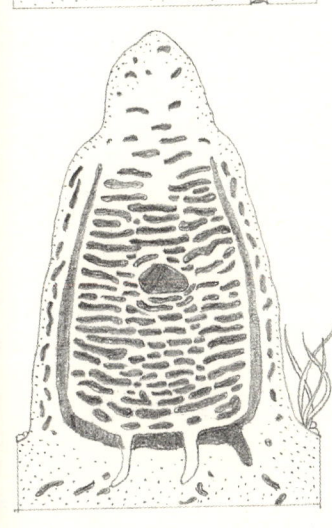

Holzzerstörer

Kurz nach der Jahrhundertwende feierte man in einer südfranzösischen Kleinstadt ausgelassen Hochzeit. Mitten im fröhlichen Trubel stürzte das äußerlich stabile Holzgebäude urplötzlich wie ein Kartenhaus zusammen. Die Hochzeitsgesellschaft aus dem zweiten Stock fiel durch sämtliche Zwischendecken bis in den Keller. Es gab Tote und Verletzte.

Solche und ähnliche Berichte sind aus den wärmeren Gebieten unserer Erde in großer Zahl bekannt geworden. Es sind Termiten, die das Gebälk menschlicher Bauten vollkommen aushöhlen, ohne daß äußerlich etwas davon zu sehen wäre. Diese Termitenarten leben ausschließlich in und von trockenem Holz und sind deshalb zu Recht als große Holzzerstörer gefürchtet, bieten ihnen doch gerade die ausgetrockneten Bretter und Balken der Häuser ideale Lebensbedingungen. In Mitteleuropa haben wir sie allerdings nicht zu fürchten, hier ist es zu kalt. In den warmen Erdgegenden dagegen war man bis vor wenigen Jahrzehnten machtlos gegen den zerstörerischen Termitenfraß. Inzwischen allerdings entwickelte die chemische Industrie wirksame Bekämpfungsmittel. Bei allem Schaden ist auch hier zu bedenken, daß den holzfressenden Termiten eine wichtige Rolle im Naturhaushalt zufällt, nämlich für die Beseitigung abgestorbenen Holzes zu sorgen.

Die primitiven holzbewohnenden Termitenformen fressen sich familienweise durch das Holz, wobei sie ebenso wie die Holzameisen der Struktur des Substrats folgen und blindendende Gänge und Kammern schaffen. Einige dienen zur Ablagerung der Exkremente. Diese Arten leben völlig abgeschlossen von der Außenwelt und stellen nur dann Ausschlupföffnungen her, wenn sich ihre geflügelten Geschlechtstiere zum Schwärmen anschicken. Andere Arten *(Cryptotermes)* schaffen ständige Ausgänge, durch die sie ihre Abfälle hinauswerfen. In erstaunlicher Parallele zu den holzbewohnenden Ameisen gibt es hier Soldaten mit besonders großen Köpfen, die diese Löcher verstöpseln. Die Übereinstimmungen im Nestbau von Termiten und Ameisen gehen noch weiter, denn auch bei den Termiten gibt es freistehende Baumnester aus einer kartonähnlichen Masse, die sehr an jene tropischer Ameisen erinnern.

Im Unterschied zu den Ameisen sind die Termiten in der Lage, das losgenagte Holz auch zu verwerten. Selbst verdauen können sie es allerdings ebensowenig wie diese oder etwa wir Menschen. Ihnen helfen einzellige Lebewesen, Flagellaten und Bakterien, beim Aufschluß der sonst für sie unverdaulichen Zellulose. Der Überschuß an darmbewohnenden Mikroorganismen wird von den Termiten gleich mitverdaut und liefert das lebensnotwendige Eiweiß.

Von der Erdhöhle zum stattlichen Hügelbau

Termiten ernähren sich nicht nur von Holz, auch Mulm und Moderstoffe sowie vielerlei pflanzliche und tierische Substanzen stehen auf ihrer Speisekarte – unter anderem Pilze, wovon bereits im Zusammenhang mit der Pilzzucht der Ameisen und Termiten die Rede war. Pilzgärten befinden sich sowohl in unterirdischen Kammersystemen als auch in großen Hügeln. Das muß kein Gegensatz sein, denn die oberirdischen Bauten entstehen stets aus der Tiefe des Bodens heraus. Hier kann ein junges Nest oft mehrere Jahre bestehen, bevor die ersten Anzeichen eines Hügels an der Oberfläche erscheinen. Meist geschieht das nach heftigen Regenfällen, die die Erde aufweichen und die Bauarbeiten begünstigen. Die weiteren Bauetappen erfolgen dann Wochen, Monate oder gar Jahre später, wenn der Boden weich und für eine Verarbeitung geeignet ist. Im Laufe der Zeit wird das unterirdische Nest mit all seinen Kammern und Gängen abgebaut und in den oberirdischen Hügel verlagert. Bei einigen Arten allerdings bleibt der Bau unter der Erdoberfläche erhalten.

Es ist nicht einfach, in das Innere eines Termitenhügels vorzudringen. Der steinharte Außenpanzer bietet oftmals sogar Spitzhacke und Brechstange hartnäckig Widerstand. Je nach Termitenart besteht er entweder aus dem

Kot der Tiere allein, aus Kot und Erde oder Speichel und Erde. Unter der zementartigen Außenhülle zeigt sich dem Betrachter ein Bild planmäßiger Architektur, weitaus geordneter als etwa in einem Ameisenhaufen. Die Hügel der ursprünglicheren Arten enthalten eine Reihe unregelmäßig angeordneter Kammern annähernd gleicher Größe und Gestalt, in denen sich die Königin frei bewegen kann. In den Bauten der hochentwickelten Arten dagegen ist das Königspaar in einer festen Kammer im Zentrum des Nestes eingemauert. Darum herum liegt eine Schicht breiter, flacher Kammern, in denen Eier und junge Larven untergebracht sind. Nach außen hin schließt sich der Wohnbereich an, der bevorzugte Aufenthaltsort der älteren Larven. Werden Pilze gezüchtet, befinden sich die Pilzkammern in diesem Bereich, ebenso Speicherräume und Abfallkammern. In den Außenpanzern eingeschlossen liegt häufig eine Vielzahl großer und kleiner Lüftungskanäle – unumgänglich für ein Millionenvolk im heißen Tropenklima.

Termitennester und Klima

Termiten sind zarthäutige Tiere, Austrocknung vertragen sie nicht. Sie können nur dort leben, wo sie Schutz vor direktem Sonnenlicht, aber Wärme und gleichzeitig eine hohe Luftfeuchtigkeit vorfinden. Durch ihre Bautätigkeit schaffen sie sich diese Bedingungen selbst. Im Innern ihrer Nester herrscht bei nahezu konstanter Temperatur eine relative Luftfeuchtigkeit von 90 bis 98%. Nun sind aber die meisten Termitenarten gezwungen, ihre schützenden Nester von Zeit zu Zeit zu verlassen, um Nahrung zu suchen – zum größten Teil Holz, Mulm oder andere zellulosehaltige Stoffe. Aber nur wenige Termiten verfügen über dunkle Hautpigmente, die sie vor Sonnenlicht schützen. Als Lösung dieses Problems käme eine rein nächtliche Nahrungssuche in Frage, aber die Nachtstunden reichen häufig nicht aus, um ein Millionenvolk mit Futter zu versorgen. Außerdem liegt in vielen Gebieten auch nachts die Luftfeuchtigkeit unter dem für

Termiten verträglichen Minimum. Abhilfe bringt auch hier die Bautätigkeit: Die Termitenarbeiter graben entweder unterirdische Stollen zu ihren Nahrungsquellen oder errichten überdachte Straßengalerien, die häufig über Dutzende Meter vom Nest zu den unterschiedlichen Nahrungsrevieren führen. Die Termiten leiten die Galerien stets zu den ergiebigsten Futterstellen und müssen deshalb zum Sammeln oder Abweiden der Nahrung ihre klimatisierten Bauten nicht einmal verlassen.

Wie die Nester, können auch die Galerien aus Erdklümpchen und Holzteilchen bestehen, die mit Kot oder Speichel als Bindemittel zu einem festen Baumaterial verknetet werden. Damit reparieren die Termitenarbeiter beschädigte Abschnitte ihrer Straßentunnel in erstaunlich kurzer Zeit (Abb. S. 43), in Kuba verblüfften uns die dortigen Arten immer wieder, wenn sie ihre auf mehrere Meter Länge zerstörten Galerien innerhalb weniger Nachtstunden vollständig mit einer schwarzen, kartonähnlichen Masse ausbesserten. Den ursprünglich wahrscheinlich mulmbewohnenden Termiten des feuchtheißen Klimas stehen durch ihre Nest- und Straßenbauten neue Lebensräume offen, sogar Trockengebiete, wie Steppen und Wüsten, konnten sie so besiedeln. Dazu sind allerdings Verbindungen zum Grundwasser nötig. In Wüstengegenden wie der Karakum sollen die Brunnenschächte angeblich über 100 m in die Tiefe reichen (s. S. 40), 40 m sind sicher verbürgt. Bei sehr großer Trockenheit befeuchten die Arbeiter die Wände der Brutkammer mit ausgewürgtem Wasser und erhalten so die hohe Luftfeuchtigkeit.

An die unterschiedlichen klimatischen Bedingungen in ihrem riesigen Verbreitungsgebiet (im tropischen und subtropischen Gürtel rund um die Erde) paßten sich die Termiten durch eine Vielzahl artspezifischer Bauten an. So haben die Bauten der Bewohner des afrikanischen Urwaldes den fast täglichen Regengüssen standzuhalten. Die hier lebenden Termiten der Gattung *Cubitermes* versehen ihre Erdhügel mit übereinanderliegenden Schutzdächern, vergleichbar denen ostasiatischer Pagoden. Andere Nester gleichen riesigen Hutpilzen (Abb. S. 164).

Die Bauten der staatenbildenden Insekten sind zweifellos die höchstentwickelten tierischen Konstruktionen überhaupt. Sie bilden mit ihren Erbauern eine Einheit, gewissermaßen einen höheren Organismus.

77 Das Nest der Hornissen *(Vespa crabo)*, geöffnet, wird meist aus morschem Eichenholz gebaut und ist demzufolge rötlich braun.

Die Nester der einheimischen sozialen Faltenwespen bestehen aus Papier, das sie aus zerkautem und mit Speichel vermengtem Holz bereiten.

78 Faltenwespe schabt Holzfasern von einem verwitterten Baumstamm.

Die Farbe der Nester richtet sich nach dem Ausgangsmaterial.

79 Die Papierbauten der kleinen Faltenwespen enthalten Holzfasern unterschiedlicher Herkunft und sehen deshalb oft buntstreifig aus, wie das Nest der Sächsischen Wespe *(Dolichovespula saxonica)*.

80 Das gleiche Nest geöffnet. Die mehrschichtige und deshalb gut isolierende Hülle umschließt vier untereinandergebaute Waben aus Papier. Die unterste besteht erst aus wenigen, mit Eiern und jungen Larven belegten Zellen. Die Zellen der darüberliegenden Etagen sind z. T. von weißen Deckeln verschlossen, die die Larven vor der Verpuppung spinnen.

81 Puppen und schlupfreife Wespen in einer durchschnittenen Wabe.

82 Mehrere Stunden braucht die schlüpfende Wespe, um den Deckel zu öffnen und sich aus der Zelle zu befreien.

Tropische Wespennester werden nach unterschiedlichen Bauplänen und aus verschiedenen Materialien errichtet.
Fortgeschrittenere Nesttypen enthalten mehrere waagerecht untereinandergebaute Waben, die von einer Hülle umgeben sind. Auf zwei Wegen wurde dieser Konstruktionstyp verwirklicht.

83 Im Nest der südostasiatischen *Vespa analis* sind die Waben durch Säulen untereinandergehängt, ebenso wie bei den europäischen Arten (vgl. 80). Man nennt das den Innenskelett-Typ.

84 Diesem peitschenförmigen Nest einer brasilianischen Wespe fehlt die Außenhülle. Die untereinandergebauten Zellen bestehen aus Papier und sind zum Schutz gegen Feuchtigkeit mit einer harzähnlichen Substanz getränkt.
Dagegen versehen gewisse südamerikanische Arten ihre Nester mit einer kompakten Außenwand aus Karton, an der sie die Waben befestigen (Außenskelett-Typ).

85 Kartonnest einer brasilianischen Wespe *(Chartergus)*, geöffnet. In der Mitte jeder Wabe liegt ein Schlupfloch, genau an der Stelle also, an der sich beim Innenskelett-Typ die tragenden Säulen befinden.
Außer aus Karton wird der gleiche Nesttyp auch aus feinem Ton errichtet.

86 »Keramiknest« einer *Polybia*-Art aus Venezuela. Die Flecken an der Nestwand entstanden durch den Einbau unterschiedlichen Tonschlamms.

Die sechseckige Zellenform in den Waben der Bienen garantiert gegenüber allen anderen Formen den sparsamsten Materialeinsatz bei größtmöglichem Fassungsvermögen. So kann eine normale Wabe, zu deren Bau 40 g Wachs verarbeitet wurden, über 2 kg Honig aufnehmen.

87 Arbeiterinnen der Honigbiene *(Apis mellifera)* auf verdeckelten Honigzellen. Die Wülste am Zellenrande bestehen aus deponiertem, aber nicht verbautem Wachs.

88 Brutwabe mit Stiften (Eiern) und verschieden alter Brut. Die großen reifen Maden befinden sich kurz vor der Verpuppung.

Die Mehrzahl aller Ameisennester liegt unterirdisch, ohne daß an der Oberfläche auffällige Spuren ihrer Existenz sichtbar wären.

89 Einige Ameisenarten stapeln das Aushubmaterial turmförmig um den Nesteingang. Dieser Erdhügel kann nachträglich mit Gängen und Höhlen durchzogen werden – es besteht somit ein fließender Übergang vom Erd- zum Hügelnest.
Die einheimischen Rasen- und Wegameisen häufen die ausgehobenen Erdkrümel an Grashalmen und anderen stützenden Pflanzenteilen auf, wodurch die bekannten Erdkuppeln in Gärten und auf Wiesen entstehen.

90 Nest der Schwarzen Wegameise *(Lasius niger)*, geöffnet. Die Larven und Puppen werden in den Kammern mit dem günstigsten Mikroklima aufbewahrt und bei Zerstörung zuerst in Sicherheit gebracht.

91 Auch das Hügelnest der Roten Waldameisen *(Formica)* ist in seinem Innern vielfach gekammert und erstreckt sich weit in den Erdboden hinein. Die Kuppel dient vor allem als Strahlenfänger und Wärmespeicher und ist deshalb in schattigen Wäldern am höchsten.

Die gewaltigsten und dauerhaftesten Bauten unter den sozialen Insekten werden von Termiten errichtet.

92 Termitenhügel in Nordaustralien, 3 m hoch. Die zarthäutigen Termiten müssen sich in Trockengebieten durch solche aufwendigen Bauten vor Austrocknung und Sonnenstrahlen schützen. Unter den Hügeln graben sie tiefe Brunnenschächte.

Ähnliche Dächer – nur aus einem anderen Baumaterial, einer kartonartigen Masse – errichten einige unter gleichartigen Umweltbedingungen lebende *Amitermes*-Arten in den Urwäldern Südamerikas.

Auch hier leitet der oberste Regenschirm das Wasser ab, ohne daß der darunterliegende Nestbereich überhaupt befeuchtet wird. Bei *Cubitermes* entfallen diese Schirme in Trockengebieten, sie dienen also tatsächlich nur als Regenschutz, nicht auch als Sonnenschirme.

Den Termiten der australischen Steppen wird nicht ständiger Regenfall, sondern die mittägliche Sonnenglut gefährlich. Dieser Gefahr begegnen die Kompaßtermiten *(Amitermes meridionalis)* durch Form und Ausrichtung ihrer Bauten. Ihre bis zu 5 m hohen und 3 m breiten Hügel sehen aus, als wären sie von beiden Seiten zusammengedrückt. Die schmalen Giebelseiten sind stets genau nach Norden und Süden gerichtet; die Sonne bestrahlt deshalb zur Mittagszeit nur einen kleinen Teil der Oberfläche, während die nicht so intensive Morgen- und Abendstrahlung die Breitseiten trifft. In der Mittagszeit wird so eine tödliche Überhitzung im Nestinneren vermieden. Zusätzlich begeben sich dann die Termiten mit ihrer Brut in den Schattenteil des Hügels, während die von der großen Oberfläche der Breitseiten aufgefangene Sonnenwärme besonders in den oft recht kühlen Morgenstunden und in der kälteren Jahreszeit für eine optimale Temperatur im Hügel sorgt (Abb. S. 163).

Eine wichtige Forderung, die in allen Termitenbauten in irgendeiner Weise erfüllt werden muß, ist die nach einer leistungsfähigen Lüftung. In manchen Bauten leben mehrere Millionen Tiere, die sich bewegen, atmen und Sauerstoff verbrauchen. Man hat den Sauerstoffbedarf in einem Hügelbau gemessen. Ohne Frischluftzufuhr könnten die Bewohner nicht einmal einen halben Tag überleben. In der harten Außenhülle sind jedoch keine Öffnungen zu sehen – wie also funktioniert das Lüftungssystem der Termiten?

Am einfachsten scheint die Erklärung bei einigen *Odontotermes* und *Macrotermes*-Arten, an deren Bauten hochaufragende Schornsteine auffallen. Diese oben offenen Kamine reichen durch das

Nest hindurch bis in den Erdboden, wo sie blind enden. Direkte Verbindungen zum Nest gibt es keine, jedoch ist die Wand zwischen Luftschacht und Nestinnenraum sehr dünn und wahrscheinlich luftdurchlässig. Die Kamine dienen offenbar der Belüftung, jedoch ist ihre genaue Funktionsweise noch nicht untersucht. Auch ohne wissenschaftliche Klärung des Problems benutzen die Einheimischen geöffnete Termitenhügel als Backöfen, wobei sich die turmartigen Aufbauten ganz hervorragend als Schornsteine eignen.

Genauer informiert sind wir über die Lüftungsanlagen in den Hügeln der afrikanischen Termitenart *Macrotermes bellicosus.* An der Außenseite ihrer Bauten in Westafrika verläuft eine Reihe vorspringender senkrechter Rippen, in denen viele feine Luftkanälchen liegen. Oben und unten vereinigen sie sich zu armdicken Strängen, die ins Innere des Hügels führen. Die unteren dicken Kanäle enden im »Keller«, einem größeren Luftraum unter dem Nest. Darüber steht auf konischen Stützen die zentrale Nestanlage mit Bruträumen und Pilzgärten. Unter der Kuppel des Hügels befindet sich ein weiterer Luftraum, von dem die oberen dicken Kanäle in die Außenrippen abzweigen. Die Termiten müssen nicht durch ständiges Ventilieren einen Luftstrom aufrechterhalten wie etwa Wespen und Bienen. Ihre Lüftung funktioniert automatisch.

Wie überall, wo viele Tiere auf engem Raum zusammenkommen, erhöht sich auch im zentralen Nestbereich die Temperatur. Gärungsvorgänge in den Pilzkammern produzieren ebenfalls Wärme. Die Warmluft steigt nach oben und gelangt über die dicken Stränge in das feine Kanalsystem der Rippen. Deren Außenwände sind porös, so daß hier Kohlendioxid nach außen entweichen und Sauerstoff eindringen kann. Das Kanalsystem stellt gleichsam die äußeren Lungen des Termitenbaus dar. Beim Kontakt mit der Außenwelt kühlt sich die Luft in den Kanälen ab und sinkt in den Keller. Von da gelangt sie über den Sog der aufsteigenden Luft wieder in das Nest zurück, der Kreislauf ist geschlossen.

In dieser Weise funktioniert die Lüftung jedoch nur nachts und in den frühen Morgen-

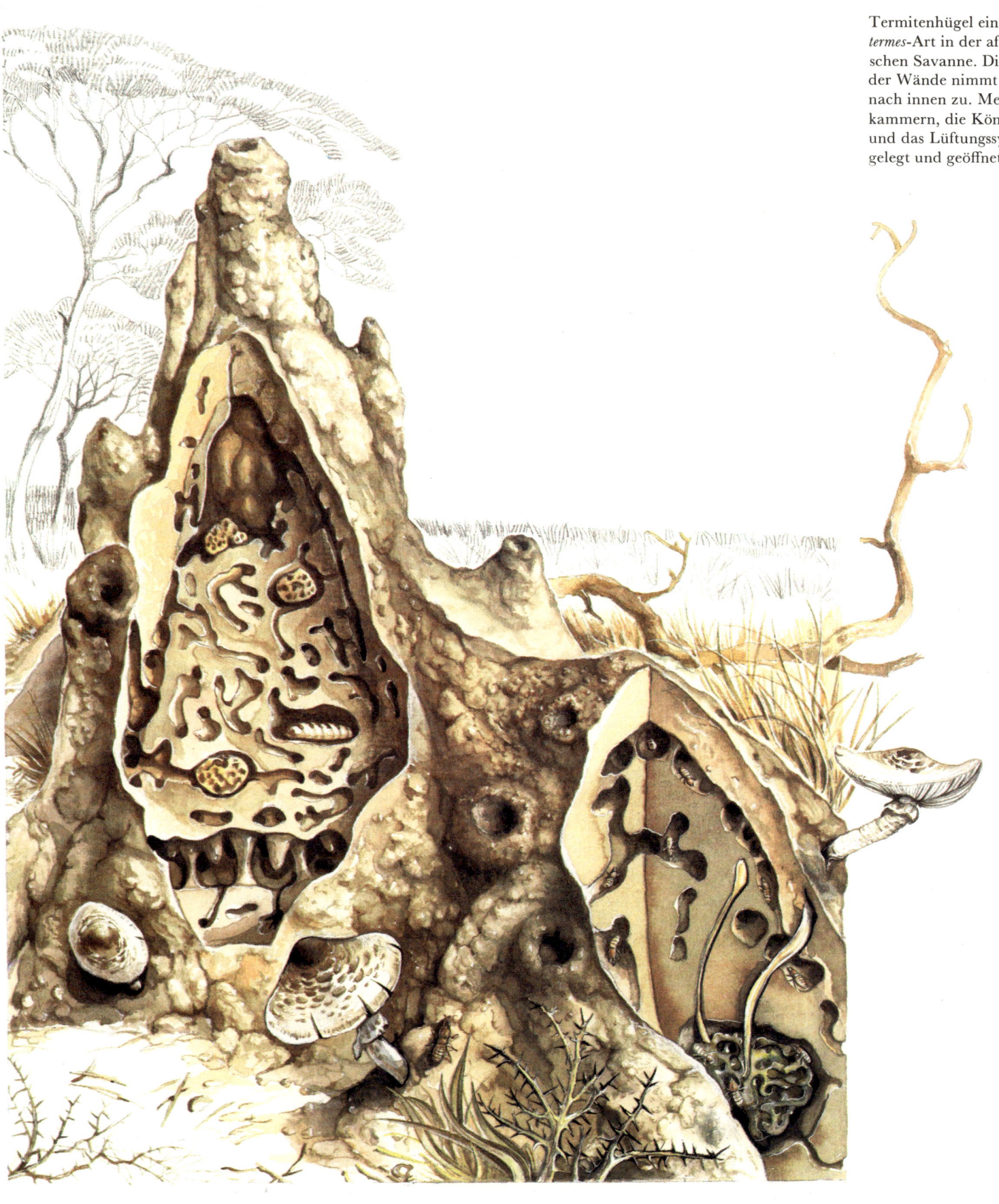

Termitenhügel einer *Macrotermes*-Art in der afrikanischen Savanne. Die Festigkeit der Wände nimmt von außen nach innen zu. Mehrere Pilzkammern, die Königskammer und das Lüftungssystem freigelegt und geöffnet.

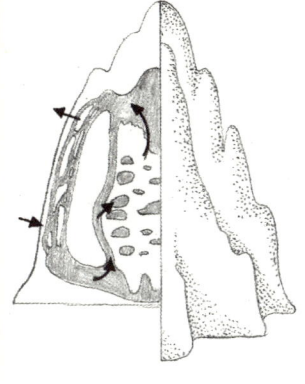

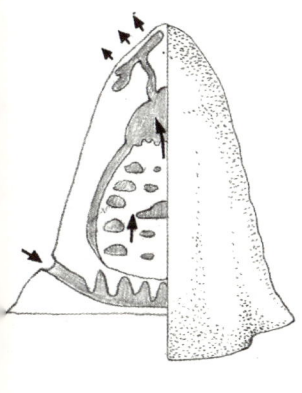

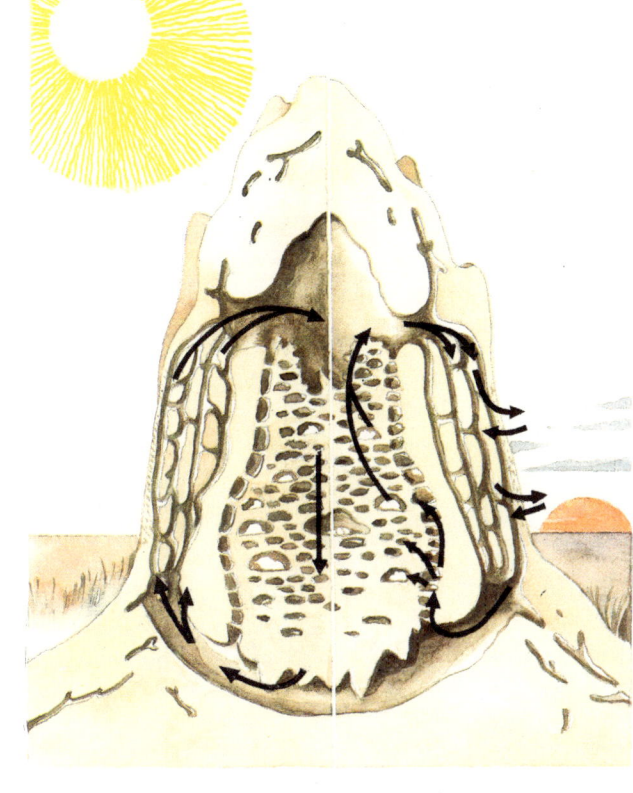

stunden, wenn die Außentemperaturen niedrig liegen und deshalb die Luft in den Rippen kälter ist als die im Innenraum. Tagsüber läuft die Strömung genau umgekehrt. Die Sonne erwärmt dann die Luft in den Rippen, diese steigt nach oben, gelangt in den Nestinnenraum und durch den entstehenden Sog über den Keller wieder in die Kanälchen zurück. Mittels Rauchfahnen konnten die langsamen Bewegungen der Luftsäule sichtbar gemacht werden.

Erstaunlicherweise konstruiert dieselbe Art in Ostafrika etwas andere Lüftungsanlagen. Ihren Bauten fehlen die äußeren Rippen mit dem Kanalsystem. Auch hier steigt die erwärmte Luft aus dem Innenraum nach oben, von dort aber wird sie durch Kanäle in flache Kammern direkt unter der Außenhaut geleitet. Über die porösen Wände kann sie nach draußen entweichen. Der Nachschub an Frischluft erfolgt durch den Keller, der über armdicke Luftschächte mit der Außenluft in Verbindung steht. Die Trennwand zum Keller ist durch feinste Poren luftdurchlässig, so daß der lebensnotwendige Luftstrom

Funktion der Lüftungsanlage in einem *Macrotermes*-Hügel. Links: Strömungsverlauf am Tage (linke Hälfte) und nachts/frühmorgens (rechte Hälfte).
Rechts: Oben ein Nesthügel aus Ostafrika. Darunter ein Hügel der gleichen Art in Westafrika mit abweichender Lüftungsanlage.

Hügelbau der australischen Kompaßtermiten.

Termitenbauten im Regenwald.
Oben: *Cubitermes*-Hügel aus Erde, Westafrika (teilweise geöffnet). Regenwasser wird von den schirmartigen Dächern abgeleitet.
Rechts: Nestanlage von *Procubitermes niapuensis* an einem Baumstamm. Fischgrätenartige Wülste über dem Nest leiten herabrinnendes Wasser ab, Westafrika.
Unten: *Amitermes*-Arten in Südamerika bauen ganz ähnliche Pilze an die Stämme von Urwaldbäumen, allerdings nicht aus Erde, sondern aus Karton.

durch das Nest nicht abreißt. Beide Lüftungssysteme scheinen gleichermaßen gut zu funktionieren. Warum und auf welchem Wege es zu dieser geographischen Variabilität kam, ist nicht bekannt.

Die Lüftungsanlagen und Bautypen anderer Arten sind weniger variabel. So zeigen sich bei der Gattung *Apicotermes* im Vergleich von Nestern derselben Art keine Unterschiede. Von Art zu Art aber ergeben sich beträchtliche Abweichungen, wobei sich die komplizierten Formen von einfachen ableiten lassen. Hier bot sich den Forschern die seltene Gelegenheit, stammesgeschichtliche Zusammenhänge in dieser Gattung anhand ihrer Bauten zu rekonstruieren. Wie sich herausstellte, war das mit den »eingefrorenen Verhaltensstrukturen« leichter möglich als nach körperlichen Merkmalen der Nestbewohner. Von einer Art kennt man gar erst die Nester, die dazugehörigen Baumeister sind noch nicht entdeckt. Auch dieses Nest konnte ohne Schwierigkeiten in die Verwandtschaftsreihe eingeordnet werden.

Die Termiten der Gattung *Apicotermes* leben in ei- bis fußballgroßen Nestern etwa einen halben Meter tief in der Erde. An der Oberfläche finden sich keinerlei Anzeichen für ihre Existenz. *Apicotermes*-Arten sind nur aus afrikanischen Urwäldern und feuchten Savannen bekannt, Gebieten also, in denen während der Regenzeit fast täglich große Niederschlagsmengen fallen. Wenn man die rasche Sättigung vieler tropischer Böden mit Wasser bedenkt, sind Schwierigkeiten bei der Belüftung zu erwarten. Ein starker Selektionsdruck muß deshalb auf der Herausbildung leistungsfähiger Lüftungsanlagen gelegen haben.

Als Ergebnis jahrtausende- oder jahrmillionenlanger Anpassung entstanden in den Nestwänden komplizierte Systeme von Poren, Kanälen und Rundgängen, über die der Innenraum mit der Außenwelt in Verbindung steht. Die Hohlräume sind zu klein, um von den Termiten begangen zu werden. Sie dienen allein der Luftzirkulation. An den Nestaußenseiten befinden sich Rillen, Buckel und Ringwälle, die wahrscheinlich ein Verkleben der Poren verhindern sollen. Die Nester selbst sind von einem Luftmantel umgeben oder liegen in einer Schicht aus porösem Sand. Seit ihrer Entdeckung haben diese Bauten immer wieder Bewunderung erregt, da die Kanäle, Poren und Ringwälle mit einer Regelmäßigkeit geformt sind, als wären sie von einer Maschine gefertigt. Einige Wissenschaftler halten sie für die erstaunlichsten tierischen Konstruktionen überhaupt.

Die Bautechnik

Ein Termitenarbeiter ist immer nur in einem kleinen Teil des Bauwerks tätig. Hier fügt er ständig Sand- und Erdpartikeln aneinander – entweder mit seinem eigenen Kot oder mit Speichel als Bindemittel. Einige Arten errichten sogar das gesamte Bauwerk aus ihren erhärtenden Exkrementen. Ein etwas sarkastischer Beobachter bezeichnete diese Nester als »gewaltige Kloaken« der Termitenvölker. Eine sicher nicht sehr glückliche Bezeichnung, da gerade die hochkomplizierten *Apicotermes*-Nester vollständig aus diesem durchaus brauchbaren Baumaterial bestehen.

Beschäftigt sich der Bauarbeiter an einer anderen Stelle des Nestes, so untersucht er den Untergrund mit den Fühlern und arbeitet dann, entsprechend den dortigen Gegebenheiten, weiter.

Es ist schwer vorstellbar, wie die Termiten die

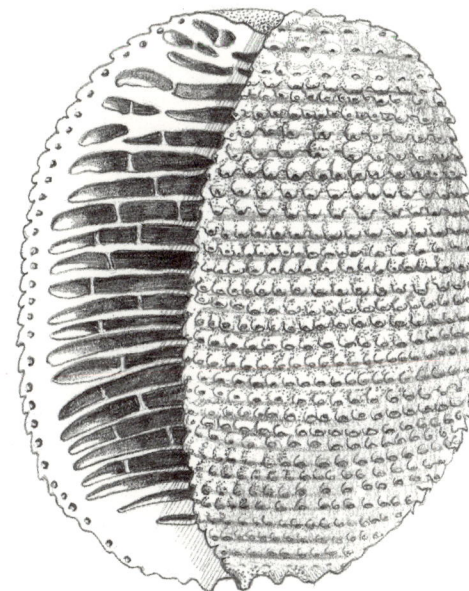

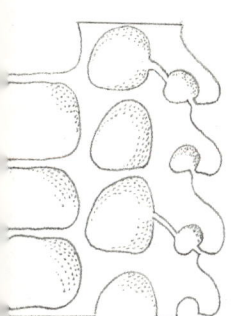

Apicotermes-Nester (leicht schematisiert).
Außenansicht eines Nestes von *A. emersoni*, daneben Nestwand angeschnitten. Stockwerke durch Rampen und Wendeltreppen miteinander verbunden, in der Wand unzugängliche Ringgalerien, Poren und Schlitze, die der Belüftung dienen.

hochkomplizierten Baupläne verwirklichen. Erlernen können sie es nicht, das geht schon aus der Art ihrer Nestgründung hervor, bei der das Königspaar den neuen Staat allein gründet, indem es in einer kleinen Höhle die ersten Nachkommen aufzieht. Diese Arbeiter bauen dann das arttypische Nest. Sie tun das in genau der gleichen Weise wie ihre Vorfahren, obwohl sie nie einen fertigen Termitenbau gesehen oder, besser, gefühlt haben, denn die meisten Termiten sind blind, und auch mit der vorherigen Arbeitergeneration keinen Kontakt hatten. Die Bautechnik muß ihnen demzufolge – zumindest zum großen Teil – vererbt worden sein. Bei der Steuerung und Koordination der vieltausendfachen Bauaktivitäten ist eine zentrale Leitung auf jeden Fall auszuschließen. Das Königspaar kommt hierfür nicht in Betracht, da es vollständig mit der Eiproduktion beschäftigt und bei vielen Arten noch dazu in einer festen Kammer eingeschlossen ist. Von einer Verständigung der Arbeiter über ihre Bautätigkeit ist ebenfalls nichts bekannt. Zwar weiß man von Klopfsignalen und chemischen Duftstoffen, sie dienen jedoch ausschließlich als Alarmzeichen bzw. Wegmarkierungen. Trotzdem arbeiten Termiten offenbar sinnvoll zusammen. Anders wären die bis zu 7 m aufragenden Hügel mit ihrer zweckmäßigen Innenarchitektur nicht denkbar, noch weniger die Lüftungsanlagen in den *Apicotermes*-Nestern. Wie sich diese Zusammenarbeit regelt, wie und wodurch der komplizierte Bauplan in die Tat umgesetzt wird, darüber gibt es bestenfalls Vermutungen. Genaues wissen wir gegenwärtig noch nicht.

Auch hier gilt jedoch der Satz: Zweckmäßigkeit beschreibt einen Befund, sie setzt nicht Einsicht voraus.

7. Kapitel

Bautätigkeit als Überlebensstrategie

Jedes Tier lebt in einer bestimmten Umwelt und reagiert auf äußere Reize. Nun sind die Umgebungsbedingungen der meisten Tiere starken Schwankungen unterworfen, sei es im Tagesgang, im Wechsel der Jahreszeiten oder längerfristigen Veränderungen. Für ein reibungsloses Funktionieren eines Organismus jedoch sind möglichst gleichmäßige Bedingungen erforderlich, äußere und besonders innere. Das Aufrechterhalten lebenswichtiger Zustände (beispielsweise der Körpertemperatur, des Blutzuckerspiegels und der Ionenkonzentration in den Körperflüssigkeiten) nannte der Physiologe W. B. CANNON Homöostase (nach dem griechischen homoios = gleich, stasis = Stand). Dieser Begriff hat sich eingebürgert und findet heute auch in anderen Bereichen Anwendung.

Bauverhalten kann allgemein als Homöostasemechanismus aufgefaßt werden. Es dient über den Umweg veränderter Umgebungsstrukturen (Bauten) der Erhaltung lebenswichtiger Funktionen des Organismus, dient dem Überleben einzelner Individuen, der Weitergabe ihres Erbmaterials und somit letztendlich der Erhaltung der Art. Dafür gibt es eine Vielzahl Belege. So stellte das Forscherehepaar SCHMIDT-NIELSON nach sorgfältigen Messungen und Berechnungen von Umweltparametern und physiologischen Größen der Känguruhratte *(Dipodyomys spectabilis)* fest, daß das Leben dieses Wüstenbewohners physiologisch völlig unmöglich wäre, wenn er nicht der extremen Tageshitze und dem damit verbundenen Feuchtigkeitsverlust in tiefen Bauten mit relativ hoher Luftfeuchtigkeit entginge und nur nachts zur Nahrungssuche an die Oberfläche käme.

Ähnlich unentbehrlich sind die meisten Bauten für ihre Erbauer, sie sind ein Teil des Überlebenskonzepts der Art, angepaßt in den Millionen Jahren der stammesgeschichtlichen Entwicklung. Woher die Verhaltensprogramme tierischer Bautätigkeit stammen, wie ihre Herausbildung in der Jugendentwicklung erfolgt, wodurch sie gesteuert werden und weshalb ihre Entwicklung in der Evolution gerade so und nicht anders verlief, sind Fragen, mit denen sich dieses abschließende Kapitel befaßt.

Genetische Grundlagen

Anno 1760 stellte der Hamburger Pfarrherr REIMARUS in seinem berühmten Werk »Allgemeine Betrachtungen über die Triebe der Thiere, hauptsächlich über ihre Kunsttriebe« die Frage nach dem Woher der Verhaltensprogramme in folgender Weise: »Das Problem, oder die Hauptfrage bey den Kunsttrieben der Thiere ist: Wie es möglich sey, daß Thiere ohne Erfahrungen und Vernunft, ohne Unterricht Beyspiele und Uebung, in jeder Art zum Theile schon von Geburt an ganz regelmäßige und einförmige Kunstfertigkeiten ausüben, welche die allergeschicktesten Mittel zu ihrer und des Geschlechtes Erhaltung und Wohlfahrt ins Werk setzen.«

Reimarus vermutet mit Recht einen hohen Anteil vererbter »Kunsttriebe« am gesamten Bauverhalten. Das ist plausibel, wußte man doch schon damals, daß Kreuzungen oft zu Verhaltensabweichungen führen und Tiere auf bestimmte Verhaltensweisen hin züchtbar sind und somit wohl auch die Verhaltensweisen oder, besser, deren Anlagen vererbbar sein müssen.

Ein bekanntes und zu unserem Thema passendes Beispiel dafür liefern die Kreuzungsexperimente mit den kleinen Papageien der Gattung *Agapornis* (den »Unzertrennlichen«). Einige Arten praktizieren eine einmalige Art des Niststofftransports: Sie tragen das Baumaterial nicht wie jeder andere Vogel mit Schnabel oder Füßen,

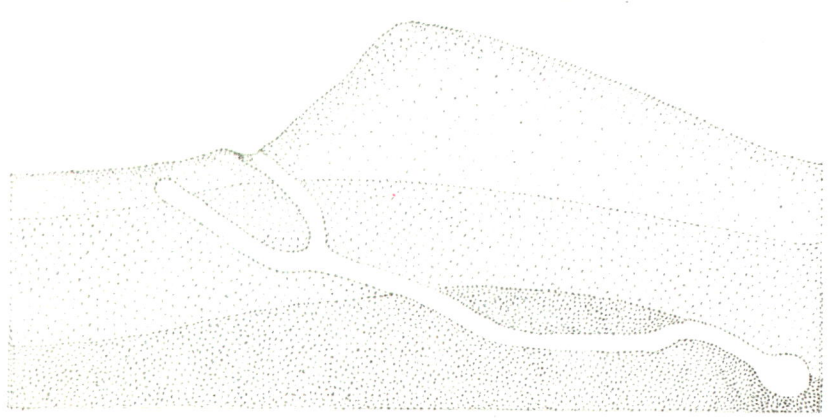

sondern stecken es ins Gefieder, um es in ihre Höhle zu bringen. Wahrscheinlich hat sich dieses Verhalten als auslesebegünstigt deshalb entwickelt, weil der Vogel dann den Schnabel zum Klettern frei hat und besser in die sonst schwierig zu erreichende Höhle gelangen kann. Das Rosenköpfchen *(Agapornis roseicollis)* beißt mit dem Schnabel Nistmaterialien zurecht, fasert sie an einem Ende auf und steckt sie dann unter das Rückengefieder, das sie mit Häkchen festhält. Normalerweise haften die Halme so fest, daß der Vogel, ohne sie zu verlieren, damit fliegen kann.

Fischers Unzertrennliche oder Pfirsichköpfchen *(A. personata fisheri)* dagegen tragen das Nistmaterial mit dem Schnabel ein. Kreuzt man beide Arten, so stecken die Nachkommen der ersten Generation das Nistmaterial zwar ins Rückengefieder, behalten es aber zugleich im Schnabel und kommen dadurch nicht zum Ziel. Das führt so weit, daß sie die Baustoffe fallenlassen und neue zurechtbeißen. Auch werden die Einsteckbewegungen in das Rückengefieder oft nicht richtig gezielt. Nach langen Versuchen lernen es die Mischlingspapageien, Material mit dem Schnabel einzutragen; im ganzen zeigen sie ein Mischverhalten zwischen den Elternarten.

In den seit REIMARUS verflossenen zwei Jahrhunderten ist eine Menge neuer Erkenntnisse hinzugekommen, heute befaßt sich eine spezielle Wissenschaftsdisziplin, die Verhaltensgenetik, mit diesem Fragenkomplex, unter anderem mit dem Ziel, herauszufinden, auf welchem Gen (welchen Genen) die Grundlagen für bestimmte Verhaltensweisen lokalisiert sind, vielleicht um

Erbmerkmale künftig gezielt beeinflussen zu können. Die Forschung steckt hier noch in den Kinderschuhen, allgemeine Regeln lassen sich noch nicht abschätzen.

Zahlreiche Untersuchungen weisen darauf hin, daß die Mehrzahl der verhaltenswirksamen Gene Einfluß auf verschiedene Verhaltensweisen haben (pleiotrope Wirkung), unter anderem beim Nestbauverhalten des Kaninchens. Doch gibt es auch umgekehrte Fälle, in denen Elemente eines komplexen Verhaltensmusters von verschiedenen Genen abhängen. Dies kann sogar dann zutreffen, wenn sie in strikter Aufeinanderfolge vorkommen und funktionell verknüpft sind. Solches wurde vom Spinnverhalten der Mehlmottenlarven *(Ephestia kuehniella)* und vom Hygieneverhalten der Honigbiene wahrscheinlich gemacht. Normale »hygienische« Bienen öffnen die Zellen kranker Larven und entfernen die infizierten Tiere aus dem Stock. »Unhygienische« Stämme hingegen lassen die abgestorbene Brut in den Zellen und verdeckeln sie. Durch geeignete Kreuzung und Rückkreuzung erhielt man Stämme, die zwar Zellen mit Faulbrut öffnen, aber keine Larven entfernen, während andere umgekehrt nur dann Larven entfernen, wenn ihnen vorher die Zellen geöffnet wurden. Die beiden normalerweise aufeinanderfolgenden Tätigkeiten scheinen somit von zwei unabhängigen und getrennt vererbbaren Genen kontrolliert zu werden.

Bauverhalten in der Ontogenese

Im Verlaufe der Jugendentwicklung (Ontogenese) jedes einzelnen Tieres müssen die genetischen Anlagen in reales Verhalten umgesetzt werden. Merkmale an sich werden ja nicht vererbt, sondern innerhalb ererbter Variationsbreiten entwickelt. Viele Bauverhaltensweisen stehen schon von Geburt an vollständig zur Verfügung (im Wortsinne angeboren), andere reifen erst im Laufe der Entwicklung heran. Das Lebewesen braucht dazu keine Erfahrung, sondern nur Zeit.

Es können Organe vor den zugehörigen Verhaltensweisen reifen oder umgekehrt. Unausgereifte Bewegungsvorstufen können leicht als »Übung« fehlgedeutet werden; erinnert sei an das Beispiel der Jungspinnen, die erst von einer bestimmten Häutungsanzahl an, nach der sie normalerweise ihre Kinderstube verlassen, in der Lage sind, eigene Netze zu spinnen, und vorher nur unvollkommene Gespinste herstellen.

Jedes Bauverhalten besteht aus mehreren Teilen. In der Ontogenese reift stets zuerst die Endhandlung, danach entwickeln sich schrittweise die anderen Verhaltensanteile. So tritt beispielsweise bei Jungtieren des europäischen Kormorans (Phalacrocorax carbo) zuerst der Endakt des »Zitterns« auf, danach folgt das Befestigen des Zweiges, das Herantragen usw. Diese Integration ist kein Ergebnis individuellen Lernens, sondern von Reifungsvorgängen der entsprechenden Verhaltensweisen. In diesem Zusammenhang ist bemerkenswert, daß im jahreszeitlichen Ablauf nach dem Ende der Paarungszeit die Desintegration der Baubewegungen in umgekehrter Reihenfolge stattfindet.

Das Bauverhalten wird jedoch nicht vollständig von vererbten Verhaltensmustern bestimmt. Darauf weist auch REIMARUS in seinem Werk hin: »Die Kunsttriebe der Thiere sind von der Natur nicht so gänzlich in allen Stücken determiniert, daß ihnen nicht eins und anderes, durch ihr eigenes Erkenntnisvermögen, nach den Umständen, verschiedentlich zu bestimmen übrigbliebe.«

Erkenntnisvermögen ist hier gleichzusetzen mit Lernvermögen, und diesem kommt – neben den Reifungsvorgängen – eine wichtige Rolle in der Jugendentwicklung vieler Arten zu. Zum Beispiel beherrscht ein junger Kolkrabe (Corvus corax) bestimmte Nestbaubewegungen, er muß aber lernen, womit sich bauen läßt. Anfangs versucht er es mit allen möglichen Materialien, mit Glasscherben, Blechstücken, Dachschiefern, Ästchen, ja sogar mit Eisstückchen. Diese Dinge schiebt er am künftigen Nestplatz unter schnellen Schnabelbewegungen seitlich über die Unterlage. Das Schütteln wird schneller, wenn der geschobene Gegenstand auf Widerstand stößt; hat er sich verhakt, hört der Rabe damit auf. Der junge Rabe lernt sehr schnell, daß sich Glasscherben und Dachschiefer sehr schlecht verhaken, Ästchen dagegen gut.

Anderen Arten, wie dem Nachtreiher, sind wiederum Kenntnisse über das Nistmaterial angeboren, sie müssen aber unter anderem lernen, wo man am besten ein Nest baut.

Viele Lernvorgänge sind für das Überleben der Art unbedingt notwendig, vermitteln den lernenden Individuen überhaupt erst das Rüstzeug für die Konstruktion artspezifischer Bauwerke. Solches obligatorisches Lernen ist meist an bestimmte genetisch programmierte Zeiträume der Individualentwicklung gekoppelt (sensible Phasen), in denen allein das Lernen erfolgen kann. Es ist somit eine erblich fixierte Lerndisposition vorhanden.

Verhaltensprogramme und Lernen

Wie eben anhand der genetisch fixierten Lernbereitschaft gezeigt, sind »Ererbtes« und »Erlerntes« in der Praxis oft nicht leicht voneinander zu trennen. Diesbezügliche Schwierigkeiten sollen uns hier aber nicht beschäftigen, für unsere Themenstellung ist es dagegen wichtig zu wissen, daß das obligatorische Lernen dem ererbten Verhaltensgerüst komplementär zugeordnet ist und vor allem jene Reizkonstellationen betrifft, deren informationeller Gehalt (z. B. das Aussehen verschiedener Nistmaterialien oder Neststandorte) sich nicht, oder nur mit großen Unsicherheitsfaktoren belastet, über genetische

Mechanismen weitergeben läßt. Angeborenes Verhalten stellt die stammesgeschichtliche Anpassung der Art an ihre Umwelt dar, während das obligatorische Lernen die lebensnotwendige Anpassung jedes einzelnen Individuums an seine Umwelt liefert. Diese beiden Formen der Anpassung stellen zwei verschiedene, aber in der Zielstellung übereinstimmende Teile eines einheitlichen Überlebenskonzepts jedes Organismus dar: seine Erbanlagen mit möglichst hohem Erfolg an seine Nachkommen weiterzugeben.

Tiere sind in artlich verschiedener Weise lernbegabt. Bei vielen Arten ist das Verhalten weitgehend von stammesgeschichtlichen Anpassungen (ererbtem Verhalten) bestimmt, und es wird nur wenig gelernt. Diese Baumeister haben zweifellos den Vorteil, daß sie nicht erst durch risikobehaftetes Lernen die nötige Angepaßtheit erwerben müssen. Andererseits ist diese Art von Anpassung nur vorteilhaft, wenn die Umweltgegebenheiten, auf die das ererbte Verhalten »maßgeschneidert« ist, keinen Veränderungen unterworfen sind – je variabler die Umwelt, desto weniger genau kann das Verhalten als Anpassung vorgezeichnet sein. Wechselnde Umweltbedingungen verlangen individuelle Anpassungsfähigkeit durch Lernen. Ohne dieses Lernvermögen wäre es beispielsweise dem Kolkraben nicht möglich, so verschiedene Lebensräume wie Nadelwald, arktische Tundra und Sandwüsten mit ihren jeweils unterschiedlichen Neststandorten und Baumaterialien zu besiedeln.

Je höher ein Tier im »natürlichen Stammbaum« steht, um so eher sind bei ihm Lernen und somit eine gewisse Unabhängigkeit von wechselnden Umgebungsbedingungen zu erwarten. Bei vorgezeichneter genetischer Einpassung des Verhaltens dagegen muß jede Änderung die Angepaßtheit stören. Sehr deutlich wird das beim Verhalten der Sandwespe *(Ammophila)*, die, wenn man die von ihr abgelegte Raupe vom Nesteingang entfernt, diese sucht, wiederum ablegt, den bereits offenen Eingang noch einmal »öffnet« und das, wiederholt man das Experiment, noch dreißig- bis vierzigmal hintereinander tut, ohne die Raupe direkt einzuziehen. Da normalerweise keine derartigen Störungen vorkom-

men, ist das starre ererbte Verhaltensprogramm für die Wespe durchaus ausreichend. Jedoch gilt diese Starrheit nicht notwendigerweise für alle Bereiche. So zeigt die Sandwespe bezüglich ihres Orientierungsvermögens geradezu erstaunliche Lernleistungen. Sie lernt im Fluge einen bis zu 40 m (bei einigen Arten 100 m) langen Weg, den sie dann mit ihrer Beute zum Nest läuft, was zusätzlich ein Umarbeiten der fliegend aufgenommenen Geländeinformationen voraussetzt.

Zu den eindrucksvollsten vererbten Verhaltensprogrammen im Bereich tierischer Bautätigkeit gehören zweifellos diejenigen mit »Vorausleistungen« bei einigen Insektenlarven, wie den im Holz minierenden Bockkäferlarven (Cerambycidae). Kurz vor der Verpuppung richten sie ihre Gänge zur Holzoberfläche hin aus und verpuppen sich direkt unter ihr. Die Käfer selbst sind nicht mehr in der Lage, im Holz zu minieren. Würde sich die Larve im Inneren des Stammes verpuppen, so müßte der Käfer in seiner Kammer umkommen.

Ähnliche Vorausleistungen, bei denen Lernen und Erfahrungen offensichtlich keine Rolle spielen können, vollbringen einige Schmetterlingsraupen, die in ihre Verpuppungskokons jeweils ein reusenartiges Gebilde einarbeiten, das zwar Feinden den Zutritt verwehrt, den schlüpfenden Falter aber ungehindert ins Freie entläßt.

Verhaltensweisen treten in bestimmter Ordnung auf. Bei der Sandwespe wird die geordnete Aufeinanderfolge der Handlungen (Handlungsketten) von der jeweils auslösenden Reizsituation diktiert, wobei jede abgeschlossene Teilhandlung die auslösende Reizkombination der nächsten schafft. Wo immer die Verhaltensfolge von äußeren auslösenden Reizen bestimmt wird, können Glieder der Kette übersprungen werden. Auch ein bereits abgehandeltes Verhalten kann bei entsprechender Reizkonstellation rekapituliert werden. Bei vorwiegend von endogenen Faktoren gesteuerten Verhaltensfolgen ist solches nicht möglich – erinnern wir uns der Vergrabehandlungen des Rotfuchses oder des Kokonbaus beim Großen Seidenspinner. Jede Einzelbewegung hat hier ihre feste Stellung im Gesamtablauf, und jede Einzelbewegung für sich ist genaugenommen wiederum eine innerlich programmierte Aufeinanderfolge von Muskelkontraktionen.

Wo Lernen hinzukommt, sind in den meisten Fällen Kontrollmechanismen nötig, die sichern, daß das Gelernte auch im Sinne der Arterhaltung wirkt. Neue auslösende Reizkombinationen werden gleich mitgelernt, und die individuelle Erfahrung spielt eine zunehmend größere Rolle.

Verfolgt man die Wirkungsmechanismen auslösender Außenreize im Organismus selbst, etwa bei einigen Webervögeln, bei denen der Anblick grünen Grases die Nestbaustimmung auslöst, so wird die Bedeutung der Hormone bei der Verhaltenssteuerung deutlich.

Die Rolle der Hormone

Verhalten ist nicht nur Antwort auf einen Außenreiz, und das Tier gleicht keineswegs einem Automaten, in den man eine Münze einwirft und darauf eine bestimmte Antwort erhält. So wird nicht jedes Tier zu jeder Zeit Bauhandlungen ausführen, besondere »Stimmungen« sind hierfür nötig. Beim Aufbau dieser Stimmungen und bei der Steuerung des Bauverhaltens spielen Hormone eine große Rolle.

Die Bedeutung der Geschlechtshormone für das Paarungsverhalten ist allgemein bekannt, in ähnlicher Weise werden viele andere Verhaltensweisen, beispielsweise die Brutpflege und der Bau vieler Kinderstuben, aber auch der Liebeslauben der Laubenvögel und anderer Konstruktionen, durch Hormone gesteuert. Um beim Beispiel der Webervögel zu bleiben: Grünes Gras aktiviert über das Nerven- und Hormonsystem das Wachstum der Keimdrüsen, die wiederum über ihre Geschlechtshormone die Nestbaustimmung hervorrufen. Bei unseren heimischen Singvögeln bewirken die veränderten Tageslängen im Frühjahr über einen Mechanismus im Hypothalamus (einem Hirngebiet) und der Hypophyse (Hirnanhangdrüse) Keimdrüsenwachstum und Geschlechtshormonbildung. Die Ausschüttung der weiblichen Geschlechtshormone

wird auch durch Reize bestimmt, die von balzenden Männchen ausgehen. Das Weibchen reagiert auf die Balz und baut ein Nest.

Wie die Faktoren im einzelnen zusammenspielen, zeigten unter anderem die Untersuchungen von R. HINDE am Kanarienvogel. Unsere Grafik verdeutlicht, daß die Ursachen und Folgen des Sexualverhaltens untrennbar mit jenen des Nestbaus verwoben sind und allein nicht verstanden werden können. Die vom Männchen und vom Nest ausgehenden äußeren Reize bewirken hormonelle Änderungen im Weibchen, die zu den unmittelbaren Einflüssen auf das Verhalten hinzukommen. So hat die Qualität des Gesanges des Kanarienhahnes einen nachweisbaren Einfluß auf die Qualität des Nestbaus seiner Partnerin! Ein Spezialist auf dem Gebiet der Hormonwirkungen brachte deren Einfluß auf die Formel: »Hormone machen Verhalten und Verhaltensweisen Hormone.«

Bauverhalten und Evolution

Verhaltensweisen und damit auch das Bauverhalten entstanden im Verlaufe der Stammesgeschichte nicht anders als Organe auch, durch natürliche Auslese. Wenn Bauverhalten sich weiterentwickeln soll, muß es variieren. Die Vielfalt entsteht zunächst dadurch, daß an Genen Mutationen auftreten, die etwas veränderte Eigenschaften der betreffenden Individuen, der Mutanten, verursachen. Unter bestimmten Umweltbedingungen kann eine Mutante, beispielsweise mit veränderter Bautätigkeit, der ursprünglichen Form gegenüber im Vorteil sein. Man sollte sich vor Augen halten, daß kein Merkmal, keine Eigenschaft an sich vorteilhaft oder nachteilig ist; die Fähigkeit, ein Hängenest zu bauen, ist für die Beutelmeise vorteilhaft, für einen Pinguin nicht. Die Variationen konkurrieren untereinander, breiten sich in neue Lebensräume aus, wobei sich die besser angepaßte Variante rascher vermehrt. Jene Organismen, die unter den gegebenen Umweltbedingungen mehr Nachkommen hervorbringen, haben einen Selektionsvorteil – andere Varianten, die vergleichsweise weniger Nachkommen erzeugen, haben einen entsprechenden Selektionsnachteil. Darwins vielzitierter »Kampf ums Dasein« ist dabei nicht als blutiges Kräftemessen konkurrierender Gegner aufzufassen, sondern viel eher mit der Formulierung zu umschreiben: »Das Bessere ist der Feind des Guten.«

Nach den Evolutionsgesetzen heißt es: Selektionsbegünstigt ist derjenige Organismus, der weniger Aufwand treibt, um mehr Nachkommen als die anderen Mitglieder der Population zu zeugen. (Aufwand ist hier ein pauschaler Begriff, in den vor allem die Größen Zeit, Energie und Risiko eingehen.) Im Laufe der Stammesgeschichte wird sich somit das Lebewesen mit der jeweils sparsamsten Lösung eines Problems durchsetzen, sei der Vorteil auch noch so gering, wie etwa bei der positiven Drehrichtung der Achtertour vieler kokonspinnender Insektenlarven. Ebenso bieten Materialeinsatz und auch die Qualität des Baumaterials Ansatzpunkte für die Selektion. So ist ein Seidenfaden aus einem Spinnennetz mit 4 g belastbar, ein fast doppelt so dicker Faden aus Raupenseide dagegen maximal mit 3,8 g – der Faden im Raupenkokon ist eben normalerweise kaum Zugbelastungen ausgesetzt, demzufolge wirkte die Selektion weniger auf Zerreißfestigkeit – im Gegensatz zum Spinnenfaden, der ja im Netz ständig enormen Dehnungsbelastungen standhalten muß. Am Beispiel des Radnetzes der Webspinnen wurde ein weiteres Prinzip deutlich: Was wir als Ergebnis der stammesgeschichtlichen Anpassung sehen, ist häufig ein Kompromiß zwischen verschiedenen Selektionstendenzen, in diesem Falle einer hohen Fangtüchtigkeit und einem möglichst geringen Aufwand an Orientierungsbewegungen. Ähnliche Kompromisse sind im Bereich tierischer Bauten die Regel, doch selbst wenn bekannt ist, daß mehrere Anpassungsrichtungen eine Rolle spielten, kann man doch nur das Endergebnis betrachten und ohne gezielte Experimente schwer abschätzen, aus welchen Komponenten es sich im einzelnen zusammensetzt.

Ansatzpunkte für die Selektion liegen nicht nur im eigentlichen Bauverhalten selbst, sondern bereits bei dessen Vorbereitung. So wird der

Hormone und Nestbau beim Kanarienvogel. Die Pfeile symbolisieren verhaltenswirksame Außenreize.
a Durch die längeren Tage im Frühjahr werden die Keimdrüsen aktiviert. Die männlichen Geschlechtshormone (Androgene) führen zur Aktivierung des Gesanges und zur Balz des Kanarienhahnes, was wiederum die Produktion weiblicher Geschlechtshormone (Östrogene) in seiner Partnerin erhöht.
b Als Auswirkung der Balz beginnt das Weibchen Halme und andere grobe Niststoffe zu sammeln und zu verbauen. Die Eier in den Ovarien wachsen jetzt schnell heran und erreichen Erbsengröße.
c Ausgelöst durch das Östrogen und sekundäre Hormone verliert das Weibchen Federn an der Brust. Es entsteht ein federfreier Bezirk, der Brutfleck. Über diese empfindliche Stelle kommt das Weibchen in direkten Kontakt mit der Nestmulde, was einen nahezu ebenso starken Stimulus darstellt, wie die Anwesenheit des Männchens.

Nestbau stets durch eine Suchphase eingeleitet. Oft ist, wie beispielsweise bei den Hummeln und vielen Singvögeln, in dieser Phase die Reizschwelle für das Fluchtverhalten gesenkt, so daß geringe Störungen bereits zum Verlassen der betreffenden Stelle führen können. Der Selektionsvorteil dieses Verhaltens liegt auf der Hand: An einem Ort, der bereits bei der Nistplatzwahl Gefahren ausgesetzt ist, liegt die Wahrscheinlichkeit einer späteren Störung hoch; die zu erward Ist das Nest fast fertig, kommt das Weibchen in Paarungsstimmung. Ausgelöst durch die Anwesenheit des Männchens und ihre eigenen Hormone zeigt sie ihre Paarungsbereitschaft. Es kommt zu vielen Paarungen, bevor das erste Ei gelegt wird. Die Paarungshäufigkeit nimmt ab und hört schließlich ganz auf, wenn die Bebrütung des Geleges beginnt.

e Vergrößerte Blutgefäße dicht unter der Haut des Brutflecks lassen ihn leuchtend rot erscheinen. Östrogen und sekundäre Hormone aktivieren Tube und Eileiter, die Eier werden abgelegt. Hauptstimulus ist hier das Nest.

f Das letzte Baustadium beginnt, wenn das Weibchen infolge der Empfindlichkeit des Brutflecks die Nestmulde mit weichen Stoffen auspolstert. Die Reize aus dem Nest und die verschiedenen Hormone in ihrem Körper bestimmen den Zeitpunkt der Eiablage.

g Im Abstand von einem Tag legt das Weibchen die Eier ab. Die vom Nest ausgehenden Reize auf den Brutfleck veranlassen es zu brüten. Das Männchen hält in der Nähe des Nestes Wache.

tende Nachkommenzahl ist demzufolge von vornherein geringer als an ungestörten Brutplätzen.

Im Bereich der Bauplatzwahl gibt es eine Fülle weiterer Anpassungen. So nisten einige Mausvögel direkt neben gefährlichen Wespen, der Wellentriel neben Krokodilen (s. S. 63), kleine Singvögel häufig in den Horsten von Greifvögeln und einige Spechtpapageien, Trogons, Faulvögel und Spechte in den Bauten von Termiten, Ameisen oder Wespen. In allen Fällen bieten die wehrhaften Nachbarn Schutz vor Feinden. Interesse verdient auch das Phänomen der oft riesigen Brutkolonien einiger Vogelarten. Der Anpassungswert des Brütens in großen Ansammlungen ist vor allem unter zwei Gesichtspunkten zu sehen: dem Nahrungsverhalten und der Feindabwehr.

Durch geometrische Berechnungen ermittelten Forscher, was Vögel tun müßten, um beim Beutefang mit möglichst geringen Such- und Anmarschwegen auszukommen. Besonders zur Brutzeit, wenn sie viel Futter für den Nachwuchs benötigen, ist das wichtig. Vögel, deren Hauptbeutetiere stellenweise gehäuft vorkommen (z. B. Fisch- oder Insektenschwärme), sollten ihre Nester zentral zwischen den aussichtsreichsten Fangplätzen bauen, also von allen etwa gleich weit entfernt. Die Nester sollten möglichst dicht beieinander stehen, damit die Vögel ihr Brutgeschäft gut synchronisieren können. Das wiederum hat den Vorteil, daß Raubfeinde nur für einen kurzen Zeitraum Eier und Jungvögel vorfinden, dann allerdings in so großer Zahl, daß sie niemals alle fressen könnten. Außerdem bietet die Kolonie selbst Schutz gegen viele Feinde; viele Lachmöwen beispielsweise können eher Krähen und Großmöwen vertreiben, deshalb sind Eier und Jungtiere im Inneren der Brutgemeinschaft weniger gefährdet als solche am Rande.

In diesem Zusammenhang sei noch das Beispiel unterschiedlicher Bauprogramme unter Artgenossen erwähnt, vor allem offensichtlich bei staatenbildenden Insekten, aber auch zwischen Männchen und Weibchen anderer Arten. Beim Nestbau vieler Tiere baut nur einer der Geschlechtspartner, der andere »hilft« dabei, schafft Baustoffe heran, hält Wache usw. Oder beide Partner errichten unterschiedliche Teile des Bauwerks, wobei jeder von ihnen meist nur über einen Teil der Verhaltensweisen verfügt, die zur Vollendung des Ganzen erforderlich sind. Die natürliche Auslese fördert die Spezialisierung in Körperbau und Verhalten, wenn das Zusammenwirken der verschiedenen Spezialisten auch dann noch gesichert ist.

Nicht immer garantiert die Selektion, daß sich das optimale Verhalten, die optimale Konstruktion durchsetzt. Eine bekannte Formulierung lautet: »Die Selektion schafft nicht die beste aller Welten, aber die stabilste.« Die natürliche Auslese reagiert stets auf einen großen Anfangsvorteil, ist aber zukunftsblind. So können Körperbau und Verhalten (Bauten) in entwicklungsgeschichtliche Sackgassen geraten, an denen beispielsweise ein Bauprinzip am Ende seiner Möglichkeiten angelangt ist.

Werden bestimmte Strukturen oder Verhaltensweisen nicht mehr benötigt, etwa infolge Umweltveränderungen, so bilden sie sich nach den Gesetzen der Sparsamkeit zurück. Ein Selektionsvorteil ist nicht nur für die Herausbildung, sondern auch die Erhaltung eines Organs oder einer Eigenschaft notwendig – denken wir an die zurückgebildeten Nester einiger höhlen- und bodenbrütender Vögel oder die »verlorene« Fähigkeit zum Speicherbau bei der Hausmaus. In einigen Fällen überlebte eine Bauverhaltensweise als Ausdrucksbewegung die ursprüngliche Funktion. So bei den Blaufüßigen Tölpeln, Seevögeln der Galapagosinseln, die einander im Paarbildungszeremoniell Nistmaterial (Steinchen usw.) überreichen, obwohl sie gar kein Nest mehr bauen. Es scheint in diesem Zusammenhang auch funktionslose Verhaltensrudimente zu geben, so bei der Rotkopfamadine (*Amadina erythrocephala*), einem Nestparasiten, der die Nester anderer Vögel besetzt und nicht mehr selbst baut. Wenn dieser Vogel auf dem Nest sitzt, zeigt er aber noch eine Reihe von Nestbaubewegungen, allerdings in ungeordneter Reihenfolge. Er »ergreift« Nichtvorhandenes mit dem Schnabel, zieht es über den Nestrand zu sich

heran, alles so, als würde er tatsächlich bauen. Hier blieb der Selektion wahrscheinlich noch zu wenig Zeit, ein an sich überflüssiges Verhalten auszumerzen.

Wenn zwei das gleiche tun . . .

Dem aufmerksamen Leser mußte unter den vielen Beispielen tierischer Bautätigkeiten eine Reihe Ähnlichkeiten auffallen, Ähnlichkeiten in Baustoffwahl, Herstellungstechnik und Aussehen sowohl der tierischen Konstruktionen untereinander als auch mit menschlichen Bauten. Hier stellt sich die Frage, wie diese Übereinstimmungen im Bereich der Bautätigkeit zustande kommen.

Wie die Beispiele verschiedener Seglernester oder der Evolution des Nestbaus der Webervögel lehrten, können sich die Nestformen nahe verwandter Arten beträchtlich unterscheiden. Jede dieser Arten hat sich an andere Umweltbedingungen angepaßt, auf ihre Bauten wirkten deshalb unterschiedliche Selektionsdrücke, die wiederum die Entwicklung in verschiedene Richtungen vorantrieben. Da ihre Konstruktionen jedoch aus einem gemeinsamen Grundtyp entstanden und über Zwischenformen und den direkten genetischen Zusammenhang ihrer Erbauer verbunden sind, bezeichnet man sie als homolog. Als analog hingegen werden einander ähnliche Verhaltensweisen und Strukturen bezeichnet, die sich nicht auf gemeinsames Erbe (Verwandtschaft) zurückführen lassen. Das Beispiel der Körperformen von Schwalben und Seglern verdeutlicht eine derartige konvergente Entwicklung, der ausschließlich Umwelteinflüsse zugrunde liegen. Konvergenzbildungen im Bereich der Bautätigkeit treten unter anderem bei den Konstruktionstypen auf. So stellen völlig verschiedene Tiere, wie Schnecken, Spinnen, Insekten (und deren Larven), Frösche, Vögel und Säuger, vergleichbare Hüllkonstruktionen aus Blättern her, um entweder sich selbst oder ihren Nachwuchs zu schützen. Eine nahe Verwandtschaft dieser Tiere untereinander, etwa zwischen einem blattrollenden Käfer und dem Schneider-

vogel, wird wohl keiner vermuten; schon aus diesem Grunde kann es sich nur um Parallelentwicklungen handeln. Bei genauem Hinsehen erweisen sich auch die Bautechniken als unterschiedlich. Sie reichen vom Zusammenkleben über Falzen und Zusammenziehen (mittels feuchter Seidenfäden) bis zum echten Vernähen der Blattränder – ein nahezu klassisches Beispiel, wie nicht miteinander verwandte Arten mit unterschiedlichen Techniken ein ähnliches Endprodukt schaffen. Vergleichbare Verhältnisse findet man bei den Bauten aus Schaum.

Ein vielzitiertes Beispiel konvergenter Entwicklung, bei dem sowohl Endprodukt als auch Bautechnik und zum Bauen benutzte Organe große Ähnlichkeit aufweisen, liefert der Vergleich des Maulwurfs mit der Maulwurfsgrille (*Gryllotalpa gryllotalpa*). Beide Arten leben größtenteils unterirdisch, graben umfangreiche Gangsysteme und haben sich infolge übereinstimmender Umweltgegebenheiten in erstaunlich ähnlicher Weise angepaßt. Ihr Körper ist gedrungen walzenförmig, die Gliedmaßen sind kurz und kräftig, und die Vorderfüße wandelten sich zu mächtigen Grabschaufeln um.

Unter ähnlichen Bedingungen wie der Maulwurf führen auch einige Beuteltiere, Nagetiere u. a. ein Leben untertage. Wie zu erwarten, formten sich auch hier aufgrund übereinstimmender Selektionsdrücke ähnliche Gestalttypen heraus, so ähnliche, daß sie vom Laien äußerlich kaum zu unterscheiden sind. Gleiches gilt für die Maulwurfsgrillen und die nicht näher verwandten Walzenschrecken.

Ebenso, wie zwischen tierischen Bauten Übereinstimmungen zu beobachten sind, gilt das auch für den Vergleich tierischer und menschlicher Konstruktionen, Bautechniken und Baustoffe. Erinnert sei an die »Aufbaukeramik« der Pillenwespe und die Papierherstellung sozialer Faltenwespen. Diese Ähnlichkeiten fielen bereits unseren Vorfahren auf und fanden ihren Niederschlag in Sagen von Indianern, die das Töpfern von der Pillenwespe übernahmen; oder umgekehrt von einer verzauberten Weberin, die als Spinne ihre Kunst weiterführt.

Auch weisen Tiernamen wie Töpfervogel, Mörtelbiene, Weberameise usw. auf ähnliche tierische und menschliche Bauformen hin. Immer handelt es sich hier jedoch um Konvergenzerscheinungen. J. RENNIE schrieb dazu bereits 1833 in seinem Buch »Die Baukunst der Vögel«: »Wiewohl wir auf den vorhergehenden Seiten die Vögel als Minirer, Erdnister, Maurer, Zimmerer, Platformbauer, Korbmacher, Cementirer und Dombauer betrachtet haben, so sind wir doch nicht lange bei der vermeintlichen Anologie zwischen ihren Künsten und denen der Menschen stehengeblieben. Der große Unterschied zwischen Menschen und Thieren besteht darin, daß erstere fast jede Kunst nach und nach erlernen und bei ihren Leistungen ihre Kenntnisse mit den angehäuften Erfahrungen vergangener Generationen verbinden, während die letzteren nach einer festgesetzten Regel arbeiten, im Verlaufe ihres Lebens nur wenig oder gar nichts an Kunstfertigkeit gewinnen und heutiges Tages nur selten von dem Verfahren, welches dieselbe Species Jahrtausende zuvor befolgt hat, abweichen.«

Der Mensch ist bei seinen Konstruktionen nicht mehr an ererbte Baupläne gebunden; seine

Bautätigkeit wird weitgehend von Einsicht, Erfahrungen und Traditionen bestimmt. Es ist allerdings möglich, daß sich auch bei ihm Reste genetisch bestimmten Bauverhaltens erhielten, vielleicht in Form einer Lernbereitschaft. In diesem Zusammenhang fällt besonders das »Budenbauen« der Kinder ins Auge, das in allen Kulturkreisen in erstaunlich ähnlicher Form auftritt, ganz gleich, ob man Buschmannkinder in der Kalahari, südamerikanische Indianerkinder oder kleine Europäer betrachtet – wir selbst haben uns ja, mehr oder weniger ausgeprägt, an solchen Spielen beteiligt. Weitere Forschungen könnten hier interessante Zusammenhänge aufdecken.

Der Mensch erleichtert sich die Arbeit durch Benutzen von Werkzeugen (»künstlichen Organen«). Solche spielen in der Tierwelt eine untergeordnete Rolle. Ausnahmen gibt es im Bereich der Bautätigkeit nur bei den Rammsteinchen einiger Sandwespen, dem Pinsel des Seidenlaubenvogels und den lebenden Weberschiffchen der Weberameisen. Meist arbeiten die Tiere mit Teilen ihres eigenen Körpers (»körpereigenen Werkzeugen«), die häufig zugleich als »Meßinstrumente« ausgebildet sind (Mandibelspannweite der Sandwespen, Borstenabstand auf der Oberlippe der netzbauenden Köcherfliegenlarve als Maß für die Maschenweite usw.). Das Tier ist Baumeister, Werkzeug und – wenn nötig – Meßinstrument zugleich und trägt die Baupläne ständig in Form artspezifischer Verhaltensprogramme bei sich.

Wir haben keinen Grund, menschliche Konstruktionen den tierischen als überlegen gegenüberzustellen, sie gehen nur von anderen Voraussetzungen aus. Techniken und Materialien wurden über Millionen Jahre hinweg von der natürlichen Auslese optimiert und führten vielfach zu technisch unerreichten Leistungen. Hier bietet sich für uns Menschen eine Vielzahl von Ansatzpunkten, Bewährtes zu übernehmen und optimale Konstruktionsprinzipien nachzuvollziehen.

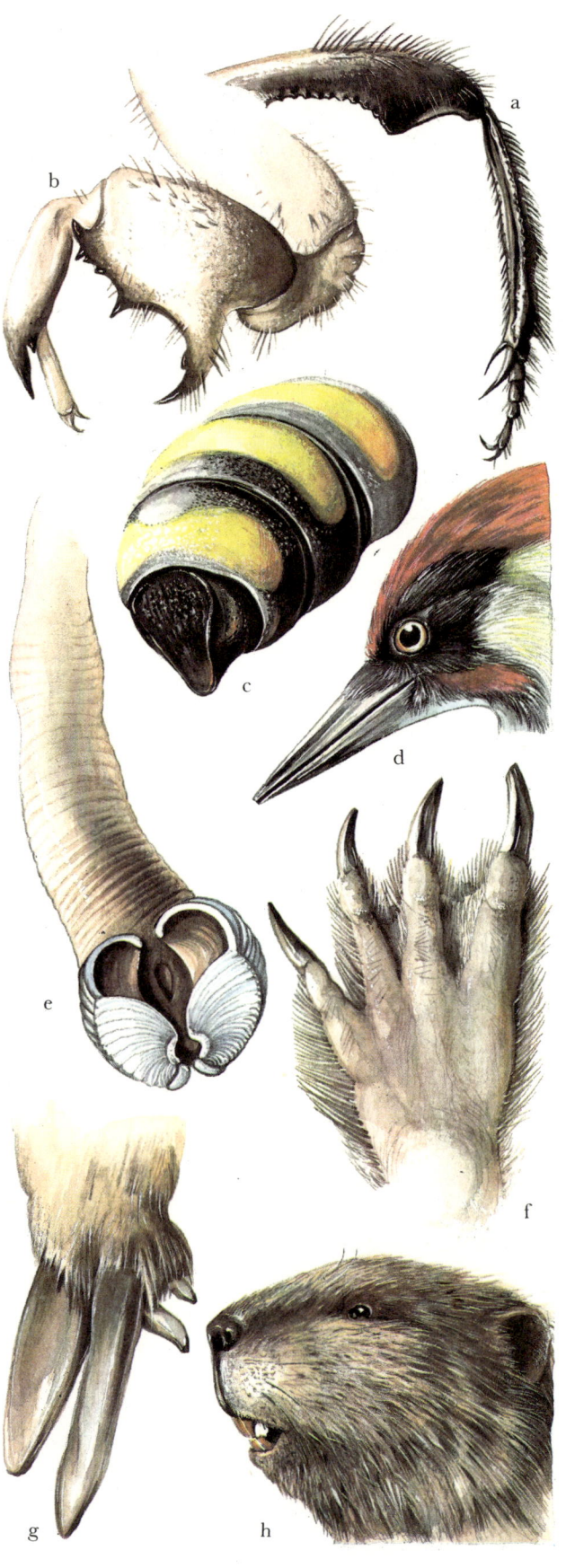

Körpereigene »Werkzeuge« tierischer Baumeister.
a Hinterbein eines Pillendrehers mit bogig ausgeschnittenem Oberschenkel, dient als Schaber beim Ausarbeiten der Kugelform.
b Vorderbein einer jahrelang unterirdisch lebenden Singzikadenlarve, das wie eine Spitzhacke und gleichzeitig Schere wirkt.
c Der Hinterleib bestimmter Knotenwespen weist ein abgeplattetes Ende zum Rückwärts-Hinausschieben des Sandes auf.
Die Einschnürungen (»Knoten«) verhindern wahrscheinlich ein Festklemmen im engen Gang (ähnlich den Kolbenringen im Motor).
d Meißelartiger Schnabel des Grünspechtes.
e Vorderteil der Schiffsbohrmuschel mit den zur Bohrkrone umgebildeten Schalenhälften.
f Zur Grabschaufel umgewandelter Vorderfuß des Erdferkels.
g Fuß eines Goldmulls mit zwei mächtigen Grabklauen.
h Kopf eines Bibers, die meißelartigen Nagezähne wachsen ständig nach.

Körpereigene Baustoffe

Sekrete

Als Fäden verarbeitet, ohne Zusatz von Fremdmaterial
Vielborster:
Gattung *Platynereis* mit Spinndrüsen an Parapodien, stellen damit Wohnröhren her.
Spinnen:
Webspinnen (Araneae) erzeugen mit im Hinterleib gelegenen Spinndrüsen und verschieden gestalteten Spinnapparaten Fangfäden (Kräuselwatte- und Klebfäden), Netze, Eikokons, Wohnbauten, Gespinste zur Fortbewegung und Begattung.
Hundertfüßer:
Skolopender *(Scolopendra)*, Steinläufer *(Lithobius)* sowie Tausendfüßer:
Pinselfüßer *(Polyxenus)* stellen Hilfskonstruktionen für die Gametenübertragung her.
Insekten und deren Larven:
Vertreter vieler Ordnungen verspinnen Seidensekrete, zumeist aus umgewandelten Speicheldrüsen (Labialdrüsen – Labialseide), aber auch Produkte der Malpighischen Gefäße (ursprünglich Exkrete) z. B. bei Erzwespenlarven *(Euplectrus)* und Netzflüglerlarven. In der Regel liegen die Spinnapparate zwischen den Mundwerkzeugen, seltener am After oder an den Füßen (Embien, Tanzfliegen)
Herstellung von Fanggespinsten, Eikokons, Verpuppungskokons, Wohngespinsten und Gehäusen, Gespinsten für die Fortbewegung, Verankerung in der Strömung, Gespinsten im Dienste der Sexualität.

Fäden, mit Fremdmaterial verarbeitet
Muscheln:
Feilenmuschel *(Lima hians)* verarbeitet Byssusfäden mit Feststoffen zu einem Wohnbau.
Spinnen:
Bei vielen Arten Einbau von Fremdmaterialien in Wohngespinste als Schutz/Tarnung z. B. *Theridion saxatile*. Häufig Fremdstoffe zu Wohnbau oder Kokon zusammengesponnen, u. a. Blätter, Grashalme und -Rispen. Daneben viele Sonderfälle wie bei den Falltürspinnen, die Feststoffe in den Deckel einspinnen.
Insekten:
Häufig bei Gehäusebauern (z. B. Köcherfliegenlarven und vielen Schmetterlingsraupen) und Blattrollern (einigen Heuschrecken Gryllacrididae, Gespinstblattwespenlarven und Schmetterlingsraupen), auch einige Staubläuse beziehen Blätter in ihr Gespinst ein, infolge deren Transpiration die Luftfeuchtigkeit steigt.

Nicht als Fäden verarbeitet, ohne Fremdstoffe
Ringelwürmer:
Auskleiden der Wohnröhre mit einem erhärtenden Sekret, z. B. Pergamentwurm.
Schleimbeutel zum Abfiltrieren feinster Nahrungspartikel, z. B. *Nereis*, Pergamentwurm.
Regenwurm und Blutegel: Eikokons aus Schaum.
Spinnen:
Klebstoffe an Knotenpunkten der Netze, Füllsekrete im Deckel der Falltürspinne (wahrscheinlich Darmprodukte).
Schnecken:
Veilchenschnecke baut Schaumfloß aus sekretumhüllten Luftblasen.
Insekten:
Eier vielfach mit Sekreten oder Schaum bedeckt und umhüllt, u. a. Fang- und Heuschrecken, Blattwespen. Gottesanbeterinnen bauen komplizierte Kokons aus erhärtendem Schaum. Larven der Blattwespe *Lygaeonematus compressicornis* errichten schützende Schaumpalisaden auf ihrem Fraßblatt. Schaumzikadenlarven leben unter Schaumhüllen aus flüssigem Kot, der mit Eiweißen und Wachsdrüsensekreten versetzt und stabilisiert ist.
Zuckmückenlarven bauen Gehäuse aus gallertigen Speicheldrüsensekreten.
Wachsproduktion und -Verarbeitung bei Hummeln, Stachellosen Bienen und Honigbienen.
Fische:
Labyrinthfische bauen an der Wasseroberfläche Schaumnester für den Nachwuchs.
Lurche:
Ruderfrösche und Baumfrösche legen ihren Laich z. T. in Schaumnestern ab.
Vögel:
Einige Salanganen bauen Nester aus reinem Speichel.

Nicht als Fäden verarbeitet, mit Fremdstoffen
Amöben:
Difflugien bauen ihre Schale mit körpereigener Kittsubstanz auf.
Ringelwürmer:
Schopfwürmer *(Lanice)*, Kammwürmer *(Pectinaria)* u. a. verwenden Kittsekrete zum Gehäusebau. Andere Arten bauen Röhren aus einem Gemisch aus Schleim und Schlamm, z. B. *Tubifex*.
Schnecken:
Cochlostyla klebt Blätter mit Schleim zu einer Rolle zusammen.
Insekten:
Ebenfalls zum Verkleben von eingerollten Blättern nutzen verschiedene Käfer klebrige Sekrete, z. B. der Rebstichler und Ahornblattroller, letzterer ein Analsekret.
Einige Hautflüglerlarven verfestigen die Wände ihrer Erdkokons durch wasserabweisende Sekrete. Mehrere Bienenarten stabilisieren die Nestwände durch seidenartige Substanzen, bauen auch Zwischenwände aus einem Gemisch aus Sekreten und Pflanzenbrei. *Osmia*-Arten verkleben Tarnmaterialien mit Speichelsekret.
Soziale Faltenwespen verbinden Zellulosefasern mit Speichel zu Papier oder Karton.
Fische:
Stichling verfestigt Pflanzennest mit Nierensekret.

Lurche:
Makifrösche *(Phyllomedusa)* halten Blattüte mit einem klebrigen Sekret im Laich zusammen.
Vögel:
Segler, Baumsegler und viele Schwalben kleben Nester aus mit Speichel vermischten Fremdmaterialien zusammen.

Exkrete

Ringelwürmer:
Regenwürmer kleiden Gänge mit Kot aus.
Insekten:
Einige Termitenarten verbauen ihren Kot entweder als alleinigen Baustoff *(Apicotermes)* oder als Bindemittel für Fremdmaterialien.
Gewisse Blattkäfer umbauen ihre Eier mit Kotballen, diese Hülle dient als Ausgangspunkt für den Gehäusebau der Larve.
Schaumzikadenlarven und Gespinste aus den Produkten der Malpighischen Gefäße wurden bereits erwähnt.
Vögel:
Einige Seevögel wie Guanokormorane und -Tölpel bauen Nester aus eigenem Kot (oder zumindest der eigenen Art), ebenso die Fettschwalme. Auch einige Nashornvögel verbauen ihren Kot beim Einmauern der Weibchen.

Bildungen der Haut

Insekten:
Viele Schmetterlingsraupen spinnen ihre Brennhaare in die Kokons mit ein oder errichten Palisaden aus den eigenen Haaren um den Häutungsplatz.
Vögel:
Gänsevögel, Sperlingsvögel u. a. rupfen sich Federn als Polstermaterial ihrer Nester aus, z. B. Eiderente.
Säuger:
Kaninchen, Hasen u. a. rupfen sich Haare zur Polsterung der Nestmulde aus.

Körperfremde Baumaterialien

Organisch

Pflanzlichen Ursprungs: Vollständige Pflanzen, Pflanzenteile, Pflanzenfasern, Zellulose, pflanzliche Zucker und Harze
Amöben:
Difflugien verarbeiten u. a. Kieselalgenskelette in ihren Schalen.
Schnecken:
Gerollte Blätter
Spinnen:
Blattrollen als Unterschlupf und Kinderstuben, zusammengesponnene Grasrispen usw., Pflanzenteile als Tarnung der Wohngespinste.
Insekten:
Hummeln verbauen vollständige Moospflanzen in ihrer Nesthülle, einige blattrollende Käfer, Heuschrecken, Schmetterlingsraupen u. a. verarbeiten ganze grüne Blätter,

andere wie die Blattschneiderbienen nur Blattstücke zum Bau von Schlupfwinkeln, Gehäusen und Kinderstuben. Auch Pflanzenwolle (Wollbienen, verschiedene solitäre Wespen), Rindenstückchen (z. B. als Tarnung für Wohnbauten und Kokons) und Holzschnipsel werden verarbeitet, letztere oft zu Papier oder Karton. Soziale Faltenwespen wählen dazu oft vergrautes Holz, aus dem das Lignin bereits herausgewaschen ist und fast aus reiner Zellulose besteht. Auch Termiten und Ameisen stellen Karton her. Zum Stabilisieren wird hier mitunter pflanzlicher Zucker eingesetzt *(Lasius fuliginosus)*, oft über den Umweg des Blattlausmagens. Auch Hummelarten festigen ihre Nesthülle durch Zuckereinlagerung. Einsatz von Harzen besonders bei Bienen und Wespen beim Bau von Zellen, dem Abdichten des Stockes, dem Einbalsamieren toter Eindringlinge (Honigbiene) und dem Anlegen schützender Leimringe (Zwerghonigbiene).
Fische:
Stichlinge, Lippfische u. a. bauen Pflanzennester.
Lurche:
Blattrollende Frösche
Reptilien:
Bruthaufen vieler Alligatoren aus faulenden Pflanzenteilen.
Vögel:
Thermometerhühner bauen Bruthaufen aus faulenden Pflanzenteilen, Nestbau aus ganzen Pflanzen, Pflanzenteilen und -fasern bei vielen Familien verbreitet.
Säuger:
Aufgebaute Behausungen oder Kinderstuben bei Halbaffen, Menschenaffen, Nagern (z. B. Zwergmaus, Eichhörnchen), einer südamerikanischen Fledermaus, dem Wildschwein. Häufiger werden Pflanzenteile zur Auspolsterung der Nester und Baue eingesetzt.

Tierischer Herkunft: Schalen und Gehäuse, Federn, Haare, Hautreste, Insektengespinste und Spinnengewebe, Exkremente, von Tieren hergestellte Baustoffe (Ameisenkarton)
Muscheln:
Feilenmuschel verbaut Muschelschalen und Schneckengehäuse.
Kopffüßer:
Der Gemeine Krake verbaut ähnliche Materialien.
Ringelwürmer:
Die Muschelsammlerin bevorzugt Bruchstücke von Muschelschalen für ihr Gehäuse.
Insekten:
Köcherfliegenlarven verbauen u. a. Schneckengehäuse, mitunter auch lebende Schnecken, die dann verhungern. Pillendreher, einige Goldbienen und Stachellose Bienen verbauen tierischen Kot.
Kleidermottenlarven bauen Gehäuse aus Haaren, auch Hummeln u. a. Insekten verarbeiten Haare und Federn.
Einige Schmetterlingsraupen (Zünsler) leben in Kartonnestern von Ameisen und stellen aus deren Baumaterial feste Gehäuse her.
Fische:
Kieferfische befestigen ihre Wohnröhren mit Molluskenschalen.
Vögel:
Verwendung von Molluskenschalen in den Nestmulden vieler Seevögel, hier auch Fischgräten.

Federn und Haare werden von vielen Vogelarten zum Nestbau eingesetzt, in manchen Nestern über 1000 Federn. Seltener sind Hautreste, z. B. abgestreifte Eidechsen- und Schlangenhäute.

Anorganisch: Steine, Kies und Sand, Erdmaterialien wie Lehm und Ton, gelegentlich mit körpereigenen Bindemitteln verarbeitet.
Muscheln:
Feilenmuschel baut vor allem mit Steinen.
Kopffüßer:
Krake verwendet meist Steine.
Ringelwürmer:
Köcherwürmer *(Pectinaria)*, Fächerwürmer *(Sabellaria)*, Muschelsammlerin *(Lanice)* u. a. bauen Steinchen und Sandkörner in ihr Gehäuse ein. Schlammröhrenwürmer (Tubificidae), die Töpferin *(Neoamphritite)* usw. stellen Gehäuse aus Schlamm und Schleim her.
Krebse:
Flohkrebse mit Gehäusen aus Sand, Krabben und Krebse bauen »Iglus« und Signalpyramiden aus Sand und Schlamm, Maulwurfskrebse und Reisfeldkrabben errichten meterhohe Schlammtürme.
Spinnen:
Verkleidung von Wohnbauten, Kokons, Deckel der Falltürspinne u. a.
Insekten:
Köcherfliegenlarven und Schmetterlingsraupen verbauen Steinchen und Sandkörner in ihren Gehäusen und Kokons. Hautflügler wie Bienen (Mauer- und Mörtelbienen) und Wespen (Pillenwespen, *Odynerus, Polybia*) modellieren einzelne Zellen oder ganze Nester aus Erde und feinem Ton. Singzikadenlarven errichten vor dem Schlüpfen oft bis 50 cm hohe Erdkamine unbekannter Funktion. Termiten und Ameisen stellen umfangreiche Bauten aus Erdmaterialien her.
Fische:
Neunaugen tragen Steine zu Ringwall zusammen, der australische Wels *Arius australis* laicht in einem von ihm aufgeschichteten Steinhaufen, Kieferfische mauern ihre Wohnröhren mit Steinen aus.
Lurche:
Der südamerikanische Laubfrosch *Hyla faber* formt im Flachwasser einen kraterförmigen Schlammtümpel für den Nachwuchs.
Vögel:
Einige Seevögel und Pinguine verbauen Steine in ihren Muldennestern.
Flamingos, Töpfervögel und Schwalben mörteln Nester aus Erde, Schlamm und Lehm. Einzelne gemauerte Nestteile sind von Kleibern, Nashornvögeln, Drosseln u. a. bekannt.
Säuger:
Biber dichten Burgen und Dämme mit Schlamm ab.

Vom Menschen künstlich hergestellt:
Die Reihe der genannten Baustoffe wird in neuerer Zeit durch menschliche Zivilisationsprodukte erweitert z. B. Plastabfälle, Papier, Kunstfasern, Textilien, Draht. Sie ersetzen teilweise die natürlichen Baustoffe, wie z. B. in einigen Nebelkrähennestern, die fast ausschließlich aus Aluminiumdraht bestanden.

Substrat für ausgehöhlte Bauten

Organisch

Pflanzlicher Herkunft: verholzte und nicht verholzte Pflanzenteile
Bohrmuscheln, Krebstiere (Isopoden, Amphipoden u. a.), Insekten (z. B. Borkenkäfer und Holzwespenlarven), Vögel (z. B. Spechte und Bartvögel) und andere Tiergruppen schaffen sich Unterkünfte und Kinderstuben in verholzten Pflanzenteilen, Baumstämmen, Ästen, Rinde, aber auch in nur teilweise verholzten Kakteen (Kaktusspecht) usw. In nicht verholzten Pflanzenteilen bauen vor allem Insekten, z. B. in Knospen, Blättern, Stengeln, Blüten und Früchten. Daneben Vertreter anderer Tierklassen, auch ein Säugetier, ein indischer Flughund, der das Zentrum von Palmfruchtständen tief unten herausbeißt und sich so eine schützende Höhlung schafft.
Tierischer Herkunft:
Neben Bohrschwämmen und Bohrmuscheln (Gänge in Molluskenschalen), Krebsen (Tönnchenflohkrebs frißt Salpentönnchen aus und bezieht es) u. a. sind es vor allem Insekten, die substrathöhlend in tierischen Geweben leben und deren Tätigkeit man zumindest als Sonderfall tierischer Bautätigkeit ansehen kann: z. B. Dasselfliegenlarven in lebenden Säugern, Käferlarven u. a. in Horn, Fächerflüglerlarven in Hautflüglern (vor der Verpuppung arbeitet sich die Larve mit den Mandibeln zwischen den Hinterleibsringen des Wirtes nach außen), afrikanische Eintagsfliegenlarven graben in Süßwasserschwämmen usw.
Fremde tierische Bauten:
Wespennester, Ameisennester und Termitennester werden u. a. von Spechten, Spechtpapageien, Trogons, Faulvögeln und Bartvögeln als Ausgangssubstanz für den Nisthöhlenbau genutzt.

Anorganisch

Gestein, Erdboden:
Bohrschwämme, Palolowürmer, Bohrmuscheln u. a. bohren in Kalkstein, letztere sogar in Felsgestein.
Vertreter aus vielen Tierklassen stellen im Erdboden Wohn- und Brutbaue her, auch Fallen, meist gibt es überdies spezialisierte grabende Formen, die sich einem Daueraufenthalt untertage anpaßten. Es führte hier zu weit, auch nur die wichtigsten aufzuzählen.
Eis und Schnee:
Nagetiere wie Hasen und Mäuse bauen Höhlen im Schnee, aber auch die Eisbärin und Vögel, z. B. Reb- und Birkhuhn.

BAERENDS, G. P. (1941): Fortpflanzung und Orientierung der Grabwespe *Ammophila campestris* JUR. Tijdschr. voor Entomol. 84, 71-275

BURGESS, J. W., WITT, P. N. (1978): Spinnennetze: Plan und Baukunst. Naturwiss. Rundschau 31, 269–282

COLLIAS, N. E., COLLIAS, E. C.: Evolution in Nest-Building in the Weaverbirds (Ploceidae). Univ. of Calif. press 1964

COLLIAS, N. E., COLLIAS, E. C.: External construction by Animal. Stroudsburg 1976

COLIN, P. (1973): Burrowing Behavior of the Yellowhead Jawfish *Opistognathus aurifrons*. Copeia 1, 84–90

CROME, W.: Die Wasserspinne. NBB 44, Wittenberg 1951

DILGER, W. C. (1959): Nest material carrying behavior of F_1 hybrids between *Agapornis fisheri* and *A. roseicollis*. Anat. Rec. 134, 554

EIBL-EIBESFELDT, I.: Grundriß der Vergleichenden Verhaltensforschung. München 1967

EMERSON, A. E. (1938): Termite Nests – A Studie of the Phylogenie of Behavior. Ecol. Monogr. 8, 249–284

FRISCH, v. K.: Tiere als Baumeister. Frankfurt/M. 1974

FRITH, H. J. (1956): Temperature regulation in the Nesting mounds of the Mallee-fowl, *Leipoa ocellata*. C.S.I.R.O. Wildl. Res. 1, 79–95

GILIARD, E. Th. (1963): The Evolution of Bowerbirds. Scientific American 209, 38–46

GOETSCH, W.: Vergleichende Biologie der Insektenstaaten. Leipzig 1940

GOODALL, J. M. (1962): Nest building Behavior in the free ranging Chimpanzee. Ann. N. Y. Acad. Sciences 102, 455–467

GRZIMEKS TIERLEBEN, 12 Bände

HEDINGER, H. (Hrsg.): Die Straßen der Tiere. Braunschweig 1967

HESSE, R., DOFLEIN, F.: Tierbau und Tierleben. 1. Aufl., Bd. 2. Leipzig 1914

HINDE, R. (1965): Interaction of Internal and External Factors in Integrations of Canary Reproduction. In BEACH, F. A. (Hrsg.): Sex and Behavior. New York, 381–415

HÖLLDOBLER, B. K., WILSON, E. O. (1977): Weaver Ants. Scientific American 237, 140–154

KAISER, P. (1962): Über Netzbau und Strömungssinn bei den Larven der Gattung *Hydropsyche*. Int. Revue ges. Hydrobiol. 50, 169–224

KASTON, B. J. (1964): The Evolution of Spider Webs. Am. Zool. 4, 191–207

KLOOT, W. G., van der, WILLIAMS, C. M. (1953/54): Cocon Construction by the Cecropia Silkworm 1, 2, 3. Behaviour 5, 141–174, 6, 233–255

KÖHLER, W.: Intelligenzprüfungen an Menschenaffen. Berlin 1921

KULLMANN, E. (1971): Bemerkenswerte Konvergenzen im Verhalten cribellater und ecribellater Spinnen. Freunde des Kölner Zoo 13, 123–150

LENGERKEN, v. H.: Brutfürsorge- und Brutpflegeinstinkte der Käfer. Leipzig 1939

MAILLARD, Y. P. (1970): Étude comparée de la construction du cocon de ponte chez *Hydrophilus piceus* et *Hydrochara caraboides*. Bull. So. Zool. France 95, 71–84

OLBERG, G.: Das Verhalten der solitären Wespen Mitteleuropas. Berlin 1959

OLBERG, G.: Bauwerke der Tiere. NBB, Wittenberg 1960

PÖTZSCH, J.: Von der Brutfürsorge heimischer Spinnen. NBB, Wittenberg 1963

REIMARUS, H. S.: Allgemeine Betrachtungen über die Triebe der Thiere, hauptsächlich über ihre Kunsttriebe. Hamburg, 2. Ausgabe 1762

RENNIE, J.: Die Baukunst der Vögel. Leipzig 1833

RICHARD, P. B. (1967): Le determinisme de la construction des barrages chez le Castor du Rhone. La Terre et la Vie 4/1967, 339–470

ROSS, H. H. (1964): Evolution of Caddisworm Cases and Nets. Am. Zool. 4, 209–220

SATTLER, W. (1962): Die Meisterweber. Umschau 62, 205–208

SCHALLER, F.: Die Unterwelt des Tierreiches. Berlin, Heidelberg 1962

SCHMIDT, R. S. (1964): Apicotermes Nests. Am. Zool. 4, 221–225

STRENG, R. (1974): Theoretische Betrachtung der Achtertour, ein bei kokonspinnenden Insektenlarven häufiges Bewegungsmuster. Z. Tierpsychol. 35, 157–172

TEMBROCK, G.: Verhaltensforschung. 2. Aufl. Berlin 1964

THALER, E. (1976): Nest und Nestbau von Winter- und Sommergoldhähnchen (*Regulus regulus* und *R. ignicapillus*). J. Orn. 117, 121–144

WEYRAUCH, W. (1935): Die Nester der sozialen Wespen. Das Aquarium 2/1935, 145–150

WHEELER, W. M.: Ants-their Structure Development and Behavior. Columbia Univ. press 1910

WICHARD, W.: Die Köcherfliegen. NBB, Wittenberg 1978

WICKLER, W., SEIBT, U.: Prinzip Eigennutz 1977

WIEHLE, H.: Vom Fanggewebe einheimischer Spinnen. NBB, Wittenberg 1949

WILSSON, L. (1971): Observations and experiments on the ethologie of the Europaean Beaver (*Castor fiber* L.). Swedish Wildlive 8, 160–260

WUNDER, W. (1931): Brutpflege und Nestbau bei Fischen. In Erg. der Biol. Bd. 7

WUNDER, W. (1932): Nestbau und Brutpflege bei Amphibien. In Erg. der Biol. Bd. 8, 180–220

WUNDER, W. (1934): Nestbau und Brutpflege bei Reptilien. ebd. Bd. 10, 1–36

BAVARIA/SCHWARZ, H. 57/SAUER, F. 56
COLEMAN/BROWNLIE, J. R. 92
EBERHARDT, D. 76
FREUDE, M. 1, 2, 3, 4, 5, 7, 8, 13, 14, 15, 16, 17, 18, 19, 20, 21, 23, 24, 25, 27, 28, 29, 36, 40, 41, 42, 51, 53, 54, 59 Tierpark Berlin, 61, 62, 65, 66, 67, 68, 69, 70, 71, 72, 73, 78, 79, 80, 81, 82, 83/84/85/86 Zool. Museum der Humboldt-Universität Berlin, 87, 88, 89, 91
HOYER, E. 37, 64
Köhler, D. 6, 60, 90
LAYER, W. 75
MASSNY, H. 32, 34, 45
ODENING, K. 43
PFLETSCHINGER, H./NATURFOTOARCHIV 9, 30
PÖTZSCH, J. 26, 74
RICHTER, H. J. 12
ROBILLER, F. 46
ROEBILD/MÜLLER, E. 58
SAUER, F. 63
SCHARNBECK, H. 38, 55
SCHEFFLER, W. 39, 48
SCHRÖDER, H. 47, 77
UHLENHAUT, K. 33, 35, 44, 49, 52
ZEFA/BERSSENBR. 10,/PARK, F. 11, 31
ZIENERT, W. 22, 50

Verzeichnis der Tiernamen